COMENTARIO BIBLICO MUNDO HISPANO

TOMO 18

HECHOS

COMENTARIO BIBLICO MUNDO HISPANO

TOMO 18

HECHOS

Editores Generales

Daniel Carro
José Tomás Poe
Rubén O. Zorzoli

Editores Especiales

Antiguo Testamento: Dionisio Ortiz
Nuevo Testamento: Antonio Estrada
Ayudas Prácticas: James Giles
Artículos Generales: Jorge E. Díaz
Diagramación: Exequiel San Martín A.

EDITORIAL MUNDO HISPANO

EDITORIAL MUNDO HISPANO
Apartado Postal 4256, El Paso, TX 79914 EE. UU. de A.

Agencias de Distribución
ARGENTINA: Rivadavia 3464, 1203 Buenos Aires
BRASIL: Rua Silva Vale 781, Río de Janeiro
BOLIVIA: Casilla 2516, Santa Cruz
COLOMBIA: Apartado Aéreo 55294, Bogotá 2 D. E.
COSTA RICA: Apartado 285, San Pedro
CHILE: Casilla 1253, Santiago
ECUADOR: Casilla 3236, Guayaquil
EL SALVADOR: 10 Calle Pte. 124, San Salvador
ESPAÑA: Padre Méndez #142B, 46900 Torrente, Valencia
ESTADOS UNIDOS: 7000 Alabama; El Paso, TX 79904
Teléfono (915) 566-9656
PEDIDOS: 1 (800) 755-5958
Fax: (915) 562-6502
GUATEMALA: 12 Calle 9-54, Zona 1,
01001 Guatemala
HONDURAS: 4 Calle 9 Avenida Tegucigalpa
MEXICO: Vizcaínas 16 Ote.
06080 México, D. F.
José Rivera No. 145-1
Col. Moctezuma 1a. Sección
15500 México, D. F.
Superavenida Lomas Verdes 640 - Local 62
Col. Lomas Verdes, Nauc., Edo. de México
Héroes 83, Colonia Guerrero, 06300 México D.F.
Calle 62 #452x53, 97200 Mérida, Yucatán
Matamoros 344 Pte.
Torreón, Coahuila. México
16 de Septiembre 703 Ote.
Cd. Juárez, Chih., México
NICARAGUA: Apartado 5776, Managua
PANAMA: Apartado 5363, Panamá 5
PARAGUAY: Pettirossi 595, Asunción
PERU: Apartado 3177, Lima
REPUBLICA DOMINICANA: Apartado 880, Santo Domingo
URUGUAY: Casilla 14052, Montevideo
VENEZUELA: Apartado 3653, Valencia, Edo. Carabobo

© Copyright 1994, Editorial Mundo Hispano
Texto bíblico de la Santa Biblia: Versión Reina-Valera Actualizada,
© copyright 1982, 1986, 1987, 1989, usado con permiso.
Todos los derechos reservados.
Prohibida su reproducción total o parcial.

Primera edición: 1994
Clasificación Decimal Dewey: 220.7
Tema: 1. Biblia—Comentarios
ISBN: 0-311-03118-8
E.M.H. No. 03118

3,5 M 3 94
Printed in U.S.A.

PREFACIO GENERAL

Desde hace muchos años, la Editorial Mundo Hispano ha tenido el deseo de publicar un comentario original en castellano sobre toda la Biblia. Varios intentos y planes se han hecho y, por fin, en la providencia divina, se ve ese deseo ahora hecho realidad.

El propósito del Comentario es guiar al lector en su estudio del texto bíblico de tal manera que pueda usarlo para el mejoramiento de su propia vida como también para el ministerio de proclamar y enseñar la palabra de Dios en el contexto de una congregación cristiana local, y con miras a su aplicación práctica.

El *Comentario Bíblico Mundo Hispano* consta de veinticuatro tomos y abarca los sesenta y seis libros de la Santa Biblia.

Aproximadamente ciento cincuenta autores han participado en la redacción del comentario. Entre ellos se encuentran profesores, pastores y otros líderes y estudiosos de la Palabra, todos profundamente comprometidos con la Biblia misma y con la obra evangélica en el mundo hispano. Provienen de diversos países y agrupaciones evangélicas; y han sido seleccionados por su dedicación a la verdad bíblica y su voluntad de participar en un esfuerzo mancomunado para el bien de todo el pueblo de Dios. La carátula de cada tomo lleva una lista de los editores, y la contratapa de cada volumen identifica a los autores de los materiales incluidos en ese tomo particular.

El trasfondo general del Comentario incluye toda la experiencia de nuestra editorial en la publicación de materiales para estudio bíblico desde el año 1890, año cuando se fundó la revista *El Expositor Bíblico*. Incluye también los intereses expresados en el seno de la Junta Directiva, los anhelos del equipo editorial de la Editorial Mundo Hispano y las ideas recopiladas a través de un cuestionario con respuestas de unas doscientas personas de variados trasfondos y países latinoamericanos. Específicamente el proyecto nació de un Taller Consultivo convocado por Editorial Mundo Hispano en septiembre de 1986.

Proyectamos el *Comentario Bíblico Mundo Hispano* convencidos de la inspiración divina de la Biblia y de su autoridad normativa para todo asunto de fe y práctica. Reconocemos la necesidad de un comentario bíblico que surja del ambiente hispanoamericano y que hable al hombre de hoy.

El Comentario pretende ser:
 * crítico, exegético y claro;
 * una herramienta sencilla para profundizar en el estudio de la Biblia;
 * apto para uso privado y en el ministerio público;
 * una exposición del auténtico significado de la Biblia;
 * útil para aplicación en la iglesia;
 * contextualizado al mundo hispanoamericano;
 * un instrumento que lleve a una nueva lectura del texto bíblico y a una

más dinámica comprensión de ella;
* un comentario que glorifique a Dios y edifique a su pueblo;
* un comentario práctico sobre toda la Biblia.

El *Comentario Bíblico Mundo Hispano* se dirige principalmente a personas que tienen la responsabilidad de ministrar la Palabra de Dios en una congregación cristiana local. Esto incluye a los pastores, predicadores y maestros de clases bíblicas.

Ciertas características del comentario y algunas explicaciones de su metodología son pertinentes en este punto.

El **texto bíblico** que se publica (con sus propias notas —señaladas en el texto con un asterisco, *,— y títulos de sección) es el de *La Santa Biblia: Versión Reina-Valera Actualizada*. Las razones para esta selección son múltiples: Desde su publicación parcial (*El Evangelio de Juan*, 1982; el *Nuevo Testamento*, 1986), y luego la publicación completa de la Biblia en 1989, ha ganado elogios críticos para estudios bíblicos serios. El Dr. Cecilio Arrastía la ha llamado "un buen instrumento de trabajo". El Lic. Alberto F. Roldán la cataloga como "una valiosísima herramienta para la labor pastoral en el mundo de habla hispana". Dice: "Conservando la belleza proverbial de la Reina-Valera clásica, esta nueva revisión actualiza magníficamente el texto, aclara —por medio de notas— los principales problemas de transmisión. . . Constituye una valiosísima herramienta para la labor pastoral en el mundo de habla hispana." Aun algunos que han sido reticentes para animar su uso en los cultos públicos (por no ser la traducción de uso más generalizado) han reconocido su gran valor como "una Biblia de estudio". Su uso en el Comentario sirve como otro ángulo para arrojar nueva luz sobre el Texto Sagrado. Si usted ya posee y utiliza esta Biblia, su uso en el Comentario seguramente le complacerá; será como encontrar un ya conocido amigo en la tarea hermenéutica. Y si usted hasta ahora la llega a conocer y usar, es su oportunidad de trabajar con un nuevo amigo en la labor que nos une: comprender y comunicar las verdades divinas. En todo caso, creemos que esta característica del Comentario será una novedad que guste, ayude y abra nuevos caminos de entendimiento bíblico. La RVA aguanta el análisis como una fiel y honesta presentación de la Palabra de Dios. Recomendamos una nueva lectura de la Introducción a la Biblia RVA que es donde se aclaran su historia, su meta, su metodología y algunos de sus usos particulares (por ejemplo, el de letra cursiva para señalar citas directas tomadas de Escrituras más antiguas).

Los demás elementos del Comentario están organizados en un formato que creemos dinámico y moderno para atraer la lectura y facilitar la comprensión. En cada tomo hay un **artículo general**. Tiene cierta afinidad con el volumen en que aparece, sin dejar de tener un valor general para toda la obra. Una lista de ellos aparece luego de este Prefacio.

Para cada libro hay una **introducción** y un **bosquejo**, preparados por el redactor de la exposición, que sirven como puentes de primera referencia para llegar al texto bíblico mismo y a la exposición de él. La **exposición** y **exégesis** forma el elemento más extenso en cada tomo. Se desarrollan conforme al bosquejo y fluyen de página a página, en relación con los trozos del texto bíblico que se van publicando fraccionadamente.

Las **ayudas prácticas**, que incluyen ilustraciones, anécdotas, semilleros homiléticos, verdades prácticas, versículos sobresalientes, fotos, mapas y materiales semejantes acompañan a la exposición pero siempre encerrados en recuadros que se han de leer como unidades.

Las **abreviaturas** son las que se encuentran y se usan en *La Biblia Reina-Valera Actualizada*. Recomendamos que se consulte la página de Contenido y la Tabla de Abreviaturas y Siglas que aparece en casi todas las Biblias RVA.

Por varias razones hemos optado por no usar letras griegas y hebreas en las palabras citadas de los idiomas originales (griego para el Nuevo Testamento, y hebreo y arameo para el Antiguo Testamento). El lector las encontrará "transliteradas," es decir, puestas en sus equivalencias aproximadas usando letras latinas. El resultado es algo que todos los lectores, hayan cursado estudios en los idiomas originales o no, pueden pronunciar "en castellano". Las equivalencias usadas para las palabras griegas (Nuevo Testamento) siguen las establecidas por el doctor Jorge Parker, en su obra *Léxico-Concordancia del Nuevo Testamento en Griego y Español*, publicado por Editorial Mundo Hispano. Las usadas para las palabras hebreas (Antiguo Testamento) siguen básicamente las equivalencias de letras establecidas por el profesor Moisés Chávez en su obra *Hebreo Bíblico*, también publicada por Editorial Mundo Hispano. Al lado de cada palabra transliterada, el lector encontrará un número, a veces en tipo romano normal, a veces en tipo bastardilla (letra cursiva). Son **números del sistema "Strong"**, desarrollado por el doctor James Strong (1822-94), erudito estadounidense que compiló una de las concordancias bíblicas más completas de su tiempo y considerada la obra definitiva sobre el tema. Los números en tipo romano normal señalan que son palabras del Antiguo Testamento. Generalmente uno puede usar el mismo número y encontrar la palabra (en su orden numérico) en el *Diccionario de Hebreo Bíblico* por Moisés Chávez, o en otras obras de consulta que usan este sistema numérico para identificar el vocabulario hebreo del Antiguo Testamento. Si el número está en bastardilla (letra cursiva), significa que pertenece al vocabulario griego del Nuevo Testamento. En estos casos uno puede encontrar más información acerca de la palabra en el referido *Léxico-Concordancia...* del doctor Parker, como también en la *Nueva Concordancia Greco-Española del Nuevo Testamento*, compilada por Hugo M. Petter, el *Nuevo Léxico Griego-Español del Nuevo Testamento* por McKibben, Stockwell y Rivas, u otras obras que usan este sistema numérico para identificar el vocabulario griego del Nuevo Testamento. Creemos sinceramente que el lector que se tome el tiempo para utilizar estos números enriquecerá su estudio de palabras bíblicas y quedará sorprendido de los resultados.

Estamos seguros que todos estos elementos y su feliz combinación en páginas hábilmente diseñadas con diferentes tipos de letra y también con ilustraciones, fotos y mapas harán que el *Comentario Bíblico Mundo Hispano* rápida y fácilmente llegue a ser una de sus herramientas predilectas para ayudarle a cumplir bien con la tarea de predicar o enseñar la Palabra eterna de nuestro

Dios vez tras vez.

Este es el deseo y la oración de todos los que hemos tenido alguna parte en la elaboración y publicación del Comentario. Ha sido una labor de equipo, fruto de esfuerzos mancomunados, respuesta a sentidas necesidades de parte del pueblo de Dios en nuestro mundo hispano. Que sea un vehículo que el Señor en su infinita misericordia, sabiduría y gracia pueda bendecir en las manos y ante los ojos de usted, y muchos otros también.

Los Editores
Editorial Mundo Hispano

Lista de Artículos Generales

Tomo 1: *Principios de interpretación de la Biblia*
Tomo 2: *Autoridad e inspiración de la Biblia*
Tomo 3: *La ley (Torah)*
Tomo 4: *La arqueología y la Biblia*
Tomo 5: *La geografía de la Biblia*
Tomo 6: *El texto de la Biblia*
Tomo 7: *Los idiomas de la Biblia*
Tomo 8: *La adoración y la música en la Biblia*
Tomo 9: *Géneros literarios del Antiguo Testamento*
Tomo 10: *Teología del Antiguo Testamento*
Tomo 11: *Instituciones del Antiguo Testamento*
Tomo 12: *La historia general de Israel*
Tomo 13: *El mensaje del Antiguo Testamento para la iglesia de hoy*
Tomo 14: *El período intertestamentario*
Tomo 15: *El mundo grecorromano del primer siglo*
Tomo 16: *La vida y las enseñanzas de Jesús*
Tomo 17: *Teología del Nuevo Testamento*
Tomo 18: *La iglesia en el Nuevo Testamento*
Tomo 19: *La vida y las enseñanzas de Pablo*
Tomo 20: *El desarrollo de la ética en la Biblia*
Tomo 21: *La literatura del Nuevo Testamento*
Tomo 22: *El ministerio en el Nuevo Testamento*
Tomo 23: *El cumplimiento del Antiguo Testamento en el Nuevo Testamento*
Tomo 24: *La literatura apocalíptica*

LA IGLESIA EN EL NUEVO TESTAMENTO
James Bartley

El estudio del término "iglesia" comúnmente se conoce como eclesiología. Es uno de los estudios más apasionantes, pues lleva al estudiante al mismo corazón y naturaleza del cristianismo. Enfoca la vida del creyente como individuo y también como integrante de la comunidad que representa a Cristo en la tierra. Es la única agencia divinamente comisionada para extender el reino de Dios en la tierra. Su importancia para los propósitos de Dios se aprecia en la expresión paulina: *Cristo amó a la iglesia y se entregó a sí mismo por ella* (Ef. 5:25).

La demanda por la unidad del espíritu y propósito dentro del cristianismo organizado y las demandas crecientes por la unión orgánica e institucional del protestantismo también hacen del estudio de la iglesia un asunto de absoluta prioridad para todos los que toman en serio su fe cristiana. Para lograr una mejor comprensión de la naturaleza y propósito de la iglesia de Jesucristo, trataremos los siguientes temas: el uso del término "iglesia" (griego, *ekklesía*) y las metáforas relacionadas, sus características, su misión, su relación con el reino de Dios y su destino final.

EL USO DEL TERMINO "IGLESIA"

El término "iglesia" se deriva del latín *ecclesía* y éste del sustantivo compuesto griego *ekklesía*. Se construye de una preposición *ek*, que significa "afuera" o "hacia afuera", y del verbo *kaleo*, que se traduce "yo llamo". El sustantivo se refiere a "los llamados hacia afuera". En el NT se usa en tres sentidos distintos: un grupo civil secular, un grupo religioso local y un cuerpo universal invisible.

El uso de *ekklesía* en el griego clásico

Antes y durante el tiempo del NT, los griegos empleaban el término *ekklesía* comúnmente para referirse a una asamblea cívica, "los convocados" o "citados", para deliberar asuntos públicos. Dana señala que en este uso del término había cuatro elementos: era una asamblea local, autónoma, con cualidades definidas y conducida sobre principios democráticos. No existe buena base para afirmar, como algunos autores (ver Trench), que también en el uso clásico había la idea de separación o exclusión de algunos de los habitantes.

El uso de *ekklesía* en la Septuaginta

La Septuaginta era la traducción de las Escrituras hebreas al griego, hecha unos 200 años antes de Cristo. Era usada por los judíos de habla griega y por los cristianos del primer siglo como su Biblia. Más de la mitad de las citas del AT, por los escritores del NT, provienen de ella. Esta versión es de gran valor porque los términos griegos, usados en ella, llevaban el significado de éstos para los hebreos. Así es con el término *ekklesía*.

Una investigación del uso del término *ekklesía* en la Septuaginta nos lleva a una consideración de las palabras hebreas *qahal* y *edhah*. El ochenta y dos por ciento de las menciones de *edhah* se encuentra en el Pentateuco. En casi todos los casos se refiere a la totalidad de la congregación de Israel, reunida o no. En dos referencias la Septuaginta utiliza "Israel" para traducir *edhah* (Núm. 4:34 y Sal. 74:2).

El significado básico de *qahal* es similar a *ekklesía*, o sea, "convocar o llamar juntos" y, como *edhah*, se refiere al pueblo de Israel, reunido o no. Cuando uno estudia el uso de estos dos términos hebreos, descubre que *qahal* gradualmente absorbió el significado de *edhah*, hasta que, después del exilio, éste prácticamente desapareció y aquél llegó a ser dominante.

"El *qahal* de Jehovah" es una expresión que se encuentra frecuentemente en el AT y la Septuaginta la traduce "la *ekklesía* del Señor". Seguramente los líderes judíos de la iglesia primitiva entendían esta relación al usar el término "iglesia del Señor".

El uso de ekklesía en el Nuevo Testamento

Como es el caso de muchos otros términos en el NT, Jesús y los apóstoles llenaron ciertos términos griegos seculares con un contenido claramente religioso, a tal punto que prácticamente perdieron su significado original. Así fue con el término *ekklesía*. Mas, en la tradición hebraico-cristiana del término, era más que *una* asamblea; era *la* asamblea. El uso con el artículo definido en la literatura cristiana es evidencia de su naturaleza excepcional y sugiere una connotación que no tendría significado para los griegos en general.

Las 114 referencias del término *ekklesía*, traducidas con los términos "iglesia", "congregación", "convocación", o "asamblea", se reparten entre los libros del NT en la siguiente forma: Mateo (3); Hechos (24); Romanos (5); 1 Corintios (22); 2 Corintios (9); Gálatas (3); Efesios (9); Filipenses (2); Colosenses (4); 1 Tesalonicenses (2); 2 Tesalonicenses (2); 1 Timoteo (3); Filemón (1); Hebreos (2); Santiago (1); 3 Juan (3); Apocalipsis (19).

Uso con sentido clásico, secular. Tres veces el término *ekklesía* se encuentra en el NT sin ninguna referencia religiosa (Hech. 19:32, 39, 41), traducido "concurrencia" o "asamblea".

Uso religioso con sentido local, visible. El término "iglesia" aparece por lo menos 85 veces (93 veces, según Dana) en el NT con el sentido claramente local (comp. Hech. 11:22; 13:1; 1 Cor. 1:2), lo que representa el 76 por ciento de todas las referencias. Aun en los 26 casos restantes, cuando el contexto no aclara si se refiere a una iglesia local o a la universal, ya que en la mayoría de los casos se usa en el sentido local, la tendencia se inclina a favor de este sentido.

Uso religioso en sentido universal. No hay consenso en la clasificación sobre unas 26 referencias a la "iglesia" en el NT. Dos de estos casos (Hech. 7:38 y Heb. 2:12) se refieren al pueblo de Dios en el AT, pero varias otras claramente comunican la idea genérica o universal. Jesús empleó el término tres veces (Mat. 16:18 y 18:17) en el sentido más genérico o general, como la agencia del reino de Dios.

Las referencias que aparecen en Efesios apuntan a un cuerpo universal, invisible. Además, la unidad y la gloria de la iglesia espiritual como el cuerpo de Cristo se enfatizan en Efesios, donde la relación entre Cristo y su iglesia se presenta como el ideal para la relación entre el esposo y la esposa. Considerando la iglesia como la novia de Cristo, la insistencia de algunos maestros de que todas las referencias del término "iglesia" en el NT contemplan organizaciones locales llega a ser absurda. Asignaría a Cristo una novia en cada localidad donde se encuentra una iglesia; y ¿cómo podría cualquier iglesia local ser *la plenitud de aquel que todo lo llena en todo* (Ef. 1:23)?

La iglesia universal y sus manifestaciones locales, como congregaciones, son distintivamente divinas en su origen y en su significado. Son la creación de Dios, el pueblo de Dios y de su Cristo. Constituyen una nueva humanidad producida, preservada e infundida de poder como representante de Dios en medio de todas las naciones sobre la tierra.

Expresiones compuestas con *iglesia*

Las expresiones compuestas con el término "iglesia" también revelan algo de su naturaleza. Se llaman *iglesia del Señor* (Hech. 20:28); *iglesia(s) de Dios* (1 Cor. 1:2; 10:32; 11: 16, 22; etc); *iglesias de Cristo* (Rom. 16:16), o meramente "la iglesia", o "las iglesias". Aunque nunca se llaman "iglesias del Espíritu Santo", se establece claramente que él obra en ellas y por medio de ellas como el poder de Dios, el intérprete de Cristo, la guía y el que desarrolla el cuerpo espiritual que es la iglesia. Tales expresiones hacen hincapié en el hecho de que las iglesias son creación de Dios y son su particular propiedad.

METAFORAS DE LA IGLESIA

Cada metáfora de la iglesia en el NT revela una faceta distinta de su naturaleza. Un repaso de éstas ampliará la comprensión de su naturaleza. De los escritos de Pablo, Pedro y Juan surgen casi la totalidad de las metáforas.

Metáforas paulinas. La metáfora predilecta de Pablo, la iglesia como el *cuerpo de Cristo* (Ef. 5:23, 30; Col. 1:18, etc.), señalaba a éste como la cabeza y a cada creyente como un miembro, sometido y obediente a su voluntad, relacionándose unos a otros en armonía. La expresión *esposa de Cristo* (Ef. 5:23-32; comp. Apoc. 19:7; 21:2, 9; 22:17) habla de una relación íntima, amorosa, de fidelidad y obediencia. El término *rebaño* (Hech. 20:28) comunica la idea de la dependencia de las ovejas al pastor para su protección y sustento y, a la vez, su deber de rendirle a él el producto de su vida. Las dos figuras, *columna y fundamento de la verdad* (1 Tim. 3:15), expresan el concepto de firmeza y defensa.

Casa de Dios (1 Tim. 3:15), *templo de Dios* (1 Cor. 3:16) y *edificio* (Ef. 2:20-22) son expresiones que hablan de la morada de Dios en medio de su iglesia y el deber de ésta de edificarse o crecer en la *estatura de la plenitud de Cristo* (comp. Ef. 4:12-16). El término *familia de Dios* (Ef. 2:19) sugiere relación filial, con Dios como el Padre, Jesucristo como nuestro hermano mayor y todos los creyentes como hermanos y hermanas, unos con otros.

Metáforas petrinas. Pedro se refiere a la iglesia con una serie de metáforas ricas en su significado. Dos de éstas se encuentran en 1 Pedro 2:5. Es una *casa espiritual*, parecida a la expresión paulina *casa de Dios*, o *familia de Dios*, con énfasis en su naturaleza espiritual y la implicación de que es la morada de Dios. También es un *sacerdocio santo*, dando énfasis al ministerio activo de intercesión de parte de los creyentes a favor de otros y su calidad de "separados" moral y éticamente.

Cinco metáforas más de la iglesia se encuentran en 1 Pedro 2:9, 10. El término *linaje escogido* probablemente es una cita del AT (comp. *pueblo escogido*, Isa. 43:20) y da énfasis a la acción de Dios de escoger a su pueblo de entre las naciones, no porque lo merecía, sino, como él mismo dice, *para proclamar mi alabanza* (Isa. 43:21). *Real sacerdocio* amplía el concepto de sacerdocio, relaciónandolo con el Rey y su reino. Los miembros son funcionarios del Rey (comp. Exo. 19:6). *Nación santa* apunta a un conjunto de ciudadanos, unidos y sometidos al mismo gobierno, los cuales se han separado de otras naciones (comp. Exo. 19:5). *Pueblo adquirido*, o literalmente "pueblo por adquisición", se refiere al precio pagado en la sangre de Jesucristo (comp. 1 Cor. 6:20; Ef. 5:25). *Pueblo de Dios* (comp. metáforas paulinas *casa de Dios* y *templo de Dios*) es una de las expresiones más frecuentes en el AT, indicando que la iglesia es propiedad de Dios.

Metáforas juaninas. El Cristo resucitado dice a Juan que las siete iglesias son como siete *candeleros* (Apoc. 1:20). La función del candelero es irradiar luz (comp. Mat. 5:14-16). Otra vez Juan registra las palabras de Jesús cuando llama a sus discípulos *ramas* (Juan 15:5), Cristo mismo es la vid. Las ramas deben mantener una relación estrecha con la vid a fin de producir el fruto, cada vez más fruto, que se espera; así la relación de los miembros de la iglesia con Cristo.

SU RELACION CON EL ISRAEL DEL ANTIGUO TESTAMENTO

La iglesia es la congregación del verdadero Israel de Dios, continuando, interpretando y suplantando el Israel del AT en términos de los *santos de Dios en Cristo Jesús*.

Unidad histórica y espiritual

La descripción de Israel en el plan de Dios en Exodo 19:4-6 se emplea casi palabra por palabra en 1 Pedro 2:8-10, como la descripción del cuerpo de creyentes. En el AT, frecuentemente el pueblo de Dios se llama la *herencia de Dios*, y Pablo utiliza el mismo término para la iglesia cristiana en Efesios. Así, existe una unidad histórica y espiritual del pueblo de Dios en el AT y en el NT.

Características comunes de Israel y de la iglesia

Varias características de la "congregación de Jehovah" (*qahal*) se ven en la iglesia primitiva y arrojan luz sobre la naturaleza de la misma.

Particularidad. La primera característica es el elemento de "particularidad" que surge de la experiencia de elección en base a la iniciativa y el amor eterno de Jehovah (Deut. 7:6-9). La relación única entre Dios y su pueblo se describe como entre padre e hijo, con demandas éticas de santidad, un *pueblo santo*, o separado. La actividad redentora vista en Exodo continua en el NT en un plano superior y espiritual, en Cristo Jesús (1 Cor. 1:2). El término "iglesia" (*ekklesía*) encierra este concepto de los llamados afuera del mundo, o separados. Sus miembros son llamados "santos" (2 Cor. 6:14—7:1; 1 Ped. 2:1-16) y estos entran en una relación de "padre a hijo" con Dios (Rom. 8:14-17).

Misión. La segunda característica se ve en el elemento de "misión" o servicio. La elección no es arbitraria, sino se realiza con un propósito, con una misión de servicio (Exo. 4:22; Deut. 7:6-9; Gén. 12:1-3; 28:3, 4; Isa. 42:6, 7; 49:3-6). Esta característica se destaca como elemento clave en el NT (Mat. 28:19, 20; 2 Cor. 5:14-30). Pablo presenta la iglesia como la "continuación de la encarnación de Cristo", incluyendo su razón de ser en el servicio sacrificial a favor de otros.

Compañerismo. En tercer lugar, la experiencia de elección redentora y misión crean un sentido de "compañerismo". Este aspecto tiene dos dimensiones: vertical y horizontal. Es comunión con el Padre y ésta determina la relación con los demás seres humanos (Deut. 5:1-6). En el NT, el compañerismo o comunión (*koinonía*) llega a ser la característica céntrica de la iglesia (Hech. 2:42) y, en un momento de crisis, resultó en la comunidad de bienes (Hech. 2:44). Las dos dimensiones de compañerismo —vertical y horizontal— se expresan en la cena del Señor (1 Cor. 10:15-17; 11:16-20).

LAS CARACTERISTICAS DISTINTIVAS DE LA IGLESIA

Aunque no se encuentra una doctrina sistemática de la iglesia en el NT, hay varias características distintivas, además de las comunes al pueblo de Dios en los dos Testamentos, que nos dan una idea bien definida de su naturaleza. Por eso se puede afirmar que la iglesia se destaca como una nueva creación de Dios, algo radicalmente distinto.

El elemento nuevo

La iglesia en su origen fue caracterizada por tres elementos dominantes: particularidad, misión y compañerismo (ver arriba). Estos tres elementos están firmemente arraigados en el AT. Pero la *ekklesía* del NT no puede entenderse solamente en términos de su origen en el AT. Es más que una creación del judaísmo antiguo. El factor decisivo y determinante de la iglesia es Jesucristo. La elección es en Cristo. La misión es una participación en su obra de redención mesiánica. El compañerismo o comunión es la participación en su naturaleza. Cristo es la cabeza de la iglesia, el elemento dominante y constituyente, de modo que no puede haber una iglesia aparte de él. La iglesia es la nueva creación en Cristo (Ef. 2:15-16), el mismo cuerpo de Cristo. El mismo se presenta como su arquitecto, fundamento y sustentador.

El nuevo Israel

Se debe recordar que Jesús, cerca del fin de su ministerio terrenal, con varias parábolas poderosas para ilustrar esta verdad, repudió explícitamente a la nación de Israel como tal. El pueblo judío ya no se considera como los siervos en la viña de Dios. Este nuevo Israel sería la nueva creación de Dios en Cristo Jesús. Sería la iglesia de Dios en Cristo Jesús.

La "nueva humanidad" consiste de aquellos que han aceptado la gracia de Dios y se han comprometido con ella. Estos se unen voluntariamente —como una iglesia en el sentido local— para dar expresión a su experiencia común de redención, por medio de la adoración, compañerismo y testimonio del evangelio del Señor. El compañerismo (comunión o hermandad), manifestado en el AT, llega a ser la característica sobresaliente de los creyentes neotestamentarios y de los de todos los siglos, en el grado que son verdaderamente creyentes en Cristo.

La congregación, una manifestación local de la iglesia, comienza en, y sigue de, el hecho de que la totalidad del cuerpo de los redimidos constituye el cuerpo de Cristo que vive y crece. Es la continuación de la encarnación de Cristo. En el libro de Efesios, Cristo y la iglesia están tan íntimamente relacionados como para constituir una entidad, ninguna de las partes está completa si no se relaciona con la otra. Se establece que en la iglesia y en Cristo Jesús Dios ha de ser glorificado por las generaciones y siglos sin fin. Por el hecho de su salvación el creyente llega a ser miembro de la iglesia, del *cuerpo de Cristo*. Impulsado por el Espíritu Santo, voluntariamente toma su lugar en ese compañerismo local y asume su responsabilidad como un creyente en esa iglesia, porque ésta es la expresión concreta y organizada de la sola iglesia espiritual, universal.

Otras características distintivas

La fe. La fe es la característica fundamental de la iglesia. Fue la confesión de fe en Cristo de parte de Pedro que dio lugar a la expresión: *Sobre esta roca edificaré mi iglesia* (Mat. 16:18). Hasta que Jesús pudiera encontrar a un hombre lleno de fe, no pudo comenzar a edificar su iglesia. Pedro llegó a ser el prototipo de todos los creyentes de las edades siguientes.

Principalmente, la iglesia es una sociedad no de pensadores, ni de obreros, ni aun adoradores, sino de creyentes. Por lo tanto encontramos que "creyentes" o "los que creyeron" se usa constantemente como sinónimo de los miembros de la sociedad cristiana (comp. Hech. 2:44; 4:32; 5:14; 1 Tim. 4:12). También, la ordenanza del bautismo, que desde el principio era la condición de entrada en la iglesia apostólica, fue reconocida como el símbolo de la fe y de la confesión (Hech. 2:41; 8:12, 36; Rom. 6:4; 1 Cor. 12:13). Esta fe, esencial en la fundación y edificación de la iglesia, de la cual el bautismo era el primer paso de obediencia, era más que un acto de asentimiento intelectual. Era un acto personal y voluntario de recibir al Salvador personal, el vínculo de unión vital entre Cristo y el creyente que resultaba en nada menos que una nueva creación (Rom. 6:4; 8:1, 2; 2 Cor. 5:17).

La comunión cristiana. La comunión entre los miembros sigue naturalmente de la misma naturaleza de la fe descrita arriba. Si cada creyente está unido vitalmente con Cristo por fe, todos los creyentes deben ubicarse en una relación viviente entre sí. En la figura paulina favorita, los creyentes son miembros los unos de los otros porque son miembros en particular del cuerpo de Cristo (Rom. 12:5; 1 Cor. 12:27). El uso frecuente del término "hermano", para referirse a los creyentes, indica que desde el principio la sociedad cristiana se consideraba como una familia unida. En Hechos y las epístolas paulinas, "compañerismo" es una característica esencial en toda iglesia del Señor.

Otro testimonio primitivo se ve en el hecho de que *koinonía*, traducido "compañerismo", toma su lugar en las reuniones más tempranas de la iglesia, lado a lado con la enseñanza apostólica, el partir del pan y las oraciones (Hech. 2:42). Al principio la *koinonía* llevaba la idea de comunidad de bienes (Hech. 2:44; 4:32), pero después encontró expresión en la ministración a los *santos* necesitados (2 Cor. 8:4; Heb. 13:16).

En la cena del Señor, el compañerismo de los creyentes recibió su expresión más destacada y sagrada. Porque si el bautismo era el símbolo de fe, la Cena era distintivamente el símbolo de amor y compañerismo: una comunión o participación común en la muerte de Cristo y sus frutos que conllevaban una comunión de corazones y espíritus entre los mismos participantes.

La unidad. Aunque las congregaciones locales surgieron dondequiera que se predicaba el evangelio, y cada una de éstas gozaba de una vida independiente, la unidad de la iglesia se reconocía claramente desde el principio. El intercambio entre Jerusalén y Antioquía (Hech. 11:22; 15:2), la conferencia realizada en aquella ciudad (Hech. 15:6 ss.), la mano derecha de compañerismo dada por los apóstoles primitivos a Pablo y a Bernabé (Gal. 2:9), los esfuerzos incansables realizados por Pablo mismo para fortalecer los lazos de amor y servicio mutuo entre creyentes gentiles y judíos (2 Cor. 8); todos estos casos sirven para mostrar que, aunque había muchas iglesias, había una sola iglesia. Esta verdad llega a su expresión cabal en las epístolas paulinas de encarcelamiento, con su visión de la iglesia como un cuerpo del cual Cristo es la cabeza, un cuerpo animado por un espíritu, teniendo un Señor, una fe, un bautismo, un Dios y Padre de todos (Ef. 4:4 ss; Col. 1:18; 3:11). Esta unidad se observa y se conceptúa como una unidad visible. Parece que Jesús mismo pensaba en estos términos cuando oró por sus discípulos para que ellos pudiesen ser uno, para que el mundo pudiera creer (Juan 17:21). La unidad de la cual Pablo escribe, y para la cual se esforzó, es una unidad que encuentra expresión visible. No se trata de una uniformidad de gobierno exterior, sino de la manifestación de una fe común en actos de amor mutuo (Ef. 4:3, 13; 2 Cor. 9).

La santidad personal. La santidad de sus miembros es otra cualidad dominante en la iglesia neotestamentaria. "Santos" es uno de los términos que se usa más frecuentemente en el NT en relación con los creyentes. Este término tiene un significado objetivo. La santidad de la sociedad cristiana consistió en su separación del mundo. En este aspecto, alcanzó los privilegios de Israel bajo el pacto antiguo. Los miembros de la iglesia, como dijo Pedro, son *linaje escogido, real sacerdocio, nación santa, un pueblo adquirido* (1 Ped. 2:9).

Pero lado a lado con este sentido de una santidad exterior y formal, el nombre *santos* llevaba la idea ética. Consistía no meramente en una relación formal con Cristo, sino en un vivir actual y práctico, una consagración a Dios que encontraba expresión en carácter y conducta. Es obvio que los miembros de la iglesia son llamados santos aun cuando les faltaba mucho para una santidad ética (1 Cor. 1:2; comp. 6:11). Pablo insiste en llamar a los corintios *santos* porque está seguro de que una obra de vital santificación está en proceso, y que debe continuar, en sus cuerpos y en sus espíritus, los cuales son de Dios. Porque los que están en Cristo son una nueva creación (2 Cor. 5:17), y los que han recibido el llamado que los separa y consagra (2 Cor. 6:17) deben limpiarse de toda la inmundicia, perfeccionando su santidad en el temor de Dios (2 Cor. 7:1). Pablo miraba a los miembros de la iglesia con un ojo profético. Los veía no como eran, sino como iban de ser por una santificación progresiva. Así, al fin Cristo podría presentarlos a sí mismo una iglesia gloriosa, sin mancha ni arruga, ni cosa semejante (Ef. 5:26, 27).

Poder espiritual. Cuando Jesús dio el nombre *ekklesía* a la sociedad que él vino a fundar, prometió a Pedro poder espiritual (Mat. 16:18, 19). El Apóstol recibiría el "poder de la llaves", esto es, él iba a ejercer el privilegio de abrir las puertas del reino de los cielos a los judíos (Hech. 2:41) y a los gentiles (Hech. 10:34-38; 15:7). Además, tendría poder de atar y desatar, esto es, de prohibir y permitir. En otras palabras, él iba a poseer las funciones de un legislador dentro de la esfera espiritual de la iglesia.

Este poder legislador que Pedro recibió fue entregado luego a los demás discípulos (Mat. 18:18; comp. vv. 1, 19 y 20). En la conferencia de Jerusalén, este poder fue ejercido por toda la iglesia (Hech. 15:4, 22). Este poder fue ampliado en la gran comisión misionera (Mat. 28:19).

Los creyentes del primer siglo entendieron que la gran comisión se extendía a todos los seguidores de Cristo sin distinción (Hech. 8:4). La sociedad cristiana poseía el doble poder de legislar entre sus propios miembros y de abrir el reino de los cielos a todos los nuevos creyentes. Pero estas dos funciones de enseñar y gobernar eran reconocidas como dones delegados. La iglesia enseñaba a las naciones porque Cristo le había encomendado la tarea. Ella estableció leyes para sus propios miembros porque él le había conferido la autoridad de atar y desatar. Pero en cada ejercicio de su autoridad, la iglesia dependía del dador de esa autoridad. Creía que Cristo estaba con ella hasta el fin del mundo (Mat. 28:20), y que el poder que había recibido era poder de lo alto (Luc. 24:49).

LA ORGANIZACION DE LA IGLESIA

Parece obvio del estudio en el NT que Jesús no dio a sus discípulos instrucciones formales para la organización de su iglesia. En los primeros días después de Pentecostés, ellos no pensaron en separarse de la vida religiosa de Israel, ni se dieron cuenta de la necesidad de una organización distinta. Siguieron su práctica de culto en el templo, como buenos judíos (Hech. 2:46; 3:1), pero agregaban la enseñanza apostólica, oración, compañerismo y el partimiento de pan (2:42, 46).

La organización fue un asunto de desarrollo gradual de acuerdo con las necesidades que iban surgiendo. Las diferentes funciones entre los que servían en la iglesia se debía a los diferentes dones otorgados por Dios a los miembros (1 Cor. 12:28). Al principio, los doce apóstoles, como los compañeros más allegados a Jesús a través de su ministerio y testigos oculares de su vida, enseñanzas y especialmente de su resurrección, eran los líderes y maestros naturales de la comunidad.

Aparte de este hecho, la primera evidencia de algo parecido a una organización se encuentra en la distinción, establecida por los apóstoles mismos, entre el ministerio de la palabra y el de las mesas (Hech. 6:2, 4). Pablo reconoció esta distinción (Rom. 12:6, 8; 1 Cor. 1:17; 9:14; 12:28) y amplió el "ministerio de la mesa" a incluir mucho más que el cuidado de los pobres. Estas dos clases de ministerio, como se manifiestan en el principio, pueden clasificarse como el ministerio general y profético, por un lado, y local y práctico, por el otro. (Nota: en otro artículo general, *El ministerio en el Nuevo Testamento*, se expondrá en detalle).

LA MISION DE LA IGLESIA

La misión de la iglesia surge de la naturaleza de la misma, el ejemplo de Jesús, los mandatos de Jesús y la práctica de los apóstoles. La naturaleza de la iglesia se ha visto arriba al considerar el uso del término "iglesia", su relación con el Israel del AT y las características distintivas de ella en el NT.

La misión implícita en el ejemplo de Jesús

A continuación observaremos que la misión de la iglesia es implícita en el ejemplo de Jesús, recordando que él mismo dijo: *Como me ha enviado el Padre, así también yo os envío a vosotros* (Juan 20:21). En el comienzo de su ministerio público, Jesús citó la profecía mesiánica de Isaías (Luc. 4:18, 19), resumiendo la misión mesiánica con cuatro tareas específicas: *... anunciar buenas nuevas a los pobres... proclamar libertad a los cautivos y vista a los ciegos... poner en libertad a los oprimidos... proclamar el año agradable del Señor.* Esencialmente, Jesús vino con un mensaje de esperanza de liberación para los que sufren opresión, tanto en la esfera espiritual como en la física.

Jesús mismo resumió su misión con la declaración: *Porque el Hijo del Hombre ha venido a buscar y a salvar lo que se había perdido* (Luc. 19:10). El contexto indica que aquí se trata claramente de una liberación espiritual. Este concepto se amplía en las tres parábolas en Lucas 15, donde hay algo perdido, buscado, encontrado, restaurado y celebrado. "Lo perdido" en este contexto se define como "pecador que debe arrepentirse" y uno que es "separado del Padre Celestial".

Mateo resume la misión terrenal de Jesús con tres gerundios: **enseñando... predicando** *el evangelio del reino...* **sanando** *toda enfermedad y toda dolencia en el pueblo* (Mat. 4:23). Algunos entienden que el orden de prioridad en el ministerio se revela en este texto. Un análisis de los ministerios realizados por Jesús, relatados en los cuatro Evangelios, indicaría el mismo orden de prioridad.

Es decir, dedicó más tiempo a la enseñanza, una comunicación sistemática de las buenas nuevas del reino de Dios. En comparación, hay menos referencias a la sanidad.

En resumen, se puede afirmar que Jesús comunicó la naturaleza, beneficios y modo de entrar en el reino de Dios, con atención especial a los pobres y los humildes. También, reconoció y tomó medidas para liberar de necesidades físicas: enfermedades, hambre, posesión demoníaca y aun de la muerte.

La misión explícita en los mandatos de Jesús
Jesús mandó a los doce, diciendo: ...*predicad diciendo: "El reino de los cielos se ha acercado... sanad enfermos, resucitad muertos, limpiad leprosos, echad fuera demonios"* (Mat. 10:7, 8). Similar es el mandato a los setenta: *Sanad a los enfermos... y decidles: "El reino de Dios se ha acercado a vosotros"* (Luc. 10:9). A esta altura en el ministerio terrenal de Jesús, los discípulos aún no estaban preparados para comunicar la naturaleza espiritual del reino de Dios. Así su ministerio estaba limitado.

Después de la cruz y la resurrección, los mandatos cambian en su énfasis, ya enfocando el evangelio en toda su plenitud, dando prioridad a un ministerio centrado en la necesidad espiritual del hombre. En la quinta aparición, después de la resurrección, Jesús dijo: *Como me ha enviado el Padre, así también yo os envío a vosotros* (Juan 20:21). En la séptima aparición, dijo: *Apacienta mis corderos... pastorea mis ovejas... apacienta mis ovejas* (Juan 21:15-18). El contexto indica un enfoque espiritual. Por lo menos Pedro lo interpretó así. En la octava aparición, Jesús dijo: *Por tanto, id y haced discípulos a todas las naciones... bautizándoles... enseñándoles que guarden todas las cosas que os he mandado* (Mat. 28:19, 20). En la décima aparición, dijo: *... y que en su nombre se predicase el arrepentimiento y la remisión de pecados en todas las naciones... y vosotros sois testigos de estas cosas* (Luc. 24:47, 48). En la misma aparición, también dijo: *Y me seréis testigos en Jerusalén, en toda Judea, en Samaria y hasta lo último de la tierra* (Hech. 1:8).

Es importante notar los dos énfasis en todos estos mandatos post-resurrección: el espiritual y el universal. Primero, la preocupación principal en los mandatos es el pecado del hombre, la necesidad de arrepentimiento y del perdón, la tarea de hacer discípulos, de enseñarles las implicaciones del evangelio y lograr la obediencia al Señor. Segundo, Jesús quiso inculcar una visión global. Se repite dos veces la expresión *todas las naciones* y luego establece las etapas para lograr este cometido: *Jerusalén, toda Judea, Samaria y* **hasta lo último de la tierra**.

Posteriormente, el Cristo resucitado se apareció a Pablo y le dio una comisión personal: *Te he aparecido para esto: para constituirte en ministro y testigo de las cosas que has visto de mí y de aquellas en que apareceré a ti... yo te envío para abrir sus ojos, para que se conviertan de las tinieblas a la luz y del poder de Satanás a Dios, para que reciban perdón de pecados y una herencia entre los santificados por la fe en mí* (Hech. 26:16-18).

La misión revelada en la acción de la iglesia primitiva

Una lectura de la historia de la iglesia primitiva en el libro de Los Hechos revela una preocupación prioritaria por la comunicación del evangelio a todos, venciendo prejuicios de todo tipo: religiosos, raciales, nacionales y culturales. Hubo pocos casos de sanidad física y liberación de demonios. Por otro lado, las congregaciones de los santos se ocupaban de los pobres en su medio, especialmente de los *de la familia de la fe* (Hech. 6:1-7; 2 Cor. 9:1, 12; Gál. 6:10). Santiago criticó severamente a aquellos en las congregaciones que eran *oidores* y no *hacedores de la palabra* (1:23), señalando especialmente el descuido de los hermanos que tenían falta de abrigo y comida (2:15, 16).

En conclusión, se puede resumir la misión de la iglesia en cinco ministerios: adoración, proclamación, enseñanza, comunión entre los miembros y servicio a los necesitados. Realizaban estos ministerios con una visión global, bajo la dirección y el poder del Espíritu Santo.

APLICACIONES ERRONEAS DEL TERMINO IGLESIA

Ignorando las enseñanzas del NT en cuanto a la naturaleza y la función de la iglesia, varios errores han surgido en la historia del cristianismo en la aplicación del término "iglesia". Radmacher menciona cuatro de estos errores que son más frecuentes y dañinos.

Nunca se refiere al edificio donde se reúne

Contrario a la costumbre en muchos países, no se encuentra evidencia en absoluto en el NT para sostener que la "iglesia" se refiera a un edificio. Es de conocimiento común que no hubo templos cristianos, ni edificios dedicados exclusivamente a cultos, antes del tercer siglo de la era cristiana. Durante este período, sin embargo, la iglesia nació y se extendió a todo el mundo conocido. El término "iglesia" se refiere, no a un edificio, sino al cuerpo de creyentes reunido en cualquier lugar.

Nunca se refiere a una iglesia estatal o nacional

La práctica de referirse a una iglesia nacional, como por ejemplo "La Iglesia Luterana Ecuatoriana", surgió en la historia de la unión de la iglesia con el estado. No sólo la Iglesia Católica Romana ha abogado por la unión de la iglesia y el estado, sino los reformadores clásicos del siglo XVI cayeron en el mismo error. Tal práctica ignora la autonomía de la iglesia local, los principios de autogobierno y la responsabilidad directa a Cristo. También confunde el cuerpo espiritual, que es la iglesia, con un concepto formal, político y geográfico.

El NT nunca presenta una organización eclesiástica más amplia que la iglesia local. Aun la autoridad de la iglesia local es final en cuanto a sus propios asuntos (Mat. 18:17). La única iglesia conocida en el NT es una entidad separada del control y sostén del estado.

Hay un solo pasaje en el NT que algunos citan para apoyar el concepto de una iglesia regional (Hech. 9:31). El manuscrito griego más aceptado menciona "iglesia" (singular), mientras otros usan "iglesias" (plural). Aun aceptando el caso singular, se referiría a los miembros de la única iglesia cristiana conocida de ese entonces —Jerusalén— esparcida en las zonas mencionadas.

Nunca se refiere a una denominación

Frecuentemente se habla de una denominación como si fuera una iglesia, como por ejemplo "La Iglesia Presbiteriana" en Colombia. Indudablemente, hay ventajas de la unión de varias iglesias en una estructura denominacional, pero no hay ni mandato ni ejemplo en el NT de tales. Ciertamente Jesús, en Juan 17, apela a la unidad en espíritu y propósito esencial. Pero esto no necesariamente implica unión orgánica. Por otro lado, unión orgánica no garantiza unidad espiritual.

Nunca se refiere al reino de Dios

Desde los tiempos de Agustín, la mayoría de los teólogos ha identificado la iglesia con el reino de Dios. Agustín consideró que el reino de Dios era una realidad presente y lo identificó con la iglesia, o quizás aún con la jerarquía de la iglesia. En cambio, los reformadores clásicos identificaron el reino con la iglesia invisible. Algunas de las razones para rechazar este concepto son las siguientes.

Términos mutuamente exclusivos. De las 114 referencias en el NT del término "iglesia", ninguna lo iguala con el reino de Dios. Algunos (Berkhof, Hanke y otros) encuentran una base para igualar la iglesia con el reino en Mateo 16:18, 19, pero un examen cuidadoso indica todo lo contrario.

Argumento en base a la etimología. "Iglesia", como se ha visto, se refería más bien a un grupo local que operaba en base a un gobierno democrático. En cambio, "reino" llevaba la idea de un dominio extendido, o universal, con un gobierno monárquico.

Argumento en base al origen. Los dos términos se introducen en Mateo en distintas maneras. El "reino de Dios" se presenta como "ya" existiendo y "todavía no" (3:2; 4:17; 12:28, etc.). En cambio la "iglesia" se introduce como algo futuro (16:18), que tuvo su comienzo después de la pasión de Jesús. El centro de atención y frecuencia de mención del "reino" se ve en los Evangelios (120 referencias al "reino" en los cuatro Evangelios y sólo tres a la "iglesia"). Se cambia en el libro de Los Hechos, donde la atención y énfasis recae sobre la "iglesia". Recién en Apocalipsis (después del cap. 3), vuelve a recaer el énfasis sobre el reino de Dios y su culminación gloriosa.

Entidades distintas en la eternidad. Aun en la eternidad, la iglesia mantendrá su identidad particular como se ve en tales pasajes como Hebreos 12:23 y Apocalipsis 21. Aquí se presenta como la *esposa del Cordero*.

Es importante mantener esta distinción entre la iglesia y el reino de Dios para evitar ciertos peligros sutiles que surgen de la fusión de los dos. Concretamente, la fusión de los dos elimina la posibilidad de marcar y mantener una clara distinción entre los principios cristianos y la implementación de ellos por medio de acción política y social. La aplicación lógica del concepto de un reino presente, eclesiástico, llevaría decididamente al control político del estado por la iglesia. Así, la iglesia perdería su carácter espiritual y llegaría a estar no solamente *en* el mundo, sino a ser *del* mundo.

A pesar de lo arriba expuesto, existe una relación definida entre las dos entidades. Dana concluye que la *ekklesía* espiritual simplemente expresa la relación con Cristo y entre sus santos, mientras que la *ekklesía* local es una agencia activa del reino. Es la tarea de la iglesia promover los fines y realizar los ideales del reino. Antes de la era cristiana, el reino de Dios operaba por medio de Israel; ahora opera por medio de la iglesia.

EL DESTINO FINAL DE LA IGLESIA

Habiendo considerado la etimología, características, organización, misión y relación de la iglesia con el reino de Dios, falta solamente repasar lo que el NT enseña en cuanto a su destino final. Respecto a esto, hay una promesa de victoria y una visión celestial.

La promesa de Jesús

En una de las tres referencias a la iglesia en los cuatro Evangelios, Jesús afirmó: *Sobre esta roca edificaré mi iglesia, y las puertas del Hades no prevalecerán contra ella* (Mat. 16:18b). Se desprenden a lo menos tres enseñanzas importantes de este pasaje. Primero, es Jesús mismo quien edifica la iglesia, lo cual asegura un futuro glorioso. Segundo, Jesús es el dueño y señor de la iglesia. Tercero, ni el sepulcro, ni la muerte, ni el infierno podrán resistir el avance de la iglesia (*Hades* puede referirse al lugar de los muertos, o al infierno). "Prevalecer" significa literalmente "ser fuerte contra".

En resumen, Jesús asegura a sus seguidores que su iglesia será un cuerpo militante, creciente, triunfante, aun venciendo el último enemigo, la muerte. Es importante recordar que es una lucha esencialmente espiritual, contra fuerzas espirituales del diablo y que Dios provee para los suyos armas espirituales con las cuales batallar (Ef. 6:10-20).

La visión celestial

Dios revela en el libro de Apocalipsis (caps. 19—21) una visión del destino glorioso y eterno de la iglesia. Todos los redimidos, los que constituyen la iglesia universal, como la novia del Cordero (Jesús), serán unidos con él en las bodas para nunca separarse eternamente. La figura de "bodas" habla de una unión íntima, gozosa, perdurable y perfecta. Es lo que Jesús había prometido durante su ministerio terrenal (Juan 14:3; Luc. 23:43; comp. Fil. 1:23). Hay dos énfasis en la visión. Primero, la unión con Jesucristo para la eternidad y, segundo, el propósito de servir y glorificar al que está sentado sobre el trono.

Explicando el significado de esta visión celestial, Dana dice que "la aurora del reino perfeccionado, descrita en los últimos capítulos del Apocalipsis, marca la culminación de la misión y de la historia de la iglesia".

HECHOS

Exposición

Guy Williamson

Ayudas Prácticas

**David Fajardo Garcés
Mario Martínez**

INTRODUCCION

Es un hecho reconocido que el libro de Los Hechos es uno de los más importantes del NT. El libro es de suma importancia para la historia del movimiento cristiano, pues nos presenta a éste en ese momento clave en que comienza a desarrollarse. Los Hechos goza de un número grande de comentarios evangélicos, algunos de los cuales se encuentran entre los mejores que jamás se hayan escrito. Lamentablemente, de este gran número existen pocos escritos por autores evangélicos hispanoamericanos. Los pocos buenos comentarios que tenemos en español son traducciones. Y aun estos buenos comentarios traducidos no fueron escritos ni destinados para las iglesias evangélicas de Hispanoamérica en el mundo de hoy día. En los grupos religiosos de más influencia en la cultura latinoamericana de hoy, se utiliza el libro de Los Hechos, en gran parte, como la autoridad para su enseñanza, su fe, su doctrina y su ética. Por ejemplo, la Iglesia Católica Romana, según sus reglamentos de interpretación, lo usa como una de las bases bíblicas para el establecimiento de la jerarquía clerical. Hay grupos *carismáticos* que, según sus orientaciones de interpretación, lo citan para defender sus interpretaciones y prácticas relacionadas con el Espíritu Santo. Están también los portavoces de la *teología de la liberación*, que según sus principios de interpretación, lo emplean para subrayar su concepto de la misión verdadera de la iglesia.

El vocablo *interpretación* viene de la palabra griega *ermeneúo* [2059] (explicar; ver Mat. 1:23: *... y llamarás su nombre Emanuel, que traducido [ermeneúo] quiere decir: Dios con nosotros*). Se define *hermenéutica* como la ciencia y el arte de la interpretación. Es una ciencia porque se basa sobre ciertas normas y principios específicos, y es arte porque requiere la destreza y habilidad que sólo se adquiere con la práctica. *Interpretar*, aplicado al lenguaje, significa *encontrar y explicar* el significado original ya sea de una composición literaria, una expresión verbal o cualquier otro medio de comunicación que se emplee. La responsabilidad del intérprete es captar y expresar con exactitud el significado de lo que el autor original quiso decir.

Es de vital importancia, por lo tanto, que el intérprete utilice el principio o principios que con mayor seguridad le conducirán a expresar con claridad el significado original de lo que está interpretando. Si en los tiempos de Don Quijote parecía no haber fin de los libros de caballerías, en nuestros días parece no haber fin de los sistemas de interpretaciones. Sin embargo, el cristiano que desea estudiar, aplicar a su vida y proclamar a otros el contenido de la palabra de Dios, debe afianzarse en el método o principio de interpretación que le ayude a alcanzar sus fines.

El intérprete debe recordar siempre que la Biblia es una unidad, aunque consta de un total de sesenta y seis libros. Eso significa que el intérprete tiene la responsabilidad de integrar armoniosamente las enseñanzas de la palabra de Dios. El intérprete tiene que crecer en su sabiduría para pensar teológicamente. Si la Biblia es un todo y tiene un solo Autor Divino (el Espíritu Santo), eso significa que no puede haber contradicciones reales en su contenido. El intérprete tiene la responsabilidad ineludible de armonizar las enseñanzas de Génesis a Apocalipsis.

La interpretación se relaciona con la *exégesis* (extraer el significado de las Escrituras). Los principios de interpretación guían el trabajo de la exégesis. El trabajo de exégesis aplica la hermenéutica o las reglas de interpretación. Los predicadores, maestros bíblicos y grupos religiosos emplean ciertos métodos para su estudio, pero muchas veces son débiles en la interpretación de la Biblia.

En nuestros días se habla de una *nueva hermenéutica*. Esta hermenéutica es eminentemente subjetiva y no tiene como meta buscar el significado objetivo y original del texto. Una derivación de la nueva hermenéutica es la llamada *hermenéutica política*. Este acercamiento pretende interpretar la Escritura a la luz de las situaciones sociopolíticas existentes. Más que una interpretación, la hermenéutica política produce una reinterpretación de las cuestiones sociopolíticas que confronta la sociedad contemporánea. La Biblia no debe interpretarse a la luz de las condiciones sociales sino que las condiciones sociales deben interpretarse a la luz de la Biblia.

Las Escrituras, que fueron dirigidas a necesidades específicas, deben ser interpretadas y aplicadas a las necesidades de situaciones actuales. La tarea del intérprete es tomar la esencia dinámica de la revelación de Dios y, guiado por el Espíritu Santo, darle una nueva expresión o una nueva forma que sea pertinente al hombre moderno. Se puede llevar a cabo esto solamente con la aplicación de una hermenéutica sana.

Mi anhelo y mi oración se halla en que este comentario pueda ser usado por Dios para lograr tres metas: (1) Despertar el interés en el aprecio de la importancia del libro de Los Hechos; (2) guiar a aquellos que lo utilizan a una mejor comprensión del mismo; y finalmente, y probablemente la más necesitada, (3) proveer a los lectores de una hermenéutica más sana con la cual pueden ser alcanzadas las dos primeras metas.

Soy deudor a muchos autores de comentarios sobre Los Hechos, y, más que nunca, a mi amado profesor, el doctor Frank Stagg, profesor durante muchos años en seminarios bautistas en los Estados Unidos de América. Al final de la Introducción, en la sección de **Ayudas Suplementarias**, se encuentran otros comentarios que he utilizado y recomiendo.

HECHOS DE LOS APOSTOLES

Si Lucas hubiera escrito en nuestros días, seguramente hubiera utilizado títulos tan sugestivos como los siguientes para aquel *Boletín de la Iglesia* en los años 30 al 60 d. de J.C., que son algunos de los hechos de los apóstoles:

¡*Tres mil personas añadidas al Camino!*

¡*Milagro en Jerusalén. Un cojo curado de repente!*

¡*Arresto de Pedro y Juan! El tribunal supremo declara su inocencia.*

De nuestros enviados especiales al concilio: Tras una discusión profunda en la que se enfrentaron conservadores y progresistas, se impusieron las tesis de Pablo y Bernabé.

En esos títulos descubrimos con emoción aquellos primeros ensayos de la proclamación del evangelio por parte de los testigos oculares del Verbo hecho carne. Adivinamos las oposiciones que surgieron en seguida entre cristianos de criterio más abierto, como los helenistas y sus discípulos Esteban, Felipe, Pablo y luego Pedro, y otros cristianos hebreos conservadores. Asistimos a los primeros comienzos de la teología neotestamentaria. Descubrimos maravillados, por encima de la pobreza ocasional de la inmadurez de los creyentes, el amor apasionado de aquellos hombres y mujeres para los que de pronto su vida adquirió sentido en Jesús resucitado.

Contemplamos el impulso extraordinario de aquel puñado de hombres, una docena de pescadores y aldeanos que, dejándose arrastrar por el soplo del Espíritu, con un mensaje revolucionario que llevar al mundo —un mensaje de amor, de verdad, de liberación— lograron al cabo de tres siglos la conquista del Imperio Romano.

Y durante aquel medio siglo asistimos al nacimiento de la literatura del NT: aquellas cartas que Pablo escribe a las comunidades implantadas en toda la orilla del Mediterráneo, y los Evangelios que nos revelan la vida y el ministerio de Jesús. Esta revelación de la misión de Jesús vale también en sentido fotográfico: el mundo grecorromano se nos presenta como un documento visual en una amplia pantalla de televisión: primero los apóstoles, los primeros discípulos, luego los nuevos cristianos provenientes del judaísmo y del paganismo, salidos de culturas diversas, quedaron conmovidos por aquellas experiencias personales con Cristo. Se necesitarán varios años para que, gracias a aquel *revelador* (*parákletos* [3875], o sea, el que es llamado para estar al lado de uno para ayudar: Juan 14:15-17; 16:12-15), quede revelado el retrato de Jesús, haciendo aparecer esos rasgos que algún día dejarían fijados en nuestros Evangelios: Mateo, Marcos, Lucas y Juan.

El libro de Los Hechos —ya no como un documento que nos ofrece un reportaje vivo— es el trabajo de un historiador que reflexiona, varios años más tarde, sobre los acontecimientos para descubrir su sentido.

EL AUTOR

A pesar de que el libro no lo dice, desde los primeros tiempos se ha sostenido que Lucas es su autor. Está la evidencia interna deducida del libro mismo, y hay evidencia externa a las Escrituras que nos llevan a esta conclusión.

Evidencia interna. Por unanimidad se consideró siempre a Lucas, compañero y colaborador de Pablo (Col. 4:14; Film. 24; 2 Tim. 4:11) como el autor. Podemos llegar también por otra vía a esta misma conclusión, sin salir del examen interno del libro, tomando como punto de partida los pasajes en primera persona plural, a los cuales llamamos *secciones nosotros*. Esos pasajes aparecen de improviso en la trama lógica de la narración (Hech. 16:10-17; 20:5-15; 21:1-18; 27:1-28), presentándose el narrador como compañero de Pablo, participante en los acontecimientos allí descritos. Pues bien, si examinamos, a través de Los Hechos y las epístolas de Pablo, quiénes fueron los compañeros de Pablo durante los períodos a que se refieren las secciones donde se usa el pronombre "nosotros", fácilmente llegaremos también a la conclusión de que, entre esos compañeros, únicamente Lucas pudo ser el autor de dichas narraciones.

Por otra parte, el análisis del libro nos confirma la misma idea. Notamos, en primer lugar, que el libro se presenta como complemento a otra obra anterior sobre los hechos y dichos de Jesús y está dedicado a Teófilo (1:1, 2). Pues bien, ese libro anterior no parece ser otro sino el tercer Evangelio, dedicado también al mismo personaje (Luc. 1:1-4). Además, un examen comparativo de ambos libros bajo el aspecto del vocabulario y del estilo nos lleva claramente a la misma conclusión. Todo ello prueba que es uno mismo el autor de ambas obras; de donde, si el autor del tercer Evangelio es Lucas, ese mismo ha de ser también el de Los Hechos.

Otra evidencia interna necesita ser mencionada. En Colosenses 4:14 Pablo habla de Lucas como ... *Lucas, el médico amado...* Hay pasajes en el Evangelio de Lucas y Los Hechos que no podríamos decir que prueban, sino que sostienen la posibilidad de que el autor era un médico (Luc. 4:38; 5:18; 22:44; Hech. 3:7; 9:18; 28:8).

Evidencia externa. La evidencia externa de que Lucas es el autor es explícita a partir de mediados del siglo II. El *Fragmento Muratorio* (ca. 200 d. de J.C.) dice:

> Además, los hechos de todos los apóstoles fueron escritos en un libro. Lucas los condensó para el más excelente Teófilo, porque los eventos individuales sucedieron en su presencia: como claramente lo demuestra omitiendo la pasión de Pedro, tanto como la partida de Pablo cuando este último salió de la ciudad (de Roma) para ir a España.

Se mencionan otros testimonios principales: Ireneo, Tertuliano, Clemente de Alejandría y Orígenes.

FECHA Y LUGAR DE ESCRITURA

Este punto de la fecha de composición del libro, una vez admitido que el autor es Lucas, es realmente de importancia secundaria. Lo verdaderamente importante es el hecho de que lo escribió Lucas, contemporáneo de los hechos que narra, y de muchos de ellos testigo ocular. El que lo escribiera unos años antes o unos años después no afecta en nada el valor de la narración. De ahí que no se alude siquiera a ello en los testimonios antiguos referentes al autor de Los Hechos. Por eso nuestra única base de especulación ha de ser el examen interno del libro.

Indudablemente la fecha debe establecerse en relación con el Evangelio de Lucas, el cual fue escrito primero. Los dos volúmenes de Lucas (parece que el segundo sigue casi en seguida después del primero), fueron escritos después del año 70 de la era cristiana, pero no necesariamente mucho tiempo después. Fue en 70 d. de J.C. que Jerusalén y el templo fueron destruidos por los romanos. La guerra judío-romana de 66-70 d. de J.C. probablemente proveería la ocasión para el rompimiento final entre la sinagoga y la iglesia, o el judaísmo y el cristianismo. Lucas y Los Hechos parecen reflejar esta etapa de desarrollo. Si Lucas utilizó Marcos como fuente para escribir su Evangelio, como generalmente se reconoce, esto tiene que ver con la fecha del mismo. Marcos probablemente fue escrito entre los años 60-65 d. de J.C., porque refleja la situación de crisis originada por la persecución de los cristianos bajo el emperador Nerón, quien injustamente los culpó del incendio de Roma en 64 d. de J.C. Algunos establecerían la existencia de evidencias muy bien apuntaladas que datan la terminación de los dos documentos, Lucas-Hechos, a fines de los dos años que Pablo pasó detenido en Roma, vale decir, los años 60 al 62. Para estos intérpretes, Los Hechos se debió haber escrito entre 60 y 85 d. de J.C.

Aunque algunas tradiciones dicen que Lucas escribió Los Hechos en otros lugares, parece más exacto asumir que lo hizo en Roma, donde él termina su libro (28:16-31).

EL DESTINATARIO DEL LIBRO

Lucas escribió su Evangelio y Los Hechos para un hombre llamado *Teófilo* (Luc. 1:3; Hech. 1:1). Solo podemos adivinar quién era Teófilo. Existen, por lo menos, dos posibilidades:

(1) Es muy probable que era una persona real. En el griego la palabra *krátistos* [2903] (óptimo, excelentísimo) con la que es designado en Lucas 1:3 (*oh excelentísimo*), era un título que solía darse a un gobernador o procónsul. Esto parece indicar que Teófilo era una persona constituida en autoridad.

(2) El término *teófilo* [2321] en griego significa *uno que ama a Dios*. Se usaba frecuentemente este nombre en el mundo grecorromano del primer siglo. Si Lucas tenía en mente a un individuo, o a un típico *amigo de Dios*, es cosa que no se puede determinar.

Está claro, sin embargo, dado el carácter de la obra, que Lucas, aunque se dirige a Teófilo, no intenta redactar un escrito privado, sino que piensa en muchos otros parecidos a Teófilo. Esta práctica de dedicar una obra a algún personaje ilustre era entonces frecuente.

EL PROPOSITO DE LUCAS AL ESCRIBIR EL LIBRO DE LOS HECHOS

Para comprender la razón por la cual Lucas escribió el libro de Los Hechos es preciso entender la unidad entre el Evangelio de Lucas (el primer tomo de su obra) y el libro de Los Hechos (el segundo tomo de su obra). El prefacio del Evangelio de Lucas (1:1-4) y el de Los Hechos (1:1-5) unen a los dos libros. No solamente los dos tomos fueron escritos por el mismo autor y dirigidos al mismo receptor, sino que los dos desarrollan un tema ininterrumpido. Los dos están interesados en lo que Dios realizó en Cristo Jesús. El *primer tratado* estaba interesado en ... *todas las cosas que Jesús comenzó a hacer y a enseñar, hasta el día en que fue recibido arriba* (Hech. 1:1, 2). El *segundo tomo* muestra lo que el Cristo resucitado continuó haciendo a través del Espíritu Santo y a través de la iglesia.

La ocasión histórica en que Lucas escribió su obra en dos tomos. Cuando Lucas escribió sus dos tomos (60-85 d. de J.C. en Roma), el cristianismo ya se hallaba establecido en un mundo más extenso, y se estaba convirtiendo en una gran comunidad gentil (llevando a cabo la Gran Comisión, Luc. 24:36-49). La tarea de Lucas no fue tanto la de instar a que Cristo fuera predicado a los gentiles, pues eso se estaba haciendo, sino la de justificar ese hecho y apoyar esa misión. En sus dos escritos él trazó la historia del cristianismo: un movimiento dentro del judaísmo que llegó a ser una familia mundial. El cruzar las fronteras geográficas había sido fácil. En pocos años el cristianismo se había extendido a lo largo y a lo ancho; por lo menos al norte, al sur y al oeste. Es posible suponer una extensión del cristianismo hacia el este, Babilonia, pero Lucas no la incluye. Del cap. 2 de Los Hechos conocemos que, en ese día de Pentecostés, judíos de todo el mundo del Mediterráneo, desde Mesopotamia hasta Roma, estaban en Jerusalén cuando el Espíritu Santo descendió con poder tremendo. Había sinagogas judías por todo el mundo grecorromano, y el cristianismo se extendió rápidamente por estos medios.

A toda persona. Los límites más difíciles de cruzar no eran los geográficos, sino más bien las distinciones artificiales que separaban a los judíos, samaritanos y gentiles entre sí. Había que derribar estas barreras. El Evangelio de Lucas muestra que Jesús empezó este proceso al rechazar la distinción superficial que los fariseos habían establecido entre los justos y los pecadores. Jesús halló que todos eran pecadores, y que todos estaban en necesidad de la misma salvación. Con igual libertad se ofreció a sí mismo a los fariseos y los publicanos. En el libro de Los Hechos demuestra cómo lo que Jesús había empezado, de no hacer distinción entre fariseos y publicanos, se había extendido a todo el mundo. Lucas dijo cómo el evangelio fue predicado a los judíos, samaritanos y gentiles que habían sido atraídos al judaísmo y estaban bajo la instrucción de la sinagoga, y aun a personas que no habían estado bajo la influencia de la sinagoga.

Cuando Lucas escribió, la comunidad cristiana en su apariencia exterior era muy distinta de lo que podían haber esperado los que vieron su comienzo. Ella comenzó en Palestina; ahora estaba esparcida por todo el mundo del Mediterráneo. Jesús y todos sus primeros seguidores eran judíos. Ahora la iglesia era predominantemente no judía. Jesús y sus primeros seguidores asistían a las sinagogas y al templo. En el tiempo en que Lucas escribió, muchos cristianos se estaban reuniendo en hogares y en edificios públicos. El templo posiblemente ya había sido destruido, y las puertas de las sinagogas se estaban cerrando o se

habían cerrado para los cristianos.
El prólogo: Dedicatoria a Teófilo. Lucas comienza su obra de dos volúmenes con una oración larga, cuidadosamente confeccionada:

Puesto que muchos han intentado poner en orden un relato acerca de las cosas que han sido ciertísimas entre nosotros, así como nos las transmitieron los que desde el principio fueron testigos oculares y ministros de la palabra, me ha parecido bien también a mí, después de haberlo investigado todo con diligencia desde el comienzo, escribírtelas en orden, oh excelentísimo Teófilo, para que conozcas bien la verdad de las cosas en las cuales has sido instruido (Luc. 1:1-4).

El propósito que Lucas tenía en común con los otros escritores de los Evangelios fue el presentar y describir a Cristo Jesús y la salvación que él ofrece. Cada Evangelio se escribió para decir la historia de Cristo, de tal manera que trajera gente a la fe en él y alimentara a los que creen. Los escritores de los Evangelios usaron fuentes, tanto escritas como orales, pero ellos no fueron meros recopiladores o cronistas ordinarios. Cada uno era un autor y teólogo, interesado en interpretar las palabras y las obras que registró, y las relató a su propia generación y situación vital, según fue guiado por el Espíritu Santo. Debe estudiarse cada Evangelio como un todo, como una unidad literaria y con un propósito teológico. Aun cuando todos los Evangelios tienen un propósito común, también tienen un propósito que es peculiar a cada uno. Veamos ahora el propósito distintivo de Lucas-Hechos.

Afirmar la certidumbre histórica. Lucas dedicó sus dos tomos a Teófilo, e hizo claro su interés en las palabras *... para que conozcas bien la verdad de las cosas en las cuales has sido instruido* (Luc. 1:4). Lucas había hecho un estudio cuidadoso de los testimonios escritos y orales (Luc. 1:1-3) respecto a lo que Jesús había hecho y enseñado (Hech. 1:1); y se había impuesto la tarea de escribir una narración ordenada y exacta de lo que se había realizado entre ellos. Es claro que Lucas estaba tratando, primero de todo, con algo que había ocurrido realmente en la historia. La palabra empleada para *verdad* (Luc. 1:4) puede entenderse como significando verdad real. El movimiento cristiano se funda en un evento de la historia; no es un sistema filosófico que empezó como una búsqueda especulativa.

Los cristianos primitivos confiaron en un Señor resucitado y lo adoraron, pero su interés jamás careció de respeto hacia el Jesús histórico. Se habían escrito muchos relatos acerca de él; y testigos oculares habían relatado lo que habían visto y oído (1 Jn. 1:1-4). Es inconcebible que los que vieron y oyeron a Jesús no repitieran, durante la vida de él, muchos de sus dichos, ni se describieran el uno al otro las cosas que él hizo. Jesús no fue la clase de persona que podía ser ignorada y olvidada. Además, Jesús llamó a algunos para que estuvieran con él, y les enseñó cosas que ellos debían transmitir a otros. Al llegar nuevos seguidores dentro de la comunidad cristiana, ellos fueron instruidos en estas cosas que ocurrieron (1 Cor. 1:6-8). Estas cosas fueron las que pudieron ser trazadas, verificadas y probadas.

Lucas escribió no acerca de algo que meramente pasó, sino de algo que ocurrió de acuerdo con un propósito estudiado (Luc. 1:1). El escribió historia pero no mera historia, sino la historia de la salvación, de algo que Dios estaba haciendo en el mundo, de modo supremo en Jesús de Nazaret. Lo que él escribió no fue la historia que se hace a sí misma, sino la historia fijada por Dios. Los hechos que Lucas narra no fueron un accidente en la historia, sino el cumplimiento de largas e incesantes esperanzas a través de un acto poderoso de Dios, *... cuando vino la plenitud del tiempo, Dios envió a su Hijo...* (Gál. 4:4).

Por la frase *en orden* (Luc. 1:3) Lucas no quiso decir que estaba interesado principalmente en colocar todos estos eventos en orden cronológico. Puede ser que así fuera, pero él no se ciñó a semejante propósito. Por *en orden* Lucas parece referirse al arreglo lógico del material, con que desarrolla su tema del evangelio para toda la gente.

Trazar la urgencia de un pueblo universal de Dios. El propósito especial de Lucas se puede ver mejor cuando sus dos tomos, el Evangelio y Los Hechos, se consideran juntos. Los dos volúmenes trazan el movimiento cristiano desde sus comienzos con el nacimiento de Jesús hasta su desarrollo en una comunión de alcance mundial que trasciende los límites de la nacionalidad judía, y da lugar imparcialmente a judíos, samaritanos y gentiles. Para Lucas, Jesús no fue un mero Mesías judío, sino un Salvador mundial, el fundador del movimiento cristiano mundial.

Lucas estaba interesado en los temores, los prejuicios, las separaciones, las hostilidades, y aun la violencia que caracterizó las relaciones entre judíos y cristianos. El era consciente de la tensión que había entre los campeones del exclusivismo judío y aquellos que veían que en Cristo las barreras de enemistad debían caer. Positivamente, Lucas trazó una historia o desarrollo que empezó dentro del judaísmo, y que llegó a ser un movimiento universal, elevándose por encima de las distinciones mundanas tales como la nacionalidad, la raza y el estado social. Sin duda, Lucas se convirtió en un portavoz de la causa de un evangelio no estorbado, sin ningunas distinciones ni límites: *Pablo permaneció dos años... predicando el reino de Dios y enseñando acerca del Señor Jesucristo, con toda libertad y sin impedimento* (Hech. 28:30, 31). Lucas era testigo ocular del triunfo del universalismo del evangelio de Cristo. Y consecuentemente se dio testimonio de una tragedia; la autoexclusión de muchos judíos que no estaban dispuestos a ser parte de una comunidad que no hacía ninguna distinción entre el judío y el no judío.

LA CUESTION DE LAS FUENTES

¿De dónde obtuvo Lucas sus datos? A este respecto, el libro de Los Hechos se divide en dos secciones.

Caps. 1—15. Comencemos por sugerir que las informaciones pudieron haber llegado a Lucas por tres caminos: (1) *conversaciones directas* con testigos oculares (Pedro, Juan, Santiago, Felipe y otros); (2) *tradiciones orales sueltas*, de acá o de allá, en torno a determinados episodios (como Zacarías y Elisabet, José y María, Simeón y Ana); (3) *documentos escritos* (Evangelio de Marcos y otros). Es muy probable que de los tres modos el autor de Hechos, con su acostumbrado afán de búsqueda y seriedad, haya procurado sus informaciones usando las tres fuentes.

Caps. 16—28. Son los pasajes o secciones donde se usa el pronombre "nosotros" a los que ya aludimos anteriormente al tratar del autor del libro. La explicación tradicional es que con ese *nosotros* Lucas ha querido señalar discretamente su presencia entre los compañeros de viaje de Pablo. Debe haber llevado un diario de viaje y en estos pasajes tenemos el relato de un testigo personal. Con respecto a los momentos en que no estuvo presente, fueron muchas las horas que estuvo con Pablo en la prisión y éste pudo haberle relatado las historias.

PLAN BASICO DEL LIBRO DE LOS HECHOS
Hay por lo menos dos formas de escribir la historia. (1) La forma del analista, en la cual se intenta seguir el transcurso de los acontecimientos semana tras semana y día tras día; y (2) la forma en que un autor, por decirlo así, abre la serie de ventanas y nos da visiones vívidas de los grandes momentos y personalidades del período. El libro de Los Hechos sigue el segundo modelo. Los encabezamientos con que se designan las divisiones y subdivisiones de un plan, que sea fiel al propósito del libro, deben constituir las ventanas y las visiones vívidas de los grandes eventos y personajes del libro de Los Hechos. La búsqueda de un bosquejo que pueda llevar a cabo este fin demanda que el escritor procure sondear el porqué, en la providencia de Dios, el Espíritu Santo inspiró a Lucas para que seleccionara de todos los datos de su investigación aquellos que aparecen en Los Hechos.

No cabe duda de que es imposible decir dogmáticamente cuál es el plan pretendido por Lucas; buena prueba de ello son los numerosos ensayos tan divergentes que han propuesto los especialistas. Sin embargo, lo que dice el libro de sí mismo nos ofrece algunos elementos para sugerir un posible plan.

Usualmente un autor anuncia en su introducción lo que va a decir, y en la conclusión toma de nuevo en forma de resumen todo lo que acaba de decir. Lucas, en Hechos 1:1, 2, dice lo que se propuso tratar en su primer tomo (el Evangelio de Lucas): *En el primer relato, escribí... todas las cosas que Jesús comenzó a hacer y enseñar hasta el día en que fue recibido arriba...* Por lo tanto, hemos de concluir que en el segundo tratado (el libro de Los Hechos) nos va a hablar de lo que sucedió luego, especialmente de los hechos de los apóstoles seleccionados y enseñados por Jesús.

En realidad, Lucas nos decía allí que había dedicado su primer libro a *todas las cosas que Jesús comenzó a hacer y enseñar* (así llevando a cabo el reino de Dios), y que en su segundo libro el mismo Jesús ya resucitado estaba hablando a sus apóstoles *acerca del reino de Dios* (Hech. 1:1-3). Al principio de Los Hechos es Jesús el que enseñó y habló con sus apóstoles *del reino de Dios* (1:3). Al fin del libro se encuentra Pablo, quien ahora está predicando el reino de Dios y enseñando acerca del Señor Jesucristo, *con toda libertad y sin impedimento* (28:31). Se nota que al principio y al fin de Los Hechos, un período de unos 30 años, encontramos un objetivo en común: el de la proclamación y la afirmación del reino de Dios (la soberanía de Dios). Se puede sugerir que el plan de Lucas era trazar la historia del principio de la proclamación de la soberanía de Dios por el movimiento cristiano temprano y, a la vez, la historia de la afirmación de esa soberanía como se ve en la extensión del evangelio de Jesucristo por todo el mundo.

La conclusión del libro de Los Hechos (28:30, 31) parece curiosa; nos quedamos en suspenso: ¿Qué pasó con Pablo después de sus dos años en Roma? No sabemos nada. Es fácil concluir que el libro quedó sin terminar o que se perdió la conclusión. Para el autor de este comentario es evidente que Lucas no intentó escribir una biografía de Pablo. Pues, si recordamos las expresiones que precisan la actividad de Pablo en Roma, *... predicando el reino de Dios... con toda libertad y sin impedimento*, entonces sentimos que Lucas sí logró su propósito con esta conclusión.

CRONOLOGIA

Año	Evento	Referencia
30 o 31, Pentecostés	La primera comunidad	2:42-47
36 o 37, invierno	Martirio de Esteban	7:54—8:1
	Dispersión de la comunidad	8:1, 2
	Felipe predica en Samaria	8
	Conversión de Pablo	9
Por el 39	Pablo huye de Damasco	9:25; ver 2 Cor.
	Primera visita a Jesusalén como creyente	(ver Gál. 1, 2)
Por el 43	Pablo y Bernabé en Antioquía	11:19-26
43 o 44	Agripa I hace decapitar a Santiago, hermano de Juan	12:1 ss.
45 a 49	Primer viaje misionero de Pablo	13—14
Por el 48	Hambre en Judea	11:27 ss.
48 a 49	Deliberaciones en Jerusalén	15:5 ss.
50 a 52	Segundo viaje misionero de Pablo	15:36 ss.
Invierno 50 a verano 52	Pablo en Corinto (carta a los tesalonicenses)	18
Primavera 52	Comparece ante Galión	18:12
Verano 52	Pablo en Jerusalén y Antioquía	18:22
53 a 58	Tercer viaje misionero de Pablo	18:23
	Apolo en Efeso y Corinto	18:24 ss.

54 a 57	Pablo pasa hasta 2 años y medio en Efeso, tras haber recorrido Galacia y Frigia (cartas a los corintios)	19:10
Invierno 57 a 58	En Corinto (cartas a los romanos y gálatas)	20:3
Pascua 58	En Filipos y Cesarea	20:6
Verano 58	En Jerusalén	21:27 ss.
Pentecostés 58	Arresto de Pablo en el templo, comparece ante Ananías y el Sanedrín, comparece en Cesarea ante Félix	24:10 ss.
58 a 60	Pablo preso en Cesarea	24:24 ss.
60	Comparece ante Festo, apela a César	25:1 ss.
Otoño 60	Viaje a Roma, naufragio, invierno en Malta	27—28
61 a 63	Pablo en Roma (cartas a colosenses, efesios, Filemón y filipenses)	28:16 ss.

BOSQUEJO DE LOS HECHOS

PREFACIO, 1:1-5

I. EL MOVIMIENTO CRISTIANO EN JERUSALEN: UN CRISTIANISMO JUDIO, 1:6—7:60

1. La soberanía de Dios actuando, 1:6-8
2. Jesús asciende al cielo, 1:9-11
3. En espera del Espíritu Santo, 1:12-14
4. Elección de Matías, 1:15-26
5. Pentecostés y el discurso de Pedro, 2:1-41
   (1) Pentecostés, 2:1-13
   (2) Discurso de Pedro, 2:14-41
6. La vida de los primeros fieles, 2:42-47
7. Sanidad de un cojo, 3:1-10
8. Discurso de Pedro en el templo, 3:11-26
9. Pedro y Juan encarcelados, 4:1-4
10. Pedro y Juan ante el Sanedrín, 4:5-22
11. Oración de los discípulos amenazados, 4:23-31
12. La vida en común de los fieles, 4:32-37
13. El pecado de Ananías y Safira, 5:1-11
14. Los apóstoles hacen sanidades, 5:12-16
15. Arresto de los apóstoles y discurso de Pedro, 5:17-42
    (1) Los apóstoles son perseguidos, 5:17-32
    (2) El consejo de Gamaliel, 5:33-42
16. Los siete diáconos, 6:1-7
17. Esteban, discurso y muerte, 6:8—7:60
    (1) Esteban es puesto preso, 6:8-15
    (2) Discurso de Esteban, 7:1-53
    (3) Esteban es apedreado, 7:54-60

II. EL MOVIMIENTO CRISTIANO FUERA DE JERUSALEN: LA ACTIVIDAD DE LOS HELENISTAS HACIA UNA IGLESIA MAS ABIERTA, 8:1—12:25

1. Dispersión de los discípulos fuera de Jerusalén, 8:1-3
2. Predicación en Samaria, 8:4-25
   (1) Felipe en Samaria, 8:4-8
   (2) Pedro y Simón el mago, 8:9-25
3. Bautismo del eunuco etíope, 8:26-40
4. Conversión y primeras actividades de Saulo, 9:1-31
   (1) Nacimiento y juventud de Saulo
   (2) Conversión de Saulo, 9:1-19a
   (3) Saulo predica en Damasco, 9:19b-31

5. Obra misionera de Pedro, 9:32-43
   (1) Pedro sana a Eneas, 9:32-35
   (2) Pedro resucita a Dorcas, 9:36-43
6. Conversión del centurión Cornelio, 10:1—11:18
   (1) Visión de Cornelio en Cesarea, 10:1-8
   (2) La visión de Pedro en Jope, 10:9-16
   (3) Pedro y los enviados de Cornelio, 10:17-23
   (4) Pedro predica en casa de Cornelio, 10:24-48
   (5) Pedro relata la conversión de Cornelio, 11:1-18
7. Fundación de la iglesia en Antioquía, 11:19-30
8. Persecución de la iglesia por Herodes Agripa, 12:1-25
   (1) Jacobo ejecutado, Pedro encarcelado, 12:1-5
   (2) Pedro es librado de la cárcel, 12:6-19
   (3) La muerte de Herodes Agripa I, 12:20-25

III. EL MOVIMIENTO CRISTIANO UNIVERSAL: DIFUSION DE LA IGLESIA EN EL MUNDO GRECORROMANO, 13:1—28:31

1. Bernabé y Saulo elegidos para ir a los gentiles, 13:1-3
2. Primer viaje misionero por Chipre y Asia Menor, 13:4—14:28
   (1) Bernabé y Saulo en Chipre, 13:4-12
   (2) Pablo en Antioquía de Pisidia, 13:13-41
   (3) El segundo encuentro, 13:42-52
   (4) Pablo y Bernabé en Iconio, 14:1-7
   (5) Pablo y Bernabé en Listra, 14:8-20
   (6) El regreso a Antioquía de Siria, 14:21-28
3. Problema de la obligación de la ley discutido en Jerusalén, 15:1-35
   (1) El problema de los judaizantes, 15:1-3
   (2) Las deliberaciones en Jerusalén, 15:4-21
   (3) La carta a los creyentes gentiles, 15:22-35
4. Segundo viaje misionero de Pablo atravesando Asia Menor y Macedonia, hasta Atenas y Corinto, 15:36—18:22
   (1) Comienzo del segundo viaje misionero, 15:36-41
   (2) Timoteo acompaña a Pablo, 16:1-5
   (3) Pablo pasa a Macedonia, 16:6-12
   (4) La conversión de Lidia, 16:13-15
   (5) Pablo y Silas en la cárcel de Filipos, 16:16-24
   (6) Conversión del carcelero de Filipos, 16:25-40
   (7) Pablo y Silas en Tesalónica, 17:1-9
   (8) Pablo y Silas en Berea, 17:10-15
   (9) Discurso de Pablo en Atenas, 17:16-34
   (10) Pablo en Corinto, 18:1-17
   (11) Pablo regresa a Antioquía de Siria, 18:18-23
5. Tercer viaje misionero, con parada de tres años en Efeso, regresando a Antioquía a través de Macedonia y Grecia, 18:23—21:17

    (1) Apolos se une a los cristianos, 18:24-28
    (2) Pablo en Efeso, 19:1-22
    (3) Alboroto de los plateros en Efeso, 19:23-41
    (4) Recorrido de Macedonia y Grecia, 20:1-6
    (5) Pablo visita Troas, 20:7-12
    (6) Viaje desde Troas hasta Mileto, 20:13-16
    (7) Despedida de los ancianos de Efeso, 20:17-38
    (8) Rumbo a Jerusalén, 21:1-17
6. Pablo es hecho prisionero en Jerusalén, 21:18—23:22
    (1) Pablo y los hermanos en Jerusalén, 21:18-25
    (2) Pablo es apresado en el templo, 21:26-36
    (3) Defensa de Pablo ante el pueblo, 21:37—22:21
    (4) Pablo ante el tribuno, 22:22-29
    (5) Defensa de Pablo ante el Sanedrín, 22:30—23:11
    (6) Complot para asesinar a Pablo, 23:12-22
7. Pablo es llevado a Cesarea donde permanece dos años preso, 23:23—26:32
    (1) Pablo es llevado a Cesarea, 23:23-35
    (2) Pablo acusado ante Félix, 24:1-9
    (3) Defensa de Pablo ante Félix, 24:10-23
    (4) Prisión de Pablo en Cesarea, 24:24-27
    (5) Pablo apela al César, 25:1-12
    (6) Agripa considera el caso de Pablo, 25:13-22
    (7) Pablo ante el rey Agripa, 25:23-27
    (8) Testimonio de Pablo ante Agripa, 26:1-32
8. Viaje de Pablo a Roma, proclamación del evangelio sin impedimento, 27:1—28:30
    (1) Pablo se embarca para Roma, 27:1-8
    (2) La tempestad en el mar, 27:9-38
    (3) El naufragio en la isla de Malta, 27:39-44
    (4) Experiencias de Pablo en Malta, 28:1-10
    (5) Pablo llega a Roma, 28:11-16
    (6) Pablo y su mensaje en Roma, 28:17-31

AYUDAS SUPLEMENTARIAS

Barclay, William. "Hechos de los Apóstoles", en *El Nuevo Testamento Comentado*. Trad. Dafne Sabanes de Plou. Buenos Aires: La Aurora, 1974.
Binney, Amos y Daniel Steele. "Desde Mateo Hasta Los Hechos", en *El Comentario Popular*. Tomo I. Trad. Sergio Franco. Kansas City, Missouri: Casa Nazarena de Publicaciones, 1962.
Bruce, F. F. *¿Son Fidedignos los Documentos del Nuevo Testamento?* Trad. Daniel Hall. San José, Costa Rica: Editorial Caribe, 1957.
Equipo "Cahiers Evangile." "Los Hechos de los Apóstoles" en *Cuadernos Bíblicos 21*. Trad. Nicolás Darrical. Estella (Navarra), España: Editorial Verbo Divino, 1978.
Guthrie, D., y J. A. Motyer. *Nuevo Comentario Bíblico*. El Paso, Texas: Casa Bautista de Publicaciones, 3a. edición, 1981.
Mayfield, Joseph H., y Ralph Earle. "Juan-Hechos", en *Comentario Bíblico Beacon*. Trad. Lucía G. de Costa. Kansas City, Missouri: Casa Nazarena de Publicaciones, 1965.
Stagg, Frank. *El Evangelio para Todos*. Trad. Adolfo Robleto. El Paso, Texas: Casa Bautista de Publicaciones, 1976.
Stagg, Frank. *Teología del Nuevo Testamento*. Trad. Arnoldo Canclini. El Paso, Texas: Casa Bautista de Publicaciones, 1976.
Turrado, Lorenzo. "Hechos de los Apóstoles y Epístola a los Romanos", en *Biblia Comentada*. Madrid, España: Editorial Católica, 2a. edición, 1975.
Viertel, Weldon. *Los Hechos de los Apóstoles*. Trad. Rubén O. Zorzoli. El Paso, Texas: Casa Bautista de Publicaciones, 1988.
Wilkenhauser, Alfred. *Los Hechos de los Apóstoles*. Barcelona, España: Editorial Herder, 1981.

HECHOS
TEXTO, EXPOSICION Y AYUDAS PRACTICAS

Promesa acerca del Espíritu Santo

1 En el primer relato* escribí, oh Teófilo,* acerca de todas las cosas que Jesús comenzó a hacer y a enseñar, **2** hasta el día en que fue recibido arriba, después de haber dado mandamientos por el Espíritu Santo a los apóstoles que había escogido. **3** A éstos también se presentó vivo, después de haber padecido, con muchas pruebas convincentes. Durante cuarenta días se hacía visible a ellos y

*1:1a Ver Luc. 1:1-4
*1:1b Comp. Luc. 1:3

Generalmente hablamos de *Los Hechos de los Apóstoles*. Pero en el libro en griego no existe la palabra *Los* antes de *Hechos*; el título correcto es *Hechos de hombres apostólicos*. El título *Los Hechos de los Apóstoles* no es de Lucas; fue añadido más tarde (después del siglo III).

Según parece, en época remota los cuatro Evangelios formaban una sola colección. Se dice que probablemente fueron unidos poco tiempo después de la terminación del Evangelio de Juan y durante los comienzos del siglo II. La colocación de los cuatro Evangelios en un solo volumen significó la separación de las dos partes de la historia de Lucas. El libro de Los Hechos, por conveniencia, estuvo unido generalmente a las Epístolas Generales.

PREFACIO, 1:1-5

Apropiadamente se ha declarado que este libro es como una continuación de los Evangelios y un preludio a las Epístolas. En realidad los Evangelios concluyen su narración con la muerte, resurrección y ascensión de Jesucristo. Y, a su vez, las Epístolas suponen ahora formadas unas congregaciones cristianas a las que van dirigidas. Por tanto, para llenar esa laguna intermedia entre Evangelios y Epístolas (paulinas y generales), refiriéndonos a la expansión del movimiento cristiano a partir de la ascensión del Señor, se encuentra el libro de Los Hechos.

Es menester hacer notar en el v. 1 la expresión con que Lucas caracteriza *el primer relato* (el Evangelio de Lucas): ... *todas las cosas que Jesús comenzó a hacer y a enseñar*. Lucas indica que Jesús, además de su enseñanza, mostró el ejemplo de su vida. El tercer Evangelio, más que para proveer información histórica, está para nuestra edificación. En griego hay que dar pleno valor al verbo "comenzar". Jesús *comenzó a hacer y a enseñar*, una locución que se interpreta como si Lucas quisiera decir que el ministerio público de Jesús no era sino principio de su obra, cuya continuación ahora va a narrar él en Los Hechos. De hecho, podemos concluir que la obra de los apóstoles se presenta como continuación y complemento de la de Jesús. Podemos decir que la afirmación de las verdades que encontramos en el NT representa la consecuencia inevitable de la predicación del evangelio de Jesucristo.

Notamos la mención que Lucas hace del Espíritu Santo al referirse a los mandamientos que Jesús da a los apóstoles. El griego permite que la frase *por el Espíritu Santo* (v. 2) pueda referirse también a la elección de los apóstoles. Pudiera ser que Lucas se refiera a las dos cosas, mandamientos y elección, hechas ambas por Jesús, movido *por el Espíritu Santo*.

les hablaba acerca del reino de Dios. **4** Y estando juntos, les mandó que no se fuesen de Jerusalén, sino que esperasen el cumplimiento de la promesa* del Padre, "de la cual me oísteis hablar; **5** porque Juan, a la verdad, bautizó en* agua,* pero vosotros seréis bautizados en* el Espíritu Santo después de no muchos días."

*1:4 P. ej., en Joel 2:28, 29; ver Juan 14:16, 26; 15:26
*1:5a, c Otra trad., *con*
*1:5b Ver Luc. 3:16

Cuando Lucas habla de que Jesús da esos mandamientos *por el Espíritu Santo*, continúa la norma que sigue en el Evangelio de Lucas, donde muestra inspiración especial en hacer destacar la intervención del Espíritu Santo: en la concepción de Jesús (Luc. 1:15, 35, 67), en la presentación de éste en el templo (Luc. 2:25-27) y cuando realiza las actividades de su ministerio público (Luc. 4:1, 14, 18; 10:21; 11:13). Es obvio, entonces, que también ahora lo sigue haciendo *por el Espíritu Santo*. También es obvio que el Espíritu Santo no llegó por primera vez en el día de Petecostés.

El v. 3 hace hincapié en el hecho de que por *cuarenta días* Jesús se hizo *visible* a sus apóstoles y les dio pruebas indubitables de que él estaba vivo entre ellos. Durante esos días les hablaba *acerca del reino de Dios*, dándole forma y declarando su carácter y su objeto. Jesús, pues, estaba personal y responsablemente unido con el movimiento cristiano tanto antes como después de su muerte.

En consecuencia es normal que Jesús, después de su resurrección, apareciera a sus apóstoles durante una comida (ver Luc. 24:30-43; Juan 21:9-13; Hech. 10:41). Y así, la prueba de que estaba realmente resucitado era más evidente. En una de estas apariciones, al final ya de los cuarenta días que median entre la resurrección y la ascensión, les da un aviso importante: que no deben ausentarse de Jerusalén hasta después de recibir *la promesa del Padre* (aparentemente la promesa de Luc. 24:49, *hasta que seáis investidos del poder de lo alto*).

Este pasaje nos relata cómo la iglesia iba a recibir el poder necesario para llevar a cabo su ministerio. El doctor T. W. Manson opina que hay solamente un ministerio esencial en la iglesia, el ministerio continuo del mismo Señor resucitado y siempre con nosotros. O sea que Jesucristo —quien ministró en Judea, Samaria y Galilea— continúa su ministerio por medio de la iglesia, su cuerpo. Según Pablo este ministerio esencial es *el ministerio de la reconciliación* (2 Cor. 5:18-20). Todos los otros ministerios dentro de la iglesia se derivan y dependen de ese viviente Señor Jesús.

> **Joya bíblica**
>
> **Porque Juan, a la verdad, bautizó en agua, pero vosotros seréis bautizados en el Espíritu Santo después de no muchos días (1:5).**

En el libro de Los Hechos, y sin duda en todo el NT, es difícil diferenciar entre la obra del Espíritu y la del Cristo resucitado. Y en realidad no necesitamos hacer tal cosa, debido a que la llegada del Espíritu es el cumplimiento de la promesa de Jesús: *Y he aquí, yo estoy con vosotros todos los días, hasta el fin del mundo* (Mat. 28:20).

Jesús llama al Espíritu Santo *la promesa del Padre* (v. 4), pues repetidas veces había sido prometido en el AT para los tiempos mesiánicos (Isa. 44:3; Eze. 36:26, 27; Joel 2:28-32). También Jesús lo había anunciado varias veces durante su ministerio público para después de que él se marchara (ver Luc. 24:49; Juan 14:16; 16:7). Ni se contenta con decir que recibirán el Espíritu Santo sino que, haciendo referencia a una frase de Juan el Bautista

HECHOS 1:6-8

Jesús asciende al cielo*

6 Por tanto, los que estaban reunidos le preguntaban diciendo:
—Señor, ¿restituirás el reino a Israel en este tiempo?
7 El les respondió:
—A vosotros no os toca saber ni los tiempos ni las ocasiones que el Padre dispuso por su propia autoridad. **8** Pero recibiréis poder cuando el Espíritu Santo haya venido sobre vosotros, y me seréis testigos en Jerusalén, en toda Judea, en Samaria y hasta lo último de la tierra.

*1:6t Ver Mar. 16:19, 20; Luc. 24:50-53

(ver Luc. 3:16), dice que serán *bautizados en el Espíritu Santo*, es decir, sumergidos en él.

El bautismo *en el Espíritu Santo* que los discípulos habían de anticipar, un bautismo que contrasta con el bautismo de Juan en agua, se ha de entender en términos de la referencia obvia al testimonio de Juan en Lucas 3:16, 17: *Yo a la verdad, os bautizo en agua. Pero viene el que es más poderoso que yo, de quien no soy digno de desatar la correa de su calzado. El os bautizará en el Espíritu Santo y fuego*. El bautismo de Juan en agua fue caracterizado por arrepentimiento, y claramente él no pensó en que este hecho poseía en sí alguna garantía de salvación. Si hubiera tenido una garantía así, no hubiera rechazado a tantos (Luc. 3:7). Este bautismo en agua fue ofrecido solamente a aquellos que habían mostrado evidencia de que ya se habían arrepentido (Luc. 3:8). Sin embargo, Juan buscaba más allá de su bautismo en agua un bautismo *en el Espíritu Santo y fuego* (Luc. 3:17). Evidentemente alude con ello a la gran efusión en Pentecostés (Hech. 11:16), que luego se tratará con detalle (ver Hech. 2:1-4).

I. EL MOVIMIENTO CRISTIANO EN JERUSALEN: UN CRISTIANISMO JUDIO, 1:6—7:60

El tema queda claramente reflejado en las palabras del Señor a sus apóstoles: *Pero recibiréis poder cuando el Espíritu Santo haya venido sobre vosotros, y me seréis testigos en Jerusalén, en toda Judea, en Samaria y hasta lo último de la tierra* (1:8). En efecto, a través del libro de Los Hechos podemos ir siguiendo los primeros pasos de la vida de la iglesia, que nace en Jerusalén y se va extendiendo luego gradualmente, primero a las regiones cercanas de Judea y Samaria y, por fin, al mundo entero. Esta salida hacia la universalidad implicaba una trágica batalla con el espíritu estrecho de la religión judía, una batalla que queda claramente reflejada en Los Hechos, y que pudo ser ganada gracias a la dirección y luces del Espíritu Santo como constantemente se va haciendo notar (ver 6:3, 5; 7:55 s; 8:17, 29; 10:19, 44; 11:12, 15 s; 13:2, 4; 15:8, 28; 16:6; 20:23; 28:25).

1. La soberanía de Dios actuando, 1:6-8

La pregunta de los apóstoles de si por fin iba a restablecer el reino a Israel parece estar sugerida por la anterior promesa del Señor de que, pasados pocos días, serían bautizados en el Espíritu Santo. A través de todo su ministerio Jesús trabajó dentro de un concepto del reino de Dios completamente diferente del de los líderes del judaísmo (pensamiento religioso judío) del primer siglo. Es interesante hacer notar cómo los discípulos, después de varios años de convivencia con el Maestro, seguían aún esperando una restauración temporal de la realeza davídica, con dominio de Israel sobre los otros pueblos. Por tanto, así interpretaban lo dicho por los profetas sobre el reino mesiánico (ver Isa. 11:12; 14:2; 49:23; Eze. 11:17; Ose. 3:5; Amós 9:11-15; Sal. 2:8; 110:2-5), a pesar de que ya Jesús, en varias ocasiones, les había declarado la naturaleza espiritual de ese reino (ver Mat. 16:21-28; 20:26-

28; Luc. 17:20, 21; 18:31-34; Juan 18:36).

Los discípulos no negaban con esta pregunta su fe en Jesús, antes al contrario, viéndole ahora resucitado y triunfante, se sentían más confiados y unidos a él. Sin embargo, tenían aún muy firme la concepción político-mesiánica que tantas veces se encuentra en los Evangelios (ver Mat. 20:21; Luc. 24:21; Juan 6:15) y que exigía a Jesús suma prudencia al manifestar su carácter de Mesías, a fin de no provocar alzamientos peligrosos que impidieran su misión (ver Mat. 13:13; 16:20; Mar. 3:11, 12; 9:9). Solamente la iluminación del Espíritu Santo logrará corregir estos prejuicios judaicos de los apóstoles, dándose a conocer la verdadera naturaleza del evangelio y así del reino. Dios es un Dios que realiza sus propósitos. La historia no es un rompecabezas de hechos desconectados, presididos por el azar; es un proceso dirigido por un Dios actuante y capaz de ver el fin en el principio.

En esta ocasión, Jesús no considera oportuno volver a insistir sobre el particular, y se contenta con responder a la cuestión cronológica. Les informa que el pleno establecimiento del reino mesiánico, de cuya naturaleza él ahora no va a especificar, es de la sola competencia del Padre, que es quien ha fijado los diversos *tiempos*: de *preparación* (Hech. 17:30; Rom. 3:26; 1 Ped. 1:11), de *inauguración* (Mar. 1:15; Gál. 4:4; 1 Tim. 2:6), de *desarrollo* (Mat. 13:30; Rom. 11:25; 1 Cor. 1:7, 8), y ahora de *consumación final* (Mat. 24:33-36; 25:31-46; Rom. 2:5-11; 2 Tes. 1:6-10). En tal ignorancia, lo que a ellos toca, una vez recibida la fuerza del Espíritu Santo, es obrar por ese restablecimiento, manifestándose como testigos de los hechos y enseñanzas de Jesús, primero en *Jerusalén*, luego en toda Palestina, y finalmente *hasta lo último de la tierra* (es decir, en medio del mundo gentil).

Ahora, en el v. 8, se ve claramente lo que es el reino (la soberanía) de Dios ac-

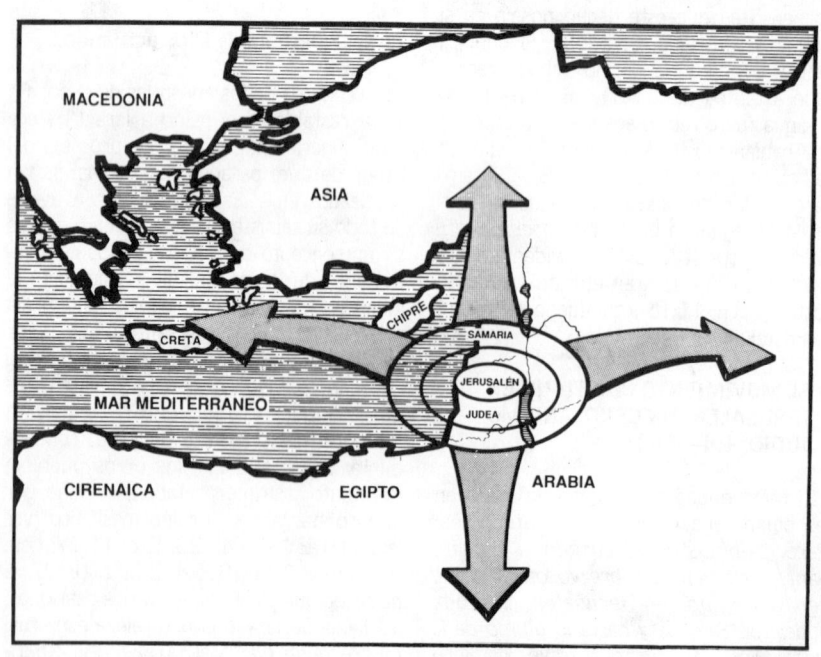

Hasta lo último de la tierra

tuando. La declaración en este versículo, ... *me seréis testigos en Jerusalén, en toda Judea, en Samaria y hasta lo último de la tierra*, se había aceptado comúnmente como el bosquejo de Los Hechos y la indicación del propósito de Lucas. Desde luego esto provee algún plan dentro del cual escribió Lucas, pero en ninguna manera representa su interés principal. Contrario a lo expuesto por varios comentarios, antiguos y recientes, Lucas no demostró cómo el evangelio se extendía de Jerusalén a Roma. Hasta hoy día no conocemos cómo el evangelio alcanzó a Roma, a Damasco, a Chipre, a Cirene, a Efeso, a Troas, a Corinto, a Creta y a innumerables otros lugares. Aparentemente, Lucas no dio estos datos porque su propósito iba en otra dirección.

Esto no quiere decir que en Los Hechos no encontramos mucha atención dedicada a la expansión geográfica; obviamente todo lo contrario, los cristianos se presentaban moviéndose constantemente. Se preconiza aquí, sin embargo, que estar demasiado preocupado con este factor es perder un asunto más importante, aquello que aparentemente Lucas quería presentar. Las fronteras más difíciles de cruzar —en aquel entonces como hoy en día— eran las religiosas, nacionales, raciales y de clase social, y no los límites geográficos. Es más fácil hoy día enviar misioneros a Africa que establecer y mantener una fraternidad que cruce las líneas raciales, nacionales y de clase social en la casa de uno. En el libro de Los Hechos es obvio que el cristianismo marchó de Jerusalén, Judea y Samaria, y hasta lo último de la tierra, pero al hacer esto se precipitaba el tema que resultó en la ruptura entre la sinagoga y la iglesia, y en la autoexclusión del mismo pueblo en quien vio la luz el cristianismo.

En la carta de Pablo a los efesios él nos comparte sus pensamientos sobre esta soberanía de Dios actuando. Cuando Pablo escribió esta epístola de la prisión, estaba dando testimonio personal a los primeros treinta años de la historia en la iglesia temprana, la que se halla en el libro de Los Hechos:

Por revelación me fue dado a conocer este misterio... Por tanto... podréis entender cuál es mi comprensión en el misterio

---

Semillero homilético

Poder en el Espíritu Santo
1:8

Introducción: Tenemos grandes represas en varios países que han sido construidas con el fin de traer trabajo y riqueza. Pero aunque todo esté listo: los canales y tuberías, las compuertas y túneles, los motores y generadores, si falta el agua para producir la energía y poder, de nada van a servir dichas obras de la ingeniería moderna. Podemos tener todo en la iglesia, pero si no tenemos el Espíritu Santo, no produciremos nada efectivo.

  I. La certeza de la promesa.
  1. *Pero recibiréis poder...;* esto quiere decir, habilidad, potestad.
  2. *Cuando el Espíritu Santo haya venido...;* necesitamos el poder de Dios y no el poder del hombre.
  II. El objeto de la promesa.
  1. Darnos poder y libertad.
  2. Darnos osadía y dependencia en él.
  III. El resultado de la promesa.
  1. *Me seréis testigos...;* en todas partes.
  2. Testigos de los hechos gloriosos de Jesucristo

Conclusión: Una vez una persona trató de manejar un auto; trató de hacerlo arrancar varias veces y no pudo lograrlo. Al fin levantó la cubierta del motor y se dio cuenta que el motor del vehículo había sido robado. Reflexionemos en nuestra propia experiencia cristiana: ¿Estamos usando el motor del Espíritu Santo en nuestras vidas?

9 Después de decir esto, y mientras ellos le veían, él fue elevado; y una nube le recibió ocultándole de sus ojos. **10** Y como ellos estaban fijando la vista en el cielo mientras él se iba, he aquí dos hombres vestidos de blanco se presentaron junto a ellos, **11** y les dijeron:

de Cristo. *En otras generaciones, no se dio a conocer este misterio a los hijos de los hombres, como ha sido revelado ahora a sus santos apóstoles y profetas por el Espíritu, a saber: que en Cristo Jesús los gentiles son coherederos, incorporados en el mismo cuerpo y copartícipes de la promesa por medio del evangelio* (Ef. 3:3-6).

En su escrito a las iglesias de Galacia Pablo habla aun más explícitamente de lo que quiere decir el ministerio de Cristo (la soberanía de Dios actuando): *Ya no hay judío ni griego, no hay esclavo ni libre, no hay varón ni mujer; porque todos vosotros sois uno en Cristo Jesús* (Gál. 3:28).

> **Joya bíblica**
> **Pero recibiréis poder cuando el Espíritu Santo haya venido sobre vosotros, y me seréis testigos en Jerusalén, en toda Judea, en Samaria y hasta lo último de la tierra (1:8).**

¿Fue el cristianismo fiel al judaísmo? En su Evangelio y en el libro de Los Hechos Lucas demuestra que en verdad el cristianismo fue fiel al judaísmo. El cristianismo nació dentro del judaísmo más estricto. No abandonó las sinagogas o el templo en el principio del movimiento cristiano. Sin embargo los cristianos fueron excluidos de las sinagogas y del templo, porque el cristianismo incluía cualquiera que por fe seguía a Jesucristo. Vemos el interés verdadero de Jesús por toda la gente, no sólo por los judíos. A él le interesaban todas las necesidades de toda la gente. A Jesús no le interesaban las instituciones de la religión judía tales como el sábado, el ayuno, los ritos de purificación y otras por el estilo. Su interés estaba en Dios y en la gente. El definió su sentido de misión, tanto en su sermón en la sinagoga de Nazaret (Luc. 4:14-30) como en su respuesta a los mensajeros del encarcelado Juan el Bautista (Luc. 7:18-23). La crucifixión de Jesús resultó de este conflicto básico entre él y la religión institucional, tanto de los fariseos como de los saduceos. Jesús no dejó la sinagoga o el templo porque él quiso dejarlos, sino que fue echado de la sinagoga en Nazaret (Luc. 4:29) y fue rechazado en Jerusalén (Luc. 19:41-48; 23:1, 2).

La comunidad cristiana en los días de Lucas no había quitado la fe en el verdadero judaísmo ni en Cristo Jesús. Al llegar a ser una comunión de personas que pasa por alto las distinciones de nacionalidad, raza y ritos, el cristianismo es fiel a las enseñanzas de Cristo. El movimiento cristiano estaba logrando el pacto que Dios hizo con Abram y Moisés, los fundadores del pueblo de Dios (ver Gén. 12:3; Exo. 19:6-8; 1 Ped. 2:9, 10).

2. Jesús asciende al cielo, 1:9-11

Lucas narra aquí, con todos sus detalles, el hecho trascendental de la ascensión de Jesús al cielo. Este breve pasaje nos introduce a dos pensamientos de mucha importancia en el NT: nos relata la historia de la ascensión y nos enfrenta con el asunto de la segunda venida.

La ascensión. Parece que la acción de la ascensión fue más bien lenta, pues los apóstoles estaban mirando al cielo mientras se iba. La ascensión no es un fenómeno del que tengamos causas para dudar. Aparentemente, se trata de una descripción según las apariencias físicas, sin intención alguna de orden científico-astronómico. Es el cielo atmosférico, que puede contemplar cualquier espectador, y está fuera del propósito ver ahí alusión a alguno de los cielos de la cosmografía hebrea o de la cosmología helenística (2 Cor. 12:1, 2). En cuanto a la nube, ya en el AT

—Hombres galileos, ¿por qué os quedáis de pie mirando al cielo? Este Jesús, quien fue tomado de vosotros arriba al cielo, vendrá de la misma manera como le habéis visto ir al cielo.

12 Entonces volvieron a Jerusalén desde el monte que se llama de los Olivos, el cual está cerca de Jerusalén, camino de un sábado.*

*1:12 O sea, *como un kilómetro de distancia* (lo permitido para caminar en sábado)

---

una nube reverencial acompañaba casi siempre a los mensajeros de Dios (Exo. 13:21, 22; 16:10; 19:9; Lev. 16:2; Sal. 97:2; Isa. 19:1; Eze. 1:4). También en el NT aparece la nube en la ocasión de la transfiguración de Jesús (Luc. 9:34, 35; ver también la relación entre Dan. 7:13, 14 y Mat. 24:30; 26:64). Es obvio que, al entrar Jesucristo ahora en la gloria, una vez cumplida su misión terrestre, aparece también la nube, símbolo de la presencia y majestad de Dios.

Según Lucas, el propósito de los cuarenta días y las apariciones del Señor resucitado aparentemente era demostrar el hecho histórico de la resurrección (Hech. 1:2) y para impartir más instrucciones a sus discípulos (Hech. 1:3). La ascensión fue declarada necesaria para que sus seguidores pudieran recibir el Espíritu Santo (Hech. 2:33; Juan 16:7, 20:22). El Jesús resucitado, visible y palpable, se retiró para que ellos pudieran realizar más de su presencia y poder como el Señor ahora reconocido como el Espíritu Santo. Por tanto, Jesús quería dar a sus seguidores una prueba incuestionable de que había retornado a su gloria. Cuando Lucas nos relata la ascensión en su Evangelio agrega algo: *... regresaron a Jerusalén con gran gozo* (Luc. 24:52). A pesar de la ascensión, o tal vez debido a ella, los discípulos estaban seguros de que Jesús no se había alejado, sino que estaba con ellos para siempre.

La segunda venida. Los dos personajes *vestidos de blanco* (v. 10) de modo semejante al evento en la escena de la resurrección (Luc. 24:4), anuncian a los apóstoles que Jesús reaparecerá *de la misma manera* (v. 11) que lo ven ahora desaparecer, sólo que a la inversa, pues ahora desaparece subiendo y entonces reaparecerá descendiendo. Es alusión, sin duda, al retorno glorioso de Jesús en la segunda venida, *parousía* ^{3952}, que desde ese momento constituye la suprema expectativa de la primera generación cristiana, y cuya esperanza los alentaba y sostenía en sus trabajos. En el NT se usa el concepto de la *parousía* especialmente para designar la venida del Cristo resucitado a su pueblo al final de un intervalo de tiempo indeterminado después de su resurrección (Mat. 24:3; 1 Cor. 15:23; 1 Tes. 2:1, 19; 3:13; 4:15; 5:23; 2 Tes. 2:1, 8; Stg. 5:7, 8; 2 Ped. 1:16; 3:4, 12; 1 Jn. 2:28). Se nota que estas citas representan a todos los escritores del NT, y se nota además que en estas citas no se utiliza "segunda venida".

Las palabras "segunda venida" no son neotestamentarias. Lo más cercano son las palabras de Hebreos 9:28: *La segunda vez, ya sin relación con el pecado, aparecerá para salvar a los que le esperan.* El uso más antiguo de "segunda venida" parece ser de Justino Mártir, a mediados del siglo II.

La razón porqué no se encuentra el concepto de la segunda venida (como se emplea hoy en día) en el NT se halla en la comprensión de la escatología (la doctrina de los últimos días) judía del siglo I. Sin excepción, todos los autores del NT se vieron a sí mismos como viviendo en los últimos días. En el día de Pentecostés, Pedro interpretó la venida del Espíritu Santo como el cumplimiento de la promesa en Joel de que Dios derramaría su Espíritu en los postreros días (Hech. 2:17). En Hebreos, Dios al hablar de su Hijo lo describe diciendo *en estos últimos días...* (1:2). Juan dice explícitamente *... ya es la última hora* (1 Jn. 2:18). Las condiciones descritas como las que corresponden a los últimos días (2 Tim. 3:1; Jud. 18) tienen por intención describir los tiempos del

13 Y cuando entraron, subieron al aposento alto* donde se alojaban Pedro, Juan, Jacobo y Andrés, Felipe y Tomás, Bartolomé y Mateo, Jacobo hijo de Alfeo y Simón el Zelote y Judas hijo de Jacobo.* **14** Todos éstos perseveraban unánimes en oración* junto con las mujeres y con María la madre de Jesús y con los hermanos de él.

*1:13a O sea, *una sala grande del piso superior*
*1:13b Lit., *Judas de Jacobo*; otra trad., *Judas hermano de Jacobo*
*1:14 Algunos mss. incluyen *y ruego*.

---

autor. Los tiempos peligrosos y malos descritos eran los de esos autores y lectores. Los últimos tiempos habían comenzado cuando la Palabra se hizo carne (Juan 1:14).

Los judíos dividían el tiempo en dos edades: esta era presente y la era venidera. La época presente es totalmente mala; no tiene esperanza; no puede reformarse; para ella no hay otro futuro que la destrucción total. Los judíos, por lo tanto, esperaban el fin de las cosas tal como eran. La época venidera sería totalmente santa y justa; sería la edad dorada de Dios; en ella habría paz, prosperidad y justicia; en ella, por fin, el pueblo elegido de Dios sería vindicado y recibiría el lugar que le correspondía por derecho. El día de la venida de Dios se llamaba "el día del Señor".

Los judíos del primer siglo, incluyendo a los apóstoles, no esperaban un intervalo largo entre la era presente y la era venidera una vez que hubiera llegado el Mesías. Ellos pensaban que la era venidera iba a suceder en su propia generación. Por eso no entendían lo de *vendrá de la misma manera como lo habéis visto ir al cielo* (v. 11) como una segunda venida. Más bien era una venida de nuevo: un paso adicional de la primera venida. Al pasar el período apostólico sin el retorno de Cristo, entonces las generaciones subsecuentes de la iglesia apropiadamente comenzaron a referirse al regreso de Cristo como la segunda venida.

Pues bien, a la luz de lo que Pedro dice en su segunda carta: *... una cosa no paséis por alto: que delante del Señor un día es como mil años y mil años como un día. El Señor no tarda su promesa, como algunos la tienen por tardanza... el día del Señor vendrá como ladrón* (2 Ped. 3:8-10), cada generación desde la primera venida de Cristo estaba viviendo potencialmente en los últimos días. En esta interpretación se puede decir justamente que hoy día estamos viviendo potencialmente en los últimos días que terminarán con la segunda venida de Jesucristo.

3. En espera del Espíritu Santo, 1:12-14

Estos versículos nos permiten dar una ojeada rápida al comienzo del movimiento cristiano. Después que el Maestro desapareció de entre ellos, los apóstoles vuelven de los Olivos a Jerusalén, perseverando *unánimes en oración* (v. 14), en espera de la promesa del Espíritu Santo hecha por Jesús. Se encuentra aquí la lista de los once apóstoles. Hay otras tres listas de los apóstoles: Marcos 3:16-19, Mateo 10:2-4 y Lucas 6:13-16. Existe una dificultad en correlacionar algunos de los nombres en las cuatro listas, y se conoce muy poco, salvo los nombres, de la mayoría de los doce. Parece extraño que no hay en la literatura neotestamentaria datos adicionales en cuanto a ellos. Y son poco convincentes las detalladas historias apócrifas de los doce que aparecieron en el siglo II. La respuesta más plausible para este enigma increíble se explica por el libro de Los Hechos: parece que la mayoría no podía pasar más allá del enfoque nacionalista del judaísmo de su día. Por lo menos, no hay evidencia neotestamentaria de que la mayoría de los doce entraran con entusiasmo en las misiones mundiales.

A los apóstoles les acompañaban algunas mujeres, que no se nombran, a excepción de la madre de Jesús, pero bien seguro son de aquellas que habían acompañado al Señor en su ministerio en Galilea (Luc. 8:2, 3), y aparecen luego también en la pasión y resurrección (Mat. 27:56; Luc. 23:55—24:10).

Y hay también un tercer grupo, los hermanos de Jesús. De ellos se habla también en los Evangelios, e incluso se nos da el nombre de cuatro: Jacobo, José, Simón y Judas (Mat. 13:55, 56; Mar. 6:3). En aquel entonces se habían mostrado hostiles a las enseñanzas de Jesús (Mar. 3:21-32; Juan 7:5), pero se ve que, posteriormente, al menos algunos de ellos habían cambiado de actitud. Entre estos hermanos del Señor se destacará Jacobo, al que Pablo acude después de convertido en su primera visita a Jerusalén (Gál. 1:19), y es, sin duda, el mismo que aparece en Los Hechos como dirigente de la iglesia en Jerusalén (12:17; 15:13; 21:18; Gál. 2:9-12). La tradición es que este Jacobo es el autor de la epístola de Santiago (lit., Jacobo. La tradición española convirtió el nombre en Santiago).

No es fácil saber si ese *aposento alto* (v. 13) donde ahora se reúnen los apóstoles es el mismo lugar donde fue establecida la cena del Señor. El término griego que aquí emplea Lucas es distinto del empleado en los Evangelios (Mar. 14:15; Luc. 22:12). Sin embargo, el significado de los dos términos viene a ser idéntico, designando la parte alta de la casa, lugar de privilegio en las casas judías, más o menos espacioso, según la riqueza del dueño. Además, parece claro que Lucas se refiere a ese lugar como a un recinto ya conocido y donde se reunían los apóstoles habitualmente. Incluso es probable que se trate de la misma casa de María, la madre de Juan Marcos, en la que más adelante se reúnen los cristianos (12:12).

Entre la ascensión y Pentecostés (diez días) tenemos la imagen de una comunidad en espera de la venida del Espíritu Santo (Luc. 24:52; Hech. 1:8). El libro de Los Hechos ha sido llamado "el Evangelio del Espíritu Santo". Si una doctrina necesita ser redescubierta es la del Espíritu Santo, especialmente dentro del movimiento evangélico de América Latina hoy día. Quizá es muy desafortunado que hablemos tantas veces de lo sucedido en Pentecostés como la venida del Espíritu Santo, como si pensáramos que el Espíritu Santo comenzó a existir en ese momento. No es así; Dios es Espíritu, Dios es Santo, Dios es eternamente Padre, Hijo y Espíritu Santo.

¿Qué concepto tenían los ciento veinte cristianos judíos (la iglesia en espera) del Espíritu Santo? No podemos imponer en la interpretación judía la plenitud de la doctrina cristiana del Espíritu Santo que la iglesia de hoy día ha heredado del NT y de 2000 años de pensamiento teológico-histórico. Estas ideas serían muy extrañas al pensamiento de los judíos del primer siglo: José (Mat. 1:18), Elisabet (Luc. 1:41), Zacarías (Luc. 1:67), María (Luc. 1:35), Simeón (Luc. 2:25), Juan el Bautista (Luc. 1:15), y también para los apóstoles y otros discípulos en espera. Para éstos debemos interpretarlo a la luz de la doctrina judía del Espíritu Santo, porque ésta, inevitablemente, es la forma en que José, María, Simeón y los discípulos de Jesús deben haber comprendido la idea del Espíritu Santo. ¿Qué es exactamente lo que estaban esperando en su

---

Semillero homilético
La oración por el poder para testificar
1:12-26

Introducción: Sin el poder de lo alto no vale la pena emprender nada en la obra de Dios. Los discípulos tuvieron por delante una tarea humanamente imposible de cumplir: conquistar el mundo para Cristo. Veamos algunas de las características de la oración de los primeros discípulos:
  I. Oraron en quietud (1:13 y 2:2).
  II. Oraron en unanimidad (1:14 y 2:1).
  III. Oraron con perseverancia (1:14).
  IV. Oraron con inteligencia (1:15-26).

Conclusión: Hoy necesitamos permitir que el Espíritu Santo tome el control de nuestras vidas y nos haga útiles en nuestro testimonio. Es necesario entonces que oremos, tal como lo hicieron los primeros discípulos.

Matías es nombrado entre los doce

15 En aquellos días se levantó Pedro en medio de los hermanos, que reunidos eran como ciento veinte personas, y dijo: **16** "Hermanos,* era necesario que se cumpliesen las Escrituras,* en las cuales el Espíritu Santo habló de antemano por boca de David acerca de Judas, que fue guía de los que prendieron a Jesús; **17** porque era contado con nosotros y tuvo parte en este ministerio." **18** (Este, pues, adquirió un campo con el pago de su iniquidad,

---

*1:16a Lit., *varones hermanos*
*1:16b P. ej., en Sal. 41:9

---

espera del Espíritu Santo cuando oyeron a Jesús decir: ... *recibiréis poder cuando el Espíritu Santo haya venido sobre vosotros* (1:8)?

La fe en el Espíritu Santo era fundamental para Israel. La palabra *espíritu* (*pnéuma* 4151, que significa viento, soplo) y los grandes símbolos relacionados con él (el agua, el fuego, el aire) evocan una presencia a la vez muy fuerte: como el viento que agita el mar en la mañana de la creación (Gén. 1:2), que arrebata a los profetas (1 Rey. 18:12), y como el soplo vital del ser humano. El Espíritu Santo es al mismo tiempo la fuerza de Dios y su dinamismo, es la vida que se da al hombre (Eze. 37:9), y la inspiración dada por Dios a los profetas.

En el pensamiento judío el Espíritu Santo ejercía ciertas funciones bien definidas. Y son estas funciones que estaba buscando la iglesia en embrión. William Barclay ofrece las siguientes cuatro funciones básicas que nos sirven para entender el pensamiento judío sobre el Espíritu Santo: (1) El Espíritu Santo era la persona que traía la verdad de Dios a los hombres; (2) el Espíritu Santo capacitaba a los hombres para reconocer esa verdad cuando la veían; (3) los judíos relacionaban el Espíritu Santo particularmente con la obra de la creación; (4) los judíos relacionaban al Espíritu Santo sobre todo con la obra de recreación.

Además de esto, el judaísmo del primer siglo incluía también otro pensamiento tocante al Espíritu Santo. Según una creencia y una enseñanza familiar a los judíos de los últimos siglos antes de Cristo, los cielos estaban cerrados y el Espíritu Santo aún no había descendido sobre nadie (jefe o profeta) en Israel desde la desaparición de los últimos profetas: Hageo, Zacarías y Malaquías. Había cesado la profecía y desde aquel entonces el grupo judío se sentía afectado en los principios mismos de sus pretensiones nacionales. Israel, teóricamente, se había acabado; sin el Espíritu Santo ya no era posible una historia para ese pueblo. Se decía corrientemente que los cielos se abrirían a la llegada del Mesías, para que el profeta de los tiempos nuevos pudiera recibir el Espíritu.

Es dentro de esta comprensión y análisis que ahora entendemos mejor la pregunta de los apóstoles: *Señor, ¿restituirás el reino a Israel en este tiempo?* (1:6). Y al mismo tiempo comprendemos mejor la respuesta de Jesús: *A vosotros no os toca saber ni los tiempos ni las ocasiones que el Padre dispuso por su propia voluntad. Pero recibiréis poder cuando el Espíritu Santo haya venido sobre vosotros...* (1:7, 8). Aunque Dios nunca ha dejado el mundo que él creó sin su presencia, los judíos creían que el Espíritu Santo los había abandonado durante los 400 años entre Malaquías y el primer siglo después de Cristo (comúnmente nos referimos a esta era como el período intertestamentario). Sin duda los discípulos pensaban que en el día de Pentecostés estaban experimentando la infusión otra vez (el regreso) del Espíritu Santo y no el comienzo de su existencia en ese momento.

Es menester esta comprensión de las ideas judías en cuanto al Espíritu Santo antes de llevar a cabo un estudio cuidadoso del resto del libro de Los Hechos. Sobre este fondo religioso los cristianos

y cayendo de cabeza, se reventó por en medio, y todas sus entrañas se derramaron. **19** Y esto llegó a ser conocido por todos los habitantes de Jerusalén, de tal manera que aquel campo fue llamado en su lengua Acéldama, que quiere decir Campo de Sangre.)* **20** "Porque está escrito en el libro de los Salmos:

*Sea hecha desierta su morada,
y no haya quien habite en ella.**
Y otro ocupe su cargo.*

21 Por tanto, de estos hombres que han estado junto con nosotros todo el tiempo que el Señor Jesús entraba y salía entre nosotros,

---

*1:19 Ver Mat. 27:3-10
*1:20a Sal. 69:25
*1:20b Sal. 109:8; gr., *epíscopos;* o sea, *oficio, supervisión* u *obispado*

---

pueden desarrollar una hermenéutica sana (los principios sanos de interpretación) con la cual podrán interpretar correctamente lo que este libro quiere decirnos y enseñarnos acerca del Espíritu Santo.

4. Elección de Matías, 1:15-26

La expresión *En aquellos días* (v. 15), es una fórmula vaga y más o menos común (6:1; 11:27), que suple la falta de precisiones cronológicas.

Tenemos aquí la primera intervención de Pedro, quien aparece como jefe del naciente movimiento cristiano. Lo mismo sucede en los siguientes capítulos de Los Hechos hasta el cap. 15 (2:14-37; 3:5-12; 4:8; 5:3-29; 8:20; 9:32; 10:5-48; 11:4; 12:3; 15:7); posteriormente, Lucas ya no vuelve a hablar de él. La prominencia de Pedro en la comunidad cristiana más temprana es un hecho reconocido. La verdad triste de que su nombre ha sido explotado y su papel retorcido de parte de un gran segmento del movimiento cristiano de hoy día no debe dejar lugar a ocultar el papel verdadero de este gran apóstol. Es un hecho bíblico que Pablo respetó a Pedro tanto que después de su conversión hizo un viaje a Jerusalén para conocerlo personalmente (Gál. 1:18).

El liderazgo de Pedro en la iglesia de Jerusalén pronto se cedió a otro líder. No hay bases neotestamentarias que sostengan la idea de que Pedro en algún momento fue el obispo de Jerusalén, en el sentido monárquico que se encuentra más tarde. Claro que tenía un reconocido papel de liderazgo hasta que éste fue transferido a Jacobo, el hermano de Jesús. A través de este período los doce apóstoles ejercían una función tan distintiva que en sí misma hubiera excluido cualquiera idea de un episcopado monárquico. Más allá de eso, la congregación completa practicaba una autoridad que imposibilitaría cualquier dominio de solamente un hombre, una práctica que emergió gradualmente en los siglos siguientes. Es igualmente claro que ninguna autoridad episcopal fue transferida de Jerusalén a Roma. No se sabe cuándo el movimiento cristiano alcanzó a Roma; probablemente llegó muy temprano, pero sin la presencia de un apóstol. Pablo escribió a los cristianos romanos varios años antes de su visita a Roma. Si Pedro llegó a Roma alguna vez fue solamente cuando ya la iglesia estaba muy bien establecida. En el libro de Los Hechos se conoce a Pedro mejor como misionero que como administrador. Pedro, el misionero, no poseyó ningún oficio episcopal para transferirse de Jerusalén a Roma o a algún otro lugar.

Es curiosa esa necesidad, elaborada en el discurso de Pedro, de tener que completar el número de los discípulos y así substituir a Judas. Se trataría de una necesidad de orden simbólico, al igual que habían sido doce los patriarcas del Israel de la carne (Rom. 9:8; Gál. 6:16). Serán ellos, los doce apóstoles, los que engendren en Cristo a los creyentes y constituyan las columnas del nuevo pueblo de Dios (Gál. 2:9; 1 Ped. 2:9, 10).

Pedro fundamenta la necesidad de esa substitución en que ya está predicha en la

22 comenzando desde el bautismo de Juan hasta el día en que fue tomado de nosotros y recibido arriba, es preciso que* uno sea con nosotros testigo de su resurrección."
23 Propusieron a dos: a José que era llamado Barsabás, el cual tenía por sobrenombre, Justo; y a Matías. **24** Entonces orando dijeron: "Tú, Señor, que conoces el corazón de todos, muestra de estos dos cuál has escogido **25** para tomar el lugar de este ministerio y apostolado del cual Judas se extravió para irse a su propio lugar."
26 Echaron suertes sobre ellos, y la suerte cayó sobre Matías, quien fue contado con los once apóstoles.

---

*1:22 En griego, esta frase está en v. 21.

Escritura, y cita los Salmos 69:26 y 109:8, fundiendo las dos citas en una. En los versículos de referencia pide que el impío sea quitado del mundo y quede desierta su casa, pasando a otro su cargo. Pedro aplica esto a Judas, que entregó al Señor. No es fácil concretar el sentido de la expresión aplicada a Judas, de que *se extravió para irse a su propio lugar* (v. 25). Generalmente se interpreta como una indirecta para indicar el infierno (Mat. 26:24); pero muy bien pudiera aludir simplemente a la nueva posición que él escogió, saliendo del apostolado, es decir, el lugar de traidor (un apóstata), con sus notorias consecuencias, el suicidio inclusive, predichas ya en la Escritura.

En cuanto a la alusión que se hace a la muerte de Judas, diciendo que *adquirió un campo... se reventó...* (1:18, 19), parece difícilmente armonizable con lo que dice Mateo de que Judas se ahorcó y son los sacerdotes quienes adquieren el campo para sepultura de extranjeros (Mat. 27:3-8). Es notable la divergencia entre los comentaristas en cuanto a la solución de esta aparente contradicción. Para la mayoría de los intérpretes modernos se trata de dos relatos independientes el uno del otro, que circulaban en tradiciones orales y que coinciden en lo esencial, pero no en pequeños detalles. Sin embargo, otros autores, particularmente los antiguos, creen que ambos relatos se pueden armonizar. Ellos reconstruyen así la escena: Los sacerdotes adquieren un campo con el dinero que Judas logró al entregar a Jesús, y sería en ese campo donde habría sido enterrado Judas, adonde habría ido a ahorcarse, según Mateo. Pero en el acto de ahorcarse se habría roto la cuerda o la rama a que estaba atada, cayendo el infeliz de cabeza y reventándose. En cuanto al nombre del campo *Acéldama* (Hech. 1:19), parece que Lucas lo deriva de la sangre de Judas, mientras que Mateo lo deriva del precio con que se compró el campo del *Alfarero* (Mat. 27:10), que fue la sangre de nuestro Señor. Tal vez eran corrientes ambas tradiciones.

En la selección de Matías surge la necesidad de esa substitución por la apostasía de Judas y no por la necesidad del establecimiento de un apostolado perpetuo de sucesores. Fue su apostasía, y no su muerte, que hizo necesario el reemplazante de Judas para completar los doce. Por ejemplo, no encontramos ningún esfuerzo de parte de la iglesia temprana para nombrar un reemplazante por la vacante dejada por el martirio de Jacobo, el hermano de Juan (12:2). El uso del concepto de apostasía en ese contexto quiere decir que Judas no cumplió su nombramiento para ser un testigo ocular de la vida, crucifixión y resurrección de Jesucristo, y en lo particular no interpretó justamente este acontecimiento histórico. Este pasaje no constituye un texto de prueba para una sucesión apostólica. Los sistemas jerárquicos que evolucionaron más tarde durante el período patrístico no deben servir como la norma para la interpretación de esta situación simple.

Lo más importante en la elección de Matías es que brinda tres verdades de suma importancia. De este pasaje es claro que había tres requisitos únicos para este ministerio y apostolado, cuyo fin era servir como testigos oculares de la historicidad de la encarnación de Dios. En primer lugar, debía haber acompañado a Jesús *desde el bautismo de Juan* hasta la ascensión (v. 21 s.); en segundo lugar, tenía que ser *testigo de su resurrección* (v. 22); y en tercer lugar, ser nombrado personalmente por el Señor mismo (1:24 s.). Desde el principio los once habían oído, habían visto con sus ojos, y aun habían contemplado y palpado con sus manos al Verbo de vida. Jesús no es una figura libresca. Es una presencia viviente y los apóstoles dan testimonio del hecho de que conocían al Señor resucitado y se habían encontrado con él. La resurrección de Jesús era el hecho más importante en la experiencia del movimiento cristiano. Sin la resurrección el movimiento hubiera muerto. Los once fueron nombrados personalmente y de inmediato por Jesús, y el reemplazo de Judas también debía ser la selección personal del Señor. En el contexto del NT, un apóstol del Señor recibió su nombramiento directamente del Jesús encarnado o del Cristo resucitado; por eso, fue *inmediato, único* e *intransferible* a través de una cadena de sucesión.

A nuestra manera de pensar resulta un poco chocante el método de las suertes para la elección de Matías. Pero tengamos en cuenta que era un método de uso muy frecuente en el AT (Lev. 19:8, 9; Núm. 26:55; Jos. 7:14; 1 Sam. 10:20), en conformidad con aquello que se dice en Proverbios: *Las suertes se echan en el regazo, pero a Jehovah pertenece toda su decisión* (Prov. 16:33). Entre los judíos era algo muy natural, debido a que todos los puestos y tareas en el templo se distribuían por sorteo. La forma corriente de hacerlo era escribiendo los nombres de los candidatos sobre piedras; se ponían las piedras en una vasija y se la sacudía hasta que una cayera; y aquél cuyo nombre estaba en la primera piedra que caía era elegido para ocupar el puesto. En el caso de Matías, los apóstoles pensaron que la elección de un nuevo apóstol debía ser hecha de manera inmediata por el mismo Jesucristo y, acompañado de oración, juzgaron oportuno ese método para que se diera a conocer su voluntad.

Notamos que, aunque reconocemos este incidente de seleccionar un líder en el movimiento cristiano temprano como un hecho histórico, no insistimos en que las iglesias de hoy usen este pasaje como autoridad para que dupliquemos este procedimiento. Repetir este método para conocer la voluntad de Dios en las iglesias de hoy día no garantizará que los resultados de veras sean la voluntad de Dios. Concluimos que este fenómeno, y muchos otros que se encuentran en el libro de Los Hechos, se debe limitar a la época mesiánica, es decir, durante la vida y el ministerio de Jesucristo, y el período apostólico.

Verdades prácticas
¿Cómo discernir la voluntad de Dios?
1:21-26

Los líderes en la iglesia primitiva eligieron a la persona para reemplazar a Judas por medio de echar suertes. Hoy en día hay varios pasos sabios para discernir la voluntad de Dios.
1. Recibir postulaciones de entre los posibles candidatos. Así hicieron en la iglesia primitiva.
2. Orar, pidiendo la soberanía de Dios sobre el voto de los hermanos.
3. Determinar quién queda elegido. La iglesia tomó este paso por medio de suertes. Hoy se determina con votos democráticos.
4. Aceptar a la persona elegida por la congregación, con la convicción que es la voluntad divina.

En esta manera los hermanos en una iglesia pueden elegir los líderes, sean pastores u otros, para dirigir las actividades de la congregación.

La venida del Espíritu en Pentecostés

2 Al llegar* el día de Pentecostés,* estaban todos reunidos en un mismo lugar.* **2** Y de repente vino un estruendo del cielo, como si soplara un viento violento, y llenó toda la casa donde estaban sentados. **3** Entonces aparecieron, repartidas entre ellos, lenguas como de fuego, y se asentaron sobre cada uno de ellos. **4** Todos fueron llenos del Espíritu Santo y comenzaron a hablar en distintas lenguas, como el Espíritu les daba que hablasen.

*2:1a Otra trad., *Al cumplirse plenamente*
*2:1b Ver Lev. 23:15 ss.
*2:1c Algunos mss. antiguos añaden *unánimes*.

5. Pentecostés y el discurso de Pedro, 2:1-41

Según el relato, el acontecimiento que se narra no tiene sentido más que cuando se lo sitúa en el contexto de pensamiento de quienes lo viven. Está claro en lo que se refiere a las citas de Joel (2:17-21), del Salmo 16 (2:25-28), del Salmo 110 (2:34, 35) y de Isaías 57:19 (2:39); pero también, de manera menos palpable, en la alusión a la fiesta judía de Pentecostés (2:1) y a las tradiciones judías sobre el significado de esa ocasión.

(1) Pentecostés, 2:1-13. Puede ser útil precisar el significado de Pentecostés en el primer siglo. Había tres grandes festivales judíos a los cuales todo varón judío que viviera dentro de un radio de 30 km. de Jerusalén estaba obligado legalmente a asistir: la Pascua, Pentecostés y la fiesta de los Tabernáculos. El término griego *pentekosté* 4005 significa "cincuenta". En el calendario judío designa la fiesta que se celebraba cincuenta días después de la Pascua (otro nombre para Pentecostés era Fiesta de las Semanas; se llamaba así porque eran cincuenta días, que equivale a una semana de semanas). En su origen fue una fiesta agrícola para celebrar la recolección de trigo, y en ella se ofrecían los primeros panes de la nueva cosecha (ver Exo. 23:16). Pero, a principios del cautiverio en Babilonia, en el siglo V. a. de J.C., cambió la celebración de un acontecimiento agrícola que tenía lugar todos los años y pasó a ser la celebración de un acontecimiento único y central, es decir, el pacto del Sinaí. Una tradición rabínica añadió al significado de Pentecostés la conmemoración de la promulgación de la ley en Sinaí. En el siglo III a. de J.C., parece ser que a esta fiesta de Pentecostés correspondía la celebración de una renovación del pacto (2 Crón. 15:10-15). En todo caso, parece cierto que en la época de Cristo esta fiesta conmemoraba la entrega de la ley de Dios por medio de Moisés. La celebración de esta alianza permitía renovarla.

En este acontecimiento se encuentra la misma relación entre Pascua y Pentecostés que se ve en el pensamiento judío durante su historia. Israel ha sido salvado de Egipto y del mar (Exo. 14—15; comp. 1 Cor. 10:1-4) para entrar en pacto con Dios en el Sinaí (Exo. 19). Debido a estos dos eventos, Israel se sentía constituido como pueblo, por haber sido salvado de las fuerzas de la destrucción y de la muerte y establecido en la existencia de las naciones por medio del encuentro con Dios y su palabra. La salvación y el establecimiento son elementos básicos en la creación del pueblo de Dios en el AT. Israel contemplaba su liberación como el principio de su creación. En el libro de Exodo el nacimiento de un pueblo coincide con su liberación de la esclavitud de Egipto. Y luego la liberación de Babilonia fue contada en un nuevo éxodo (o un éxodo renovado).

Es probable que el hecho de Pentecostés en Los Hechos haya sido coloreado en su presentación literaria con el trasfondo de las teofanías del Sinaí y quizá también con la confusión de lenguas en Babel. Eso fue así a fin de hacer resaltar más claramente dos ideas fundamentales que dirigirán la trama de todo el libro de Los Hechos, a saber: la presencia divina en la iglesia, representada por el Espíritu Santo (2:1-4) y la universalidad de esta iglesia, representada ya en germen en esa larga lista de pueblos enumerados (2:5-11). El trasfondo del AT se dejaría traslucir sobre todo en las expresiones que se encuentran en este pasaje. En el relato de la escena del Sinaí el libro de Exodo dice: *Todo el pueblo percibía los truenos, los relámpagos, el sonido de la corneta y el monte que humeaba. Al ver esto, ellos temblaron y se mantuvieron a distancia* (Exo. 20:18). Los rabinos decían que la voz de Dios, al promulgar la ley en el Sinaí en medio de truenos y relámpagos (ruido y fuego), se dividió en 70 lenguas, número de pueblos que según la creencia judía existían entonces a raíz de la dispersión de Babel, y resonó hasta comprender a todas las naciones. Es sabido que los judíos pensaban, según Génesis 10, que había 70 naciones en el mundo.

En este sentido, concluyen algunos que así como la ley mosaica fue dada el día de Pentecostés, así la ley nueva, que consiste primariamente en la gracia del Espíritu Santo y que ha de substituir la ley antigua, debía ser proclamada en ese mismo día. Algunos comentaristas opinan que el milagro de las lenguas (2:4) era como un dar la vuelta al influjo destructivo de Babel, que separó a los pueblos por la diversidad de lenguas. A la fiesta de Pentecostés acudía tal vez tanta o más gente que a la Pascua. Esto explica la cantidad de países mencionados en este capítulo, porque nunca había en Jerusalén una multitud más internacional que en ese momento.

Es posible que Lucas, ahora escribiendo después de una reflexión sobre los primeros treinta años de vida del movimiento cristiano primitivo (e inspirado por el Espíritu Santo), comenzó con la fiesta de Pentecostés y de esta manera trató de hacer resaltar algunas de las mismas ideas judías. Pero ya Lucas está interpretando la revelación del AT a la luz de la revelación superior, la de la encarnación de Dios en Jesucristo (Mat. 5:21-37; Hech. 6:8-14; 7:51-53; Heb. 1:1-4). ¿No dijo Jesús: *No penséis que he venido para abrogar la Ley o los Profetas. No he venido para abrogar, sino para cumplir* (Mat. 5:17)? ¿Y no escribió Pablo: *En otras generaciones, no*

Semillero homilético

Una sorpresa bienvenida
2:1-3

Introducción: Todos hemos tenido la experiencia del anuncio de la visita de un familiar o de una persona importante. Los días previos a la visita arreglamos la casa, los muebles y vigilamos que todo esté en orden. Pensamos en las cosas que esperamos decir o en las actividades que desarrollaremos con esa persona. Así fue con los discípulos. En obediencia y oración estaban esperando la llegada del Espíritu Santo.
  I. El tiempo de la venida
     1. El significado de Pentecostés
     2. El significado de tener a todos reunidos
 II. Las expresiones sobrenaturales
     1. El estruendo del cielo
     2. Las lenguas como de fuego
     3. Los idiomas distintos
III. Las reacciones de los presentes
     1. Atónitos y perplejos: ¿Qué quiere decir esto?
     2. Escépticos: Están llenos de vino nuevo
Conclusión: Después que hemos tenido la visita de una persona importante, siempre reflexionamos sobre lo que se hizo y lo que se dijo, y consideramos los cambios que resultan de esa visita. ¿Ha venido el Espíritu Santo a su vida?

5 En Jerusalén habitaban judíos, hombres piadosos de todas las naciones debajo del cielo. **6** Cuando se produjo este estruendo, se juntó la multitud; y estaban confundidos, porque cada uno les oía hablar en su propio idioma. **7** Estaban atónitos y asombrados, y decían:

---

se dio a conocer este misterio a los hijos de los hombres, como ha sido revelado ahora a sus santos apóstoles y profetas por el Espíritu, a saber: que en Cristo Jesús los gentiles son coherederos, incorporados en el mismo cuerpo y copartícipes de la promesa por medio del evangelio (Ef. 3:5, 6)?

Pero haya o no trasfondo de narraciones del AT en su presentación literaria, no hay motivo alguno para dudar la historicidad del hecho. Vamos a ver cuales son las afirmaciones fundamentales de Lucas.

Importancia de Pentecostés en la historia del pueblo de Dios. Pentecostés como es narrado aquí por Lucas forma un escenario de enorme trascendencia en la historia de la iglesia. A ello, como a algo extraordinario, se refería Jesucristo cuando, poco antes de la ascensión, avisaba a los discípulos de que no se ausentasen de Jerusalén hasta que llegara este día. Es ahora precisamente cuando puede decirse que se renueva el pueblo de Dios y va a comenzar la historia del establecimiento del movimiento cristiano. Pues es ahora cuando el Espíritu Santo desciende visiblemente sobre él para darle la vida y ponerlo en movimiento. Los discípulos, antes tímidos (Mat. 26:56; Juan 20:19), se transforman en valientes difusores de la doctrina de Cristo (2:14; 4:13, 19; 5:29). Para Lucas esta presencia de Dios en poder (Luc. 24:49) en la comunidad cristiana es un momento crucial en la vida de la comunidad, porque refleja su lugar de importancia entre los eventos más importantes en la historia sagrada.

La venida del Espíritu Santo en Pentecostés. La afirmación fundamental del pasaje está en las palabras del v. 4: *Todos fueron llenos del Espíritu Santo.* Todo lo demás, de que se habla antes o después, no son sino manifestaciones exteriores para hacer visible esa gran verdad. A eso tiende el ruido como de *un viento violento* que se oye en *toda la casa* (v. 2). Era como un primer toque de atención. A ese fenómeno acústico sigue otro fenómeno de naturaleza física: unas llamitas en forma de *lenguas como de fuego* que se reparten y van posándose sobre los reunidos (v. 3). Los dos fenómenos pretenden lo mismo: llamar la atención de los reunidos de que algo extraordinario está sucediendo. Y notamos que tanto el *viento* como el *fuego* eran los elementos que solían acompañar las manifestaciones de Dios en el AT (Exo. 3:2; 24:17; 2 Sam. 5:24; Eze. 1:13) y por eso es que los discípulos pensaron que se hallaban ante una epifanía, la prometida por Jesús pocos días antes, al anunciarles que serían bautizados en el Espíritu Santo.

Esta venida del Espíritu Santo sobre la comunidad cristiana en el día de Pentecostés es comparable con la venida del Espíritu Santo sobre Jesús en su bautismo (Luc. 3:22). La guía divina en términos del Espíritu Santo es un énfasis que ocurre una y otra vez en Los Hechos (2:4, 17, 33, 38; 4:8, 31; 5:3; 6:3, 5; 7:55 s.; 8:17, 29; 10:19; 11:12, 15 s.; 13:2, 4; 15:8, 28; 16:6; 19:2, 6; 20:23; 21:11; 28:25).

Esta presencia divina no se presenta siempre como la intervención del Espíritu Santo. Por ejemplo, en la historia de Felipe y el eunuco hay un intercambio entre *Un ángel del Señor* (8:26) que envió a Felipe por el camino de Jerusalén a Gaza y el Espíritu que dijo a Felipe: *"Acércate y júntate a ese carro"* (8:29). Aparentemente fue el mismo Espíritu (el Espíritu del Señor) que *arrebató a Felipe* después del bautismo del eunuco (8:39). En la conversión de Pablo fue Jesús quien habló directamente a Pablo (9:4, 5), y el Señor Jesús quien habló a Ananías (9:10, 15, 17); se menciona sólo indirectamente al Espíritu Santo (9:17).

La importancia mayor del Espíritu Santo

(especialmente en la primera mitad de Los Hechos) es comparable con el mismo énfasis en el Evangelio de Lucas. En el Evangelio se muestra que Juan el Bautista había de ser *lleno del Espíritu Santo aun desde el vientre de su madre* (Luc. 1:15). El Espíritu Santo había de venir sobre María y el poder del Altísimo la cubriría con su sombra (Luc. 1:35). Elisabet y Zacarías fueron llenos del Espíritu Santo (Luc. 1:41, 67). El Espíritu estaba sobre Simeón, quien vio en Jesús la salvación de Dios para todos los pueblos (Luc. 2:51 s.). El Espíritu Santo vino con gran poder sobre los discípulos quienes lo estaban esperando el día de Pentecostés, pero esto no se debe entender como la primera venida del Espíritu Santo. Ni tampoco fue la primera vez que los discípulos (como personas individuales) fueron llenos del Espíritu Santo. El AT da testimonio a la actividad del Espíritu en toda la historia del hombre; y en el NT la actividad del Espíritu se presenta como estando relacionada con los eventos del AT en la vida y el ministerio de Jesucristo (como se ve en los Evangelios). Dios nunca ha dejado al mundo que él creó sin su presencia santa (el Espíritu Santo).

La gran liberación del poder en el día de Pentecostés en ninguna manera debe ser minimizada, pero es evidente que ello no sobresalió tan distintivamente durante el primer siglo como para algunos grupos cristianos de hoy día. Este día no se menciona en ningún escrito de los existentes del primer siglo fuera del cap. 2 de Los Hechos. Era el día de la resurrección y no el de Pentecostés el que sobresalía. Sin la resurrección de Jesús no hubiera habido un Pentecostés cristiano. Y además se encuentran en Los Hechos otros acontecimientos comparables a aquello del Pentecostés. Cuando el evangelio alcanzó a Cornelio (cap. 10) y algunos seguidores de Juan el Bautista (cap. 19), también había efusiones semejantes a aquella en Jerusalén. Estas etapas mayores del progreso en la expansión del evangelio entre grupos nuevos fueron autenticados por el Espíritu Santo con manifestaciones vigorosas.

Resumen de los pensamientos sobre la importancia de Pentecostés. Básicamente el AT es la historia del llamamiento y la creación de Israel. Hablando precisamente, Dios no llamó a Israel; llamó a personas para que conformaran Israel. Una nación no tiene oídos y no puede ser llamada. Dios habla a individuos; sus llamados son de persona a persona y no de central a central. Llama a individuos para que lleguen a ser personas relacionadas con otras personas en la comunidad.

Cuando Adán perdió el rumbo de su verdadero destino, dándose a la falacia de la autosuficiencia, Dios se dio a la creación de un pueblo verdadero para sí. El llamado de Abraham, Isaac y Jacob tenía en vista la creación de un pueblo que fuera su posesión. Cuando el Israel nacional se mostró como carnal, al buscar como Adán el ser suficiente en sí mismo, Dios se volvió a la creación de un remanente. El mismo remanente se mostró como carente de fijeza y finalmente llegó a la concreción de una persona, el verdadero Hijo del Hombre, el verdadero siervo de Dios, Cristo Jesús. Pero, paradójicamente, él vino como una persona individual y como un cuerpo. En él fue creado un nuevo hombre (Ef. 2:15); el verdadero Israel de Dios (Gál. 6:16; Rom. 9:6), la simiente de Abraham (Gál. 3:29); una raza elegida, real sacerdocio, nación santa, pueblo adquirido por Dios (1 Ped. 2:9).

El propósito de Dios al crear en Israel a su pueblo, expuesto a lo largo del AT, es una historia continuada en el NT. En Cristo, Dios ha venido a llamar y crear a su pueblo. La comunidad de personas en Cristo es Israel limpiado y constituido. La iglesia en el NT es una nueva creación, pero en cierto sentido es el Israel reconstituido. Abraham, Isaac y Jacob se sentarán junto con Pedro, Santiago y Juan, así como las gentes del oriente y del occidente (Mat. 8:11). Este verdadero Israel es la iglesia, la *ekklesía* [1577] de Dios.

Llenos del Espíritu Santo. Ya que el

—Mirad, ¿no son galileos todos estos que hablan? **8** ¿Cómo, pues, oímos nosotros cada uno en nuestro idioma en que nacimos? **9** Partos, medos, elamitas; habitantes de Mesopotamia, de Judea y de Capadocia, del Ponto y de Asia, **10** de Frigia y de Panfilia, de Egipto y de las regiones de Libia más allá de Cirene; forasteros romanos, tanto judíos como prosélitos; **11** cretenses y árabes, les oímos hablar en nuestros propios idiomas los grandes hechos de Dios.

---

significado de lo que quiere decir ser "lleno del Espíritu Santo" o "la plenitud del Espíritu Santo" es un problema candente entre los cristianos interesados en la vida espiritual, vamos a examinarlo un poco más a fondo. Vale la pena mencionar que no hay que confundir la presencia del Espíritu Santo con las señales exteriores. La venida del Espíritu fue acompañada por un sonido semejante al de un movimiento violento de viento. Los exégetas tempranos reconocían que Lucas no estaba describiendo el sonido del viento sino algo semejante a una ráfaga de un viento poderoso. Ni tampoco dice Lucas que lenguas de fuego aparecieron a los discípulos sino que les aparecieron lenguas como o similares al fuego. Estas señas perceptibles y visibles fueron solamente un fenómeno pasajero; la presencia y el poder del Espíritu Santo eran la realidad permanente e importante.

La creencia en la presencia del Espíritu se basaba sobre una experiencia. No era una mera doctrina que los discípulos buscaban perpetuar; más bien era una experiencia personal que no podían dejar de proclamar. Se encontraron a sí mismos conscientes de una Presencia, diciendo y haciendo cosas que les ocurrían a ellos y a otros debido a un poder irresistible que les mandó hacer o decir cosas que nunca habían contemplado previamente.

La frase "plenitud del Espíritu" es una forma de expresar una verdad que, a través del NT, se expresa también de otras maneras. Describimos el mismo fenómeno cuando hablamos de ser bautizados en o con el Espíritu Santo, la venida del Espíritu Santo en o sobre alguien, la vida cristiana victoriosa, el señorío de Cristo y el ser crucificado con Cristo y resucitado con él. La frase que utilizamos para expresar la vida ideal depende de nuestro punto de vista.

Vista en su relación con el pecado, la tentación y la preocupación, la vida cristiana es la vida cristiana victoriosa. Vista en su relación con Cristo, es el señorío de Cristo. Vista en su relación con el Espíritu Santo, es la plenitud del Espíritu. Un autor opina que el ser lleno del Espíritu es o debe ser "la vida cristiana normal".

En el día de Pentecostés todos los discípulos que estaban presentes *fueron llenos del Espíritu Santo* (v. 4). Pero esta misma expresión describe también a Juan el Bautista, Elisabet, Zacarías, Esteban y Bernabé. Antes y después de Pentecostés, el pueblo de Dios fue lleno del Espíritu Santo. Esta plenitud sí era pentecostal, pero también prepentecostal y postpentecostal. En el NT se nos dice específicamente cómo esta plenitud del Espíritu Santo afectaba las vidas y el ministerio de aquellos que fueron así llenados.

Juan el Bautista fue lleno con el Espíritu Santo y predicó. No predicó en sonidos extáticos consistiendo en pronunciaciones ininteligibles, sino en lenguaje tan sencillo que todo el mundo podía entender. Zacarías *fue lleno del Espíritu Santo y profetizó...* (Luc. 1:67). Lucas nos presenta el contenido de su profecía. Era proclamación inspirada, predicación inteligible. Zacarías no estuvo presente el día de Pentecostés. Era un sacerdote judío que oficiaba en el templo judío. Fue lleno con el Espíritu Santo antes de Pentecostés, antes del nacimiento de Jesús y antes del nacimiento de Juan el Bautista. Fue lleno del Espíritu Santo y así fue habilitado para adorar a Dios, vivir en santidad y rectitud y predicar las buenas nuevas de redención. Esteban fue un hombre *lleno... del Espíritu Santo* (Hech. 6:5). La primera cosa que aprendemos de Esteban es que era uno de los siete escogidos para atender las necesidades materiales de los pobres. Más tarde notamos que él predicó, no en expresiones ininteligibles de lenguas extrañas, sino en palabras simples y comprensibles. Bernabé es otro hombre de quien leemos que era *lleno del Espíritu Santo* (Hech. 11:24). La primera cosa que conocemos de Bernabé es que vendió un campo y entregó la cantidad total a la iglesia para el bienestar de los pobres (Hech. 4:37). Esto es la espiritualidad verdadera. Esto es un fruto de un hombre lleno del Espíritu. Ser lleno del Espíritu Santo no significa que Bernabé era sin pecado o que era un hombre perfecto. El falló en Antioquía, junto con Pedro, cuando se retraía de comer en la misma mesa con los hermanos incircuncisos (Gál. 2:11-14). Ser lleno del Espíritu Santo no hizo a Bernabé un hombre perfecto y sin pecado. Ni, que sepamos, habló en lenguas; pero sí el Espíritu Santo lo hizo un hombre bueno en hecho y en palabra.

Ser lleno del Espíritu Santo no es un privilegio restringido o exclusivo de unos cuantos favorecidos. No era una segunda bendición, reservada para el Pentecostés o para algunos selectos en cualquier época o para quienes se consideran pertenecientes a una genealogía pentecostal. El ser llenos del Espíritu Santo no produjo una vida sin pecado. El ser llenos del Espíritu Santo no produjo necesariamente lenguas ininteligibles y un orgullo personal sobre una excelencia o superioridad espiritual asumida.

¿Cuáles, pues, son las señales verdaderas de la plenitud del Espíritu Santo? Un estudio del libro de Los Hechos sugiere, por lo menos, algunas de las siguientes indicaciones de que uno está lleno del Espíritu: manifestar el carácter de Cristo, llevar una vida de testimonio, estar bajo la dirección del Señor, ejercer eficientemente los dones del Espíritu, espontaneidad en la vida y una conciencia de la presencia de lo divino. Los que estaban llenos del Espíritu Santo se dieron a sí mismos en servicio humilde y en sacrificio: el evangelio para los perdidos, comida para los hambrientos, apoyo para los oprimidos (Luc. 4:18, 19).

Hablar en lenguas. El hablar en lenguas es un asunto mencionado en el NT solamente en el libro de Los Hechos y 1 Corintios. En cuanto a Marcos 16:17, no se encuentra en los manuscritos más viejos y dignos de confianza y se cree que fue añadido más tarde durante la transmisión del texto. Leemos *distintas lenguas* y *lenguas* en Hechos 2:4; 10:46 y 19:6. Los caps. 12—14 de 1 Corintios tratan principalmente con una forma de lenguas en Corinto que no es semejante al fenómeno en Pentecostés (Hech. 2). No hay un término griego en el NT para lenguas desconocidas.

Lucas nos informa de un acontecimiento asombroso en Jerusalén durante la fiesta de Pentecostés después de la muerte y resurrección de Jesús. No sabemos realmente qué sucedió en Pentecostés. Lo cierto es que los discípulos tuvieron la experiencia de que el poder del Espíritu Santo inundaba sus vidas como nunca antes. Debemos recordar que Lucas no fue testigo ocular de esta parte de Hechos y que probablemente estaba transmitiendo una historia que había escuchado en su investigación (Luc. 1:1-4). Si fuera que Lucas empleara fuentes extrabíblicas o no, el cap. 2 pertenece a Los Hechos como nos ha llegado y es apropiado procurar comprenderlo como está en el texto. En Hechos 2 el don de lenguas se ve como un milagro de cierta clase, fuera del hablar, o del oír o de ambos. En Jerusalén estaban reunidos peregrinos judíos, habiendo llegado de muchos países con sus diferentes fondos lingüísticos. Lo que los asombró era que cada uno podía entender en el lenguaje o dialecto de su nacimiento (v. 8). Lucas da énfasis al hecho del entendimiento sin explicar cómo fue posible. Explicarlo sobre bases de acuerdo con la historia natural, por ejemplo, que se hablaban varios lenguajes conocidos (como si no fuera un milagro), no parece ser el propósito de Lucas. La sorpresa de la gente no ocurrió porque encontró en uso varios lenguajes, en vista que era una experiencia común en aquel entonces como hoy en día

12 Todos estaban atónitos y perplejos, y se decían unos a otros:
— ¿Qué quiere decir esto?

13 Pero otros, burlándose, decían:
—Están llenos de vino nuevo.

en el Medio Oriente. Lucas indica que era el don del Espíritu Santo y no la competencia lingüística de la gente la que hizo posible la comprensión en esta ocasión.

Lucas intenta presentar un milagro. Era el Espíritu Santo quien, al comenzar ellos a *hablar en distintas lenguas... les daba que hablasen* (v. 4). Pedro rechazó la acusación infundada de embriaguez e identificó la experiencia como el cumplimiento de la promesa que se encuentra en el profeta Joel, quien predijo la efusión del Espíritu en los últimos días, llevada a cabo por profecía, que quiere decir predicación inspirada (2:15 ss.). Pedro interpretó esto en términos de la predicación inspirada y evangelística que fue diseñada para que *todo aquel que invoque el nombre del Señor será salvo* (vv. 17-21). Esto no implica lo que algunos carismáticos han concluido: un éxtasis en masa de parte de los discípulos que incluye erupciones de hablar en lenguas.

El énfasis real de Lucas en Hechos 2 es sobre el don del Espíritu Santo, y sólo secundariamente sobre las lenguas. Los fenómenos del ruido como de viento violento, las lenguas como de fuego y el hablar en lenguas, pretenden lo mismo: llamar la atención de los reunidos a que algo extraordinario está sucediendo. Su finalidad era servir de consuelo a los fieles al verse así favorecidos con la presencia del Espíritu Santo, y al mismo tiempo llamar la atención y provocar el asombro de los infieles, disponiéndoles a la conversión (8:18, 19; 1 Cor. 14:22). Lo que sí emerge con fuerza es que el énfasis de Lucas es sobre el Espíritu Santo, y no primariamente en el medio que fue dado en ese momento. Las lenguas, en el patrón y sentido de Pentecostés, cesaron; el Espíritu permanece.

Solamente dos veces fuera del cap. 2 se mencionan las lenguas en el libro de Los Hechos: en Cesarea (10:46) y en Efeso (19:6). En cada caso el enfoque principal es sobre el Espíritu Santo: el don de lenguas representa sólo una manifestación de la presencia del Espíritu. Puede ser importante que cada una de las tres citas del don de lenguas cae en una ligazón importante en el progreso del evangelio: (1) De los judíos de Jerusalén en Pentecostés (cap. 2) a (2) la casa de Cornelio en Cesarea (cap. 10) y (3) a los seguidores de Juan el Bautista (cap. 19) quienes debieran haber seguido a Jesucristo. No hay certidumbre tocante a la naturaleza precisa de las lenguas en Cesarea y Efeso, si fueron semejantes a las lenguas comprensibles en Pentecostés o fueron como las lenguas ininteligibles en Corinto. Aparentemente no hubo una barrera lingüística en Cesarea y Efeso como fue el caso en Jerusalén, y por eso no había necesidad de un milagro de comunicación como en Jerusalén. Esto favorece un paralelo con Corinto más bien que con Jerusalén, pero no es demostrable. Lucas dice que los de Cesarea *les oían hablar en lenguas y glorificar a Dios* (10:46), y los de Efeso *hablaban en lenguas y profetizaban* (19:6). Por lo menos *glorificar a Dios* parece implicar hablar en forma inteligible; y en 1 Corintios profecía se distingue de lenguas; esto siendo ininteligible y aquello inteligible. El fenómeno en Cesarea y Efeso podía corresponder al de Corinto y representar un punto medio entre las lenguas de Jerusalén y las de Corinto. Lo que sí es claro es la distinción aguda entre las lenguas en Pentecostés y en Corinto.

Aparte de Hechos, el fenómeno de las lenguas se conoce en el NT sólo en 1 Corintios 12—14. Si las lenguas representan el don supremo del Espíritu, como opinan algunos carismáticos, parece extraño que Jesús mismo, el portador del Espíritu, no utilizaba este don. Al contrario, Jesús despreciaba las vanas repeticiones y la palabrería como algo pagano y no apropiado para la oración del pueblo de Dios (Mat. 6:7). Algunas veces se guardaba silencio (Mat. 27:14; Mar. 15:4 s.; Luc. 23:9; Juan 19:9 s.), pero nunca se declaraba en sonidos extáticos e ininteligibles. El *se conmovió en espíritu y se turbó* (Juan 11:33), pero esto no es lenguas. Fue una expresión inarticulada de profunda emoción, una experiencia humana universal bajo presión. Cuando Jesús hablaba era en el lenguaje de la gente que estaba frente a él, directo, sencillo y profundo en significado como se nota en las bienaventuranzas y las parábolas.

Es notable que de todas las cartas de Pablo, solamente en 1 Corintios se encuentra algún rastro de las lenguas. Pablo hablaba mucho del Espíritu Santo y poco de las lenguas. En Romanos, por ejemplo, se encuentra mucha atención en cuanto al Espíritu Santo (Rom. 5:5; 7:6; 8:2, 6-14, 26, 27; 14:17), pero Pablo nunca menciona las lenguas. Gálatas nos presenta instrucciones para aquellos que son espirituales (Gál. 6:1) y describe el fruto del Espíritu (Gál. 5:22), pero no dice nada de las lenguas.

En 1 Corintios 12—14 el hablar en lenguas se trata como un problema y no como una señal de excelencia. Pablo no escribió para animar a la iglesia a que pusiera más énfasis en las lenguas, sino para alcanzar el control del problema (1 Cor. 14:27). Pablo no anima el hablar en lenguas, sino que avisa contra varios peligros relacionados con las lenguas y establece varios controles para que la práctica no pudiera exagerarse demasiado. Se abstuvo de abolir la experiencia de hablar en lenguas, pero la clasificó como el menor de los dones del Espíritu y predijo: ... *cesarán las lenguas* (1 Cor. 13:8).

Pablo contempló las lenguas como una amenaza triple para el movimiento cristiano: (1) A la fraternidad de la iglesia; (2) a las personas que hablaban en lenguas; (3) a la influencia de la iglesia en el mundo. En 1 Corintios 12 se describe a la iglesia como el cuerpo de Cristo, haciendo hincapié en la diversidad de dones espirituales y en la provisión del Espíritu para ambos, la unidad y la variedad en la iglesia. Sin embargo, una lectura rápida de 1 Corintios expone la amplitud del problema en Corinto. Había orgullo espiritual, celos y rivalidad sobre los dones espirituales. El cap. 14 indica que mucho del problema se debió al hablar en lenguas.

El cap. 13 de 1 Corintios, el gran capítulo del amor, fue compuesto precisamente para confrontar el problema de las lenguas. El amor es el camino más excelente (1 Cor. 12:31); y sin amor, hablar en *lenguas de hombres y de ángeles* es nada más que un sonido vacío (1 Cor. 13:1). El amor es el camino excelente y supremo de Dios. Al contrario, *cesarán las lenguas* (1 Cor. 13:8). El amor de Dios es la carretera sin fin; las lenguas son un callejón sin salida. Algunos dones, como el de conocimiento, cederán a algo más maduro, como el habla de un niño cede al habla de un hombre, o como la reflexión en un espejo cede a un encuentro cara a cara; pero no hay tal promesa en cuanto a las lenguas. Simplemente cesan.

El cap. 14 aclara las limitaciones para lo bueno del hablar en lenguas y también su potencial hacia el abuso y el daño. A lo mejor, uno que hable en lenguas habla a Dios pero no a los hombres, porque *nadie le entiende* (1 Cor. 14:2). Se compara las lenguas con la profecía, que es el hablar inspirado que edifica, exhorta y consuela (14:3). Las lenguas son concentradas en sí mismas, el que habla está interesado en su propio bien; al contrario, la profecía se usa para la edificación de la iglesia (14:4). El énfasis principal de Pablo en 14:1-19 y en cualquiera otra parte es que el cristiano debe buscar el don de profecía antes que el don de lenguas. El sonido extático e ininteligible con su egoísmo es un pobre substituto para la preocupación de amor en hablar en palabras que fortalezcan y unifiquen a la iglesia.

Otro peligro que encontramos en el uso de las lenguas es el testimonio de la iglesia

Discurso de Pedro en Pentecostés

14 Entonces Pedro se puso de pie con los once, levantó la voz y les declaró:

—Hombres de Judea y todos los habitantes de Jerusalén, sea conocido esto a vosotros, y prestad atención a mis palabras. **15** Porque éstos no están embriagados, como pensáis, pues es solamente la tercera hora* del día. **16** Más bien, esto es lo que fue dicho por medio del profeta Joel:

17 *Sucederá en los últimos días,*
dice Dios,
que derramaré de mi Espíritu
sobre toda carne.
Vuestros hijos y vuestras hijas
profetizarán,
vuestros jóvenes verán visiones,
y vuestros ancianos soñarán sueños.
18 *De cierto, sobre mis siervos*
y mis siervas
en aquellos días derramaré
de mi Espíritu, y profetizarán.

---

*2:15 O sea, *como a las 9:00 a.m.*

---

para los que están fuera de ella. Para ellos el hablar en lenguas es locura (1 Cor. 14:23). Son sin sentido para los visitantes no acostumbrados a tal actividad (14:16), y alejan a los forasteros. A lo mejor, las lenguas representan un misterio para ellos (14:22); o lo peor, se persuaden a sí mismos que la iglesia crea locura (14:23).

Entonces podemos concluir que Pablo nos da tres razones para la superioridad de la profecía (quiere decir predicación inspirada) sobre el hablar en lenguas: (1) La predicación es superior porque edifica a la iglesia; (2) la predicación es superior porque puede ser entendida por todo el mundo; (3) la predicación es superior porque puede ser usada por el Espíritu Santo para ganar a la gente perdida para Jesucristo.

(2) Discurso de Pedro, 2:14-41. Para Pedro, Pentecostés es la consumación de un sueño. Por muchos siglos los judíos habían soñado con el Día del Señor, el día en que Dios irrumpiría en la historia. Ahora, en Jesús, ese día ha llegado. Por detrás de toda la imaginería gastada había una gran verdad en Jesús: Dios en persona llegó a la escena de la historia humana.

Todo el discurso nos confronta con una de las concepciones básicas y dominantes tanto del AT como del NT: la del Día del Señor. Tanto en uno como en el otro hay mucho que no puede entenderse completamente a no ser que conozcamos los principios básicos que están detrás de este concepto. Los judíos nunca perdieron la convicción de que eran el pueblo escogido de Dios. Interpretaban esa posición en el sentido de que fueron seleccionados para recibir honores y privilegios especiales entre las naciones. La historia había sido para ellos un gran fracaso. Por tanto, poco a poco, llegaron a la conclusión de que lo que el hombre no podía hacer debía hacerlo Dios mismo. Comenzaban, entonces, a esperar el día en que Dios intervendría directamente en la historia y los exaltaría al honor del cual soñaban. El día de esa intervención era el Día del Señor. Como ya se notó en el capítulo anterior, los judíos dividían todo el tiempo en dos edades: la era presente, completamente malvada y destinada a la destrucción; y la era venidera que sería la edad áurea de Dios. Entre ambas estaba el Día del Señor que sería el nacimiento terrible de la nueva era. Llegaría de repente como un ladrón en la noche; sería un día en el que el mundo temblaría hasta en sus fundamentos, y el universo mismo se destrozaría, desintegrándose; sería un día de juicio y terror. A través de los libros proféticos del AT y en muchos del NT hay descripciones de ese día: Isaías 2:12; 13:6 ss.; Amós 5:18; Sofonías 1:7; Joel 2; 1 Tesalonicenses 5:2 ss.; 2 Pedro 3:10.

Este discurso de Pedro es un pasaje lleno de la esencia del pensamiento de los predicadores primitivos, y a la vez inaugura la apologética cristiana. En él podemos ver el esquema o modelo de lo que había de constituir la predicación o *kérugma*

19 *Daré prodigios en el cielo arriba, y señales en la tierra abajo: sangre, fuego y vapor de humo.* **20** *El sol se convertirá en tinieblas, y la luna en sangre, antes que venga el día del Señor, grande y glorioso.* **21** *Y sucederá que todo aquel que invoque el nombre del Señor será salvo.**

22 »Hombres de Israel, oíd estas palabras: Jesús de Nazaret fue hombre acreditado por Dios ante vosotros con hechos poderosos, maravillas y señales que Dios hizo por medio de él entre vosotros, como vosotros mismos sabéis. **23** A éste, que fue entregado por el predeterminado consejo y el previo conocimiento de Dios, vosotros matasteis* clavándole en una cruz por manos de inicuos. **24** A él, Dios le resucitó, habiendo desatado los dolores de la muerte; puesto que era imposible que él quedara detenido bajo su dominio. **25** Porque David dice de él:

---

*2:21 Joel 2:28-32 (LXX)
*2:23 Algunos mss. antiguos tienen *prendisteis y matasteis*.

---

apostólico (ver 3:12-26; 4:9-12; 5:29-32; 10:34-43; 13:16-41). El *kérugma* es un término que se usa para identificar el mensaje esencial de las buenas nuevas. El *kérugma* sirve como modelo que constituye el bosquejo original de nuestra tradición del evangelio. Tal esquema consta de cuatro partes principales: (1) Testimonios del AT probando que Jesús es el Mesías; (2) un relato del ministerio público y de la pasión de Jesús; (3) la confirmación divina de su mesianismo en la resurrección, de la cual los apóstoles afirmaban ser testigos oculares; y (4) una exhortación al arrepentimiento y a la fe.

Contra la aceptación de ese *kérugma* de parte de los judíos se levantaba una enorme dificultad, la cual era la pasión y muerte ignominiosa de ese Jesús Mesías. A ella responde Pedro que todo ocurrió *por el predeterminado consejo y el previo conocimiento de Dios* (v. 23); y, por eso, la muerte no ocurrió porque sus enemigos prevalecieran contra él (ver Juan 7:30;

Semillero homilético
Una promesa cumplida
2:16-21

Introducción: Dios es soberano sobre todo el panorama de la historia desde cualquiera perspectiva. En el día de Joel la plaga de langostas les hizo pensar en el juicio de Dios y el pueblo clamó a él por ayuda. Dios les promete el Espíritu Santo en un día futuro para traer bendiciones para la humanidad. Veamos el cumplimiento de esta promesa.
  I. Factores relacionados con la promesa, vv. 16, 17.
    1. ¿Cuándo? En días futuros a la época del Mesías.
    2. ¿Qué? El Espíritu Santo.
    3. ¿Cómo? Derramado.
    4. ¿Para quién? Toda carne.
  II. Las evidencias de la promesa, vv. 19, 20.
    1. Habrá prodigios.
    2. Habrá señales.
  III. Los efectos de la promesa, v. 17.
    1. Hijos pequeños profetizarán.
    2. Jóvenes verán visiones.
    3. Ancianos soñarán.
  IV. La realidad de la salvación, v. 21.
Conclusión: Lo que Joel profetizó muchos años antes, llegó a ser una realidad en esos días. Podemos confiar en las promesas de Dios, porque siempre se cumplen, en el tiempo de Dios.

*Veía al Señor siempre delante de mí,
porque está a mi derecha,
para que yo no sea sacudido.*
26 *Por tanto, se alegró mi corazón,
y se gozó mi lengua;
y aun mi cuerpo*
descansará en esperanza.*
27 *Porque no dejarás mi alma
en el Hades,*
ni permitirás que tu Santo
vea corrupción.*
28 *Me has hecho conocer
los caminos de la vida*

*y me llenarás de alegría
con tu presencia.**

29 »Hermanos,* os puedo decir confiadamente* que nuestro padre David murió y fue sepultado, y su sepulcro está entre nosotros hasta el día de hoy. **30** Siendo, pues, profeta y sabiendo que Dios *le había jurado con juramento que se sentaría sobre su trono* uno de su descendencia,** **31** y viéndolo de antemano, habló de la resurrección de Cristo:

que no fue abandonado en el Hades,*
ni su cuerpo* vio corrupción.**

---

*2:26 Lit., *mi carne*
*2:27, 31b O sea, la morada de los muertos
*2:28 Sal. 16:8-11 (LXX)
*2:29a Lit., *varones hermanos*
*2:29b Lit., *es lícito deciros*
*2:30a Algunos mss. antiguos incluyen *a Cristo*.
*2:30b Algunos mss. antiguos añaden *en cuanto a la carne*; la cita es de Sal. 132:11 y 2 Sam. 7:12, 13.
*2:31a Algunos mss. antiguos tienen *no fue abandonada su alma en* . . .
*2:31c Lit., *su carne*
*2:31d Sal. 16:10

10:18), sino sólo porque así lo había decretado Dios para la salvación de los hombres (Juan 3:16; 14:31; 18:11; Rom. 8:32).

Y además, para Pedro Pentecostés es ante todo la consumación del misterio de Cristo: *¡A este Jesús lo resucitó Dios, de lo cual todos nosotros somos testigos! Así que, exaltado por la diestra de Dios y habiendo recibido del Padre la promesa del Espíritu Santo, ha derramado esto que vosotros veis y oís* (vv. 32, 33). Escribirá Juan luego: *Esto dijo [Jesús] acerca del Espíritu que habían de recibir los que creyeran en él, pues todavía no había sido dado el Espíritu, porque Jesús aún no había sido glorificado* (Juan 7:39). Por la humanidad de Jesús es como Dios nos da su Espíritu y para ello era necesario que esa humanidad fuera introducida en la gloria del Padre. Ahora ya se ha realizado esto (la ascensión) y Pentecostés nos prueba que Jesús ha sido exaltado. Los cielos que estaban cerrados (según una creencia familiar de los judíos de los últimos siglos antes de Cristo, los cielos estaban cerrados y el Espíritu Santo no había descendido aún sobre nadie en Israel, desde la desaparición de los últimos profetas) se abrieron en el bautismo de Jesús, pero personalmente para él. En Pentecostés se abren de nuevo para que el Mesías entronizado en la gloria pueda enviar el Espíritu a su iglesia, permitiendo de esta manera vivir realmente al nuevo pueblo de Dios. Por tanto, han llegado ya los tiempos mesiánicos anunciados por Joel.

Este Espíritu se les da a los hijos de la promesa (2:39), a esos judíos que se han hecho discípulos de Cristo y que forman el nuevo Israel; pero se les da también a los paganos ... *y para todos los que están lejos* (v. 39). Ahora todos los hombres pueden verse afectados por esta buena nueva. Queremos notar que Pablo también habla de este misterio de Cristo en la epístola a los efesios (Ef. 3:1-13).

En el discurso de Pedro se encuentra el v. 38 que se usa como texto de prueba por aquellos que creen en la regeneración bautismal. En primer lugar, el método de texto de prueba es un recurso que, si no es erróneo, es débil, quienquiera que lo use. Casi cualquier individuo puede ense-

32 ¡A este Jesús lo resucitó Dios, de lo cual todos nosotros somos testigos!

33 »Así que, exaltado por* la diestra de Dios y habiendo recibido del Padre la promesa del Espíritu Santo, ha derramado esto que vosotros veis y oís. **34** Porque David no subió a los cielos, pero él mismo dice:

El Señor dijo a mi Señor:
"Siéntate a mi diestra,
35 *hasta que ponga a tus enemigos*
*por estrado de tus pies."**

36 Sepa, pues, con certidumbre toda la casa de Israel, que a este mismo Jesús a quien vosotros crucificasteis, Dios le ha hecho Señor y Cristo.

37 Entonces, cuando oyeron esto, se afligieron de corazón y dijeron a Pedro y a los otros apóstoles:

—Hermanos,* ¿qué haremos?

38 Pedro les dijo:

— Arrepentíos y sea bautizado cada uno de vosotros en el nombre de Jesucristo* para* perdón de vuestros pecados, y recibiréis el don del Espíritu Santo. **39** Porque la promesa es para vosotros, para vuestros hijos y para todos los que están lejos, para todos cuantos el Señor nuestro Dios llame.

40 Y con otras muchas palabras testificaba y les exhortaba diciendo:

—¡Sed salvos de esta perversa generación!

41 Así que los que recibieron su palabra fueron bautizados, y fueron añadidas en aquel día como tres mil personas. **42** Y perseveraban en la doctrina de los apóstoles, en la comunión, en el partimiento del pan y en las oraciones.

---

*2:33 Otra trad., *enaltecido a*
*2:35 Sal. 110:1; ver Mar. 12:36
*2:37 Lit., *varones hermanos*
*2:38a Otra trad., *Jesús el Cristo*
*2:38b Otras trads., *por; a causa del*; o, *sobre la base del*

ñar lo que desea, autorizándolo en la Biblia, según su propia hermenéutica y su propio juicio. Un "texto de prueba" es aquel que queda solo o aislado, no teniendo ningún apoyo claro en las Escrituras en forma total, o aun se lo puede contradecir por la Escritura en su totalidad. Al contrario, un "texto de resumen" es aquel que recoge en una declaración clásica una enseñanza o un número de enseñanzas. Juan 3:16, por ejemplo, es un "texto de resumen", no es un "texto de prueba", porque abraza verdades que son establecidas en la Biblia aparte de este gran versículo. La enseñanza clara del NT en su totalidad excluye la regeneración bautismal. Y además el sentido común lo excluye también; el resultado espiritual que se desea no se puede realizar a través de un medio físico. Eso no es pasar por alto el hecho importante de que cualquier función física (por ejemplo, las ordenanzas) asume significado moral y espiritual en términos de las actitudes y motivos de las que surgió. Por ejemplo, el bautismo por inmersión en agua tiene significado si de veras la persona ha muerto en Cristo (Rom. 6:3-11). El perdón de pecados y el don del Espíritu Santo no están atados a un rito físico y arbitrario. Dios nunca es arbitrario.

Así, pues, se puede concluir que ciertamente es el Padre el que va a cumplir sus designios anunciados en las Escrituras. Y los va a llevar a cabo por medio de Jesús, Señor y Cristo. Pero este Jesús exaltado inaugura una nueva forma de presencia en su iglesia: envía, da la misión, para que prosigan su nombre, a dos agentes: el Espíritu que realizará interiormente lo que los discípulos proclaman y hagan exteriormente, sobre todo con la predicación y la afirmación del evangelio de Jesucristo (las buenas nuevas). Este nuevo pueblo de Dios (1 Ped. 2:4-10), que es la iglesia de Jesucristo, establecido en el Nuevo Pacto, está equipado para lograr su tarea que es el ministerio y la palabra de la reconciliación (2 Cor. 5:17-20). Vive y empieza ese desarrollo que se verá en el resto de Los Hechos y que sólo se acabará al final de los tiempos. No queremos pasar por alto que *fueron añadidas en aquel día*

La vida diaria entre los creyentes

43 Entonces caía temor sobre toda persona, pues se hacían muchos milagros y señales por medio de los apóstoles. **44** Y todos los que creían se reunían y tenían todas las cosas en común. **45** Vendían sus posesiones y bienes, y los repartían a todos, a cada uno según tenía

---

como tres mil personas (v. 41).

6. La vida de los primeros fieles, 2:42-47

Bellísimo retrato de la vida íntima de la comunidad cristiana de Jerusalén éste que nos presenta Lucas. Más importante que las señales (como los vientos y lenguas de fuego) exteriores y los medios temporarios (hablar en lenguas) empleados en Pentecostés es la presencia permanente del Espíritu Santo y los efectos saludables sobre la iglesia. El Espíritu los facultaba, los unía, y les daba una fraternidad hermosa. Y los discípulos y las tres mil personas seguían en *la doctrina de los apóstoles, en la comunión, en el partimiento del pan y en las oraciones* (v. 42), y todo hecho con alegría.

La enseñanza de los apóstoles. Guiado por los apóstoles se presenta aquí un vigoroso movimiento cristiano, tanto en número como en armonía, esencialmente judío y popular con el pueblo judío. Evidentemente los tres mil bautizados eran judíos o prosélitos (gentiles que habían sido admitidos en el judaísmo como una nación y una religión). Estos convertidos eran de *hombres piadosos de todas las naciones debajo del cielo* (2:5). No dice que hubo convertidos de todas estas naciones, pero referencias subsecuentes a cristianos en Damasco, Cirene, Chipre, Roma y otros lugares así lo indican.

Se nota que en este momento, y por un tiempo después, el movimiento cristiano era popular entre los judíos. En este momento el estorbo mayor para los judíos era el tropezadero de la cruz, pero eso, para muchos, fue explicado satisfactoriamente a la luz de la resurrección. Al cruzar esa barrera, miles de judíos aceptaron a Jesús como Mesías. Pronto el número llegó a ser de cinco mil (4:4); y luego Lucas escribe simplemente que se añadieron un *gran número así de hombres como de mujeres* (5:14). El movimiento en Jerusalén sucedió tan fuerte que los apóstoles podían desafiar al Sanedrín (4:18-20) y a los oficiales (5:26). El movimiento se extendió rápidamente fuera de Jerusalén (5:16), aun para incluir *un gran número de sacerdotes* que *obedecía a la fe* (6:7). Todo eso demuestra algo de la magnitud del movimiento cristiano entre los judíos. ¿Por qué, entonces, es que para finales del primer siglo el cristianismo

---

> **Semillero homilético**
> **La cura para el corazón afligido**
> 2:36-42
>
> *Introducción:* El sermón de Pedro tuvo un efecto especial sobre los oyentes. Se dieron cuenta de que necesitaban cambiar su vida. Pedro les dio la solución, la cual es la misma que sirve hoy para las personas que tienen el corazón afligido.
>
> I. Los síntomas que manifestaron, v. 37.
>   1. Aflicción del corazón en el arrepentimiento.
>   2. Búsqueda de la solución.
> II. El alcance de la cura, vv. 39, 41.
>   1. Toda generación: De padres a hijos.
>   2. Hasta las regiones lejanas, en sentido geográfico.
>   3. El límite es el llamado de Dios, lo cual significa sin límites.
> III. Los resultados de la cura, vv. 41, 42.
>   1. Se bautizaron en obediencia a Cristo.
>   2. Perseveraban en la doctrina.
>   3. Participaban en la comunión de hermanos.
>   4. Participaban en ayudar a necesitados.
>   5. Continuaban en la oración.
>
> *Conclusión:* Los enfermos espiritualmente pueden seguir el ejemplo de estos que sintieron la aflicción de corazón al escuchar el evangelio. El milagro que aconteció en la vida de cada uno de ellos puede tomar lugar en su vida. Hay que arrepentirse, creer en Cristo, y seguir el ejemplo que él nos da para vivir una vida con éxito.

necesidad. **46** Ellos perseveraban unánimes en el templo día tras día, y partiendo el pan casa por casa, participaban de la comida con alegría y con sencillez de corazón, **47** alabando a Dios y teniendo el favor de todo el pueblo.Y el Señor añadía diariamente a su número* los que habían de ser salvos.

*2:47 Algunos mss. antiguos dicen *a la iglesia*.

---

llegó a ser gentil y perdió su atracción entre los judíos? Algo sucedió para cambiar un movimiento predominantemente judío al principio de Los Hechos a un movimiento netamente gentil para el fin del libro, en un período de unos 30 a 35 años. En vista de que miles de judíos estaban aceptando a Jesús como el Cristo (Mesías), el Hijo de Dios, es evidente que el asunto de su mesianismo no provocó el rechazamiento del movimiento de parte de muchos de los judíos.

Aquí en este pasaje encontramos una descripción de un grupo alegre de judíos cristianos que gozaba de una vida en común. Aunque eran un grupo distinto como discípulos de Jesús, no obstante ellos eran judíos fieles y como tales asistían al templo (v. 46). Como judíos gozaban del favor de todo el pueblo (v. 47). Parece que en este momento los judíos cristianos estuvieron pensando que el movimiento cristiano se iba a desarrollar dentro del judaísmo como una renovación o un avivamiento del mismo.

La comunión. Lucas se repite una y otra vez (vv. 42-47), en un esfuerzo para describir adecuadamente lo que era aparentemente la fraternidad indescriptible y feliz de los primeros cristianos. *Perseveraban ... en la comunión* (v. 42)... *Y todos los que creían se reunían y tenían todas las cosas en común* (v. 44)... *Vendían sus posesiones y bienes y los repartían a todos, a cada uno según tenía necesidad* (v. 45). Ellos estaban asistiendo unánimes al *templo día tras día, y partiendo el pan casa por casa, participaban de la comida con alegría y con sencillez de corazón* (v. 46). A algunos evangélicos no les gusta el uso de la palabra *comunión* debido a que la Iglesia Católica Romana la utiliza como parte de su liturgia; no obstante *comunión* es una buena traducción de la palabra.

La palabra *comunión* que se encuentra en el v. 42 es la traducción de la palabra griega *koinonía* 2842. Es imposible exagerar la importancia de *koinonía* —comunidad o fraternidad— como aparece aquí en Los Hechos. No hay en el NT un concepto más vital que el de la unidad de aquellos que están en Cristo. Esta unidad se describe variadamente en el NT. Probablemente la descripción más importante es la analogía de parte de Pablo de la iglesia como el cuerpo de Cristo: No construir la iglesia como una organización en el nivel local o denominacional, sino como la totalidad de aquellos que están en Cristo (ver Rom. 12:4 s.; 1 Cor. 12:12 s., 27; Ef. 1:22 s.; 4:4-6, 12; 5:25-30; Col. 1:18).

Joya bíblica

Y todos los que creían se reunían y tenían todas las cosas en común. Vendían sus posesiones y bienes, y los repartían a todos, a cada uno según tenía necesidad (2:44, 45).

En el uso neotestamentario, *koinonía* puede describir la vida compartida en Cristo o la vida de cuerpo en la iglesia. Puede describir la vida en común que tiene su fuente en Dios. La *koinonía* tiene para el cristiano dos dimensiones básicas: con Dios y con el hombre. Estas no pueden ser divorciadas. Ser llevado a la *koinonía* con el Padre por medio del Hijo es también ser llevado a la *koinonía* con otros igualmente relacionados con él. El NT nunca da la opción de una salvación con sólo una dimensión vertical (hacia Dios). Esto es consignado permanentemente en Mateo 10:40: *"El que os recibe a vosotros a mí me recibe, y el que me recibe a mí recibe al que me envió"* (hay una dimensión horizontal hacia los hombres).

El concepto de compartir puede ser de dos tipos: uno puede tener una parte específica y limitada de un todo, como una rebanada de carne, o puede participar en el todo de algo, como pertenecer a una familia. La comunión *[koinonía] del Espíritu Santo* (2 Cor. 13:14; aquí la *koinonía* se pone a la par de la gracia y el amor) es más similar a la última; no es para monopolizar una parte separable, sino para participar con otros en el todo de una vida en común. Es nuestra participación conjunta en la vida de Dios por medio de Jesucristo, como miembros constituyentes del cuerpo de Cristo, como un pueblo bajo el señorío de Dios. El pueblo de Dios no es denominado como *comunión [koinonía] del Espíritu*, pero la *koinonía* tiene el alcance para describir la vida interior de la iglesia.

La *koinonía* es el don de Dios, nunca el logro del hombre. Los hombres pueden hacer nacer una organización, una estructura, un establecimiento, pero no pueden hacer nacer un organismo, el cuerpo de Cristo, la *koinonía* (la *comunión*). Es un don y una exigencia: *Fiel es Dios, por medio de quien fuisteis llamados a la comunión de su Hijo Jesucristo, nuestro Señor* (1 Cor. 1:9). Esto no significa una mera cooperación, que es un logro fácil, aun en grupos no cristianos. Continuamente se alaba la cooperación como lo ideal. En verdad, la cooperación en sí no es ni buena ni mala: es en sí neutral. Los ladrones de bancos la pueden lograr al igual que los santos. La iglesia no es una organización de funciones (como un grupo de ladrones) o de mérito (como un club social), o de habilidades (como un equipo de fútbol), a la que se ingresa por virtud de una contribución a fin de que el grupo pueda proseguir un fin en común. En esta clase de asociación los miembros no se asocian como personas, sino sólo como unidades con respecto a sus contribuciones en relación al propósito del grupo. Esto, entonces, no es una unidad personal sino meramente una unidad orgánica. Al contrario, la iglesia es una *comunidad*. Una comunidad tiene un principio constitutivo más profundo: no es orgánico (organizacional). Su principio de unidad es personal (de persona a persona y no de empresa a empresa). Se constituye para que los miembros compartan en una vida en común (como un organismo). No hablamos de un cuerpo como una organización de partes, sino como un organismo.

La *koinonía* del Espíritu es más que un acuerdo. No es sólo una sociedad de hombres, una fraternidad constituida para alcanzar un propósito (como una sociedad de médicos, por ejemplo, que tienen entre sí un interés común). Por el contrario, el principio básico de una comunidad es su vida en común: su parentesco, su fraternidad, su hermandad. Los objetivos comunes sirven para expresar la vida común y proveer mayor cultivo de esa comunión, pero la comunión no se constituye por estas metas comunes. Estos cristianos en Jerusalén no eran una mera sociedad; eran

---

El poder disponible

En el Valle del Cauca en Colombia hay una región donde anteriormente el Río Calima corría tranquilamente hacia el Río Cauca. Hace años el gobierno decidió construir una represa allí para suministrar la energía eléctrica que necesitaba el occidente del país. Durante varios meses había mucho movimiento de tierra con maquinaria pesada. Después utilizaron miles de bultos de cemento para hacer la mezcla para el concreto de la represa. Después trajeron turbinas gigantescas y las instalaron para producir la energía con el agua del Río Calima.

Hoy se aprecia allí una instalación impresionante. Miles de kilovatios de poder son generados para suministrar las necesidades de energía para Colombia. Todo es resultado de la capacidad de utilizar el potencial que estaba en ese río.

La iglesia de Cristo tiene disponible el poder divino para generar y suministrar las necesidades espirituales de las multitudes. Todo lo que tenemos que hacer es llenar las condiciones impuestas en Hechos 2:38.

una comunidad, eran la iglesia, el cuerpo de Cristo. En él compartían una vida en común. Todas las actividades compartidas tenían significado sólo en que expresaban esta vida en común que tenían en Cristo. El arrepentimiento (la convicción y la confesión) del pecado abre el camino a la vida en común. Esto era el principio no negociable de la comunidad cristiana primitiva (y también para nosotros hoy en día). No hay una posesión o un mérito positivo del hombre que sea suficiente para proveer un fundamento para la solidaridad humana. La asociación genuina se establece en un negativo; se funda donde los hombres fallan. Precisamente cuando reconocemos que somos pecadores percibimos que somos hermanos. Cuando pensamos en términos de nuestras supuestas virtudes, derechos y obras, somos competidores celosos; cuando pensamos en nuestros pecados, somos hermanos. Esto es el negativo que estos hombres en Jerusalén habían logrado el día de Pentecostés: *se afligieron de corazón*, y en su desesperación se pararon frente a Dios y a su propio pecado: *Hermanos, ¿qué haremos?* (2:37). La fraternidad tan hermosa en Cristo que Lucas presenta tenía su comienzo en el momento de su reconocimiento de ser nada y el arrojarse a la misericordia de Dios.

La *koinonía* es un don y a la vez es una exigencia. Es significativo que en 2:41-47 se presentan juntas esta *koinonía* y la salvación. Es indispensable reconocer que en esta *koinonía* cristiana (la comunidad o fraternidad cristiana) la salvación personal es consumada. Nosotros llegamos a ser personas (no sólo entidades) en comunidad, en virtud de nuestras relaciones con otras. La idea griega del alma como una entidad separada es extraña a la Biblia. En la Biblia se encuentra el concepto del hombre como una totalidad (una persona íntegra); no se ve como que tiene un alma, sino como que es un alma. Es sólo cuando un hombre, siendo un complejo de muchos factores interrelacionados, se encuentra a sí mismo en una relación de fe y amor en Cristo que es salvo. Pero también un hombre en Cristo es igualmente una parte del cuerpo de Cristo. El parentesco con Cristo involucra un parentesco con todos los que están en Cristo. Es en medio de esta relación que uno llega en verdad a ser una persona real, y verdaderamente salva en el sentido más profundo de la experiencia. Cristo salva a individuos pero al salvarlos él los hace más que individuos; llegan a ser personas, viviendo en esta relación (*koinonía*).

Joya bíblica

... y partiendo el pan casa por casa, participaban de la comida con alegría y con sencillez de corazón (2:46b).

Luego en el transcurso del estudio de Los Hechos, cuando la afirmación de la implicación de *koinonía* se ve en términos de igualdad, libertad y fraternidad, tanto de los gentiles como de los judíos en Cristo, muchos judíos cristianos no podían reconocer esta implicación. Al negar esta fraternidad con los gentiles incircuncisos, ellos negaron el cuerpo de Cristo, y por eso, estaban autoengañados.

El partimiento del pan. En cuanto a qué quiere significar Lucas con la expresión *partimiento del pan* (v. 42) han sido muchas las discusiones. Reconocemos, en primer lugar, que la expresión "partir el pan", acompañada incluso de acción de gracias y de oraciones, fue usada para la comida diaria; pues el partimiento del pan era la señal de que la comida estaba por comenzar (Mat. 14:19; 15:36; Hech. 27:35). Sin embargo, también es cierto que la expresión "partir el pan" fue empleada por los primeros cristianos para describir la cena del Señor. El empleo más claro del término aparece en 1 Corintios 10:16: *El pan que partimos*.

Probablemente se puede ver en el v. 42 una referencia al partimiento del pan como cena del Señor: *Y perseveraban en la doctrina de los apóstoles, en la comunión, en el partimiento del pan y en las oraciones.*

Gramaticalmente parece que la referencia a la comunión (*koinonía*) y el partimiento del pan fuesen la misma cosa. Esta *comunión* o *partimiento del pan* era indudablemente una comida completa, pues la cena del Señor era observada así por los primeros cristianos. Posiblemente Hechos 20:7 también se refiere a la cena del Señor observada como una comida completa.

Los manuscritos posteriores dieron lugar a una enseñanza que puede ser malinterpretada; de que la cena del Señor retrata el cuerpo partido (quebrantado) de Jesús. La lectura correcta en 1 Corintios 11:24 (ver la nota de la RVA), confirmada por manuscritos de los siglos II y III, dice simplemente *Este mi cuerpo es para vosotros*.

La lectura que se encuentra en los manuscritos posteriores oscurece el énfasis de Pablo en 1 Corintios sobre la unidad del cuerpo proclamada en la Cena (1 Cor. 10:16, 17). La Cena proclama el cuerpo de Cristo, no el cuerpo quebrantado. Juan insiste en que ni un hueso de su cuerpo fue quebrantado (Juan 19:31-37). El rompimiento del pan dirige la atención a la participación conjunta de un mismo trozo de pan, no a su fragmentación. La fórmula "romper el pan" generalmente significa "tomar la comida". La idea no es la de que un pan es quebrado en muchos pedazos, sino que mucha gente come del mismo pan. Esto proclama el hecho básico de que todos los cristianos participan del mismo Cristo.

Lucas hace notar también que perseveraban *en las oraciones* (v. 42). La construcción gramatical de la frase, uniendo ambos miembros por la conjunción copulativa "y", parece indicar que se trata no de oraciones en general, sino de las que acompañaban al partimiento del pan. De cuáles fueron estas oraciones, nada podemos deducir con certeza. Sin embargo, podemos sugerir que la iglesia primitiva, en su perseverancia *en la doctrina* (enseñanza) *de los apóstoles*, por lo menos, recibirían instrucciones de cómo orar el Padrenuestro (Mat. 6:5-13); y también recibirían un testimonio personal de parte de estos muchos testigos oculares de la oración de Jesús por sus discípulos, que se encuentra en Juan 17:20-23. Sin duda el corazón de la oración de Jesús por sus discípulos ha de ser lo siguiente:

Pero no ruego solamente por éstos, sino también por los que han de creer en mí por medio de la palabra de ellos; para que todos sean una cosa, así como tú, oh Padre, en mí y yo en ti, que también ellos lo sean en nosotros; para que el mundo crea que tú me enviaste. Yo les he dado la gloria que tú me has dado, para que sean una cosa, así como también nosotros somos una cosa. Yo en ellos y tú en mí, para que sean perfectamente unidos; para que el mundo conozca que tú me has enviado y que los has amado, como también a mí me has amado (Juan 17:20-23).

7. Sanidad de un cojo, 3:1-10

Los cristianos, a pesar de su fe en Jesucristo y de las nuevas actividades propias que tenían (2:42-44), no se habían separado aún del judaísmo, cosa que

---

La perseverancia

La perseverancia es una de las cualidades que se destaca en la vida de los primeros cristianos. Perseveraban en la doctrina, en la comunión, en el estar juntos en el templo, en compartir los alimentos y en la oración. Esta actitud de vivir la vida cristiana les mantenía unidos, fuertes en el Señor y llenos de fe. Como resultado, otros se añadían a la iglesia y disfrutaban del favor de todo el pueblo.

Los diccionarios nos explican que una persona es perseverante cuando persiste en algo con el mismo ánimo que cuando lo inició. Que es constante en su accionar. Que su entusiasmo no decae a pesar del tiempo o de las dificultades con que se enfrente.

El asunto es que en nuestra vida cristiana muchas veces decidimos hacer algo y al poco tiempo hemos decaído. Fácilmente perdemos el entusiasmo y dejamos de hacer lo que nos habíamos propuesto. El resultado es debilidad, poca fe y falta de comunión con Dios. Por ello, el ejemplo de los creyentes del primer siglo es tan fuerte: debemos perseverar en las cosas del Señor. Sólo así experimentaremos sus bendiciones.

Pedro sana a un cojo en el templo

3 Pedro y Juan subían al templo a la hora de la oración, la hora novena.* **2** Y era traído cierto hombre que era cojo desde el vientre de su madre. Cada día le ponían a la puerta del templo que se llama Hermosa, para pedir limosna de los que entraban en el templo. **3** Este, al ver a Pedro y a Juan que iban a entrar en el templo, les rogaba para recibir una limosna. **4** Entonces Pedro, juntamente con Juan, se fijó en él y le dijo:

—Míranos.

---

*3:1 O sea, como a las 3:00 p.m.

---

les costaría bastante, hasta que las experiencias y la voz del Espíritu Santo les fue indicando otra cosa (10:14; 11:17; 15:1; 21:20). Se ve otra vez en esta escena el retrato del judaísmo cristiano. *Pedro y Juan*, según su costumbre, *subían al templo a la hora de la oración* (v. 1).

Solían designarse las horas de oración como la hora tercia y la hora nona (10:3, 30), y los judíos acudían numerosamente al templo para estar presentes allí durante esas horas de oración oficial (Luc. 1:8-10). El milagro tiene lugar junto a la puerta llamada *Hermosa* (v. 2), que probablemente conducía del atrio de los gentiles al de las mujeres. Al ir Pedro y Juan atravesando la puerta, les llamó la atención un hombre cojo de nacimiento que pedía limosna.

Este milagro provee más evidencia de que el don del Espíritu era válido y real; todo el pueblo se llenó *de asombro y de admiración* (v. 10). Pero era más que un milagro (maravilla); era una señal, (la traducción literal de la palabra milagro aquí es señal, comp. 4:22), en la que se da un cuadro en el mundo físico de lo que puede darse en el mundo espiritual. Lo mismo que un hombre puede sanar físicamente (4:9-12), así un hombre podía sanar espiritualmente. Esta señal trae a la memoria aquella similar, hecha por Jesús, de la sanidad del ciego de nacimiento (Juan 9:1-41). También ahora en el templo, como entonces en el tiempo de Jesús, los oficiales judíos, que no pueden negar el milagro, se encuentran sumamente preocupados dada su inclinación a no creer (4:14-16).

Los milagros. Este pasaje nos enfrenta con la cuestión de los milagros en la época de los apóstoles. Desde la perspectiva de Lucas, estos milagros (cuyo relato no planteaba problemas en aquella época) son importantes: manifiestan que aquella iglesia era algo más que palabras, que era hechos. Se ve la acción del Espíritu Santo como la continuación de las señales mesiánicas que se encuentran en la vida y el ministerio de Jesús.

F. F. Bruce considera que la credibilidad de los milagros es asunto de evidencias históricas. Si son relatados por autores que pueden demostrar que son dignos de confianza en otras disciplinas, entonces vale la pena que el historiador les preste seria atención. Las narraciones milagrosas en el Evangelio de Lucas y Los Hechos co-

Pedro y Juan frente al templo

5 El les prestaba atención, porque esperaba recibir algo de ellos. **6** Pero Pedro le dijo: —No tengo ni plata ni oro, pero lo que tengo te doy. En el nombre de Jesucristo de Nazaret, ¡levántate y anda! **7** Le tomó de la mano derecha y le levantó. De inmediato fueron afirmados sus pies y tobillos, **8** y de un salto se puso de pie y empezó a caminar. Y entró con ellos en el templo, caminando, saltando y alabando a Dios. **9** Todo el pueblo le vio caminando y alabando a Dios. **10** Reconocían que él era el mismo que se sentaba para pedir limosna en la puerta Hermosa del templo, y se llenaron de asombro y de admiración por lo que le había acontecido.

---

rresponden, en general, al tipo de obras que se puede esperar de la persona que ellos presentan y a quien llaman Jesús. Como se debe notar, ni aun en las épocas más antiguas de los escritos neotestamentarios encontramos a un Jesús que no sea sobrenatural, y no hemos de sorprendernos que se le atribuyan obras sobrenaturales. Podemos afirmar que la verdadera defensa de los milagros es su interpretación. Nuestro interés primordial en los milagros debe ser entenderlos, no defenderlos.

William Barclay opina que hay ciertos rasgos definidos que se pueden afirmar acerca de los milagros. En primer lugar dice que los milagros *sucedieron*. Por ejemplo, tocante a la sanidad del cojo leemos en Hechos 4:16 que el Sanedrín sabía que tenía que aceptar este milagro, porque no lo podía negar. Los enemigos del cristianismo en el primer siglo hubieran sido los primeros en negar los milagros si hubieran podido hacerlo; pero nunca lo intentaron. Sigue, en segundo lugar, una pregunta: ¿Cuándo dejaron de acontecer? Se han hecho algunas sugerencias. (1) Hubo un momento en que los milagros eran necesarios. Eran como las campanas que llamaban a la gente a los templos. En ese tiempo eran necesarios como una garantía de la verdad y el poder del mensaje cristiano en su ataque inicial (quiere decir, la época de las señales mesiánicas: la vida y ministerio de Jesús y el período apostólico). (2) En ese momento se unían dos circunstancias especiales: Eran hombres apostólicos que vivían y habían tenido una irrepetible intimidad personal con Jesucristo; y había una atmósfera de expectación en la que las mentes de los hombres estaban dispuestas a aceptar cualquier cosa, y la fe surgía en su plenitud. Estas dos cosas combinadas producían efectos únicos. *Este principio de señales hizo Jesús...* (Juan 2:11). El Evangelio de Juan siempre llama *señales* a los milagros del Señor, y en el resto del NT la voz que denota *milagro* o *maravilla* siempre va unida al término *señal*. Señales y maravillas es la terminología usual como si con ello se quisiera enseñar que la narración de los milagros no tiene como único propósito causar asombro en los oyentes y lectores, sino que lleva también su propio valor intrínseco. El Señor Jesús no tenía una opinión muy elevada de la creencia que se provocaba por causa de los milagros (Juan 2:23-25; 6:26). El desea que los hombres comprendan lo que los milagros valen por sí mismos. Son indicios de la era mesiánica, tal como la vislumbraron los profetas. Igual cosa sucede con los milagros que hay en el libro de Los Hechos, porque fueron realizados en el nombre de Jesús y por su poder, transmitido a través de los apóstoles. En la época de la vida de Jesús y durante los días apostólicos mucha gente se vio atraída por el asombro de esos hechos. Pero había otros que comprendían (los cuales nacieron de Dios, Juan 1:12, 13) lo que significaban y podían decir con Juan: *Y el Verbo se hizo carne y habitó entre nosotros, y contemplamos su gloria* (Juan 1:14). La cuestión de si son verdaderas las narraciones de milagros o no tiene que ser contestada finalmente por una respuesta no sólo de fe en los eventos históricos sino de fe en el Cristo que los había hecho, una fe que experimenta el poder a través del cual estas grandes maravillas se hacían.

Discurso de Pedro en el templo

11 Como él se asió de Pedro y de Juan, toda la gente, atónita, concurrió apresuradamente a ellos en el pórtico llamado de Salomón. **12** Pedro, al ver esto, respondió al pueblo:
—Hombres de Israel, ¿por qué os maravilláis de esto? ¿Por qué nos miráis a nosotros como si con nuestro poder o piedad hubiésemos hecho andar a este hombre? **13** El Dios de Abraham, de Isaac y de Jacob, el Dios de nuestros padres* ha glorificado a su Siervo* Jesús, al cual vosotros entregasteis y negasteis ante Pilato, a pesar de que él había resuelto soltarlo. **14** Pero vosotros negasteis al Santo y Justo; pedisteis que se os diese un hombre asesino, **15** y matasteis al Autor de la vida, al cual Dios ha resucitado de los muertos. De esto nosotros somos testigos.

---

*3:13a Exo. 3:6, 15; comp. Mar. 12:26
*3:13b Otras trads., Niño; o, Hijo

Para algunos, la pregunta real no es: ¿Por qué dejo de haber milagros?, sino: ¿De veras ha dejado de haberlos? Citamos a Barclay otra vez cuando declara que el simple hecho es que ahora cualquier médico o cirujano puede hacer cosas que en los tiempos apostólicos habrían sido consideradas como milagros. Es una verdad universal que Dios no hace para los hombres lo que éstos pueden hacer por sí mismos. De modo que ha revelado a los hombres nuevas verdades y toda verdad fidedigna es de Dios, y a través de esa revelación Dios sigue haciendo milagros. Para un cristiano todavía hay milagros por todos lados, si tiene ojos para ver.

8. Discurso de Pedro en el templo, 3:11-26

Se cuentan usualmente 24 discursos en Hechos: 8 corresponden a Pedro, 9 a Pablo, y los otros 7 se atribuyen a 7 personajes distintos (Gamaliel, Esteban, Jacobo y otros). Esto quiere decir que los discursos forman la trama del libro; si los quitáramos nos quedaríamos sólo con una obra hecha en pedazos.

Naturalmente la curación del cojo produjo una gran conmoción ya que todo el mundo conocía al cojo que se había sentado durante tanto tiempo a la puerta del templo a pedir. Cuando se juntó una multitud en el pórtico de Salomón (lugar preferido para reuniones públicas, comp. 5:25; Juan 10:23), Pedro aprovechó la ocasión para presentar su segundo discurso. Habla primero de la autoridad que hizo sano al cojo: la curación no se basaba en el poder ni por la piedad de los apóstoles mismos, sino que era el poder del Dios de

---

Semillero homilético
Esperanza humana vs. riqueza divina
3:1-10

Introducción: Un dicho popular dice que "lo último que se pierde es la esperanza". Pero las riquezas de Dios superan toda esperanza humana.
  I. La esperanza humana tiene sus límites (vv. 2, 3, 5).
    1. La condición humana muchas veces hace perder las esperanzas (v. 2).
    2. La única esperanza muchas veces es depender de otros (v. 3).
    3. La única esperanza muchas veces es algo material que ayude a la subsistencia (v. 5).
  II. La riqueza divina es ilimitada para la vida del creyente (vv. 4, 6-10).
    1. La riqueza divina responde más efectivamente que aquello que espera el hombre (v. 6).
    2. La riqueza divina soluciona el problema fundamental del hombre (vv. 7, 8).
    3. La riqueza divina vista en acción constituye un testimonio indiscutible (vv. 9, 10).
Conclusión: Ponga frente a frente lo que usted espera lograr por sus propios esfuerzos y lo que Dios puede darle si usted cree.

HECHOS 3:11-26

16 »Y el nombre de Jesús hizo fuerte, por la fe en su nombre, a este hombre que vosotros veis y conocéis. Y la fe que es despertada por Jesús le ha dado esta completa sanidad en la presencia de todos vosotros. 17 Ahora bien, hermanos, sé que por ignorancia lo hicisteis, como también vuestros gobernantes. 18 Pero Dios cumplió así lo que había anunciado de antemano por boca de todos los profetas, de que su Cristo había de padecer.*

19 »Por tanto, arrepentíos y convertíos para que sean borrados vuestros pecados; de modo que de la presencia del Señor vengan tiempos de refrigerio 20 y que él envíe al Cristo, a Jesús, quien os fue previamente designado. 21 A él, además, el cielo le debía recibir hasta los tiempos de la restauración de todas las cosas, de las cuales habló Dios por boca de sus santos profetas desde tiempos antiguos. 22 *Porque ciertamente Moisés dijo: El Señor vuestro Dios os levantará, de entre vuestros hermanos, un profeta como yo. A él escucharéis en todas las cosas que os hable. 23 Y sucederá que cualquier persona que no escuche a aquel profeta será desarraigada del pueblo.** 24 Y todos los profetas, de Samuel en adelante, todos los que hablaron, también anunciaron estos días.

*3:18 P. ej., en Isa. 53:1-10; comp. Hech. 8:32, 33
*3:23 Deut. 18:15, 16, 19

Israel quien glorificó a su siervo Jesús, el mismo a quien los judíos habían entregado y negado. Este Jesús ahora es un poder viviente en medio de ellos. Casi todas las características de la predicación cristiana primitiva están descritas en este corto pasaje: (1) Los judíos mataron a aquellos que el Dios de sus padres había enviado; (2) eran culpables; (3) la inocencia de Jesús fue reconocida por Pilato; (4) el sufrimiento cumplió las profecías; (5) la pasión de Jesús abrió e hizo testimonio de la gloria y el triunfo; (6) el hecho de la resurrección exige una evaluación completamente nueva de la muerte de Jesús.

Se nota en los discursos de la primera parte de Los Hechos que el propósito principal de los primeros predicadores del movimiento cristiano era persuadir a los judíos no convertidos, por la vida y el ministerio de Jesús, de que este mismo Jesucristo, el carpintero de Nazaret que ellos habían crucificado, era de veras el Mesías prometido en el AT.

Además, se alcanza en este sermón una doctrina de Cristo (cristología) muy profunda. En la primera parte del sermón se encuentran los títulos mesiánicos que se aplican a Jesús: *Siervo* de Dios (v. 13), *Santo* y *Justo* (v. 14). Esto revela que eran títulos mesiánicos muy en uso en la primera generación cristiana (comp. 4:27, 30; 7:52; 22:14; 1 Ped. 3:18; 1 Juan 2:1). Isaías fue quien habló primeramente del "Siervo de Jehovah" y proclamaba sus sufrimientos y su triunfo (Isa. 42:1; 49:3; 50:10; 52:13; 53:11). La glorificación que Dios imparte a Jesús (v. 13) se revela en su resurrección (v. 15), con todos los resultados que incluiría (comp. 2:32, 33). Sin duda el movimiento cristiano primitivo, al aplicar a Jesús el título "Siervo de Dios", no estaba pensando solamente en un puesto honorífico. Más bien los primeros portavoces de la iglesia primitiva apuntaban directamente al Siervo de Jehovah de Isaías, varón de dolores en favor de los demás (Hech. 8:30-35), evocando el valor y misterio del sufrimiento que se ve en la pasión y muerte de Jesús (ver 5:30, 31; 20:28). Al principio del discurso parece que el milagro de curación es atribuido a *El Dios de Abraham, de Isaac y de Jacob...* (v. 13), y luego parece que es al *nombre de Jesús* (v. 16). No parece caber duda que Pedro está identificando a Jesús como el Señor de los judíos (ver 3:6; 4:10).

En cuanto a la segunda parte del sermón (vv. 16-26), es toda ella una fuerte invitación al arrepentimiento y la conversión de los judíos. Pedro quería salvar a su auditorio judío, no solamente condenarlo. En los vv. 17 y 18 dice que obraron por ignorancia y con su acción, sin darse cuenta, contribuyeron a que se cumplieran las profecías que hablan de un

25 »Vosotros sois los hijos de los profetas y del pacto que Dios concertó con vuestros* padres, diciendo a Abraham: *En tu descendencia serán benditas todas las familias de la tierra.** **26** Y después de levantar a su Siervo,* Dios lo envió primero a vosotros, para bendeciros al convertirse cada uno de su maldad.

Pedro y Juan son encarcelados

4 Mientras ellos estaban hablando al pueblo, llegaron los sacerdotes, el capitán de la guardia del templo y los saduceos, **2** resentidos de que enseñasen al pueblo y anunciasen en Jesús la resurrección de entre los muertos.

---

*3:25a Algunos mss. antiguos dicen *nuestros*.
*3:25b Gén. 22:18
*3:26 Otras trads., *Niño*; o, *Hijo*

Mesías sufriente (Isa. 53:1-12). Pablo también expresa algo parecido en su discurso en Antioquía de Pisidia (13:27). Jesús mismo dijo: *...no saben lo que hacen* (Luc. 23:34); eso es, no comprendían verdaderamente lo que estaban haciendo. Claro que esta ignorancia, como es obvio, no bastaba para excusarles de todo pecado, pues en mayor o menor grado, según los casos, eran pecadores. Era una ignorancia culpable, habiendo Jesús probado suficientemente su misión divina (Juan 15:22-24; 19:11). Se observa en Los Hechos que después de los discursos (la proclamación del evangelio) se espera siempre una respuesta personal. Se exhorta a sus oyentes al arrepentimiento y a la fe en Jesucristo como Salvador y Señor.

La obligación que lleva esta exhortación es la de arrepentirse y cambiar: *Por tanto, arrepentíos y convertíos...* (v. 19). Las dos palabras están estrechamente unidas. Arrepentirse podría significar simplemente cambiar la manera de pensar; y es más fácil cambiar de idea que cambiar de modo de vida. Pero este cambio de mentalidad ha de dar por resultado el rechazo del viejo camino y el lanzarse a andar por uno nuevo (este cambio afecta el hombre íntegro). Los resultados de este cambio de mentalidad y de dirección de vida serían dos: el perdón de sus pecados que termina con un nuevo estado de reconciliación con Dios (Jesús como Salvador), y el establecimiento del reino (soberanía) de Dios (Jesús como Señor) que produce un estilo renovado de vida que comienza aquí en este mundo y es consumado a través de la eternidad.

En la clausura del sermón (vv. 25, 26), Pedro regresa al pacto de Dios con Abraham, hasta el comienzo de la participación de nuevo de Dios en el destino de la raza humana para su bienestar. La promesa hecha a Abraham (Gén. 12:3; 22:18), que se cita (Hech. 3:25), ya ha comenzado a cumplirse, y es necesario que los judíos se conviertan para poder participar en esa bendición prometida a la descendencia de Abraham (v. 26). Esta bendición no es otra que la sanidad mesiánica, extendida a judíos y gentiles (Gál. 3:8).

9. Pedro y Juan encarcelados, 4:1-4.

En el libro de Los Hechos se presentan varias persecuciones de los cristianos, y es importante notar que cada grupo perseguidor poseía sus propios motivos para resistir el evangelio. Los saduceos, los fariseos, los herodianos y varios grupos paganos se oponían al movimiento cristiano, cada uno por diferentes razones. Más adelante de nuevo volveremos a considerar estos grupos dentro de su propio contexto.

Se nota que la primera persecución del movimiento cristiano fue iniciada por los saduceos y no de parte de un grupo gentil ni por el gobierno romano. Los primeros impedimentos o barreras en contra de la misión de la iglesia primitiva eran de origen religioso interno y no de fuera. Los saduceos constituían una minoría, sin

3 Les echaron mano y los pusieron en la cárcel hasta el día siguiente, porque ya era tarde. **4** Pero muchos de los que habían oído la palabra creyeron, y el número de los hombres llegó a ser como cinco mil.

Pedro y Juan ante el Sanedrín

5 Al día siguiente, aconteció que se reunieron en Jerusalén los gobernantes de ellos, los ancianos y los escribas; **6** y estaban el sumo sacerdote Anás, Caifás, Juan, Alejandro y todos los del linaje del sumo sacerdote. **7** Y poniéndolos en medio, les interrogaron:
—¿Con qué poder, o en qué nombre habéis hecho vosotros esto?
8 Entonces Pedro, lleno del Espíritu Santo, les dijo:
— Gobernantes del pueblo y ancianos:* **9** Si hoy somos investigados acerca del bien hecho a un hombre enfermo, de qué manera éste ha sido sanado, **10** sea conocido a todos vosotros y a todo el pueblo de Israel, que ha sido en el nombre de Jesucristo de Nazaret, a quien vosotros crucificasteis y a quien Dios resucitó de entre los muertos. Por Jesús este hombre está de pie sano en vuestra presencia. **11** El es *la piedra rechazada por vosotros los edificadores, la cual ha llegado a ser cabeza del ángulo.** **12** Y en ningún otro hay salvación, porque no hay otro nombre debajo del cielo, dado a los hombres, en que podamos ser salvos.

---

*4:8 Algunos mss. antiguos incluyen *de Israel.*
*4:11 Sal. 118:22

---

embargo eran una aristocracia rica y de gran influencia tanto en el templo como en el gobierno. El milagro los molestó mucho por varias razones: en primer lugar, los saduceos resentían que los discípulos estaban enseñando como si fueran rabíes; en segundo lugar, no creían en la resurrección, que era uno de los énfasis en el mensaje de Pedro; en tercer lugar, y probablemente la causa principal de su intervención, trataban de mantener relaciones amistosas con los romanos para poder conservar sus riquezas, comodidad, prestigio y poder. El concepto de la resurrección significaba más para los judíos del primer siglo que para los cristianos de hoy. Para los judíos de aquel entonces significaba una catástrofe inminente y mundial, en la cual serían destruidos los poderes aquí en este mundo y el establecimiento milagroso de un nuevo orden.

Entonces, por eso, la palabra resurrección sugería revolución a los que favorecían el orden romano. Los saduceos no deseaban en absoluto que se perturbara el orden ya establecido. El gobierno romano era muy tolerante, pero actuaba sin misericordia ante los desórdenes públicos. Los saduceos concluyeron que si se permitía seguir adelante a los discípulos sin estorbarlos, habría caos y tumultos en la calle, con resultados desastrosos para su grupo. Por eso, decidieron terminar con esta propaganda inflamatoria antes de que creciera; y fue por esto que se arrestó tan rápidamente a Pedro y Juan. Este es uno de los grandes ejemplos de cómo un grupo de hombres, para mantener sus intereses creados, puede negarse a escuchar la verdad o a dejar que otros la escuchen (Barclay).

10. Pedro y Juan ante el Sanedrín, 4:5-22.

Al día siguiente del arresto, aconteció que se reunió un tribunal compuesto de gobernantes, ancianos y escribas. Estos tres grupos constituían el Sanedrín, la corte suprema de los judíos. Este consejo superior compuesto de 71 miembros en recuerdo de Moisés y los 70 ancianos (comp. Núm. 11:16, 17) tenía la autoridad no sólo religiosa, sino civil, hasta donde les permitía el gobierno romano. El grupo de gobernantes o sumos sacerdotes era el cuerpo representativo de la aristocracia sacerdotal, es decir, los saduceos. Los ancianos, el segundo grupo, eran los hombres respetados de la comunidad, y podían aportar una buena contribución en

13 Y viendo la valentía de Pedro y de Juan, y teniendo en cuenta que eran hombres sin letras e indoctos,* se asombraban y reconocían que habían estado con Jesús. **14** Pero, ya que veían de pie con ellos al hombre que había sido sanado, no tenían nada que decir en contra. **15** Entonces les mandaron que saliesen fuera del Sanedrín* y deliberaban entre sí, **16** diciendo:

—¿Qué hemos de hacer con estos hombres? Porque de cierto, es evidente a todos los que habitan en Jerusalén que una señal notable ha sido hecha por medio de ellos, y no lo podemos negar. **17** Pero para que no se divulgue cada vez más entre el pueblo, amenacémosles para que de aquí en adelante no hablen a ninguna persona en este nombre.

---

*4:13 Es decir, no habían estudiado formalmente la ley de los judíos.
*4:15 O sea, *la corte suprema* de los judíos

---

cuanto a los asuntos públicos. El tercer grupo era el de los escribas o doctores de la ley, pertenecientes en su mayoría a los fariseos. El presidente nato de este tribunal era el sumo sacerdote que en esta ocasión era Caifás (el mismo de la pasión de Cristo, Juan 18:13). Los dos hombres, Caifás y Anás, merecían el título de sumo sacerdote; Caifás (yerno de Anás) por ser el presidente actual, y Anás por ser el presidente emérito.

Pedro sabía que este grupo era el mismo tribunal que había sentenciado a Jesús a muerte, y que en este momento arriesgaba su vida. Sin embargo, Pedro fue audaz; estaba firme en que proclamaba una certeza verdadera. Nadie le podía quitar su fe en que Jesús había resucitado y estaba presente en esta obra poderosa. Su autoridad era el Cristo exaltado y no el Sanedrín. Aquí se ve una audacia valiente y calculadora que conoce el peligro y no se acobarda. Luego, esta firmeza de Pedro, impávida ante el Sanedrín, falló cuando surgió otro asunto: la cuestión de los gentiles en Antioquía de Siria (Gál. 2:11-14).

El Sanedrín reconocía que Pedro y Juan *habían estado con Jesús* (v. 13), y esto produjo aun más desprecio por sus actividades. Consideraban a Pedro y Juan *hombres sin letras e indoctos* (v. 13). La palabra traducida *sin letras* significa que no tenían ninguna educación profesional, especialmente en las normas pedagógicas de

---

Semillero homilético
Factores del crecimiento de una naciente iglesia
4: 4-21

Introducción: Este pasaje nos presenta cuatro factores importantes que hicieron crecer la iglesia del primer siglo. ¿Está usted interesado en que su iglesia crezca?
  I. El crecimiento numérico (v. 4).
     Era una verdadera reproducción y multiplicación de discípulos.
 II. El servicio a los más necesitados (v. 10).
     Los creyentes aprendieron a interesarse por los problemas de los demás y a identificarse con su comunidad necesitada.
III. La idoneidad de los líderes (vv. 19, 20).
     Los líderes de la iglesia eran genuinamente espirituales, temerosos de Dios, conscientes de su llamado y decididos a dar el ejemplo en medio de las circunstancias más adversas.
 IV. La aceptación y simpatía de la iglesia entre el pueblo (vv. 17-21).
     Esto fue producido por las maravillosas obras de Dios en medio de la congregación, las conversiones milagrosas y las vidas santas de los creyentes.
Conclusión: Cuando la iglesia llega a ser parte de la comunidad en que vive, nunca quedará aislada. Siempre florecerá aun en medio de la hostilidad y persecución de algunos. ¿Nos apropiamos nosotros de estos cuatro factores de crecimiento?

18 Entonces los llamaron y les ordenaron terminantemente que no hablaran ni enseñaran en el nombre de Jesús. **19** Pero respondiendo Pedro y Juan, les dijeron:
—Juzgad vosotros si es justo delante de Dios obedecer a vosotros antes que a Dios. **20** Porque nosotros no podemos dejar de decir lo que hemos visto y oído.

21 Y después de amenazarles más, ellos les soltaron, pues por causa del pueblo no hallaban ningún modo de castigarles; porque todos glorificaban a Dios por lo que había acontecido, **22** pues el hombre en quien había sido hecho este milagro* de sanidad tenía más de cuarenta años.

Oración de los discípulos amenazados

23 Una vez sueltos, fueron a los suyos y les contaron todo lo que los principales sacerdotes y los ancianos les habían dicho. **24** Cuando ellos lo oyeron, de un solo ánimo alzaron sus voces a Dios y dijeron: "Soberano,* tú eres el que hiciste el cielo y la tierra, el mar y todo lo que en ellos hay, **25** y que mediante el Espíritu Santo* por boca de nuestro padre David, tu siervo,* dijiste:

---

*4:22 Lit., *señal*
*4:24 Algunos mss. antiguos dicen *Soberano Señor*; otros, *Soberano Dios*.
*4:25a Algunos mss. omiten *mediante el Espíritu Santo*.
*4:25b Otras trads., *niño*; o, *hijo*

---

la Ley. La palabra que se traduce *indoctos* significa que eran laicos sin ninguna calificación académica. Los consideraba hombres sin preparación superior y así sin autoridad legítima. La prueba más importante e incontrovertible del cristianismo es el cristiano mismo. A fin de cuentas las palabras no valen mucho. Solamente podemos afirmar el cristianismo al confrontar a los que nos rodean con evidencias innegables del carácter cristiano. El crimen inexcusable del Sanedrín era su mala gana en no querer confrontar las implicaciones de los hechos que no podían negar (v. 16). Pedro y Juan no podían dejar de hablar acerca de aquellas cosas que habían oído y visto personalmente. Determinaron ser fieles a su experiencia personal.

11. Oración de los discípulos amenazados, 4:23-31.

Una vez libres, los dos apóstoles comparten con sus hermanos lo que había sucedido. Al oírlo, todos a una elevaron su voz a Dios pidiéndole que les diera la fuerza de ser valientes en su confesión de Cristo, no obstante los peligros que les amenazaban por parte de los gobernantes judíos. La oración no sigue una fórmula de oración ya en uso, sino la de una invocación confeccionada por las circunstancias inmediatas. La introducción invoca a Dios como dueño de la historia, y expresa la confianza en que él es suficientemente poderoso para derrotar todos los ataques de los enemigos (Sal. 146:6; comp. Neh. 9:6; Hech. 14:15; 17:24). Viene luego la reflexión tocante a la muerte violenta de Jesús, el cual fue ungido por Dios. Para cometer el crimen se juntan el rey *Herodes*, el procurador *Poncio Pilato* y sus soldados paganos con el pueblo judío (en la persona de sus líderes, vv. 27, 28). En efecto, Dios había profetizado ya por los escritos de David en el Salmo 2 (cita según la Septuaginta), la actitud hostil de estos hombres con poder en la tierra contra su Mesías.

Alfred Wikemhauser opina que la idea expresada aquí, el alboroto de los oficiales de la tierra y de sus pueblos de que habla

---

Oración con fe

Cuando oramos, ¿tenemos fe en que Dios va a contestar las oraciones? Los discípulos oraron confiados en que el poder de Dios podía cambiar las circunstancias. Pidieron más valentía para testificar frente a la persecución que soportaron. Cuando oramos, debemos tener la osadía de prepararnos para recibir lo que pedimos al Señor.

¿Por qué se amotinaron las naciones y los pueblos tramaron cosas vanas? **26** Se levantaron los reyes de la tierra y sus gobernantes consultaron unidos contra el Señor y contra su Ungido.*

27 Porque verdaderamente, tanto Herodes como Poncio Pilato con los gentiles y el pueblo de Israel se reunieron en esta ciudad contra tu santo Siervo* Jesús, al cual ungiste, **28** para llevar a cabo lo que tu mano y tu consejo habían determinado de antemano que había de ser hecho. **29** Y ahora,* Señor, mira sus amenazas y concede a tus siervos que hablen tu palabra con toda valentía. **30** Extiende tu mano para que sean hechas sanidades, señales y prodigios en el nombre de tu santo Siervo* Jesús."

31 Cuando acabaron de orar, el lugar en donde estaban reunidos tembló, y todos fueron llenos del Espíritu Santo y hablaban la palabra de Dios con valentía.

---

*4:26 Sal. 2:1, 2 (LXX); *Ungido* es la misma voz que *Cristo*.
*4:27, 30 Otras trads., *Niño*; o, *Hijo*
*4:29 Otra trad., *Dada la situación presente*

---

el Salmo, se hizo realidad en los ataques de aquellos que condenaron a muerte a Jesús y de los que ejecutaron la sentencia. Esta referencia al sufrimiento de Jesús demuestra que los que así oran ven en la persecución que acaba de desencadenarse contra los apóstoles la continuación de la persecución por la que tuvo que pasar su Maestro (ver Mar. 10:38; Luc. 12:50; Mat. 16:24). *Cuando acabaron de orar, el lugar en donde estaban reunidos tembló, y todos fueron llenos del Espíritu Santo* (v.

Semillero homilético
Características de la oración poderosa
4:23-37

Introducción: En este pasaje encontramos cinco características de la oración poderosa que los primeros creyentes practicaban. Veamos:
 I. Oraron con unanimidad (v. 24).
   Unanimidad quiere decir "movidos por un mismo propósito e interés". Estaban tan animados por el denuedo que demostraron Pedro y Juan ante las autoridades, que ellos también quisieron imitarlos. Cuando hay unanimidad no hay división; los pleitos, celos y contiendas impiden que Dios obre poderosamente en la iglesia.
 II. Oraron con discernimiento (vv. 24-28).
   Supieron discernir lo que decían las Escrituras en Salmo 2:1, 2 en relación con el rechazo hacia la iglesia. También supieron discernir las circunstancias que estaban viviendo. Cuando las oraciones tienen que ver con los intereses de Dios y no los nuestros, Dios bendice.
 III. Oraron en forma definida y concreta (vv. 29 y 30).
   Ellos no pidieron que cese la persecución, o que pudieran escapar ilesos a algún lugar seguro. Hay tres peticiones concretas que ellos hicieron: Primera, que fuesen dotados de poder espiritual para afrontar la persecución. Segunda, que el Señor se hiciera cargo de la situación, mientras ellos seguían testificando. Tercera, que el Señor los use como instrumentos de bendición hacia quienes les perseguían.
 IV. Oraron arriesgadamente (vv. 25-31).
   Por amor a su Señor no vacilaron en arriesgar sus vidas. Lo que pedían les involucraría en mayores peligros y riesgos. Estaban dispuestos a ser leales y a dar su vida por quien la dio primero si era necesario. El mundo reclama cristianos como éstos hoy.
 V. Oraron exitosamente (vv. 31-35).
   Dios contestó maravillosamente y con poder sus oraciones y comenzaron a hablar con denuedo la Palabra.

Conclusión: Tal como en el primer siglo, hoy Dios quiere que oremos de esta manera. ¿Comenzaremos hoy?

La vida en común entre los fieles

32 La multitud de los que habían creído era de un solo corazón y una sola alma. Ninguno decía ser suyo propio nada de lo que poseía, sino que todas las cosas les eran comunes. **33** Con gran poder los apóstoles daban testimonio de la resurrección del Señor Jesús, y abundante gracia había sobre todos ellos. **34** No había, pues, ningún necesitado entre ellos, porque

---

31). El Espíritu vindicó a estos discípulos quienes se habían liberado del Sanedrín. El Sanedrín los condenaba; el Espíritu los autenticaba.

12. La vida en común de los fieles, 4:32-37.

Otra vez, Lucas nos presenta aquí una descripción sumaria de la vida del movimiento cristiano primitivo, una expansión del tema ya introducido en 2:44, 45, volviendo a insistir en la unidad fraternal de todos los fieles en que *todas las cosas les eran comunes* (v. 32). Frank Stagg sugiere que al estudiar estos dos pasajes (2:44, 45 y 4:32-36) debemos evitar dos errores: (1) La práctica de repartir bienes e intereses de parte del cristianismo primitivo no se debe confundir con el comunismo que crecía desde 1917 hasta 1990; y (2) a la vez, al diferenciarla de ese comunismo no se deben perder los grandes principios de la práctica. Este repartimiento cristiano tenía poco en común con el comunismo de hoy día, sin embargo sí tenía mucho que debe caracterizar a los cristianos de cualquier época.

Con una supuesta autoridad basada en estos versículos, se ha hablado de un comunismo de los primeros creyentes, deseando presentarlo como el precursor del comunismo socialista del siglo XX, pero equivocadamente. Los ejemplos de Bernabé y de Ananías y Safira (4:36, 37 y 5:1-11) que están aquí prueban e iluminan las frases de sentido general de estos pasajes, y demuestran que la propiedad privada no estaba abolida. Al contrario, todo creyente podía disponer con plena libertad de sus bienes y de los intereses que ellos produjeran (5:4). La fórmula *todas las cosas les eran comunes* (v. 32) no se lee ni en el AT ni en ninguna otra parte del NT. En ninguna parte se enseña o sugiere que los bienes de propiedad particular hubieran pasado al dominio del grupo entero.

Por lo demás, esa práctica parece que no pasó de un entusiasmo de corta duración, y no consta que se introdujo en otras iglesias fuera de Jerusalén. Después, desde luego, no se introdujo en las iglesias fundadas por Pablo (comp. 1 Cor. 16:2),

---

Semillero homilético

Ofrendas que inspiran
4:32-37

Introducción: Además del diezmo, los hermanos de la iglesia en Jerusalén nos enseñan la importancia de las ofrendas voluntarias. Son ofrendas que inspiran.
I. Ofrendas que inspiran porque surgen de un espíritu generoso (v. 32).
   1. Eran ofrendas motivadas por su fe en Jesucristo.
   2. Eran ofrendas que mostraban la gracia abundante.
II. Ofrendas que inspiran porque llenan necesidades concretas (v. 34).
   1. Eran ofrendas para los pobres y marginados de la sociedad.
   2. Eran ofrendas donde participaban todos voluntariamente.
III. Ofrendas que inspiran porque expresan el carácter cristiano (vv. 35-37).
   1. Eran ofrendas correctamente administradas.
   2. Eran ofrendas que ayudaban a consolar a los que sufrían.
Conclusión: ¿Son sus ofrendas una inspiración para otros? ¿Cuáles son sus motivos cuando lleva una ofrenda al templo?

todos los que eran propietarios de terrenos o casas los vendían, traían el precio de lo vendido **35** y lo ponían a los pies de los apóstoles. Y era repartido a cada uno según tenía necesidad.

36 Entonces José, quien por los apóstoles era llamado Bernabé (que significa hijo de consolación*) y quien era levita, natural de Chipre, **37** como tenía un campo, lo vendió, trajo el dinero y lo puso a los pies de los apóstoles.

*4:36 Otras trads., *exhortación*; o, estímulo

---

ni hubiera sido fácil adaptarla para dimensiones universales. Incluso en la iglesia de Jerusalén parece que no tuvo muy buenos resultados. Es muy posible que a eso se deba, por lo menos en parte, la pobreza general de la comunidad de Jerusalén, lo que luego obligó a Pablo a organizar frecuentes colectas a su favor (ver Hech. 11:29; Rom. 15:25-28; 1 Cor. 16:1-4; 2 Cor. 8:1-9; Gál. 2:10). Además, los primeros creyentes se reunían en casa de la madre de Juan Marcos hacia los años 42-44 d. de J.C. (Hech. 12:12), a la que por lo visto nadie reprochaba que se hubiera quedado con su propia casa. Sin embargo, sí se afirma que la solicitud inspirada por el amor fraterno llegaba a tal punto que ninguno reservaba para sí la propiedad de sus bienes, sino que ponía lo suyo a disposición de los necesitados.

Lo que parece, según Lorenzo Turrado, es que se encuentran aquí unos principios que apuntan hacia una asistencia social. Algunos cristianos —cuando la comunidad era todavía muy reducida— impulsados por el ejemplo de Cristo y los doce discípulos, que habían vivido de una bolsa común, pretendían seguir formando una comunidad parecida en consonancia además con las exhortaciones que frecuentemente había hecho el mismo Jesús de vender los bienes terrenos y dar su precio a los pobres, un asunto del que Lucas escribe mucho en su Evangelio, (Luc. 3:11; 6:30; 11:41; 12:33, 34; 14:13, 14; 18:22; 19:8). En los resúmenes que Lucas hizo de la historia del movimiento cristiano temprano se ve como principio general lo que solamente era un caso ejemplar (Hech. 2:44, 45; 4:34, 35). Lucas quiere ayudar a sus lectores a contemplar allí un modelo y un ideal en donde habrán de inspirarse siempre las congregaciones cristianas. Los cristianos tienen que hallar allí la afirmación práctica de un principio que las condiciones ordinarias de la vida no permiten hacer pasar a hechos concretos. Tenían una sensibilidad intensa de responsabilidad el uno por el otro. Debemos notar una cosa de suma importancia: no fue resultado de la preservación de ninguna ley ni tampoco de la legislación de parte de un sistema de pensamiento teológico-sociológico. Más bien fue totalmente espontáneo. En esta práctica se encuentran principios cristianos de tremenda importancia. La evangelización, especialmente en el libro de Los Hechos, enseña una cooperación voluntaria, no en base a una conformidad externa, sino más bien por una compulsión interna.

José, llamado Bernabé, se reconoce como uno de los grandes hombres en el movimiento cristiano temprano. Su acción al vender un campo y poner la ganancia a la disposición de los apóstoles representó lo mejor de la fraternidad cristiana. Nativo de Chipre (e instrumental en la expansión del evangelio a los griegos, 11:20-22), era hombre de alguna fortuna, igual que la madre de Juan Marcos, de quien era pariente (Col. 4:10). El nombre *Bernabé (que significa hijo de consolación)* (v. 36), era merecido: Considerar cómo sostuvo a Pablo en Jerusalén cuando muy pocos hermanos estaban dispuestos a confiar en él (9:26, 27). Aquí Bernabé se menciona como ejemplo insigne, y más tarde va a cumplir un papel importante en el libro de Los Hechos.

13. El pecado de Ananías y Safira, 5:1-11

Para quien busque evidencias de que Los

Ananías y Safira

5 Pero cierto hombre llamado Ananías, juntamente con Safira su mujer, vendió una posesión. **2** Con el conocimiento de su mujer, sustrajo del precio; y llevando una parte, la puso a los pies de los apóstoles.

3 Y Pedro dijo:

—Ananías, ¿por qué llenó Satanás tu corazón para mentir al Espíritu Santo y sustraer del precio del campo? **4** Reteniéndolo, ¿acaso no seguía siendo tuyo? Y una vez vendido, ¿no estaba bajo tu autoridad? ¿Por qué propusiste en tu corazón hacer esto? No has mentido a los hombres, sino a Dios.

5 Entonces Ananías, oyendo estas palabras, cayó y expiró. Y gran temor sobrevino a todos los que lo oían. **6** Luego se levantaron los jóvenes y le envolvieron. Y sacándole fuera, lo sepultaron.

Hechos es confiable, se encuentra una confianza establecida en que Lucas está escribiendo historia y no ficción; él nos presenta un retrato que es real, no ideal. El pecado dentro de la comunidad cristiana es más doloroso que cualquier persecución de fuera. Al pasar el tiempo Lucas abre la cortina para mostrar algunos problemas dentro del pueblo cristiano: la hipocresía de Ananías y su esposa, las murmuraciones entre los hebreos y griegos (cap. 6), la disensión y discordia entre los creyentes (cap. 15). En muchas ocasiones se nota el nacionalismo extremo de algunos. Estos episodios constituyen una prueba de que, incluso en la edad de oro de la iglesia cristiana primitiva, había algunas sombras.

Este acontecimiento de Ananías y Safira es la antítesis de 4:36, 37 con Bernabé. Describe con particular claridad la naturaleza de la comunidad de bienes que regía en la comunidad primitiva.

El pecado básico de Ananías y Safira era el de la hipocresía: estaban viviendo una gran mentira. El pecado de esta pareja consistió en haber querido dejar la impresión de que habían entregado a los apóstoles todo el precio de la venta del campo, sin retener nada para sí, y que hacían como había hecho Bernabé. En otras palabras, querían pasar por generosos y a la vez quedarse con parte del dinero. En el NT se considera un pecado muy serio el de la ceguera premeditada o el rechazamiento

---

Verdades prácticas
El mal ejemplo que no debemos repetir
(5:1-11)

De vez en cuando debemos examinar los malos ejemplos de personajes que están en las páginas de la Biblia para evitar caer en los pecados que ellos cometieron. Esta pareja, Ananías y Safira, al parecer quisieron imitar la generosidad de Bernabé. Vendieron una propiedad y dieron sólo una parte y ellos se quedaron con el resto. Este hecho fue juzgado por el Espíritu Santo como pecado. Parece ser que la mentira y la hipocresía dominaron a esta pareja. Esta experiencia nos enseña tres lecciones de valor permanente:

1. La imposibilidad de servir a dos señores. Ananías y Safira olvidaron las palabras del Señor cuando dijo: *Nadie puede servir a Dios y a las riquezas al mismo tiempo* (Mat. 6:24). Santiago lo dijo de otra manera: *El hombre de doble ánimo es inestable en todos sus caminos* (Stg. 1:8).

2. La condenación de la hipocresía. Ananías y Safira quisieron engañar a la congregación al querer aparecer igual de generosos que Bernabé; pero a los ojos de Dios eran hipócritas.

3. El celo de Dios por su iglesia. Es en este pasaje que la palabra *iglesia* aparece por primera vez en el libro de los Hechos de los Apóstoles. Recordamos que el Señor Jesús prometió edificar la iglesia, y garantizó que las puertas del infierno no prevalecerán contra ella. Por eso, la mentira y la hipocresía debían ser destruidas.

Debemos reconocer nuestro privilegio y responsabilidad de pertenecer a la iglesia del Señor. Dios quiere que seamos instrumentos de edificación de la verdad y para honra de su nombre. Oremos al Señor para no ser dominados por la hipocresía y la mentira.

7 Después de un intervalo de unas tres horas, sucedió que entró su mujer, sin saber lo que había acontecido. **8** Entonces Pedro le preguntó:
—Dime, ¿vendisteis en tanto el campo?
Ella dijo:
—Sí, en tanto.
9 Y Pedro le dijo:
—¿Por qué os pusisteis de acuerdo para tentar al Espíritu del Señor? He aquí los pies de los que han sepultado a tu marido están a la puerta, y te sacarán a ti.
10 De inmediato, ella cayó a los pies de él y expiró. Cuando los jóvenes entraron, la hallaron muerta; la sacaron y la sepultaron junto a su marido. **11** Y gran temor sobrevino a la iglesia entera y a todos los que oían de estas cosas.

de la verdad. Pedro califica el proceder de los esposos como un engaño tramado contra el Espíritu Santo: *mentir* [o engañar] *al Espíritu Santo* (v. 3), *tentar al Espíritu del Señor* (v. 9), mentir *a Dios* (v. 4). Aquellos que crucificaron a Jesús lo hicieron con sus ojos deliberamente cerrados contra la verdad y la luz; y es en conexión con esta disposición que se declara el pecado imperdonable. Quizá se pueda ofrecer una defensa por los pecados cometidos en ignorancia o debilidad, pero no hay ninguna defensa para aquellos que cierran sus ojos deliberadamente y de buena gana contra la verdad o el rechazo voluntario de la luz.

La muerte de los dos se presenta, sin duda, como un castigo. Se ha pensado que un castigo semejante es demasiado severo y que, en consecuencia, toda esta historia deja mucho para reflexionar desde el punto de vista de la moral cristiana. Que el castigo sea fuerte es indiscutible, pero también la falta es juzgada muy grave. Mentir a Dios es un pecado de especial seriedad. Si parece demasiado serio el castigo en este caso, ha de reconocerse que la visión tomada aquí hacia la falta de honradez no es más seria que la que se refleja en los Evangelios (Mat. 12:28-32). El pecado contra el Espíritu Santo —que es el rechazo deliberado de la verdad y la luz— es inexcusable (ver 1 Cor. 5:5; 10:9; 1 Tim. 1:20; Stg. 5:20; 1 Juan 5:16). Solamente al aplicar a los culpables una pena capaz de hacer conmover a los miembros del movimiento cristiano primitivo (v. 11) podía éste conservar su buen testimonio. La falta de honradez en la iglesia cristiana es seria; es hipocresía. Por otro lado, en ninguna forma se da a entender que los cónyuges en mención hayan incurrido en la condenación del infierno. El pecador, si se arrepiente, puede ser perdonado, pero el pecado mismo es inexcusable.

El relato de la muerte de Ananías y de Safira ha planteado siempre problemas: parece estar en contradicción con la actitud evangélica del perdón, e incluso con la actitud del mismo Pedro que, en el caso de Simón el mago (8:22), demuestra más comprensión. Por otra parte, la actitud de Pedro durante la pasión tampoco fue muy ejemplar. Esta historia suena como algo que encontraríamos en el AT (comp. el caso del impío Acán, que sustraía y escondía, y por ello fue castigado directamente con la muerte, Jos. 7). Por tanto, algunos han concluido que el episodio de Ananías y Safira fue estructurado más tarde como un relato popular de parte de la iglesia. Otros han opinado que la pareja murió de un *shock* sicológico, no por un decreto arbitrario de Dios, sino un *shock* que fue causado por su miedo del poder sobrenatural de los apóstoles (5:12-16).

En las muertes repentinas de Ananías y Safira surge una seria consideración moral. ¿Fueron estas muertes medidas punitivas hechas por un acto arbitrario de Pedro, divinamente autorizado, o por Dios mismo? Tal interpretación (comp. 1 Cor. 5:5; 11:30; 1 Tim. 1:20; Stg. 5:20; 1 Juan 5:16) pone en cierta duda el método de Dios al tratar con la maldad. La visión que parece prevalecer en el NT es que la ira de Dios opera como un principio natural de causa y efecto, y no arbitrariamente; el pecado en sí es tan serio como para llevar a sus propias consecuencias

Los apóstoles hacen sanidades

12 Por las manos de los apóstoles se hacían muchos milagros* y prodigios entre el pueblo, y estaban todos de un solo ánimo en el pórtico de Salomón. **13** Pero ninguno de los demás se atrevía a juntarse con ellos, aunque el pueblo les tenía en gran estima. **14** Los que creían en el Señor aumentaban cada vez más, gran número así de hombres como de mujeres; **15** de modo que hasta sacaban los enfermos a las calles y los ponían en camillas y colchonetas, para que cuando Pedro pasara, por lo menos su sombra cayese sobre alguno de ellos. **16** También de las ciudades vecinas a Jerusalén, concurría una multitud trayendo enfermos y atormentados por espíritus impuros; y todos eran sanados.

*5:12 Lit., *señales*

(Rom. 1:18—2:29; Gál. 6:7-10). Otra pregunta que se hace con frecuencia es ¿por qué no sigue practicando Dios esta misma clase de castigo (directa o inmediatamente) con los cristianos de hoy día, con los que cometen el mismo pecado de hipocresía y de mentira?

Al considerar el cap. 3 ya consideramos cómo entender a esta comunidad cristiana primitiva en cuanto a los milagros y las maravillas. Parece que este incidente es también un indicio de la era mesiánica. Durante esa época muchas personas se vieron atraídas por el asombro de estos hechos, pero requiere un principio más sano de interpretación para comprender lo que significaban para aquel entonces y la aplicación para el cristianismo de hoy día. Parece que hubo un movimiento en desarrollo en que las maravillas eran necesarias. En ese tiempo eran necesarias como una garantía de la verdad y el poder del mensaje cristiano en los días formativos de su existencia.

El entierro de Ananías sin el conocimiento de su esposa está sin duda fuera de nuestra comprensión (v. 7). Solía sepultarse en el mismo día del fallecimiento de uno, pero ¿es legal o justo enterrar al esposo sin el conocimiento de su esposa? Esta es una de las muchas cuestiones dejadas o no contestadas en Los Hechos; simplemente no tenemos ninguna respuesta dogmática. Nos sirve, sin embargo, recordar que Lucas estaba preocupado con las cuestiones de su día y no en aquellas de nuestro día. El propósito de Lucas al escribir no contemplaba muchos de nuestros intereses. Lucas estaba tratando con los asuntos vitales a su propósito y no estaba preocupado con nuestras preguntas.

Por primera vez se nota en Los Hechos la palabra *iglesia*[1577] (v. 11) para designar la comunidad cristiana: término que en adelante se usa con mucha frecuencia, sea en su sentido universal (8:3; 9:31; 20:28), o sea en sentido de iglesia local (8:1; 11:22; 13:1; 14:27; 15:41). El uso de este término, lo pone ya el Evangelio de Mateo en la boca de Jesucristo (Mat. 16:18; 18:17), aunque sería difícil determinar qué término arameo usaba el Señor.

14. Los apóstoles hacen sanidades, 5:12-16.

Se ve aquí otra vez un resumen de la vida de la iglesia primitiva, de estilo parecido al que ya se había hecho en 2:42-47 y 4:32-35. Claro, había una nueva liberación de poder a través de señales y prodigios con, por los menos, dos resultados: primero el número de fieles crecía más y más (v. 14). Es natural que la fama saliera muy pronto fuera de Jerusalén, hasta las ciudades vecinas a Jerusalén, presentando probablemente la ocasión en que la iglesia empezó a extenderse a Judea. Y, en segundo lugar, todo el mundo tenía más y más respeto o temor hacia el movimiento, y especialmente de los apóstoles. No es posible identificar con certidumbre los demás que no se atrevían a unirse a los apóstoles (v. 13). Algunos opinan que son los ciudadanos de cierta categoría que se mantenían apartados por miedo del

Los apóstoles son perseguidos

17 Entonces se levantó el sumo sacerdote y todos los que estaban con él, esto es, la secta de los saduceos, y se llenaron de celos. **18** Echaron mano a los apóstoles y los pusieron en la cárcel pública. **19** Pero un ángel del Señor abrió de noche las puertas de la cárcel y al conducirlos fuera dijo: **20** "Id, y de pie en el templo, hablad al pueblo todas las palabras de esta vida."

Sanedrín, en comparación con la mayoría del pueblo, que abiertamente se mostraba bien dispuesto.

La confianza que el pueblo de Jerusalén tenía en el poder milagroso de Pedro había llegado a tales extremos que se esperaba conseguir la sanidad de los enfermos con el simple hecho de que su sombra cayera sobre ellos. Luego, semejante a esto, se dice explícitamente que los enfermos fueron curados por pañuelos o delantales llevados del cuerpo de Pablo (19:11-13). Cualquiera que sea el problema planteado para el lector moderno de esta clase de milagros, Lucas los presenta como un hecho histórico. Aunque las historias de algunos milagros parecen ser más admisibles que otras, si en realidad son posibles los milagros, entonces son posibles en cualquier extremo. Sin embargo, conviene hacer un comentario más, dado que a lo mejor los milagros en el reino físico eran innovaciones elementales para los principiantes. Jesús ejercía muchos milagros pero repetidamente protestaba contra la necesidad de ellos (Mat. 12:38, 39; 16:1-4; Mar. 13:4, 5; Juan 2:23, 24; 6:26-30; 12:37). Sus obras más grandes serían en términos de cambio moral y espiritual. Entonces, si los milagros como tales representaban un método elemental para novicios, se entiende que fuera honrada la fe casi supersticiosa de una gente inmadura en el tiempo de Pedro y Pablo. Esta época, para la mayoría, cedió a obras más grandes; pero para algunos sobrevive todavía en la escuela de niños y en una expresión pervertida (1 Cor. 3:1-3; Heb. 5:11—6:2 2), en la adoracion de las reliquias dudosas de los santos ya fallecidos, y también en algunos extremos de la llamada "sanidad por la fe".

15. Arresto de los apóstoles y discurso de Pedro, 5:17-42

(1) Los apóstoles son perseguidos, 5:17-32. El segundo arresto de los apóstoles era inevitable. Los rápidos adelantos de la iglesia y la estima que ante la población iban adquiriendo los apóstoles provocaron una fuerte reacción por parte del Sanedrín. El Sanedrín les había ordenado estrictamente que se refrenaran de enseñar en el nombre de Jesús (4:18) y ellos estaban desobedeciendo la orden públicamente. En primer lugar, los apóstoles eran herejes. Pero, en segundo lugar, y más importante según el juicio del Sanedrín, eran perturbadores potenciales de la paz. Eso era lo último que deseaban los sacerdotes y los saduceos, porque intervendría Roma y perderían sus puestos y su prestigio. Con valor vuelven los apóstoles a decir que los líderes del Sanedrín son culpables de la muerte de Jesús, a quien Dios resucitó constituyéndole *Príncipe y Salvador* (v. 31) de Israel, y en vista de que *es necesario obedecer a Dios antes que a los hombres* (v. 29), ellos

---

El tiro por la culata

Eso fue lo que sucedió a los perseguidores de la iglesia. En vez de detener la marcha de los del Camino, propiciaron un avance sin precedentes en la historia del cristianismo. La gran persecución que se levantó contra la iglesia sirvió, en manos del Señor, para extender y acelerar la propagación del evangelio. No sólo se dispersaron por las regiones de Judea y Samaria, sino que, como más adelante se refiere, algunos pasaron hasta Fenicia, Chipre y Antioquía. Pero el fruto más preciado de la persecución había de ser la conversión del más obstinado perseguidor, Saulo de Tarso.

21 Habiendo oído esto, entraron en el templo al amanecer y enseñaban. Mientras tanto, el sumo sacerdote y los que estaban con él fueron y convocaron al Sanedrín* con todos los ancianos de los hijos de Israel. Luego enviaron a la cárcel para que fuesen traídos. **22** Cuando los oficiales llegaron y no los hallaron en la cárcel, regresaron y dieron las noticias **23** diciendo:

— Hallamos la cárcel cerrada con toda seguridad, y a los guardias de pie a las puertas. Pero cuando abrimos, no hallamos a nadie dentro.

24 Como oyeron estas palabras, el capitán de la guardia del templo y los principales sacerdotes quedaron perplejos en cuanto a ellos y en qué vendría a parar esto.* **25** Pero vino alguien y les dio esta noticia:

—He aquí los hombres que echasteis en la cárcel están de pie en el templo, enseñando al pueblo.

26 Entonces fue el capitán de la guardia del templo con los oficiales; y los llevaron, pero sin violencia, porque temían ser apedreados por el pueblo. **27** Cuando los trajeron, los presentaron al Sanedrín, y el sumo sacerdote les preguntó **28** diciendo:

—¿No os mandamos estrictamente que no enseñaseis en este nombre? ¿Y he aquí habéis llenado a Jerusalén con vuestra doctrina y queréis echar sobre nosotros la sangre de este hombre!

29 Pero respondiendo Pedro y los apóstoles, dijeron:

—Es necesario obedecer a Dios antes que a los hombres. **30** El Dios de nuestros padres levantó a Jesús, a quien vosotros matasteis colgándole en un madero. **31** A éste, lo ha enaltecido Dios con* su diestra como Príncipe y Salvador, para dar a Israel arrepentimiento y perdón de pecados. **32** Nosotros somos testigos* de estas cosas, y también el Espíritu Santo que Dios ha dado a los que le obedecen.

---

*5:21 O sea, *la corte suprema* de los judíos
*5:24 Otra trad., *de qué significaría esto*
*5:31 Otra trad., *a su diestra*
*5:32 Algunos mss. antiguos incluyen *suyos*.

---

seguirán predicando en el nombre de Jesucristo.

En esta ocasión se ven vívidamente descritas las grandes características de estos primeros hombres de Dios. Se resumen aquí algunos de los enfoques de Barclay. (1) Eran valientes. El mandato de ir directamente y predicar en el templo les parece casi increíble. Obedecerlo era acto de audacia sin comprensión para una persona prudente cuya meta es la seguridad ante todo. Sabían lo que iba a pasar, y sin embargo fueron. (2) Eran hombres de principios. Nunca preguntaron: ¿Es segura esta forma de actuar? ¿Es esto lo que Dios desea que haga? Desde el principio aquellos discípulos sabían que no importa el costo y las circunstancias, ellos iban a

---

Para muestra, un botón...

Narra don Alejandro Treviño en su libro *Historia de los Trabajos Bautistas en México*, que volvía Santiago Hickey a Monterrey de una de sus expediciones misioneras, acompañado por Tomás Sepúlveda, cuando cerca de la ciudad fueron detenidos por las fuerzas del coronel republicano Ruperto Martínez. Esperaban a un destacamento francés que pensaba atacar. (Hickey trabajó en México durante la intervención francesa cuando republicanos e imperialistas combatían furiosamente.) Creyó el coronel Martínez que Hickey pertenecía al destacamento enemigo, y lo detuvo para fusilarlo; pero no pudiendo hacerlo por la proximidad del enemigo, ordenó a Hickey y a su compañero que siguieran hasta cierta distancia y allí esperaran. Como Hickey no hablaba bien el español, no entendió la orden y siguieron el camino sin detenerse. Cuando su compañero se lo explicó después de haber caminado una larga distancia, Hickey quiso volverse al lugar indicado, pero Sepúlveda no se lo permitió, comprendiendo el peligro que corrían. Algún tiempo después supo el coronel Martínez que el que había intentado fusilar era un agente bíblico, se alegró de haber sido desobedecido. Años después este mismo coronel creyó en el evangelio.

El consejo de Gamaliel

33 Los que escuchaban se enfurecían y deseaban matarles. 34 Entonces se levantó en el Sanedrín* cierto fariseo llamado Gamaliel, maestro de la ley, honrado por todo el pueblo, y mandó que sacasen a los hombres por un momento. 35 Entonces les dijo:

—Hombres de Israel, cuidaos vosotros de lo que vais a hacer a estos hombres. 36 Porque antes de estos días se levantó Teudas, diciendo que él era alguien. A éste se unieron como cuatrocientos hombres. Pero él fue muerto, y todos los que le seguían fueron dispersados y reducidos a la nada. 37 Después de éste, se levantó Judas el galileo en los días del censo, y

*5:34 O sea, *la corte suprema* de los judíos
*5:37 Algunos mss. antiguos dicen *a mucha gente*.

---

obedecer a Dios. Estaban siempre deseosos de aventurarse por Dios. (3) Tenían bien claro lo que era su deber y su función. Sabían que eran testigos de Cristo. Un testigo es alguien que sabe por experiencia personal aquello que es cierto; y es imposible detener a un hombre así, porque es imposible detener la verdad.

(2) El consejo de Gamaliel, 5:33-42. Los discípulos no cesaban de predicar a Jesús como el Cristo (Mesías) en el templo (v. 42). Para nosotros hoy día esto es difícil de entender. Por cerca de 20 siglos el judaísmo y el cristianismo han vivido como dos religiones distintas; algunas veces peleándose entre sí, pero por lo general ignorándose la una a la otra. Se cree comúnmente que entre 120 y 500 creyentes (que habían aceptado a Cristo como el Mesías profetizado anteriormente a Pentecostés) formaban el movimiento cristiano primitivo y que se separaron inmediatamente de las instituciones y costumbres del judaísmo, y que todos los otros judíos rechazaron a Jesús como el Cristo (Mesías). No es así. Por un tiempo, como se nota en los primeros capítulos de Los Hechos, Jesús fue predicado como el Mesías prometido en el templo, en las sinagogas, y en las calles y hogares de Jerusalén. De hecho, miles de judíos se unieron al movimiento cristiano, y las multitudes favorecían la predicación de los apóstoles, tanto que se frustraban completamente los esfuerzos de los saduceos en su deseo de destruir el movimiento. Los apóstoles podían desafiar abiertamente el mandato tajante del sumo sacerdote y de los saduceos, y a pesar de su furia, sus jefes no podían impedir el movimiento (5:17, 28, 33).

Esta actividad tan valiente de los apóstoles hizo enfurecer el jurado. Se elevaron voces pidiendo la muerte de ellos. Sin embargo, entre aquellos jueces inflamados había un hombre sabio y moderado, el muy respetable rabino Gamaliel. Su inter-

---

Semillero homilético
Un consejo sabio
5:33-39

Introducción: En el curso del avance del cristianismo ha habido muchas controversias. Se han resuelto en la Iglesia Católica Romana por medio de concilios que se han celebrado para escuchar todo lo relacionado con los temas de controversia, y después han tomado la decisión. Entre evangélicos se reúnen en convenciones y escuchan los varios puntos de vista, y después toman la decisión. Vemos el primero de varios concilios en este pasaje:

I. El origen del consejo: Gamaliel aconsejó con autoridad.
   1. Era maestro de la ley.
   2. Era honrado por el pueblo.
II. El consejo en sí.
   1. Una palabra de precaución (v. 35).
   2. Una norma sabia (v. 38).
III. La secuela del consejo.
   1. Llamamiento de los apóstoles (v. 40).
   2. Azotamiento.
   3. Amonestación.
   4. Liberación.

Conclusión: El consejo de Gamaliel sirvió para devolver la paz, a lo menos por un tiempo corto. Podemos esperar sobre muchas cosas, para determinar si son de Dios o del hombre.

HECH0S 5:33-42

arrastró gente* tras sí. Aquél también pereció, y todos los que le seguían fueron dispersados. **38** En el presente caso, os digo: Apartaos de estos hombres y dejadles ir. Porque si este consejo o esta obra es de los hombres, será destruida. **39** Pero si es de Dios, no podréis destruirles.* ¡No sea que os encontréis luchando contra Dios! **40** Fueron persuadidos por Gamaliel. Y llamaron a los apóstoles, y después de azotarles les prohibieron hablar en el nombre de Jesús, y los dejaron libres. **41** Por lo tanto, ellos partieron de la presencia del Sanedrín, regocijándose porque habían sido considerados dignos de padecer afrenta por causa del Nombre. **42** Y todos los días, en el templo y de casa en casa, no cesaban de enseñar y anunciar la buena nueva de que Jesús es el Cristo.

---

*5:39 Algunos mss., uno antiguo, tienen *destruirla.*
*5:42 Otra trad., *predicar a Cristo Jesús*

---

vención logró persuadir al Sanedrín de no pronunciar una sentencia precipitada. Lucas, inspirado por Dios, menciona intencionalmente su nombre, su profesión y el partido a que pertenecía (fariseo), y también que él gozaba del aprecio general. Además, Lucas presentó el papel de Gamaliel con cierta riqueza de detalles. Lucas lo hizo porque la participación de este hombre era de mucha importancia para el movimiento cristiano en esta ocasión tan crítica. El principio general que él expuso en su discurso era de un valor enorme para el naciente cristianismo (v. 39).

> **Joya bíblica**
> Y todos los días... no cesaban de enseñar y anunciar las buenas nuevas de que Jesús es el Cristo (6:42).

En aquellos días Palestina había tenido una rápida sucesión de líderes incendiarios que se presentaron como salvadores de su país y algunas veces como el Mesías prometido. No se puede identificar con seguridad quién era este *Teudas* (v. 36). Más tarde hubo otro Teudas que dirigió un grupo revolucionario con la promesa de que podría dividir las aguas y que podrían caminar con pies secos, y cuyo levantamiento fue tratado sumariamente. Teudas era un nombre común en esa época y sin duda éste fue otro líder de los zelotes (movimiento entre los judíos dedicado a salvaguardar la pureza de la ley y a la defensa del nacionalismo judío, Luc. 6:15; Hech. 1:13). La rebelión de *Judas* (v. 37) sucedió en el año 6 d. de J.C., durante el censo de Quintino con fin de ordenar los tributos. Trató de hacer otro levantamiento pero fracasó. Gamaliel, al citar estos ejemplos, declaró que si este asunto (el movimiento cristiano fundado en Jesucristo, el carpintero de Nazaret) no era de Dios fracasaría por sí solo (semejante a los ejemplos); pero si lo era, nada podría detenerlo, y si trataban de hacerlo se estaban oponiendo a Dios. En ese momento Gamaliel, tal vez sin darse cuenta, estaba actuando como profeta de Dios. El Sanedrín le escuchó, y después de amenazar otra vez a los apóstoles los dejaron salir.

Aparentemente en este episodio, los fariseos (representados por Gamaliel como su portavoz) adoptaron una política de espera para ver qué sucedía. Al principio los judíos, como pueblo en general, no rechazaron a Jesús como el Cristo (Mesías), el Hijo de Dios. Más bien lo rechazaron como el Hijo del Hombre, el Salvador del mundo. El punto de choque era la barrera de división entre judío y no judío (Ef. 2:14-18). La proposición de una nueva humanidad en la cual el judío y el gentil no circuncidado vivirían juntos como hermanos era la situación decisiva, y es así hasta hoy día. Más tarde, como se verá en la historia de Los Hechos, los fariseos también fracasaron cuando no pudieron abrazar esta nueva humanidad.

16. Los siete diáconos, 6:1-7

Evidentemente ya ha pasado algún tiem-

Elección de los siete

6 En aquellos días, como crecía el número de los discípulos, se suscitó una murmuración de parte de los helenistas* contra los hebreos, de que sus viudas eran desatendidas en la distribución diaria. **2** Así que, los doce convocaron a la multitud de los discípulos y dijeron:

—No conviene que nosotros descuidemos la palabra de Dios para servir a las mesas. **3** Escoged, pues, hermanos, de entre vosotros a siete hombres que sean de buen testimonio, llenos del Espíritu* y de sabiduría, a quienes pondremos sobre esta tarea. **4** Y nosotros continuaremos en la oración y en el ministerio de la palabra.

*6:1 O sea, *los judíos de cultura griega*
*6:3 Algunos mss. antiguos dicen *Espíritu Santo*.

po desde los acontecimientos narrados en el cap. 5 (entre 4 y 5 años). Vale la pena aquí, al fin de los primeros cinco capítulos de Los Hechos, pintar un cuadro de la primera comunidad cristiana. Esa iglesia a la que nos complacemos en idealizar es una iglesia muy concreta; está en tensión hacia la realización de un ideal, pero también está amenazada por el pecado. Sigue siendo un modelo, o tal vez una utopía en el sentido que se usa esta palabra hoy en día. Era una realidad del porvenir, hacia la que tendemos, que nos pone en movimiento, aunque sabemos que no la alcanzaremos jamás. Pero esa realidad impide que nos durmamos; mientras no la hayamos realizado —logro que nunca conseguiremos en este mundo— no tenemos derecho a detenernos. El cuadro de esta comunidad, por muy hermoso que sea, nos deja quizá insatisfechos; es una iglesia muy bonita, pero cerrada en sí misma. Vive en

---

Semillero homilético

Una iglesia organizada para servir
6:1-7

Introducción: Llegó un momento en la vida de la iglesia, que por razón de su crecimiento se hacía necesario algún tipo de organización interna o local. Los discípulos, líderes de la iglesia, con sabiduría guiaron el proceso de escoger las personas para desempeñar un puesto de servicio. Antes de escoger las personas, ellos definieron algunos criterios, que bien vale la pena hoy también ponerlos en práctica:

I. Un criterio de necesidad (v. 1).
   La necesidad era real: Había problema de relaciones entre grupos de diferentes nacionalidades. Esto amenazaba con dividir a la congregación. Y había que preservar la unidad.

II. Un criterio de democracia (vv. 2, 3b).
   Los discípulos convocaron a todos los creyentes. Establecieron así una política de participación de todos en la búsqueda de la solución a un problema específico.

III. Un criterio de idoneidad (vv. 3b, 5).
   Establecieron como diríamos hoy, un reglamento para los elegidos. Debían reunir ciertos requisitos y cualidades en el orden intelectual, moral y espiritual. Tenían que ser creyentes, de buen testimonio, llenos del Espíritu Santo y llenos de sabiduría para poder hacer bien el trabajo.

IV. Un criterio de eficiencia (vv. 2, 3 y 7).
   Esto significaba que los discípulos se dedicarían a la predicación, la enseñanza y la oración. De esta manera "el programa" de la iglesia seguiría su marcha de crecimiento sin descuidar ninguno de los aspectos del ministerio.

Conclusión: Hoy necesitamos practicar estos criterios cuando elegimos a personas que desempeñen diferentes puestos de trabajo y servicio en la iglesia. Lo demuestra el resultado que hubo en la iglesia primitiva: "la palabra del Señor crecía, y el número de los discípulos se multiplicaba..."

5 Esta propuesta agradó a toda la multitud; y eligieron a Esteban, hombre lleno de fe y del Espíritu Santo, a Felipe, a Prócoro, a Nicanor, a Timón, a Parmenas y a Nicolás, un prosélito de Antioquía. **6** Presentaron a éstos delante de los apóstoles; y después de orar, les impusieron las manos.
7 Y la palabra de Dios crecía, y el número de los discípulos se multiplicaba en gran manera en Jerusalén; inclusive un gran número de sacerdotes obedecía a la fe.

Jerusalén, predica a los judíos. Pero nos preguntamos: ¿Fuera de Jerusalén no hay también hombres que esperan la buena nueva? Será el mérito de los helenistas —según el esquema de Lucas— haber pensado el plantearse esta cuestión. A través de ellos, una vez más, el Espíritu saca a la iglesia de su encierro y la lanza por todas las sendas del mundo.

En el cap. 6 se siente una nueva atmósfera cuando un elemento helenista se distingue del hebreo. Aunque no se puede decir con certeza, probablemente los helenistas eran judíos que hablaban griego, morando temporal o permanentemente en Jerusalén; y los hebreos eran los judíos que hablaban arameo. El hebreo seguía siendo el lenguaje de los eruditos, pero el arameo era el idioma de la mayoría de los judíos en Palestina. El griego se había convertido en el lenguaje de muchos judíos que vivían fuera de Palestina.

Parece que los helenistas llegaron a ser estudiantes más astutos del evangelio; eran hombres que estaban muy alertas en reconocer las implicaciones resultantes de la afirmación del evangelio para las instituciones y costumbres judías. Discípulos como Esteban y Felipe podían ver el carácter espiritual y el alcance universal del evangelio más fácilmente de lo que podían los doce apóstoles, quienes habían sido criados en un ambiente y una tradición nacionalista. Y hombres como Pablo y otros helenistas (11:20) eran los primeros en darse cuenta que estos énfasis universales socavarían algunas de sus instituciones y prácticas más importantes, y a la vez la caída de las barreras de división entre judíos y gentiles (Ef. 2:14-18). Es posible entender cómo estos dos partidos conflictivos podrían desarrollarse de un fondo común (es decir, el judaísmo). El contacto con el mundo más amplio tendía a liberar a algunos judíos, y cuando veían la importancia de la humanidad más allá de su propia nación, su particularismo o nacionalismo cedía al universalismo. En cambio, otros judíos, en la misma situación, reaccionaban violentamente con las naciones vecinas y determinaban mantener las barreras de separación, a cualquier costo.

Pedro y Esteban. Parece irónico e incomprensible que aquellos que estuvieron demasiado ocupados con asuntos espirituales para servir a las mesas (v. 2) vacilaron en proveer los discernimientos más profundos del evangelio. Los doce, que insistían en dedicar todo su tiempo a la oración y al ministerio de la Palabra, tardaron en ver que Dios no hace distinción de personas. Esteban, Felipe y los otros cinco aceptaron el trabajo de servir a las mesas, pero de algún modo ellos, por lo menos Esteban y Felipe, desarrollaron la percepción de la naturaleza interior del evangelio. Y también proveyeron el liderazgo para un cristianismo verdaderamente espiritual más bien que legal, abrazando toda la humanidad y no una sola nación.

Pedro y los otros apóstoles daban a entender que eran espirituales y estudiantes de la Palabra, pero estaban ligados a la tradición. Ellos estaban edificando un cristianismo judío en lugar de una iglesia espiritual con carácter universal. Esteban y Felipe experimentaban una libertad real bajo el Espíritu. Pedro, por su propia confesión (10:14, 28), había mostrado su preferencia por las instituciones nacionales y rituales antes que por la humanidad. Hay indicaciones de que Pedro poseía un amor natural hacia las personas; sin embargo, había sido condicionado religiosamente dentro del concepto de que los gentiles eran inmundos y que un buen judío no podía juntarse con un extranjero. Esteban y Felipe primariamente se preocupaban por las personas y no por las instituciones.

Los siete. Es verdad que el texto de Hechos no emplea el término *diákonos*[1249], como se ve empleado por Pablo (Fil. 1:1; 1 Tim. 3:8-13), sino solamente *diakonía*[1248] (servicio, traducido por la palabra *distribución* en v. 1) y *diakoneo*[1247] (*servir*, v. 2). Los siete pudieran haber o no haber sido diáconos como se entiende más tarde la palabra; sobre esto hay mucha discusión. Nos faltan los datos adecuados para sacar una conclusión final. Se llaman *los siete* (21:8) pero nunca son llamados diáconos en Los Hechos. Es posible que *los siete*, como *los doce*, eran únicos y no hubo sucesores. Es posible también que aquí estamos precisamente en los comienzos y todavía el término "diácono" no tenía el sentido técnico que adquirirá más tarde. Por cierto, los diáconos más tarde tenían semejantes responsabilidades, pero no se puede trazar una conexión real. El relato de los vv. 1-6 nos deja con preguntas no explícitamente contestadas: ¿Se limitaron *los siete* a servir a las mesas de los helenistas? ¿Por qué Esteban y Felipe eran los únicos por los que se interesa Lucas? ¿Serían misioneros y no diáconos?

Los siete fueron elegidos por la congregación (vv. 3, 5): dándonos la primera evidencia clara que la autoridad residía en la congregación total (gobierno congregacional). También la implica en la selección de Matías (1:23-26). Comúnmente se considera que la imposición de manos (v. 6) fue la ordenación de este grupo. En el AT se practicaba la imposición de manos en varios contextos: bendecir a otra persona (Jacob bendiciendo a sus hijos, Gén. 48:14), apartar a una persona para servir (la consagración de los levitas, Núm. 8:10), y el envío al desierto del macho cabrío (por Aarón, Lev. 16:21). En cada caso se simboliza el traslado de algo de alguien a otro. La *Mishna* (escritos judíos que constituyen una recopilación, en forma de código, de las leyes tradicionales del judaísmo) indica que los miembros eran admitidos al Sanedrín por la imposición de manos. Sin duda, la práctica de los cristianos primitivos se fundaba en la costumbre judía, pero no es claro qué significaba exactamente la práctica cristiana. Probablemente simbolizaba el traslado de autoridad; sin embargo, si fuera así, los apóstoles actuaban solamente en el nombre de la congregación cuya autoridad los apóstoles reconocieron. Y la congregación estaba actuando en términos de su comprensión de la voluntad de Dios, la que finalmente constituye la última autoridad en el nombramiento de los siete, cualquiera que fuera la participación de la congregación o de los doce.

Los siete llevan nombres griegos, pero no se debe concluir que todos eran helenistas. Sin embargo, es probable que los siete pertenecieron al grupo de los helenistas, que fue el grupo que había presentado las quejas. La tradición antigua ha producido historias en cuanto a las vidas y ministerios de los siete, semejante a lo que fue hecho con los apóstoles, pero no son muy convincentes. El interés real de Lucas no es el destino de los siete como tales, ni aun con este acontecimiento de su elección ni su ordenación. Su interés principal es con Esteban y Felipe, y su impacto sobre el movimiento cristiano durante sus años formativos. Lucas, habiendo asegurado con los apóstoles la verdad del evangelio como testigos oculares, recurre a los helenistas para mostrar la difusión de la palabra en Samaria y luego en Antioquía de Siria.

Al final de este pasaje Lucas, como lo hizo en capítulos previos (2:41-47; 4:4; 5:14), vuelve a destacar el crecimiento numérico continuo de la iglesia (v. 7). Y esta vez se añade el dato preciso de que entre los nuevos convertidos se encuentra *un gran número de sacerdotes* (v. 7). Probablemente estos sacerdotes eran de la clase menor del tipo de Zacarías (Luc.

Esteban es tomado preso

8 Esteban, lleno de gracia y de poder, hacía grandes prodigios y milagros* en el pueblo. **9** Y se levantaron algunos de la sinagoga llamada de los Libertos, de los cireneos y los alejandrinos, y de los de Cilicia y de Asia, discutiendo con Esteban. **10** Y no podían resistir la sabiduría y el espíritu con que hablaba. **11** Entonces sobornaron a unos hombres para que dijesen: "Le hemos oído hablar palabras blasfemas contra Moisés y contra Dios." **12** Ellos incitaron al pueblo, a los ancianos y a los escribas. Y se levantaron contra él, le arrebataron y le llevaron al Sanedrín.* **13** Luego presentaron testigos falsos que decían:

—Este hombre no deja de hablar palabras contra este santo lugar y contra la ley. **14** Porque le hemos oído decir que ese Jesús de Nazaret destruirá este lugar y cambiará las costumbres que Moisés nos dejó.

15 Entonces, todos los que estaban sentados en el Sanedrín, cuando fijaron los ojos en él, vieron su cara como si fuera la cara de un ángel.

---

*6:8 Lit., *señales*
*6:12 O sea, *la corte suprema* de los judíos

1:5), y no de las grandes familias sacerdotales del partido de los saduceos, enemigos del nuevo movimiento cristiano. En vista de que los apóstoles seguían participando en los cultos del templo (3:1), es probable que la conversión de estos sacerdotes a la fe cristiana no impedía que siguieran ejerciendo sus funciones sacerdotales, pues no se había producido aún la ruptura entre el judaísmo y el cristianismo.

17. Esteban, discurso y muerte, 6:8—7:60

(1) Esteban es puesto preso, 6:8-15. Esteban, como se nota en Los Hechos, era el primero de los discípulos que comprendió el cristianismo en su relación con el mundo. Fue él que vio primero el carácter incidental y temporal de la ley mosaica referente al templo y todos sus reglamentos de adoración. El fue el primero en reconocer que el judío y el gentil están unidos como hermanos en Cristo. Esteban se atrevió a ver y a hablar de ello. El se atrevió a volver a reinterpretar el AT a la luz de la vida y el ministerio de Jesucristo y sus enseñanzas. Al hacerlo entregó su vida, pero a la vez inauguró una nueva era en la historia cristiana y en el pueblo de Dios. Su contribución fue revolucionaria en comparación con la de sus condiscípulos, pues interpretó fielmente la intención y el sentir de Jesucristo.

Hasta ahora en Los Hechos aparecieron persecuciones contra los apóstoles, pero era cosa del Sanedrín, que no quería que hablaran en nombre de Jesús. El pueblo, al contrario, los aplaudía y los tenía en gran estima. Es cierto que Pedro y los apóstoles exigían, sí, la fe en Jesús, pero seguían observando fielmente las leyes de Moisés; ahora en cambio, el grupo de los helenistas, cuyos portavoces podemos ver en Esteban y Felipe, parecen conducirse con más libertad, y los judíos comienzan a darse cuenta cuán peligrosa era su situación de privilegio.

Surgen disputas entre Esteban y unos judíos (vv. 9, 10). No es claro si Lucas alude a una sola sinagoga, la llamada de los libertos, y en ella estarían agregados los cuatro grupos nacionales que se mencionan, o incluso si se trata de cinco sinagogas distintas. Lo que sí está claro es que los enfoques de Esteban produjeron una reacción violenta de parte de los judíos helenistas (los que vivían fuera de Palestina), quienes podían excitar las emociones del pueblo.

Esteban fue acusado de haber hablado *palabras blasfemas contra Moisés y contra Dios.* Es fácil confundirse uno mismo con Dios; fácilmente uno puede gritar blasfemia cuando algunas de sus propias ideas y tradiciones son desafiadas. En esta ocasión, el orgullo nacional fue atacado, y

Discurso de Esteban

7 Entonces el sumo sacerdote preguntó:
—¿Es esto así?
2 Y él respondió:
—Hermanos* y padres, oíd. El Dios de la gloria apareció a nuestro padre Abraham cuando estaba en Mesopotamia, antes que habitase en Harán, **3** y le dijo: "Sal de tu tierra y de tu parentela y vete a la tierra que te mostraré."* **4** Entonces salió de la tierra de los caldeos y habitó en Harán. Después que murió su padre, Dios le trasladó de allá a esta tierra en la cual vosotros habitáis ahora.* **5** Pero no le dio heredad en ella, ni siquiera para asentar su pie; aunque prometió *darla en posesión a él y a su descendencia después de él,** aun cuando él no tenía hijo. **6** Así Dios le dijo que *su descendencia sería extranjera en tierra ajena y que los reducirían a esclavitud y los maltratarían por cuatrocientos años.** **7** "Pero yo juzgaré a la nación a la cual sirvan", dijo Dios, "y después de esto saldrán y me rendirán culto en este lugar."* **8** Dios le dio el pacto de la circuncisión; y así Abraham engendró a Isaac y le circuncidó al octavo día.* Lo mismo hizo Isaac a Jacob, y Jacob a los doce patriarcas.

---

*7:2 Lit., *Varones hermanos*
*7:3 Gén. 12:1
*7:4 Ver Gén. 11:31; 12:4, 5
*7:5 Deut. 2:5; comp. Gén. 12:7; 13:15; 15:18; 17:8; 24:7
*7:6 Gén. 15:13, 14
*7:7 Exo. 3:12
*7:8 Ver Gén. 17:9-12

---

el prejuicio racial fue condenado por este hombre, Esteban. Prefiriendo adherirse a su propia interpretación legal de la revelación especial del AT, estos judíos concluyeron que era necesario eliminar a Esteban. Como estos helenistas no podían competir con Esteban, en quien se encuentra el poder y la sabiduría de Dios, acudieron a la violencia. Una vez que prepararon adecuadamente la opinión pública, se apoderaron del odiado discípulo de Jesús y lo arrastraron a la presencia del Sanedrín. Es notable la coincidencia que ofrece esta acusación con la que otros falsos testigos formularon a su vez contra Jesús (Mar. 14:58). También, en palabras parecidas, los judíos de la provincia de Asia acusaron a Pablo (Hech. 21:28).

Es fácil apelar a los prejuicios y a las emociones de la gente, y precisamente es lo que se hizo en esas instancias. Las pruebas presentadas contra Esteban fueron que *no deja de hablar palabras contra este santo lugar y contra la ley* (v. 13). En parte la acusación tenía fundamento, pero fue una falsa interpretación del mensaje de Esteban. Su propia postura contra estas acusaciones se encuentra en el cap. 7, cuando Esteban presenta su defensa.

(2) Discurso de Esteban, 7:1-53. Esteban significa "el coronado", el líder de los siete, el aguijón en la carne de la iglesia primitiva que sacudió a Jerusalén con sus palabras llenas de emoción. Es un hombre de fuego. Se enfrentó a sus adversarios, y nadie podía resistir a sus discursos. Esteban se dio cuenta de que la iglesia podía fácilmente convertirse en un grupo selecto y cerrado que no lograría despegarse del judaísmo. Esteban palpó el peligro. En vista de que conocía el mundo griego, sabía que el mundo no se reducía a Jerusalén, que había en otros lugares hombres que esperaban la salvación. Esteban enseñaba que el verdadero templo en donde habitaba Dios no es una construcción de piedras en el centro de una ciudad, sino todo el pueblo de Dios que cree en Jesucristo. Sabía que uno se salva, no por la ley judía, sino por la fe en Jesucristo. Por culpa de él, el movimiento cristiano, en parte, será echado de la ciudad. Pero poco importa; gracias a él, la comunidad cristiana se verá finalmente obligada a lanzarse al mundo y así cumplir con la Gran Comisión.

9 »Los patriarcas, movidos por envidia, vendieron a José para Egipto.* Pero Dios estaba con él; 10 le libró de todas sus tribulaciones y le dio gracia y sabiduría en la presencia del Faraón, rey de Egipto, quien le puso por gobernador sobre Egipto y sobre toda su casa.* 11 Entonces vino hambre y gran tribulación en toda la tierra de Egipto y en Canaán, y nuestros padres no hallaban alimentos. 12 Pero al oír Jacob que había trigo en Egipto, envió a nuestros padres la primera vez.* 13 La segunda vez, José se dio a conocer a sus hermanos.* Así el linaje de José fue dado a conocer al Faraón. 14 Y José envió e hizo venir a su padre Jacob y a toda su familia, que eran 75 personas.* 15 Así descendió Jacob a Egipto, donde él y nuestros padres terminaron su vida. 16 Y fueron llevados a Siquem y puestos en el sepulcro que Abraham compró a precio de plata, de los hijos de Hamor en Siquem.*

17 »Como se acercaba el tiempo de la promesa, la cual Dios había asegurado* a Abraham, el pueblo creció y se multiplicó en Egipto 18 hasta que *se levantó en Egipto otro rey que no conocía a José.* 19 Con astucia este rey se aprovechó de nuestro pueblo y maltrató a nuestros padres, haciéndoles exponer a la muerte a sus bebés para que no sobreviviesen.* 20 En aquel tiempo nació Moisés* y era agradable a Dios. El fue criado tres meses en la casa de su padre; 21 pero cuando fue expuesto a la muerte, la hija del Faraón le recogió y lo crió como a hijo suyo.* 22 Moisés fue instruido en toda la sabiduría de los egipcios y era poderoso en sus palabras y hechos.

*7:9 Ver Gén. 37:4, 11, 28.
*7:10 Ver Gén. 41:37, 40; 42:6.
*7:12 Ver Gén. 42:1-3
*7:13 Ver Gén. 45:3, 16
*7:14 Ver Gén. 45:9, 27; 46:26, 27
*7:16 Ver Gén. 50:24, 25; Exo. 13:19; Jos. 24:32; comp. Gén. 23:16-20; 33:18, 19; 50:12, 13
*7:17 Lit., *confesó*; algunos mss. antiguos dicen *se juró*; o sea, *prometió*.
*7:18 Exo. 1:7, 8
*7:19 Ver Exo. 1:15, 16
*7:20 Ver Exo. 2:2
*7:21 Ver Exo. 2:10

Este largo discurso de Esteban (53 versículos) es el más extenso en Los Hechos. Los contenidos de este mensaje eran de tanta importancia que Lucas, inspirado por Dios, le dio más espacio que a cualquier otro discurso en el libro. Los estudiosos han encontrado dos dificultades en este discurso: (1) Los numerosos problemas históricos y (2) la pertinencia del discurso a las acusaciones sobre las cuales estaba siendo juzgado.

Desde los primeros siglos ha sido reconocido que en la presentación de Lucas existen numerosos problemas de naturaleza histórica. En una comparación del discurso de Esteban con el AT se revelan dos variantes: (1) Aparentes diferencias y (2) materias en el mensaje de Esteban que no están en el AT. Hasta ahora no se conocen respuestas satisfactorias para muchos de estos problemas. Algunas de las diferencias probablemente se explican porque el texto del AT no había sido fijado completamente en el primer siglo. Probablemente Esteban usaba algunas de las enseñanzas y fuentes rabínicas de su día. Aunque no nos satisface dejar sin resolver estos asuntos, tienen muy poca importancia para el significado del sermón.

Un asunto de mucha más relevancia es la pertinencia del discurso de Esteban con respecto a la ocasión. A primera vista extraña un poco la orientación y la estructura de este sermón, que parece no tener nada que ver con el caso que afronta Esteban. Creer en lo anterior refleja un estudio superficial y un fallo infortunado pues no se ven los asuntos clave que eran la preocupación de Esteban (y de Lucas también).

Esteban, de hecho, contestó las acusaciones presentadas contra él, y fue más allá de una sola polémica al proponer el carácter espiritual y el universalismo de la

23 »Cuando cumplió cuarenta años, le vino al corazón el visitar a sus hermanos, los hijos de Israel. 24 Al ver que uno era maltratado le defendió, y matando al egipcio, vengó al oprimido. 25 Pensaba que sus hermanos entenderían que Dios les daría liberación* por su mano, pero ellos no lo entendieron. 26 Al día siguiente, él se presentó a unos que estaban peleando y trataba de ponerlos en paz diciendo: "¡Hombres, sois hermanos! ¿Por qué os maltratáis el uno al otro?" 27 Entonces, el que maltrataba a su prójimo le rechazó diciendo: *¿Quién te ha puesto por gobernador y juez sobre nosotros?* 28 *¿Acaso quieres tú matarme como mataste ayer al egipcio?** 29 Al oír esta palabra, Moisés huyó y vivió exiliado en la tierra de Madián, donde engendró dos hijos.*

30 »Cuarenta años después, *un ángel le apareció en el desierto del monte Sinaí, en la llama de fuego de una zarza.** 31 Cuando Moisés le vio, se asombró de la visión; pero al acercarse para mirar, le vino la voz del Señor: 32 *"Yo soy el Dios de tus padres, el Dios de Abraham, de Isaac y de Jacob."** Pero Moisés, temblando, no se atrevía a mirar. 33 *Le dijo el Señor: "Quita las sandalias de tus pies, porque el lugar donde estás es tierra santa.* 34 *He mirado atentamente la aflicción de mi pueblo en Egipto. He oído el gemido de ellos y he descendido para librarlos. Ahora, pues, ven, y te enviaré a Egipto."**

*7:25 Otra trad., *salvación*
*7:28 Exo. 2:13, 14
*7:29 Ver Exo. 2:11-15
*7:30 Exo. 3:2, 3
*7:32 Algunos mss. antiguos dicen ... Abraham, el Dios de Isaac y el Dios de Jacob.
*7:34 Ver Exo. 3:1-10

---

religión verdadera. Lo condenaban por haber hablado *contra este santo lugar y contra la ley* (6:13), y él trató con los dos asuntos. Esteban desafió la interpretación judía de la "tierra santa" y disputó la importancia que los judíos daban al templo. El demostró que los judíos violaban el sentido real de la misma ley que ellos pretendían defender. De veras, el único que había guardado la ley era Jesús.

El discurso de Esteban es un repaso breve de la historia de Israel, particularmente de sus dos primeros períodos: *el patriarcal* (vv. 1-16), y *el mosaico* (vv. 17-43). Del tiempo posterior se recoge otra cosa que se relaciona con la construcción del templo (vv. 44-50).

En este recuento de la historia hebrea, Esteban demostró que Dios nunca se había limitado a una sola tierra y seguramente no se limitaba al templo de Jerusalén. La "tierra santa" representaba cualquier tierra en donde había un encuentro con Dios. Dios nunca ha dejado sin su presencia al mundo que creó. Muchas de las experiencias más estimadas por los patriarcas sucedieron fuera de Palestina. Fue en Mesopotamia donde Dios habló primero a Abraham (v. 2). Abraham, en realidad, no fue dueño ni de un metro cuadrado de la tierra en Canaán (v. 5). La promesa a Abraham no fue tanto que la tierra sería heredada, sino que habría una liberación de Egipto y libertad para rendir culto a Dios (v. 7). Los patriarcas nacieron antes de la posesión de Canaán, así que nacieron antes de que fuera una "tierra santa".

Jacob vivió una gran parte de su vida en Egipto y murió allí, así como también todos sus hijos (v. 15). Más tarde, Jacob fue sepultado en Siquem, en la despreciada Samaria (v. 16). Moisés nació en Egipto, criado por la hija de faraón, y fue instruido en la sabiduría de los egipcios (vv. 20, 22). Se puede preguntar si Moisés, el dador de la ley, fue profanado por la tierra y la gente de Egipto. Moisés vivió en Madián, donde engendró dos hijos (se observa en Exo. 2:16-22 que Moisés se casó con una hija de un sacerdote de Madián). Moisés vivió antes de las reformas de Esdras que decretó divorcio obligatorio para aquellos que estaban casados con extranjeras (Esd. 10:11). La entrega de la ley a Moisés tuvo lugar en Arabia, y fue allí en donde Dios le dijo: *Quita las sandalias de*

35 »A este mismo Moisés, al cual habían rechazado diciendo: ¿*Quién te ha puesto por gobernador y juez?*,* Dios le envió por gobernador y redentor, por mano del ángel que le apareció en la zarza. 36 El los sacó, haciendo prodigios y señales en Egipto, en el mar Rojo y en el desierto por cuarenta años.* 37 Este es el mismo Moisés que dijo a los hijos de Israel: *Dios os levantará un profeta como yo de entre vuestros hermanos.** 38 Este es aquel que estuvo en la congregación en el desierto con el ángel que le hablaba en el monte Sinaí, y con nuestros padres, y el que recibió palabras de vida para darnos. 39 Nuestros padres no quisieron serle obedientes; más bien, le rechazaron y en sus corazones se volvieron atrás a Egipto, 40 diciendo a Aarón: *Haz para nosotros dioses que vayan delante de nosotros; porque a este Moisés que nos sacó de la tierra de Egipto, no sabemos qué le habrá acontecido.** 41 Entonces, en aquellos días hicieron un becerro y ofrecieron sacrificio al ídolo, y se regocijaban en las obras de sus manos. 42 Pero Dios se apartó de ellos y los entregó a que rindiesen culto al ejército del cielo, como está escrito en el libro de los Profetas: *¿Acaso ofrecisteis víctimas y sacrificios en el desierto por cuarenta años, oh casa de Israel? 43 Más bien, llevasteis el tabernáculo de Moloc y la estrella de vuestro dios Renfán, las imágenes que hicisteis* para adorarlas. *Por tanto, os transportaré más allá* de Babilonia.*

*7:35 Exo. 2:14
*7:36 Ver Exo. 7—11; 14:21 ss.
*7:37 Algunos mss. antiguos añaden *a él oiréis;* la cita es de Deut. 18:15
*7:40 Exo. 32:1, 23
*7:43 Amós 5:25-27 (LXX)

---

tus pies, porque el lugar donde estás es tierra santa (v. 33). Entonces, Dios nunca se había limitado a un solo lugar; ninguna tierra como tal era santa.

Esteban había sido denunciado por haber dicho que Jesús destruiría *este santo lugar* (6:13), referencia obvia al templo. Sin duda los dos, Jesús y Esteban, habían hablado de la destrucción del templo, pero los acusadores sacaron la declaración fuera de su contexto y la torcieron. Esteban hizo hincapié en el hecho de que el templo no representó el plan original de Dios (v. 44). Desde el tiempo de Moisés, Israel tenía como su posesión el tabernáculo, o tienda sagrada, una morada de Dios que era movible o portátil. Esta no fue dada tan sólo para el tiempo que duró el viaje por el desierto, sino que fue llevada por Josué a la tierra prometida, donde siguió siendo el santuario legítimo hasta David. David fue el primero que tomó la decisión de substituir el tabernáculo por un templo propiamente dicho. La decisión salió de él, no de Dios. Pero sólo a Salomón le fue permitido completar el plan. El templo, pues, no tiene a la vista de Dios el significado que el pueblo judío le atribuye. La presencia y la actividad de Dios no están limitadas al templo. Dios es más grande que el templo; lo dice la Escritura: toda la creación es morada de Dios (ver vv. 48-50). Esteban ha fijado con claridad su posición con respecto al templo. El no lo condena, pero especifica su valor relativo; su vigencia ya expiró. Esteban, ahora, estaba volviendo al AT e interpretando con una sana hermenéutica, una hermenéutica diferente de aquella de los judíos del primer siglo.

Cuidadosamente Esteban señaló en su discurso el hecho de que Israel repetidamente había demostrado su disposición para rechazar al Espíritu Santo (Espíritu de Dios) y a los profetas. Los sacerdotes, reduciendo la religión a rituales, y los nacionalistas, apelando al orgullo racial y los prejuicios, los cuales siempre arrastran tras de sí a la gente que mata a los profetas. Con frecuencia hubo ceguera premeditada contra la verdad y un espíritu reaccionario en la presencia de una oportunidad para marchar hacia adelante en un movimiento progresivo. *Los patriarcas, movidos por envidia, vendieron a José para Egipto* (v. 9). Los judíos, escuchando

44 »En el desierto, nuestros padres tenían el tabernáculo del testimonio, como lo había ordenado Dios, quien ordenaba a Moisés que lo hiciese según el modelo que había visto.* 45 Habiendo recibido el tabernáculo, nuestros padres, junto con Josué, lo introdujeron en la posesión de las naciones que Dios expulsó de la presencia de nuestros padres, hasta los días de David. 46 Este halló gracia delante de Dios y pidió proveer* un tabernáculo para el Dios de Jacob.* 47 Pero Salomón le edificó casa.

48 »No obstante, el Altísimo no habita en casas hechas por mano,* como dice el profeta:

49 *El cielo es mi trono,*
y la tierra es el estrado de mis pies.
¿Qué casa me edificaréis?
dice el Señor.
¿Cuál será el lugar de mi reposo?
50 *¿No hizo mi mano todas estas cosas?**

---

*7:44 Ver Núm. 17:7; Exo. 25:40
*7:46a Lit., *hallar;* o sea, *encontrar la gracia de poder construir el templo*
*7:46b Algunos mss. antiguos dicen *la casa de Jacob;* comp. Sal. 132:5.
*7:48 Comp. 2 Crón. 6:18
*7:50 Isa. 66:1, 2

---

el discurso de Esteban, no tuvieron ninguna dificultad en reconocer la inferencia acerca de su propia envidia de Jesús como la verdadera causa por la que ellos lo habían entregado a los romanos. Los hermanos de Moisés fueron extrañamente tardos en entender a su libertador (v. 25), igual como aquellos en el tiempo de Esteban fueron lentos en entender a Jesús, el redentor verdadero (vv. 35-37).

La ley de la ira de Dios —por la cual la tenaz ceguera lleva a la gente hacia una oscuridad más y más profunda— había operada en Israel (vv. 38-43), y la misma ley reclamaría su paga en el día de Esteban.

Finalmente sigue el ataque directo a los acusadores: *Vosotros resistís siempre al Espíritu Santo* (v. 51) (es decir a la revelación especial de Dios). Había ocurrido

---

Semillero homilético

Las causas de una muerte
7:37-53

Introducción: Para que una persona sea condenada a muerte es necesario que haya cometido una falta que amerite esa condena. Esteban fue asesinado por una turba enardecida porque el predicador los confrontó con la realidad de su pecado.

I. Les hizo ver su rebeldía.
   1. En el tiempo de Moisés levantaron un becerro de oro.
   2. En los tiempos de Amós adoraron a Moloc y los dioses de las estrellas.
   3. Entregaron al Justo, Jesucristo y le arrancaron la vida.
II. Les hizo ver los privilegios que como pueblo escogido tenían.
   1. Dios les envió a los profetas.
   2. Tenían el tabernáculo donde estaban las tablas de la Ley.
   3. Jesucristo vino a ellos en primera instancia.
III. Les hizo notar que estaban limitando a Dios.
   1. Adoraban el templo, en lugar de adorar al Señor del templo.
   2. Limitaron a Dios a su región geográfica, en lugar de tener un Dios universal.
IV. Les hizo ver que persiguieron a los profetas.
   1. No lo hicieron por ignorancia, sabían lo que estaban haciendo.
   2. Persiguieron al Profeta de Dios, el Hijo Jesucristo.
   3. Anularon la iniciativa de Dios de comunicarse con ellos.

Conclusión: Esas fueron las causas de la muerte de un siervo. Allí murió tristemente un hombre que vio a su pueblo cometiendo el más terrible de los crímenes, murió con tristeza por ver que su pueblo rechazó el destino que Dios le había trazado.

51 »¡Duros de cerviz e incircuncisos de corazón y de oídos! Vosotros resistís siempre al Espíritu Santo. Como vuestros padres, así también vosotros. 52 ¿A cuál de los profetas no persiguieron vuestros padres? Y mataron a los que de antemano anunciaron la venida del Justo. Y ahora habéis venido a ser sus traidores y asesinos. 53 ¡Vosotros que habéis recibido la ley por disposición de los ángeles, y no la guardasteis!

Esteban es apedreado

54 Escuchando estas cosas, se enfurecían* en sus corazones y crujían los dientes contra él. 55 Pero Esteban, lleno del Espíritu Santo y puestos los ojos en el cielo, vio la gloria de Dios, y a Jesús que estaba de pie a la diestra de Dios. 56 Y dijo:

—¡He aquí, veo los cielos abiertos y al Hijo del Hombre de pie a la diestra de Dios!

*7:54 Otra trad., *se sentían heridos*

---

con los profetas, a quienes los padres de ellos habían perseguido y asesinado (vv. 51, 52). Nótese otra vez que sus oyentes eran los que violaban las mismas leyes que pretendían defender (v. 53). Ellos, como sus padres, siempre resistían al profeta que se atrevía a desafiar su estilo tradicional de vida. En Jesús se encuentra la religión del Espíritu siempre desafiando la religión de la letra, del ritual, del nacionalismo perjudicial y del particularismo. En Esteban el mensaje de Jesús se estaba proclamando otra vez.

(3) Esteban es apedreado, 7:54-60. Los judíos habían gritado: *¡Crucifícale! ¡Crucifícale!* (Luc. 23:21); ahora estaban

---

Semillero homilético

Puertas que no se pueden cerrar
7:54-60

Introducción: Esteban había terminado de predicar un poderoso mensaje acerca de la rebeldía del hombre contra la ley de Dios. Al verse reflejados en ese mensaje, los oyentes se enfurecieron y descargaron su ira contra el predicador matándole a pedradas. Esteban, lejos de quejarse, vio los cielos abiertos y al Hijo de Dios a la diestra del Padre. El odio del enemigo no pudo cerrar las puertas que un día se abrieron para siempre para dar acceso a los creyentes en Cristo Jesús.

I. Una visión de triunfo.
  1. Vio al Padre y al Hijo, por el poder del Espíritu Santo.
  2. Vio al Hijo a la diestra del Padre (los enemigos de Cristo pensaban que habían acabado con él al crucificarle).
  3. Vio las puertas del cielo abiertas. Nadie las puede cerrar.
II. Una invocación de victoria.
  1. *Recibe mi espíritu.* Las puertas de la vida se abrían ante la muerte. Invocó al que un día dijo: El que cree en mí, aunque muera vivirá.
  2. En lugar de ver las caras enfurecidas de sus enemigos puso sus ojos en el rostro amoroso del Hijo de Dios.
  3. La separación del espíritu del cuerpo del creyente es como una llave que abre las puertas de la eternidad.
III. Un sueño pasajero.
  1. El odio de sus enemigos le hizo imitar a su Señor: *¡No les tomes en cuenta este pecado!* El odio del enemigo abre las puertas del amor del creyente en Cristo.
  2. *Durmió.* La muerte del creyente es el paso necesario para despertar en la presencia del Señor. Los que cerraron la puerta temporal de la vida de Esteban no se imaginaron que estaban abriendo las puertas de la eternidad.

Conclusión: Los enemigos de Cristo piensan que con estorbar la vida de servicio de un siervo del Señor están cerrando las puertas del progreso del evangelio de salvación. Nada más lejos de la realidad. Después de la muerte de Esteban hubo un gran avivamiento y avance en el establecimiento del reino de Cristo sobre la tierra. Hay puertas que el hombre no puede cerrar.

57 Entonces gritaron a gran voz, se taparon los oídos y a una se precipitaron sobre él. **58** Le echaron fuera de la ciudad y le apedrearon. Los testigos dejaron sus vestidos a los pies de un joven que se llamaba Saulo. **59** Y apedreaban a Esteban, mientras él invocaba diciendo:

—¡Señor Jesús, recibe mi espíritu!

60 Y puesto de rodillas clamó a gran voz:

—¡Señor, no les tomes en cuenta este pecado!

Y habiendo dicho esto, durmió.

8
Y Saulo consentía en su muerte.

Saulo persigue a la iglesia

En aquel día se desató una gran persecución contra la iglesia que estaba en Jerusalén, y todos fueron esparcidos por las regiones de Judea y de Samaria, con excepción de los apóstoles.

---

gritando: "¡Apedréen a Esteban!" (ver v. 58). Se reconoce a Esteban como el primer mártir cristiano. Una disertación como ésta no podía tener otra conclusión. La afirmación de que *vio la gloria de Dios, y a Jesús que estaba de pie a la diestra de Dios* (v. 55) acabó de enfurecer a los judíos, provocando un verdadero tormento. Esta afirmación era decir que Jesús de Nazaret, el carpintero a quien ellos habían crucificado, ya participaba de la soberanía de Dios, lo cual constituía una gran blasfemia para los oídos de los judíos. Gritaron y se taparon los oídos para no tener que oír más blasfemias. Note en esta situación que Jesús *estaba de pie* en el cielo a la derecha de Dios, como si estuviera preparado para acudir en ayuda de Esteban (en todos los demás lugares en el NT, se presenta a Jesús *sentado* a la diestra de Dios, Mat. 26:64; Col. 3:1).

> **ESTEBAN**
>
> **E** n las horas finales de tu vida,
> **S** ombrías para el hombre cotidiano,
> **T** uviste una visión del Soberano
> **E** ntronado, y al Hijo con la frente erguida,
> **B** endiciendo tu muerte por su causa,
> **A** briéndote los brazos amorosos.
> **N** o fue muerte la tuya, fue reposo.

El texto no menciona un proceso judicial ni habla de una condena por parte de un juez; por eso parece que la ejecución de Esteban fue un proceso ilegal, un linchamiento. Toda la grandeza del primer mártir se pone de manifiesto en el momento de la muerte. Siguiendo el ejemplo de Jesús en la cruz (Luc. 23:34), perdona a sus asesinos y encomienda su alma al Señor.

II. EL MOVIMIENTO CRISTIANO FUERA DE JERUSALEN: LA ACTIVIDAD DE LOS HELENISTAS HACIA UNA IGLESIA MAS ABIERTA, 8:1—12:25

Desde el cap. 8 al 13, Lucas nos hace asistir a la expansión progresiva de la iglesia primitiva. Esta iglesia nació en el seno del judaísmo y son sobre todo los judíos, en Jerusalén, quienes entran en ella. La salida de este círculo hacia una iglesia para el mundo se encuentra de aquí en adelante en el libro de Los Hechos. Primero Felipe, uno de los helenistas, que predica a los *samaritanos* (en parte judíos, no ortodoxos) y luego bautiza a un *temeroso de Dios* (esto es un pagano que deseaba convertirse al judaísmo). Luego Pedro, forzado por el Espíritu, bautiza a otro *temeroso de Dios* (Cornelio, quien se adhería a la fe judía, pero sin aceptar todas las prácticas, por ejemplo, la circuncisión).

Hasta ahora no se ha dejado realmente el judaísmo; lo único que se ha hecho es evolucionar hacia esferas cada vez más laxas y menos ortodoxas. La siguiente etapa comienza cuando los helenistas en Antioquía de Siria predican directamente a los paganos.

La última etapa en la historia del movimiento cristiano universal, según el esquema de Lucas, se encuentra en los caps. 13—28 comenzando con el viaje de Pablo y Bernabé a Asia Menor.

2 Unos hombres piadosos sepultaron a Esteban, e hicieron gran lamentación por él.
3 Entonces Saulo asolaba a la iglesia. Entrando de casa en casa, arrastraba tanto a hombres como a mujeres y los entregaba a la cárcel.

1. Dispersión de los discípulos fuera de Jerusalén, 8:1-3

Con el cuadro de la comunidad de Jerusalén nos encontramos en medio de la tranquilidad: todos estaban unánimes, oraban, compartían sus bienes con los demás, aunque el pecado de Ananías y Safira vino a desentonar esta armonía. Pero fue algo pasajero, como un pestañeo. Hay en medio de esta comunidad tan unida un grupo marginal, los helenistas, sirviendo como sus portavoces Esteban y Felipe, y luego Pablo y Pedro.

El choque era inevitable. Un grupo humano no puede desarrollarse sin que aparezcan nuevas tendencias que obligan a la estructura constituida a tomar otras opciones: Encerrarse dentro de sí misma en una fidelidad al pasado con el riesgo de convertirse en una secta, o bien —ahondando en sus tradiciones releídas con toda profundidad— inventar el porvenir integrando esas nuevas tendencias como una promesa de superación.

Saulo, el que será Pablo, aparece dos veces en el marco del martirio de Esteban (7:58 y 8:1) y luego como perseguidor (8:3). El entierro de Esteban aparece diferido (8:2) entre la mención de la persecución (8:1) y la de sus efectos (8:4). Este entrelazamiento indica que el relato abre aquí una etapa importante. Los datos geográficos de Judea y Samaria lo confirman, si tenemos en cuenta el programa misionero esbozado por Jesucristo mismo al comienzo del libro (1:8). Pasando de Esteban a Felipe y luego a Saulo, el lector abandona Jerusalén y emprende, primeramente, el camino a Samaria.

Ahora los fariseos y no los saduceos están dirigiendo las persecuciones. Los saduceos se asustaron por lo que se consideraba una revolución mesiánica potencial contra Roma. Esto no les importaba a los fariseos. Pero ellos no podían aguantar el énfasis de Esteban sobre el carácter espiri-

---

Semillero homilético

La iglesia se expande
Hechos 8:1-8

Introducción: La iglesia cristiana responde de una manera sorprendente ante la persecución. En lugar de dejarse llevar por un sentido de derrota y exterminio, proclama con mayor ímpetu el mensaje del amor de Dios.
  I. Estragos en la iglesia.
    1. Al morir Esteban, la persecución contra la iglesia se agudizó.
    2. Los creyentes fueron obligados al destierro.
    3. Los creyentes, incluyendo las mujeres, eran golpeados y privados de su libertad.
  II. Una actitud loable.
    1. En lugar de apostatar de su fe, los que fueron esparcidos anunciaron la palabra.
    2. Predicaban con gran poder y Dios apoyaba su proclamación con señales poderosas.
    3. El resultado es que había gran regocijo en los lugares donde se proclamaba el evangelio.
  III. La expansión de la iglesia.
    1. Debe ser la preocupación constante de los hijos de Dios.
    2. Sólo es posible por la labor dedicada de los creyentes en Cristo Jesús.
    3. Es apoyada por Dios, por la actitud valiente y consagrada de sus siervos.
Conclusión: Ante las adversidades, la iglesia puede asumir una actitud de frustración y derrota o de ánimo y victoria. Si opta por la segunda actitud, seguro que habrá crecimiento numérico y espiritual.

Felipe en Samaria

4 Entonces, los que fueron esparcidos anduvieron anunciando la palabra. **5** Y Felipe descendió a la ciudad de Samaria y les predicaba a Cristo. **6** Cuando la gente oía y veía las señales que hacía, escuchaba atentamente y de común acuerdo lo que Felipe decía. **7** Porque de muchas personas salían espíritus inmundos, dando grandes gritos, y muchos paralíticos y cojos eran sanados; **8** de modo que había gran regocijo en aquella ciudad.

---

tual de su religión y la preocupación de Dios por toda la humanidad en vez de ser sólo por la nación y la raza judía. El orgullo nacional y el prejuicio racial, disfrazándose como ortodoxia y piedad, se manifestaban en inquisiciones y persecuciones de una pasión brutal. La palabra *asolaba* (v. 3) quizá es una traducción suave del término de Lucas para la acción de Saulo. Saulo violaba la iglesia como un animal salvaje. Su celo religioso, cualquiera que fuera su elemento de sinceridad, se ejercitaba con una pasión ciega que resultó en una expresión sádica.

La declaración de Lucas de que *todos fueron esparcidos... con excepción de los apóstoles* (v. 1) ha confundido a muchos lectores. De ello se ha deducido, con razón, que la persecución estaba dirigida contra la facción helenista de la comunidad, en tanto que los miembros hebreos de la misma disfrutaron, quién más quién menos, de tranquilidad (ver 9:31). Evidentemente los doce todavía estaban predicando cosas que no ofendían a los exponentes de la *barrera de división* (Ef. 2:14). Los doce apóstoles seguían siendo judíos, judíos cristianos. Aparentemente estaban esperando todavía la restauración del reino de Israel por el Señor (1:6). Se observa que ninguno de los doce (según la Escritura) inició la predicación del evangelio a los samaritanos ni a los gentiles. Sólo gradualmente —mejor dicho, forzados— buscaban a tientas las verdades por las cuales Esteban dio su vida. Lo que Felipe hizo rápidamente y con ganas (8:5, 26, 27), Pedro lo investigaba cuidadosamente y sin ganas (10:14, 28).

¿Fueron llevadas a cabo más ejecuciones en aquella época (además de aquella de Esteban por los judíos)? Hay pasajes subsecuentes que parecen favorecer una conclusión afirmativa (9:1; 22:4; 26:10). Se puede suponer que más de un cristiano haya sido ejecutado. Pero estos casos no pudieron ser muchos pues el gobierno romano no lo hubiera permitido.

Intercalado aquí en este breve relato de la persecución contra la iglesia, Lucas relata la sepultura de Esteban. Los hombres piadosos que se encargan de recoger y sepultar su cuerpo, no parece que fueron cristianos. Probablemente eran judíos de tendencias más moderadas que los perseguidores, e incluso amigos personales de Esteban. Algo parecido sucedió con el cadáver de Jesucristo (Juan 19:38, 39). Notamos que había incrédulos que no aprobaron la locura que resultó en el martirio de Esteban.

> **Joya bíblica**
>
> **Entonces, los que fueron esparcidos anduvieron anunciando la palabra (8:4).**
>
> Es un desafío para los cristianos difundir el mensaje del evangelio dondequiera que vayamos. Cuando somos trasladados por el trabajo, aceptemos eso como oportunidad de anunciar las buenas nuevas.

No se debe olvidar que los hombres que luchaban en favor del universalismo eran judíos. Jesús mismo era judío, los profetas antes de él eran de Israel (el término judío no se puede usar correctamente para designar el período antes del cautiverio), los hombres como Esteban y otros que le siguieron eran judíos. Ellos eran judíos (o israelitas) que reconocían que el monoteísmo llevaba al universalismo como su conclusión inevitable; el concepto de un solo Dios demanda el concepto de un solo mundo. Es verdad que Lucas narra la his-

Pedro y Simón el mago

9 Hacía tiempo había en la ciudad cierto hombre llamado Simón, que practicaba la magia y engañaba a la gente de Samaria, diciendo ser alguien grande. **10** Todos estaban atentos* a él, desde el más pequeño hasta el más grande, diciendo: "¡Este sí que es el Poder de Dios, llamado Grande!" **11** Le prestaban atención,* porque con sus artes mágicas les había asombrado por mucho tiempo. **12** Pero cuando creyeron a Felipe mientras anunciaba el evangelio del reino de Dios y el nombre de Jesucristo, se bautizaban hombres y mujeres. **13** Aun Simón mismo creyó, y una vez bautizado él acompañaba a Felipe; y viendo las señales y grandes maravillas que se hacían, estaba atónito.

*8:10 ,11 Otra trad., *le daban atenciones*

toria triste de judíos comprometidos a un estrecho credo racial, cegados por el orgullo propio y el prejuicio; pero a la vez, él también cuenta de judíos que fundaron nuevas sendas para la humanidad. El antisemitismo de hoy día debe tomar en cuenta esta verdad.

2. Predicación en Samaria, 8:4-25

(1) Felipe en Samaria, 8:4-8. La palabra *esparcidos* es el término para "hacer la siembra". El proverbio "la sangre de los mártires es semilla de nuevos cristianos" confirmó su verdad ahora con ocasión de la muerte de Esteban, el primer mártir. La dispersión de los cristianos resultó en ganancia para la comunidad cristiana primitiva. Felipe, uno de los siete, predicó libremente a los samaritanos. Los samaritanos eran una población mixta, descendientes de los antiguos habitantes del reino de Israel que sobrevivieron a la destrucción del año 722 a. de J.C., y de los colonos asirios que vinieron a llenar el lugar de los deportados. Los judíos habían olvidado que toda la raza judía surgió de mezclas.

El AT indica claramente que existían matrimonios de personas de distintas razas en el linaje del pueblo de Israel anterior al tiempo de Esdras. Moisés se casó con una madianita; Jacob engendró hijos de Bilha y Zilpa, siervas de Raquel y Lea (Gén. 29:24, 29); Juda tenía hijos, Er y Onan, de una cananea (Gén. 38:2-4); David descendió de Rut, una moabita; Salomón tenía innumerables esposas extranjeras; y así sigue el registro (consulte el cap. 10 de Esdras). Pero para el orgullo y el prejuicio de los judíos ortodoxos del primer siglo no importaban los hechos. Prefirieron perpetuar los intereses egoístas a través de cualquier narración conveniente. Y, a la vez, la actitud de los samaritanos no superó a la de los judíos. La estupidez pertenece a la raza humana, no solamente a una parte.

(2) Pedro y Simón el mago, 8:9-25. Simón el mago no era un personaje raro en el mundo antiguo. Había muchos astrólogos, adivinos y magos, y en una era crédula tenían una gran influencia y vivían cómodamente. En esta ocasión se ve el primer encuentro del cristianismo con las prácticas mágicas, tan extendidas por el mundo grecorromano de aquel entonces (13:8; 16:16; 19:13-19). Simón ha deja-

---

> **Como Simón el hipócrita**
> **8:9-25**
>
> El papa Sixto, cuando era cardenal, fingía estar enfermo y envejecido, de modo que todo el cónclave quedó engañado. Su nombre era Montalvo. Ambos partidos suponían que no podría sobrevivir un año, y a causa de la división fue electo a ocupar la silla apostólica. Pero, al momento de ganar el poder deseado, abandonó sus muletas y comenzó a cantar el Te Deum con voz mucho más fuerte que la de sus compañeros. Nadie se había imaginado ésto, y en lugar de andar con paso vacilante, marchaba en su presencia con paso firme y cuerpo tieso. Alguien mencionó el cambio tan repentino y replicó: "Mientras buscaba las llaves de San Pedro, fue necesario encorvase; pero habiéndolas hallado, todo ha cambiado."

14 Los apóstoles que estaban en Jerusalén, al oír que Samaria había recibido la palabra de Dios, les enviaron a Pedro y a Juan, 15 los cuales descendieron y oraron por los samaritanos para que recibieran el Espíritu Santo. 16 Porque aún no había descendido sobre ninguno de ellos el Espíritu Santo; solamente habían sido bautizados en el nombre de Jesús. 17 Entonces les impusieron las manos, y recibieron el Espíritu Santo.

18 Cuando Simón vio que por medio de la imposición de las manos de los apóstoles se daba el Espíritu Santo,* les ofreció dinero, 19 diciendo:

— Dadme también a mí este poder,* para que cualquiera a quien yo imponga las manos reciba el Espíritu Santo.

20 Entonces Pedro le dijo:

— ¡Tu dinero perezca contigo,* porque has pensado obtener por dinero el don de Dios! 21 Tú no tienes parte ni suerte en este asunto, porque tu corazón no es recto delante de Dios. 22 Arrepiéntete, pues, de esta tu maldad y ruega a Dios, si quizás te sea perdonado el pensamiento de tu corazón; 23 porque veo que estás destinado a hiel de amargura y a cadenas de maldad.

24 Entonces respondiendo Simón dijo:

— Rogad vosotros por mí ante el Señor, para que ninguna cosa de las que habéis dicho venga sobre mí.

25 Ellos, después de haber testificado y hablado la palabra de Dios, regresaron a Jerusalén y anunciaban el evangelio en muchos pueblos de los samaritanos.

*8:18 Algunos mss. antiguos aquí no incluyen *Santo*.
*8:19 O: *autoridad*
*8:20 Lit., *¡Tu plata vaya contigo a la perdición...*

---

do su nombre en el lenguaje común, pues la palabra *simonía* significa todavía la indigna compraventa de puestos eclesiásticos y el tráfico de cosas santas. No sabemos con seguridad la naturaleza de la enseñanza de Simón; es decir, qué provocaba la declaración: *¡Este sí que es el Poder de Dios, llamado Grande!* (v. 10).

Lo que sí podemos decir con seguridad es que Simón representaba una espiritualidad falsa, y aquí se revela claramente su engaño. La verdadera religión del Espíritu se distingue de la espiritualidad fingida. Este Simón creyó y fue bautizado. El aceptó el hecho de los milagros obrados por Felipe y el hecho del poder detrás de los milagros. Sin embargo, Simón no fue convertido. Su motivación básica, antes y después de su creencia, era egoísta. Simón estaba impresionado por los efectos visibles de la imposición de manos y trató de comprar la habilidad para hacer lo que los apóstoles podían hacer. No estaba interesado realmente en darle el Espíritu a otros; sólo le interesaba el poder y el prestigio que adquiriría con él. Esta exaltación del yo es siempre un peligro para el predicador y para el maestro. Simón se olvidó de que hay ciertos dones que dependen del carácter. El dinero no puede comprarlos. Aun en la religión él buscó adelantar sus intereses egoístas; y eso es sólo un síntoma del corazón y su depravación. El no conocía nada de la cruz, con su sacrificio. No mostró ninguna disposición de ser crucificado con Cristo.

> **Joya bíblica**
>
> **Ellos, después de haber testificado y hablado la palabra de Dios, regresaron a Jerusalén y anunciaban el evangelio en muchos pueblos de los samaritanos (8:25).**
>
> Es bíblico contar las maravillas que Dios hace por medio de sus siervos en las iglesias que mandan y sostienen a los misioneros.

Los apóstoles todavía se quedaban en Jerusalén cuando Felipe estaba extendiendo el evangelio a los samaritanos. Aunque aparentemente simpatizaron con el movimiento, ellos mismos no lo iniciaron. Nos confunde que se diga que estos samaritanos habían creído y habían sido bautizados en el nombre de Jesucristo (vv.

Felipe evangeliza al etíope

26 Un ángel del Señor habló a Felipe diciendo: "Levántate y vé hacia el sur por el camino que desciende de Jerusalén a Gaza, el cual es desierto." **27** El se levantó y fue. Y he aquí un eunuco etíope, un alto funcionario de Candace, la reina de Etiopía, quien estaba a cargo de todos sus tesoros y que había venido a Jerusalén para adorar, **28** regresaba sentado en su carro leyendo el profeta Isaías. **29** El Espíritu dijo a Felipe: "Acércate y júntate a ese carro." **30** Y Felipe corriendo le alcanzó y le oyó que leía el profeta Isaías. Entonces le dijo: —¿Acaso entiendes lo que lees? **31** Y él le dijo:

12, 16b), pero no habían recibido el Espíritu Santo (vv. 15, 16). Cualquier convicción de pecado o cualquiera buena voluntad para creer en Cristo reflejaría una acción recíproca del Espíritu con el espíritu del hombre.

Posiblemente lo que Lucas quiere plantear aquí es que no había ninguna manifestación del Espíritu comparable a aquella de Pentecostés hasta que Pedro y Juan les impusieron las manos. Si es así, entonces vemos un patrón: hubo una gran efusión del Espíritu Santo en el día de Pentecostés; y había efusiones semejantes cuando los samaritanos fueron evangelizados (8:15-17), cuando unos temerosos de Dios en Cesarea fueron ganados para Cristo (10:44-46); y cuando los discípulos de Juan el Bautista en Efeso fueron iluminados con la enseñanza más amplia (19:2-6). Cada una de estas etapas importantes en el desarrollo del movimiento cristiano fue autenticada divinamente con señales mesiánicas. Que la imposición de manos por los apóstoles era algo indispensable para recibir el Espíritu no se sostiene en el libro de Los Hechos. En la historia que siguió, por ejemplo en la conversión del etíope, no estuvo presente ningún Apóstol, y no hay ninguna mención de la imposición de manos; sin embargo, de seguro, llegó el Espíritu Santo sobre él. Definitivamente, el Espíritu Santo llegó sobre Cornelio y sus compañeros sin la imposición de manos.

Es una evidencia de progreso en Pedro y en Juan que ellos *anunciaban el evangelio en muchos pueblos de los samaritanos* (8:25). En una ocasión anterior, Juan deseaba que fueran consumidos con fuego (Luc. 9:54).

3. Bautismo del eunuco etíope, 8:26-40

He aquí un nuevo episodio en la expansión de la fe cristiana fuera de Jerusalén. No son ya sólo los samaritanos, sino también un etíope, ministro de finanzas o administrador de los bienes privados de la reina Candace (nombre genérico de las reinas de Etiopía), que se adhiere a la nueva doctrina y es bautizado. Al etíope con quien se encuentra Felipe, se le llama *eunuco* (v. 27). Era un alto funcionario o un guardián del harén. Esta observación

---

El eunuco

Lucas anota varios datos que nos dan una buena idea para conocer a este personaje. En cuanto a su procedencia, el eunuco venía de Etiopía; era de raza semita y hombre de color. La palabra etíope quiere decir, "hombre de rostro tostado o quemado por el sol." Su condición de eunuco hay que tomarla de manera literal, o sea que había sido castrado. También se les llamaba eunucos a quienes servían en las cortes, como a Potifar, quien incluso tenía esposa (Gén. 39:1, 7).

Este eunuco era un prominente devoto genuino, ya que había venido a Jerusalén para adorar (8:27). También era un diligente buscador de la verdad. Lo encontramos leyendo el libro de Isaías y luego le pide a Felipe que le explique la porción de la Escritura que venía leyendo. Era un hombre muy sincero; notamos que cuando Felipe le pregunta si entendía lo que venía leyendo, responde francamente: *¿Pues cómo podré yo, a menos que alguien me guíe?*

Notamos en 8:39 que el eunuco ya convertido y bautizado; y sin la compañía de Felipe, siguió gozoso su camino. Cristo había venido a ser Señor de su vida y de sus circunstancias.

— ¿Pues cómo podré yo, a menos que alguien me guíe?
Y rogó a Felipe que subiese y se sentase junto a él. **32** La porción de las Escrituras que leía era ésta:

*Como oveja, al matadero fue llevado,
y como cordero mudo
delante del que lo trasquila,
así no abrió su boca.*
33 *En su humillación,
se le negó justicia;
pero su generación,
¿quién la contará?
Porque su vida es quitada de la tierra.**

*8:33 Isa. 53:7, 8 (LXX)

---

de Lucas, además de señalarlo como funcionario de la corte, parece también sugerir que es alguien a quien se le han extirpado los órganos sexuales. El etíope era un temeroso de Dios. Fue *a Jerusalén para adorar* (v. 27) y al regresar a Etiopía estaba leyendo la Septuaginta, el AT en griego (la cita de Isaías aquí sigue la versión griega).

La expresión "temeroso de Dios" se aplica a un gran grupo de gentiles que fueron atraídos al judaísmo por su énfasis en el monoteísmo, su alta moralidad y sus enseñanzas éticas. Algunos habían entrado en las sinagogas como prosélitos, pero otros no cumplieron todos los pasos necesarios para convertirse al judaísmo. Llegar a ser prosélito incluía la circuncisión, el bautismo judío y el ofrecimiento de ciertos sacrificios. Hacerse prosélito significaba llegar a ser una parte de la nación también. El etíope y Cornelio eran de este grupo de "temerosos de Dios".

En la probabilidad de que el intendente etíope estuviera privado de sus órganos genitales, este episodio significaría que la prohibición de Deuteronomio 23:1 (*no entrará en la congregación de Jehová quien tenga los testículos magullados o mutilado el miembro viril*), no obliga al movimiento cristiano. Comienza a tener cumplimiento la alentadora promesa de Isaías 56:3-5, según la cual en la era mesiánica aun los extranjeros y los que sin culpa suya hayan

Felipe y el eunuco

34 Respondió el eunuco a Felipe y dijo:
—Te ruego, ¿de quién dice esto el profeta? ¿Lo dice de sí mismo o de algún otro?
35 Entonces Felipe abrió su boca, y comenzando desde esta Escritura, le anunció el evangelio de Jesús. **36** Mientras iban por el camino, llegaron a donde había agua, y el eunuco dijo:
—He aquí hay agua. ¿Qué impide que yo sea bautizado? **37*, 38** Y mandó parar el carro. Felipe y el eunuco descendieron ambos al agua, y él le bautizó. **39** Cuando subieron del agua, el Espíritu del Señor arrebató a Felipe. Y el eunuco no le vio más, pues seguía su camino gozoso.
40 Pero Felipe se encontró en Azoto,* y pasando por allí, anunciaba el evangelio en todas las ciudades, hasta que llegó a Cesarea.

*8:37 Algunos mss. antiguos también incluyen, aunque con variantes, v. 37 *Felipe dijo: "Si crees con todo tu corazón, es posible." Y respondiendo, dijo: "Creo que Jesús, el Cristo, es el Hijo de Dios."*
*8:40 La antigua ciudad de Asdod de los filisteos; (comp. Jos. 11:22; 13:1-3; 1 Sam. 5:1-8), ya reconstruida por los romanos

---

sido despojados de su virilidad tendrán la posibilidad de entrar en el reino de Dios. Según Frank Stagg, el mayor interés de Lucas en este episodio se encuentra en la pregunta del etíope: *He aquí hay agua. ¿Qué impide que yo sea bautizado?* (v. 36). Al ser eunuco, y debido a su mutilación física no podía estar circuncidado. Por ello le fue negado el privilegio de convertirse al judaísmo. La preocupación del eunuco ahora, después de tener una nueva experiencia religiosa con la ayuda de Felipe, sería la sutileza que podría prohibir su bautismo: *¿Qué impide que yo sea bautizado?* (v. 36). La respuesta de Felipe no tenía nada que decir en cuanto a raza, nacionalidad, mutilación física, ni cualquier otra consideración de naturaleza externa, artificial o superficial. La única evidencia que buscaba Felipe era la fe de este hom-

---

Semillero homilético

Un religioso salvo
8:26-40

Introducción: Lucas reseña brevemente el encuentro de Felipe con un prominente funcionario etíope que había venido a Jerusalén para adorar. En este pasaje nos encontramos con un importante personaje ignorante de las Escrituras. Reconoce su ignorancia, pidiendo al que sí sabe que le ilustre. Con tal actitud se ve ampliamente recompensado, alcanzando la salvación. Este relato tiene lecciones para nosotros.
   I. El religioso ignorante.
      1. Era un personaje muy importante en el gobierno de Etiopía.
      2. Hombre religioso que vino de lejanas tierras a Jerusalén a adorar.
      3. Hombre de amplia cultura general, pero ignorante de los fundamentos espirituales.
   II. El religioso reconoce su ignorancia.
      1. Iba leyendo al profeta Isaías, "el profeta evangélico".
      2. Ante la pregunta de Felipe, confiesa que no entiende.
      3. Con humildad le pide al que sí sabe que le explique.
   III. El religioso alcanza la salvación.
      1. No solamente recibió una amplia explicación del "evangelio de Jesús".
      2. La comprensión y aceptación de las verdades del evangelio lo encaminaron a la salvación.
      3. Dio testimonio de su salvación bajando a las aguas del bautismo.
Conclusión: Abundan en el mundo personas religiosas, que tratan de adorar a Dios sin conocerle. Si adoptan una postura humilde y reconocen su necesidad de encontrarse personalmente con Jesús, se verán recompensados con la salvación de su alma. Pero pueden necesitar del ministerio de un Felipe contemporáneo. ¿Estamos listos para ser el Felipe que Dios puede utilizar en nuestro día?

La conversión de Saulo*

9 Entonces Saulo, respirando aún amenazas y homicidio contra los discípulos del Señor, se presentó al sumo sacerdote **2** y le pidió cartas para las sinagogas en Damasco, con el fin de llevar preso a Jerusalén a cualquiera que hallase del Camino,* fuera hombre o mujer.

3 Mientras iba de viaje, llegando cerca de Damasco, aconteció de repente que le rodeó un resplandor de luz desde el cielo. **4** El cayó en tierra y oyó una voz que le decía:

—Saulo, Saulo, ¿por qué me persigues?

---

*9:1t Comp. 22:6-16 y 26:12-18
*9:2 Nombre primitivo para referirse al movimiento cristiano; comp. 18:26; 19:9, 23; 22:4; 24:14, 22

---

bre en Jesucristo como su Salvador y Señor. Un temeroso de Dios que era extranjero, antes impedido de llegar a ser un judío por causa de su impedimento físico, sí podría llegar a ser un discípulo de Jesús. Era un asunto de experiencia espiritual en lugar de raza o ritual.

Aquí se encuentra la verdadera teología de la liberación. La idea expresada en la pregunta del eunuco, *¿Qué impide que yo...?* es precisamente la cosa por la que se preocupa Lucas en sus dos tomos. El trazó la historia de cómo el evangelio de la gracia de Dios llegó a ser liberado y cómo las personas de todas clases y razas fueron liberadas por él. Ninguno puede apreciar verdaderamente la salvación y la liberación a menos que él mismo haya sido liberado del pecado: de sí mismo, del nacionalismo estrecho, del provincialismo y el particularismo, del orgullo racial y del prejuicio, a menos que uno se encuentre a sí mismo en Cristo y Cristo en él, y que éste se relacione con la humanidad y con la eternidad.

La tradición nos dice que este eunuco volvió a su hogar y que evangelizó a Etiopía. Podemos estar seguros al menos de que aquel que *seguía su camino gozoso* (v. 39) no podría guardar su nueva alegría para sí mismo.

Se observa que 8:37 no se encuentra en la RVA. La nota dice que algunos manuscritos antiguos incluyen otros datos: que el etíope, antes de ser bautizado, hizo una espléndida confesión de la divinidad de Jesucristo. Este versículo, sin embargo, falta en los principales manuscritos griegos, y puede decirse que lo excluyen casi todas las ediciones críticas modernas. Posiblemente comenzó como una nota marginal, inspirada en la ordenanza del bautismo, y pasó después al texto durante su transmisión.

4. Conversión y primeras actividades de Saulo, 9:1-31
(1) Nacimiento y juventud de Saulo. Saulo nació cerca del año 10 d. de J.C. en Tarso de Cilicia, de padres judíos. Era de la tribu de Benjamín (Fil. 3:5), igual que el rey Saúl. De su padre heredó el derecho de la ciudadanía romana (21:39; 16:37 ss; 22:15 ss.). Tenía, además, una hermana, cuyo hijo se menciona en 23:16. La familia profesaba el fariseísmo (Fil. 3:5). Se acepta generalmente que hacia la edad de 20 años, tal vez un poco después de la muerte de Cristo, fue a Jerusalén para formarse como rabino, y tuvo por maestro a Gamaliel (22:3). No puede excluirse la posibilidad de que pasara su juventud en Jerusalén, al lado de sus padres; a esto

Saulo en el camino a Damasco

5 Y él dijo:

—¿Quién eres, Señor?

Y él respondió:

—Yo soy Jesús, a quien tú persigues.* **6** Pero levántate, entra en la ciudad, y se te dirá lo que te es preciso hacer.

7 Los hombres que iban con Saulo habían quedado de pie, enmudecidos. A la verdad, oían la voz,* pero no veían a nadie. **8** Entonces Saulo fue levantado del suelo, y aun con los ojos abiertos no veía nada. Así que, guiándole de la mano, le condujeron a Damasco. **9** Por tres días estuvo sin ver, y no comió ni bebió.

10 Había cierto discípulo en Damasco llamado Ananías, y el Señor le dijo en visión:

—Ananías.

El respondió:

—Heme aquí, Señor.

11 El Señor le dijo:

---

*9:5 Algunos mss. antiguos incluyen aquí (o en v. 4) estas palabras: *dura cosa te es dar coces contra el aguijón.* ⁶ *El, temblando y temeroso, dijo: Señor, ¿qué quieres que haga? Y el Señor le dice: Levántate...;* comp. 26:14
*9:7 Es decir, el sonido sin entender; comp. 22:9

---

puede aludir la frase *criado en esta ciudad* (22:3) y que aprendiera el arameo como lengua materna. Pronto dejó atrás a sus contemporáneos en cuanto al celo por las instituciones de sus padres (Gál. 1:14). Conforme a lo acostumbrado entre los discípulos de los rabinos, aprendió una vocación; la suya era la de hacer tiendas (18:3). Parece que no alcanzó a ser rabino propiamente dicho. En el proceso contra Esteban, Saulo, siendo aún un alumno, debe haber participado como simple asistente con funciones subalternas.

(2) Conversión de Saulo, 9:1-19a. De Esteban a Felipe y de Felipe a Pablo, da la impresión de que Lucas dispone libremente

---

Semillero homilético

Elementos del testimonio personal cristiano
Cap. 9

Introducción: En todo testimonio cristiano debe haber por lo menos cuatro elementos básicos. La conversión de Saulo es un ejemplo del uso de esos elementos en el testimonio personal de conversión.

I. Mi vida antes de conocer a Cristo.
 1. Pablo. Perseguidor de la iglesia, religioso, capacitado en el conocimiento humano, etc.
 2. Mi vida.
II. Cómo llegué a conocer a Cristo.
 1. Pablo. En camino a Damasco tuvo su encuentro personal con Cristo.
   (1) Fue un encuentro dramático.
   (2) Fue una conversión espectacular.
   (3) Fue el comienzo de una nueva vida.
 2. Mi vida.
III. Lo que significa mi vida con Cristo.
 1. Pablo. *Todo lo tengo por basura por seguir a Cristo...*
   (1) Su posición encumbrada en el mundo.
   (2) Su religiosidad.
   (3) Sus relaciones.
 2. Mi vida.
IV. Una invitación a aceptar a Cristo.
 1. Pablo. A judíos, a gentiles, a reyes y a sacerdotes.
 2. Yo. A todos aquellos a quienes les he hablado de Cristo.

Conclusión: Una de las mejores herramientas para la evangelización es el testimonio personal cristiano. Al testificar de su encuentro personal con Cristo, el creyente debe mencionar los aspectos señalados y al final extender una invitación a aceptar a Cristo.

—Levántate, vé a la calle que se llama La Derecha y busca en casa de Judas a uno llamado Saulo de Tarso; porque he aquí él está orando, **12** y en una visión* ha visto a un hombre llamado Ananías que entra y le pone las manos encima para que recobre la vista.

13 Entonces Ananías respondió:

—Señor, he oído a muchos hablar acerca de este hombre, y de cuántos males ha hecho a tus santos en Jerusalén. **14** Aun aquí tiene autoridad de parte de los principales sacerdotes para tomar presos a todos los que invocan tu nombre.

15 Y le dijo el Señor:

—Vé, porque este hombre me es un instrumento escogido para llevar mi nombre ante los gentiles, los reyes y los hijos de Israel. **16** Porque yo le mostraré cuánto le es necesario padecer por mi nombre.

17 Entonces Ananías fue y entró en la casa; le puso las manos encima y dijo:

—Saulo, hermano, el Señor Jesús, que te apareció en el camino por donde venías, me ha enviado para que recuperes la vista y seas lleno del Espíritu Santo.

18 De inmediato le cayó de los ojos algo como escamas, y volvió a ver. Se levantó y fue bautizado; **19** y habiendo comido, recuperó las fuerzas.

---

*9:12 Algunos mss. antiguos omiten *en una visión*.

---

de los asuntos que había investigado con toda diligencia (Luc. 1:1-4). Después de Samaria y de la costa (Gaza), Lucas nos conduce a Siria, por el camino de Damasco. La conversión de Saulo se presenta en tres ocasiones en Los Hechos (las dos siguientes en discursos del Apóstol en caps. 22 y 26); esto indica la importancia que le concede Lucas. La conversión de Saulo desempeña un importante papel preparatorio. A ese hombre, un helenista, el Señor le confía la evangelización de las naciones (v. 15). Los Hechos tiene dos polos: Jerusalén, donde actúa el grupo de los doce, y la diáspora (fuera de Palestina y finalmente en Roma) donde van a actuar

---

Semillero homilético
De las tinieblas a la luz
9:1-19

Introducción: Saulo de Tarso estaba en plena campaña contra los cristianos, tratando de detener la marcha vigorosa de los del Camino. En camino a Damasco a donde iba a apresar a los cristianos para traerlos a la cárcel de Jerusalén, tuvo un encuentro personal con Cristo, volviéndose de las tinieblas de su error a la luz gloriosa de la fe en Cristo.

I. Prominente en el mundo de la oscuridad.
  1. Respiraba amenazas y muerte contra los cristianos (v. 1).
  2. Tenía influencia y poder en el mundo religioso (vv. 1b, 2a).
  3. Su misión en el mundo de las tinieblas era perseguir a la iglesia (v. 2).

II. Humilde frente al Señor de la luz.
  1. Del cielo mismo le rodeó un gran resplandor. Su encuentro no fue con humanos, sino con el Señor.
  2. Todo su orgullo se vino abajo cuando escuchó la voz de Cristo: ¿Quién eres, Señor?

III. Transformado por el poder de la luz.
  1. Obedece a su nuevo Señor.
  2. Se somete a la dirección de aquellos a quienes perseguía.
  3. Obedece a su Señor en el bautismo.
  4. Está listo para ser el más grande misionero de su tiempo.

Conclusión: Saulo creía que hacía bien al perseguir a la iglesia. Fue necesario un encuentro personal con Jesús para volverse de su error. Su encuentro personal con Cristo lo convirtió en defensor y promotor incansable de la fe que antes perseguía.

los helenistas y, sobre todo, Pablo. Lucas es el testigo del cristianismo gentil que se impondrá en el mundo mediterráneo a expensas del judeocristianismo de Palestina. Su nombre hebreo era *Saulo*, que equivale al nombre latino *Paulus* (Pablo), el que llevaría como ciudadano romano.

Seguramente muchas influencias contribuirán en la formación de la persona conocida como el apóstol Pablo: su fondo judío, la influencia griega, su contacto antes de la conversión con los seguidores de Jesús, y otros factores y fuerzas. Pero sin duda el elemento más importante, por mucho, en su conversión y vida subsecuente fue su encuentro personal con Jesús mismo. El corazón de la teología de Pablo era su relación con Cristo: *con Cristo* o *Cristo vive en mí* (Gál. 2:20). Con Pablo, la unión vital entre Cristo y el creyente era real, verdadera y de suma importancia. Esa convicción se arraiga en su experiencia personal con Jesús en el camino a Damasco.

Los seguidores de Jesús en Damasco todavía no se apartaban de las sinagogas. Ananías, quien fue enviado por Dios a Pablo, era un *hombre piadoso conforme a la ley, que tenía buen testimonio de todos los judíos que moraban allí* (22:12). Aparentemente la hostilidad entre los judíos y los discípulos todavía no había llegado a Damasco.

La comisión de Pablo es significativa: había de llevar el evangelio a *los gentiles, los reyes y los hijos de Israel* (v. 15). Su ministerio fue dirigido principalmente a los gentiles, pero nunca con la exclusión de los judíos. Pablo nunca perdió su amor para los judíos y nunca cesó en su interés en ganarlos para Cristo. Su deseo era ministrar a los dos pueblos, judíos y gentiles, como si fueran uno. También su ministerio fue destinado a llevar el evangelio ante reyes, procónsules, procuradores y posiblemente ante el emperador mismo. Parece que Pablo se sentía cómodo tanto con la gente humilde de la vida diaria como con los soberanos de las naciones. Su comisión incluiría también la cruz; habría de sufrir por su Señor (v. 16).

Le cayó de los ojos algo como escamas (v. 18) en Damasco. Pablo vio a Jesús acertadamente por primera vez. Además, él vio a la humanidad en una nueva luz. Aquel a cuyos seguidores él quería destruir ahora llegó a ser su Señor. Y también se abrieron sus ojos para ver la falacia de la *barrera de división* (Ef. 2:14) que él había tratado de preservar.

(3) Saulo predica en Damasco, 9:19b-31. El mismo ardor que antes Saulo había

---

Semillero homilético
El perseguidor se convierte
9:1-31

Introducción: El más feroz perseguidor de la iglesia fue alcanzado por Cristo Jesús. De allí en adelante, el antiguo enemigo se convirtió en el más ferviente misionero de la iglesia cristiana.
  I. El perseguido vence al perseguidor.
    1. El perseguido iniciaba una nueva campaña.
    2. El perseguido enfrenta al enemigo y lo derriba.
    3. El perseguidor se convierte en seguidor.
  II. Uno que iba a ser perseguido bautiza al perseguidor.
    1. Ananías temía por su vida.
    2. El que era enemigo es ministrado por uno que iba a ser perseguido.
  III. El perseguidor habla a favor del perseguido.
    1. Empezó inmediatamente a predicar a Cristo.
    2. Fue recibido por los perseguidos.
    3. Ahora el perseguido se expone a la persecución.
Conclusión: A la semejanza de la conversión de Saulo, Dios puede obrar tan poderosamente que transforma a cualquier persona de una manera radical.

Saulo predica en Damasco

Saulo estuvo por algunos días con los discípulos que estaban en Damasco. **20** Y en seguida predicaba a Jesús* en las sinagogas, diciendo:
—Este es el Hijo de Dios.
21 Todos los que le oían estaban atónitos y decían:
—¿No es éste el que asolaba en Jerusalén a los que invocaban este nombre? ¿Y no ha venido acá para eso mismo, para llevarles presos ante los principales sacerdotes?
22 Pero Saulo se fortalecía aun más y confundía a los judíos que habitaban en Damasco, demostrando que Jesús era el Cristo. **23** Pasados muchos días, los judíos consultaron entre sí para matarle; **24** pero sus asechanzas fueron conocidas por Saulo. Y guardaban aun las puertas de la ciudad de día y de noche para matarle. **25** Entonces sus discípulos tomaron a Saulo de noche y le bajaron por el muro en una canasta.

---

*9:20 Algunos mss. dicen *a Cristo*.

---

empleado para perseguir a la iglesia lo emplea ahora, una vez convertido, para defenderla. No es extraño que los judíos de Damasco, y luego de Jerusalén, estuvieran atónitos. Ha de notarse que al principio Saulo predicaba *en las sinagogas* (v. 20). Es importante observar que en este momento (como en Jerusalén), los discípulos adoraban en las sinagogas y que Jesús podía ser proclamado en las sinagogas como *el Hijo de Dios* (v. 20) y el Cristo (Mesías). Este episodio de Pablo en Damasco, no obstante que la narración de Los Hechos lo presenta de una manera continua (vv. 10-25), parece que sucedió en dos etapas. Entre una y otra hay que colocar el viaje a Arabia de que se habla en Gálatas 1:17. Tenía que reflexionar sobre su nueva experiencia y rehacer su espíritu a la luz de su nueva fe y de las revelaciones que el Señor le iba comunicando (26:16); y para eso nada mejor que algún tiempo de retiro en Arabia. Parece que un resultado de este retiro espiritual fue la formación de una hermenéutica (principios de interpretación) más sana con la cual ahora podía volver y reinterpretar las Escrituras sagradas del AT. No se sabe cuánto tiempo pasó Pablo en su estancia en Arabia, pero sí que desde allí volvió a Damasco (Gál. 1:17). Todo incluido —primera estancia en Damasco, retiro en Arabia y segunda vez en Damasco— forma un total de tres años (vv. 25, 26; Gál. 1:18). La ida a Arabia debe ubicarse entre los vv. 21 y 22. Y así queda explicada esa aparente contradicción en que parece incurrir Lucas al hablar de *algunos* (pocos) *días* (v. 19) y de *muchos días* (v. 23), en cuanto al tiempo que Saulo pasó en Damasco.

De todos modos cambia la situación, cuando *pasados muchos días* (v. 23; es decir cuando Pablo regresó de Arabia después de un largo tiempo de reflexión y meditación), *los judíos consultaron entre sí para matarle* (v. 23). ¿Por qué hay este cambio de actitud de los judíos incrédulos? Evidentemente Pablo había inyectado un nuevo elemento en su predicación en Damasco. Predicando a Jesús como el Cristo, el Hijo de Dios (v. 20), no había precipitado una persecución, pero en el v. 23 algo en la predicación de Pablo sí hizo una diferencia. ¿Estaba introduciendo Pablo algo de los grandes discernimientos de Esteban en la situación de Damasco? Yo creo que sí. El asunto que finalmente separó a los judíos y a los gentiles no fue que Jesús había sido predicado como el Cristo, el Hijo de Dios, sino que fue proclamado como el Hijo del Hombre, en el cual las diferencias de raza fueron eliminadas.

En el v. 31 Lucas nos presenta una hermosa vista panorámica de la situación del movimiento cristiano, gozando de paz y lleno *con el consuelo del Espíritu Santo*. Esta paz de la iglesia tal vez haya de atribuirse a varios factores. Primeramente, la conversión de Saulo, líder de la persecución, y su salida de Palestina (a Tarso), alborea para la iglesia un período de

Saulo y los hermanos en Jerusalén

26 Cuando fue a Jerusalén, intentaba juntarse con los discípulos; y todos le tenían miedo, porque no creían que fuera discípulo. **27** Pero Bernabé le recibió y le llevó a los apóstoles. Les contó cómo había visto al Señor en el camino, y que había hablado con él, y cómo en Damasco había predicado con valentía en el nombre de Jesús. **28** Así entraba y salía con ellos en Jerusalén, **29** predicando con valentía en el nombre del Señor. Hablaba y discutía con los helenistas,* pero ellos procuraban matarle. **30** Luego, cuando los hermanos lo supieron, le acompañaron hasta Cesarea y le enviaron a Tarso.

31 Entonces por toda Judea, Galilea y Samaria la iglesia* tenía paz. Iba edificándose y vivía en el temor del Señor, y con el consuelo* del Espíritu Santo se multiplicaba.

Pedro sana a Eneas

32 Aconteció que mientras Pedro recorría por todas partes, fue también a visitar a los santos que habitaban en Lida. **33** Allí encontró a cierto hombre llamado Eneas, que estaba postrado en cama desde hacía ocho años, pues era paralítico. **34** Pedro le dijo: "Eneas, ¡Jesucristo te sana! Levántate y arregla tu cama." De inmediato se levantó, **35** y le vieron todos los que habitaban en Lida y en Sarón, los cuales se convirtieron al Señor.

---

*9:29 O sea, *los judíos de cultura griega*
*9:31a Algunos mss. antiguos dicen *las iglesias.*
*9:31b Otras trads., *estímulo*; o, *exhortación*

---

tranquilidad. Cuando no se encuentran hombres como Esteban, Felipe y Pablo en la escena de la narración, parece que los discípulos no tuvieron muchos problemas (21:17-26). A la vez, había circunstancias políticas de aquellos momentos que afectaban a los judíos. En efecto, entre los años 39 y 40, es cuando Calígula (César), en sus ansias de divinización, trataba de colocar una estatua de sí mismo en el templo de Jerusalén. Esto tenía muy preocupados a los judíos, sin dejarles tiempo para ocuparse de los cristianos.

Por este tiempo había comunidades cristianas en las tres regiones de Palestina occidental: *Judea, Galilea y Samaria* (v. 31). Su existencia en Galilea parece que se menciona aquí por primera vez en la historia de Los Hechos. De todas maneras, no se puede poner en duda la existencia de comunidades galileas. Es cierto que los apóstoles y buen número de otros discípulos se habían trasladado a Jerusalén (1:14 ss; 2:7), pero en Galilea quedaron seguramente otros muchos seguidores de Jesús (1 Cor. 15:6). No todos los cristianos en Palestina en el día de Pentecostés participaron en los eventos en Jerusalén.

En el v. 31 los mejores manuscritos tienen el singular *iglesia* aunque hay evidencia fuerte para el plural *iglesias* (ver la nota de RVA). El singular contempla a los discípulos como una nueva humanidad en Cristo, o cuerpo de Cristo, sin ninguna referencia a un sistema eclesiástico. El plural apunta a cuerpos locales separados. El NT usa iglesia solamente en estos dos sentidos: como la asamblea local o como la totalidad de la cristiandad, sin ninguna referencia a una organización institucional. Sea local o universal, habla del pueblo de Dios.

> **Joya bíblica**
> ¡Jesucristo te sana! Levántate y arregla tu cama (9:34).

5. Obra misionera de Pedro, 9:32-43

(1) Pedro sana a Eneas, 9:32-35. Este pasaje realmente es una continuación de 8:25. Aprovechando el período de paz, Pedro va *por todas partes* (v. 32) visitando a los fieles. En Lida Pedro sana a un paralítico. Cuando curó a Eneas no dijo: "Te curo", sino: *¡Jesucristo te sana!* (v. 34). No acudió a su propio poder, sino al

Pedro resucita a Dorcas

36 Entonces había en Jope cierta discípula llamada Tabita, que traducido es Dorcas.* Ella estaba llena de buenas obras y de actos de misericordia* que hacía. **37** Aconteció en aquellos días que ella se enfermó y murió. Después de lavarla, la pusieron en una sala del piso superior. **38** Como Lida estaba cerca de Jope, los discípulos, al oír que Pedro estaba allí, le enviaron dos hombres para que le rogaran: "No tardes en venir hasta nosotros." **39** Entonces Pedro se levantó y fue con ellos. Cuando llegó, le llevaron a la sala y le rodearon todas las viudas, llorando y mostrándole las túnicas y los vestidos que Dorcas hacía cuando estaba con ellas. **40** Después de sacar fuera a todos, Pedro se puso de rodillas y oró; y vuelto hacia el cuerpo, dijo: "¡Tabita, levántate!" Ella abrió los ojos, y al ver a Pedro se sentó. **41** El le dio la mano y la levantó. Entonces llamó a los santos y a las viudas, y la presentó viva.
42 Esto fue conocido en todo Jope, y muchos creyeron en el Señor. **43** Pedro se quedó muchos días en Jope, en casa de un tal Simón, curtidor.

---

*9:36a Gr. para *gacela*
*9:36b Otras trads., *y de limosnas*; u, *obras de caridad*

---

de Jesucristo su Señor. Pedro nunca hubiera pretendido ser una fuente de poder; era sólo un instrumento del mismo.

(2) Pedro resucita a Dorcas, 9:36-43. En aquel entonces Jope formaba parte de Judea. El nombre propio de la mujer, *Tabita* (arameo) corresponde a *Dorcas* (griego para gacela); se encuentra también en otras partes, entre judíos y gentiles. La gacela es de tipo y porte gracioso. Lucas nos traza un retrato bello de esta noble mujer, que parece haber consagrado todas sus propiedades al sostenimiento de las viudas pobres. La noticia de los milagros de Pedro en Lida (unos 18 km. al sur de Jope) llegó hasta Jope; por lo tanto, los cristianos enviaron a dos hombres a invitar a Pedro a venir a Jope inmediatamente. Después de despedir a la gente que se encontraba en la habitación donde estaba el cuerpo de Dorcas, Pedro oró pidiendo que el cuerpo volviera a tener vida, y dijo: *¡Tabita, levántate!* (v. 40; ver Luc. 8:49-56).

Durante su estancia en Jope, Pedro se hospedó en casa de un *Simón*, de oficio *curtidor* (v. 43). Este oficio, aunque no prohibido, era considerado por los judíos como impuro a causa del continuo contacto con cuerpos muertos (Lev. 11:39). A pesar de ello, Pedro se hospedó en su casa. Parece que Lucas, al incluir este hecho, procura prepararnos para la narración del capítulo siguiente, en que Pedro habrá de ir mucho más lejos contra los prejuicios judíos.

Hay una palabra muy interesante en este contexto, en los vv. 32 y 41. Se llama a los fieles en Lida y luego en Jope *santos* (ver también 9:13: *los santos en Jerusalén*). Esta es la palabra que Pablo usa siempre para designar a un miembro de iglesia, pues siempre envía sus cartas a los *santos* que están en determinado lugar. La palabra que se usa es *jáguios* [40]. Según William Barclay la palabra abarca muchas connotaciones. A veces se la traduce como "santo". Pero la raíz de ella es "diferente". Describe algo que es distinto de las cosas comunes. Básicamente, el cristiano es una persona que es distinta de la gente que pertenece simplemente a este mundo. *Jáguios* se utiliza para referirse especialmente al pueblo de Israel. Particularmente es un pueblo santo, diferente. Su distinción descansa en que ha sido escogido (puesto aparte) por Dios entre todas las naciones para ser su pueblo y realizar su tarea. Cuando Israel fracasó en su misión perdió sus privilegios y la iglesia se convirtió en el verdadero Israel y ahora conforma el pueblo diferente (1 Ped. 2:9, 10). Y en esto reside su diferencia en que han sido escogidos para los propósitos especiales de Dios. Esta es la razón por la que se utiliza esta palabra para describir a uno de sus miembros.

HECHOS 10:1-8

Visión de Cornelio en Cesarea

10 Había en Cesarea cierto hombre llamado Cornelio, que era centurión de la compañía llamada la Italiana. **2** Era piadoso y temeroso de Dios,* junto con toda su casa. Hacía muchas obras de misericordia* para el pueblo y oraba a Dios constantemente. **3** Como a la hora novena* del día, él vio claramente en visión a un ángel de Dios que entró hacia él y le dijo:

—Cornelio.

4 Con los ojos puestos en el ángel y espantado, él dijo:

—¿Qué hay, Señor?

Y le dijo:

— Tus oraciones y tus obras de misericordia* han subido como memorial ante la presencia de Dios. **5** Ahora, pues, envía hombres a Jope y haz venir a cierto Simón, que tiene por sobrenombre Pedro. **6** Este se hospeda con un tal Simón, curtidor, quien tiene su casa junto al mar.

7 En cuanto se fue el ángel que hablaba con él, Cornelio llamó a dos de sus criados y a un soldado piadoso de entre sus asistentes, **8** y después de haberles contado todo esto, los envió a Jope.

---

*10:2a Es decir, gentiles simpatizantes del judaísmo.
*10:2b, 4 Otras trads., *limosnas*; u *obras de caridad*
*10:3 O sea, *como las 3:00 p.m.*

---

6. Conversión del centurión Cornelio, 10:1—11:18

(1) Visión de Cornelio en Cesarea, 10:1-8. Se dice con frecuencia que Pedro, al predicar a Cornelio, ha dado el paso decisivo en dirección a los paganos. Simplemente esta declaración no es correcta. Esta conclusión no hace caso de los hechos que Lucas nos presenta una y otra vez. Debe notarse lo siguiente: (1) Cornelio, aunque era gentil, era a la vez un temeroso de Dios (no se había circuncidado ni bautizado, comp. 11:3), semejante al eunuco etíope; no era pagano como el carcelero de Filipos (16:16-40); (2) Pedro no era el primero que ganó a un temeroso de Dios para Cristo; esta distinción pertenece a Felipe quien lo hizo con ganas y gozo, mientras que Pedro testificó a Cornelio sin entusiasmo y con renuencia y miedo; (3) Esteban dio su vida por la causa del universalismo y por la proposición del carácter espiritual de la religión verdadera mucho antes de que Pedro predicara tímidamente a Cornelio.

Cornelio era un centurión romano, estudiante devoto del judaísmo. Estaba a cargo de 100 hombres *de la compañía llamada la Italiana* (v. 1), la que se componía de 600 hombres. En general el NT habla bien de los centuriones. Cornelio vivía en Cesarea, la sede del procurador de Samaria, Judea e Idumea. Herodes el Grande le puso ese nombre en honor a Augusto César (Luc. 2:1).

> **Joya bíblica**
>
> **Era piadoso y temeroso de Dios, junto con toda su casa. Hacía muchas obras de misericordia para el pueblo y oraba a Dios constantemente (10:2).**

Lucas describe favorablemente a Cornelio, un gentil: un hombre devoto, que temía a Dios junto con todos los de su casa; uno que daba muchas limosnas al pueblo judío, que oraba a Dios continuamente. La oración y la limosna eran consideradas entre los judíos, como entre los primeros cristianos, obras especialmente gratas a Dios. En recompensa por sus oraciones y limosnas, Cornelio fue escuchado por Dios (v. 31). Un día, precisamente durante la oración vespertina (ver 3:1), el piadoso centurión recibe de un ángel la noticia de que Dios ha escuchado su oración; le sugiere que haga venir a Pedro de Jope para que lo instruya sobre qué debe hacer para recibir su salvación. Cornelio envía inmediatamente a sus siervos a la ciudad de Jope para invitar a Pedro..

(2) La visión de Pedro en Jope, 10:9-16. Jope dista 44 km. de Cesarea. Mien-

La visión de Pedro en Jope

9 Al día siguiente, mientras ellos iban viajando por el camino y llegaban cerca de la ciudad, Pedro subió a la azotea para orar, como a la sexta hora.* **10** Sintió mucha hambre y deseaba comer; pero mientras preparaban la comida, le sobrevino un éxtasis. **11** Vio el cielo abierto y un objeto que descendía como un gran lienzo, bajado por sus cuatro extremos a la tierra.* **12** En el lienzo había toda clase de cuadrúpedos y reptiles de la tierra y aves del cielo. **13** Y le vino una voz:

—Levántate, Pedro; mata y come.

14 Entonces Pedro dijo:

—¡De ninguna manera, Señor! Porque ninguna cosa común o inmunda he comido jamás.

15 La voz volvió a él por segunda vez:

—Lo que Dios ha purificado, no lo tengas tú por común.

16 Esto ocurrió tres veces, y de repente el objeto fue elevado al cielo.*

---

*10:9 O sea, *como a mediodía*
*10:11 Algunos mss. antiguos dicen *atado por sus cuatro extremos y siendo bajado a la tierra*.
*10:16 Algunos mss. antiguos añaden *otra vez*.

---

tras los tres siervos de Cornelio viajaban hacia Jope, Pedro recibió una revelación divina. Hacia el mediodía subió a la azotea de la casa para orar. Teniendo hambre y mientras esperaba que se preparara la comida, entró en un éxtasis. Vio un gran lienzo que bajaba y que contenía animales terrestres y aves de todos los tipos, puros e impuros, mezclados todos sin distinción alguna. Una voz del cielo lo invita a matar y a comer de aquellos animales. Como judío observante que era, Pedro, casi indignado, se negó a hacerlo. Pero la voz le niega el derecho de llamar impuro lo que Dios ha declarado limpio, o para decirlo de otra manera, si Dios le ordena comer de aquellos animales, éstos no pueden ser inmundos. Por dos veces se repite la invitación, luego el lienzo fue elevado hacia el cielo y terminó el trance. Pedro quedó perplejo.

Verdades prácticas

La ley prohibía comer la carne de animales que:
1. Rumian o tienen pezuña (Lev. 11:4).
2. No tienen ni aletas ni escamas (Lev. 11:10).
3. Se alimentan con carroña, como el águila (Lev. 11:13).
4. Se arrastran o son reptiles (Lev. 11:20-29).
5. Han muerto (Lev. 11:39).

(3) Pedro y los enviados de Cornelio, 10:17-23. Mientras Pedro siguió reflexionando sobre el significado de la visión, los tres enviados llegaron frente a la casa. Ellos le describieron su misión y le explicaron que un ángel le había indicado a Cornelio la manera de buscar a Pedro. Parece que el informe en cuanto a la visión de

La visión de Pedro

Pedro y los enviados de Cornelio

17 Mientras Pedro estaba perplejo dentro de sí acerca de lo que pudiera ser la visión que había visto, he aquí los hombres enviados por Cornelio, habiendo preguntado por la casa de Simón, llegaron a la puerta. **18** Entonces llamaron y preguntaron si un Simón que tenía por sobrenombre Pedro se hospedaba allí. **19** Como Pedro seguía meditando en la visión, el Espíritu le dijo: "He aquí, tres hombres te buscan. **20** Levántate, pues, y baja. No dudes de ir con ellos, porque yo los he enviado." **21** Entonces Pedro bajó para recibir a los hombres* y dijo:

—Heme aquí. Yo soy el que buscáis. ¿Cuál es la causa por la que habéis venido?

22 Ellos dijeron:

—Cornelio, un centurión, hombre justo y temeroso de Dios,* como bien lo testifica toda la nación de los judíos, ha recibido instrucciones en una revelación por medio de un santo ángel, para hacerte venir a su casa y oír tus palabras.

23 Entonces les hizo entrar y los alojó. Al día siguiente, se levantó y fue con ellos. También le acompañaron algunos de los hermanos de Jope.

---

*10:21 Algunos mss. antiguos incluyen *que fueron enviados a él por Cornelio.*
*10:22 Es decir, gentil simpatizante del judaísmo

Cornelio y la invitación a visitar el hogar de un gentil permitieron que Pedro pudiera interpretar su propia visión. Anteriormente, Pedro no había podido comprender las enseñanzas de Jesús, de que *no hay nada fuera del hombre que por entrar en él le pueda contaminar* (Mar. 7:15). Esta afirmación fue interpretada como significando que todos los alimentos eran declarados limpios (Mar. 7:19). Ya la iglesia cristiana no se guía por la ley judía de la carne limpia o impura debido a la revelación especial dada por Jesucristo. Se puede aplicar también la visión a la relación de los judíos con los gentiles como se ve luego en el v. 34. Pedro podía entrar ahora a la casa del centurión pagano y compartir su mesa.

Semillero homilético

La preparación de un siervo
10:9-16

Introducción: Cuando Dios llama a un siervo a cumplir una misión, lo prepara para que cumpla eficazmente su tarea. En el caso de Pedro cuando fue llamado a predicar en la casa de Cornelio, su preparación espiritual fue clave para obtener los resultados que vemos en esta historia.
I. Preparación por medio de la oración.
   1. Como hombre piadoso decidió orar.
      (1) A la hora sexta (era una hora fijada para la oración).
      (2) Apartado, en la azotea.
   2. Como hombre piadoso siguió el ejemplo de su Señor.
      (1) Jesús oraba antes de tomar decisiones.
      (2) Se apartaba para tener una más íntima comunión con el Padre.
II. Preparación por medio de una visión.
   1. El hambre.
   2. El éxtasis y la visión.
   3. El gran lienzo.
III. Preparación por medio de la iluminación.
   1. Pudo interpretar lo que Dios le estaba indicando.
   2. Pudo dar un paso de lo externo a lo interno.
   3. Pudo reconocer que todos los hombres tienen derecho a la salvación.
Conclusión: Una preparación espiritual adecuada es importante para el cumplimiento de las tareas que Dios da a sus hijos. Cuando el siervo tiene disposición, Dios provee todos los recursos para que esa preparación sea posible.

Pedro predica en casa de Cornelio

24 Al día siguiente, entraron* en Cesarea. Cornelio los estaba esperando, habiendo invitado a sus parientes y a sus amigos más íntimos. **25** Cuando Pedro iba a entrar, Cornelio salió para recibirle, se postró a sus pies y le adoró. **26** Pero Pedro le levantó diciendo:

—¡Levántate! Yo mismo también soy hombre.

27 Mientras hablaba con él, entró y halló que muchos se habían reunido. **28** Y les dijo:

—Vosotros sabéis cuán indebido le es a un hombre judío juntarse o acercarse a un extranjero, pero Dios me ha mostrado que a ningún hombre llame común o inmundo. **29** Por esto, al ser llamado, vine sin poner objeciones. Así que pregunto: ¿Por qué razón mandasteis por mí?

30 Entonces dijo Cornelio:

—Hace cuatro días como a esta hora, la hora novena,* yo estaba orando* en mi casa. Y he aquí, un hombre en vestiduras resplandecientes se puso de pie delante de mí **31** y dijo: "Cornelio, tu oración ha sido atendida, y tus obras de misericordia* han sido recordadas ante la presencia de Dios. **32** Envía, por tanto, a Jope y haz venir a Simón, que tiene por sobrenombre Pedro. El está alojado en casa de Simón el curtidor, junto al mar."* **33** Así que, inmediatamente envié a ti; y tú has hecho bien en venir. Ahora, pues, todos nosotros estamos aquí en la presencia de Dios, para oír todo lo que el Señor* te ha mandado.

---

*10:24 Algunos mss. antiguos dicen *entró*.
*10:30a O sea, *como las 3:00 p.m.*
*10:30b Algunos mss. antiguos dicen *yo estaba ayunando y orando*.
*10:31 Otras trads., *limosnas*; u *obras de caridad*.
*10:32 Algunos mss. antiguos añaden *quien al venir te hablará.*"
*10:33 Algunos mss. antiguos dicen *Dios*.

---

(4) Pedro predica en casa de Cornelio, 10:24-48. Pedro volvió con los mensajeros de Cornelio, llevando consigo a seis hermanos de Jope (11:12). La vacilación de Pedro contrasta con la ansiedad de Cornelio. Se demuestra el ánimo de Cornelio por la visita de Pedro en la preparación para su llegada. Cornelio recibió su visión a la hora novena (3:00 de la tarde) y despachó inmediatamente a sus siervos. Viajaron de Cesarea a Jope (unos 44 km.) y llegaron al día siguiente al mediodía. Durante cuatro días Cornelio dejó de lado sus otras responsabilidades y reunió a sus parientes y amigos más íntimos (v. 30). Parece que Pedro y sus compañeros tardaron tres días en el viaje de Jope a Cesarea. Pedro no se había negado a testificar a un extranjero pero era renuente a hacerlo. Felipe se había gozado al compartir con el etíope en el carro. Aparentemente, si no hubiera tenido la visión especial del Señor, Pedro se hubiera dejado guiar por su prejuicio y su exclusividad, para impedir su asociación con Cornelio.

A su llegada, el centurión le rinde homenaje de adoración como si se tratara de un ser fuera de esta tierra, pero Pedro reacciona con decisión. Esto era un gesto poco común para que un romano lo hiciera a un judío. Entre los judíos había una restricción contra las relaciones sociales con personas gentiles, porque todo trato con éstas los exponía al peligro de contaminarse. Nótese que Pedro se identifica a sí mismo como judío (v. 28). Pedro justifica su presencia en la casa de Cornelio, contraria a la costumbre judía, al señalar que Dios le había mostrado que *a ningún hombre llame común o inmundo* (v. 28). Parece un poco asombrosa la siguiente declaración de Pedro: *Por esto, al ser llamado, vine sin poner objeciones. Así que pregunto: ¿Por qué razón mandasteis por mí?* (v. 29). ¿Qué clase de evangelización es ésta? Y sin embargo, hay aquellos que siguen afirmando que Pedro abrió la puerta a los gentiles. ¿No sería más justo decir que los gentiles abrieron la puerta a un mundo más grande para Pedro?

Antes de juzgar duramente a Pedro, uno debe examinarse a sí mismo y ver si estaría dispuesto al riesgo del desprecio de su pueblo quebrantando la costumbre

34 Entonces Pedro, abriendo su boca, dijo: —De veras, me doy cuenta de que Dios no hace distinción de personas, **35** sino que en toda nación le es acepto el que le teme y obra justicia. **36** Dios ha enviado un mensaje a los hijos de Israel, anunciando las buenas nuevas de la paz por medio de Jesucristo. El es el Señor de todos. **37** Vosotros sabéis el mensaje que ha sido divulgado por toda Judea, comenzando desde Galilea, después del bautismo que predicó Juan. **38** Me refiero a Jesús de Nazaret, y a cómo Dios le ungió con el Espíritu Santo y con poder. El anduvo haciendo el bien y sanando a todos los oprimidos por el diablo, porque Dios estaba con él. **39** Y nosotros somos testigos de todas las cosas que él hizo, tanto en la región de Judea como en Jerusalén. A él le mataron colgándole sobre un madero, **40** pero Dios le levantó al tercer día e hizo que apareciera,* **41** no a todo el pueblo, sino a los testigos que Dios había escogido de antemano, a nosotros que comimos y bebimos con él después que resucitó de entre los muertos. **42** El nos ha mandado a predicar al pueblo y a testificar que él es el que Dios ha puesto como Juez de los vivos y de los muertos. **43** Todos los profetas dan testimonio de él, y de que todo aquel que cree en él recibirá perdón de pecados por su nombre.

---

*10:40 Otra trad., *le concedió que se hiciera visible*

---

nacional (o racial, o religiosa), ayudando a los extranjeros, especialmente aquellos de las naciones conquistadoras.

Una vez que Cornelio narró su experiencia y afirmó que él y su casa estaban reunidos para oír todo lo que el Señor había mandado, Pedro comenzó su discurso. Pedro comienza reconociendo que las intervenciones divinas de los últimos días lo han llevado a entender con toda claridad que lo que en el hombre cuenta delante de Dios no es su exterior (por ejemplo, su pertenencia al pueblo escogido), sino su interior (comp. 1 Sam. 16:7). En otras palabras, que todo hombre es acepto por gracia por medio de la fe, no importa la raza a que pertenezca. En el v. 34 Pedro admite que estaba percibiendo (dándose cuenta, lit. alcanzando a ver) que Dios no muestra ninguna parcialidad. Los judíos no habían comprendido que ellos fueron escogidos para un servicio, en vez de ser escogidos como favoritos debido a sus méritos. Las bendiciones de Dios les habían sido dadas para que el mundo fuera bendecido a través de ellos.

Pedro pasa a referirse en seguida a Cristo (v. 36), de cuya obra supone que los oyentes tienen cierto conocimiento. El mensaje que Dios ha entregado a los israelitas por medio de Cristo es un mensaje de paz (en sentido religioso), quiere decir, de salvación (ver Isa. 52:7). Más tarde Jesús es el *Señor de todos* (Rom. 10:12); su mensaje y su obra están destinados a todos sin excepción. De mucha importancia es la afirmación de que *Dios le ungió con el Espíritu Santo y con poder* (v. 38, alusión al título *Cristo*, que quiere decir "ungido"). Así, se encuentra el énfasis en que Dios había capacitado a Jesús con el Espíritu Santo a través del cual se realizaban los milagros de salud (4:10). Según Isaías, el Mesías posee la plenitud del

---

El cristianismo rompió las barreras
10:17-33

Un misionero moderno nos relata cómo una vez administró la cena del Señor en Africa. Junto a él se sentó un viejo jefe ngoni llamado "corazón juvenil". Había muchos ngonis en la congregación. El anciano podía recordar los días en que los guerreros jóvenes habían salido para ensangrentar sus lanzas, dejando tras de sí una estela de ciudades incendiadas y devastadas, regresando con sus lanzas tintas en sangre y las mujeres del enemigo como botín. ¿Y cuáles eran las tribus que en esos días habían destruido? Se trataba de los senga y de los tumbuka. ¿Y quiénes estaban presentes en ese servicio de comunión? Los ngonis y los tumbuka lado a lado. Habían olvidado su enemistad. En los tiempos primitivos una de las características del cristianismo es que rompía las barreras; y todavía hoy puede hacerlo cuando se le da la oportunidad.

44 Mientras Pedro todavía hablaba estas palabras, el Espíritu Santo cayó sobre todos los que oían la palabra. **45** Y los creyentes de la circuncisión que habían venido con Pedro quedaron asombrados, porque el don del Espíritu Santo fue derramado también sobre los gentiles; **46** pues les oían hablar en lenguas y glorificar a Dios. **47** Entonces Pedro respondió:

—¿Acaso puede alguno negar el agua, para que no sean bautizados estos que han recibido el Espíritu Santo, igual que nosotros?

48 Y les mandó que fueran bautizados en el nombre de Jesucristo.* Entonces le rogaron que se quedara por algunos días.

---

*10:48 Otra trad., *Jesús, el Cristo*. Algunos mss. antiguos dicen *el Señor Jesús*; otros, *el Señor Jesús, (el) Cristo*.

---

espíritu divino, y Jesús declara, en la sinagoga de Nazaret (Luc. 4:16-21), que la profecía de Isaías 61:1, 2 se ha cumplido en él. Según el designio de Dios, Jesús no es un rey mesiánico de carácter nacional, sino el Señor y juez de todo el universo.

De acuerdo con esto, todo el que cree en él es apto para recibir la remisión de sus pecados (incluyendo a Cornelio y su casa) y para conseguir la salvación, de conformidad con el testimonio de todos los profetas (vv. 42, 43; ver también Hech. 5:31 y Jer. 31:34).

Pedro no había terminado de hablar cuando, de improviso, sus oyentes reciben el Espíritu Santo, lo que se pone de manifiesto en el hecho de que todos ellos comienzan a hablar en lenguas. Se necesitó una manifestación especial del Espíritu Santo para convencer a Pedro que los gentiles podían entrar al reino de Dios. Además, esto provoca la admiración de los compañeros de Pedro (judíos cristianos de Jope), que jamás pensaron que el don mesiánico del Espíritu Santo se concediera también a los gentiles. Pedro, que hace resaltar la identidad de este acontecimiento con el de Pentecostés (11:15), reconoce en ello, con toda razón, una comunicación de la voluntad divina de que estos gentiles, temerosos de Dios, sean bautizados sin necesidad de ser agregados previamente, por la circuncisión, al pueblo judío. De acuerdo con el plan de Dios, no debía haber ningún impedimento para la salvación de los gentiles.

Semillero homilético
Un auditorio modelo
10:27-48

Introducción: La presentación del mensaje de la Palabra es tan importante que el predicador quisiera tener un auditorio ideal. La ocasión en que Pedro predicó en casa de Cornelio contó con la atención de un auditorio modelo.

I. Todos estaban presentes.
   1. Asistencia perfecta. Todos los que debían ir estaban presentes.
   2. Nadie quería perder la oportunidad de escuchar.
   3. Todos fueron puntuales. Cuando Pedro llegó ya estaban todos reunidos.
II. Todos estaban reunidos con un propósito definido.
   1. No por compromiso.
   2. No por costumbre (religiosidad).
   3. Para oír todo lo que era necesario que supiesen.
III. Todos los oidores estaban dispuestos a obedecer.
   1. Hay oidores olvidadizos. Se van y se olvidan de lo que escucharon.
   2. Hay oidores "intelectuales". Se concretan a conocer los hechos.
   3. Hay oidores obedientes. Se bautizan.

Conclusión: Cuando el predicador tiene un mensaje de Dios y un auditorio con necesidad, seguramente que habrá resultados positivos para la gloria de Dios.

HECHOS 11:1-18

Pedro relata la conversión de Cornelio

11 Los apóstoles y los hermanos que estaban en Judea oyeron que también los gentiles habían recibido la palabra de Dios. **2** Y cuando Pedro subió a Jerusalén, contendían contra él los que eran de la circuncisión, **3** diciendo:

—¡Entraste en casa de hombres incircuncisos y comiste con ellos!

4 Entonces Pedro comenzó a contarles en orden, diciendo:

5—Yo estaba orando en la ciudad de Jope y vi en éxtasis una visión: un objeto que descendía como un gran lienzo, bajado del cielo por sus cuatro extremos, y llegó a donde yo estaba. **6** Cuando fijé la vista en él, observé y vi cuadrúpedos de la tierra, fieras y reptiles, y aves del cielo. **7** Luego oí también una voz que me decía: "Levántate, Pedro; mata y come." **8** Pero yo dije: "¡De ninguna manera, Señor! Porque jamás ha entrado en mi boca ninguna cosa común o inmunda." **9** Entonces respondió* la voz del cielo por segunda vez: "Lo

---

*11:9 Algunos mss. antiguos dicen *me respondió*.

Aparentemente las lenguas en Cesarea habrían sido algún tipo de alabanza a Dios. La demostración especial de la aprobación de Dios eliminó todos los obstáculos para su bautismo en el nombre de Jesucristo. Obsérvese que el Espíritu Santo cayó sobre los temerosos de Dios antes de que fueran bautizados y sin la imposición de manos. El bautismo era sólo un reconocimiento de su conversión, no era el medio por el cual fue llevado a cabo. La preocupación mayor de Lucas es demostrar que la circuncisión no es necesaria para la salvación, pero incidentalmente él demuestra la misma cosa tocante al bautismo. Ambos, la circuncisión y el bautismo, son ritos simbólicos.

(5) Pedro relata la conversión de Cornelio, 11:1-18. La aceptación del pagano Cornelio y de los suyos chocó con la resistencia. Cuando llegó a Jerusalén la noticia de que los gentiles habían recibido la palabra de Dios, aquellos de la circuncisión se enojaron con Pedro. Pedro fue sabio al llevar seis judíos cristianos con él a Cesarea para ser testigos de la conversión de los gentiles. Los enfoques progresistas de Esteban habían lanzado una época nueva para los seguidores de Jesús; la misión de Felipe en Samaria resultó en que Pedro y Juan fueron enviados para investigar ese desarrollo extraño. Subsecuentemente la obra de Felipe en bautizar al etíope causó menos conmoción debido a que no se involucraba ninguna costumbre social, y además esa persona seguía su viaje a Etiopía. Pero la acción de Pedro al comer con hombres incircuncisos exigía una explicación para aquellos en Jerusalén del partido de la circuncisión.

Tanto el etíope como Cornelio eran temerosos de Dios; eran estudiantes gentiles del judaísmo e incircuncisos. Sin embargo, había también diferencias: en el caso de Cornelio se involucraba tanto el asunto de las relaciones sociales, como también las condiciones para la salvación. Se hallan entrelazados dos problemas distintos: (1) ¿Pueden ser salvos los gentiles sin la circuncisión? y (2) ¿Puede un cristiano judío comer con un cristiano gentil incirciso? De ambas cuestiones se ocupa también la carta de Pablo a los gálatas (Gál. 2:11-21 y 2:1-10).

> **Joya bíblica**
> Lo que Dios ha purificado no lo tengas tú por común (11:9).

En esta etapa del movimiento cristiano se estaba formando un partido definido en la iglesia en Jerusalén del cual salieron los judaizantes que se oponían tan fuertemente a Pablo. Sin duda hay que distinguir entre aquellos *de la circuncisión* (11:2) y los que se mencionan en 10:45 como *los creyentes de la circuncisión*. En 10:45 la referencia es solamente a cristianos judíos, pero en 11:2 la referencia es para un grupo definido; y se sugiere que su consigna sería la circuncisión.

que Dios ha purificado no lo tengas tú por común." **10** Esto ocurrió tres veces, y todo volvió a ser retirado al cielo. **11** Y he aquí llegaron en seguida tres hombres a la casa donde estábamos, enviados a mí desde Cesarea; **12** y el Espíritu me dijo que fuese con ellos sin dudar. Fueron también conmigo estos seis hermanos, y entramos en casa del hombre. **13** El nos contó cómo había visto en su casa un ángel que se puso de pie y le dijo: "Envía a Jope y haz venir a Simón, que tiene por sobrenombre Pedro. **14** El te hablará palabras por las cuales serás salvo tú, y toda tu casa." **15** Cuando comencé a hablar, el Espíritu Santo cayó sobre ellos también, como sobre nosotros al principio. **16** Entonces me acordé del dicho del Señor, cuando decía: "Juan ciertamente bautizó en* agua, pero vosotros seréis bautizados en* el Espíritu Santo."* **17** Así que, si Dios les dio el mismo don también a ellos, como a nosotros que hemos creído en el Señor Jesucristo, ¿quién era yo para poder resistir a Dios?

18 Al oír estas cosas, se calmaron y glorificaron a Dios diciendo:

—¡Así que también a los gentiles Dios ha dado arrepentimiento para vida!

*11:16a Otra trad., *con*
*11:16b Ver 1:5

Weldon Viertel opina que parte de su problema era el orgullo y parte era una interpretación deficiente del AT (es decir, una hermenéutica débil). El orgullo estaba involucrado en el requisito de que los gentiles fueran circuncidados. Aunque el pueblo judío estaba dominado por Roma, ellos consideraban que su nación era superior porque eran elegidos por Dios. Habían confundido la elección para honor con la elección para servicio. Los extranjeros que deseaban adorar al único Dios que se había revelado a través de Israel debían someterse a rituales que los identificaran con la nación judía. La unión de la religión y ciudadanía judía se entiende más fácilmente cuando uno considera la teología rabínica de agradar a Dios guardando la ley, lo que resultaría en la venida de un Mesías político.

La relación del hombre con Dios, tal como la expresa el AT, está establecida en términos de un pacto. Aquellos que entraban en la relación del pacto con Dios demostraban sus votos por la señal de la circuncisión. Tristemente la señal llegó a ser un substituto del voto o la relación genuina del pacto. La iglesia cristiana debía resolver el asunto de la manera en que los cristianos demostrarían su relación con Dios a través de Jesucristo. ¿Continuaría siendo la circuncisión el símbolo del nuevo pacto?

Pedro tomó una postura valiente ante los cristianos judíos al mantener que, de veras, los hombres incircuncisos habían recibido el Espíritu Santo y que su conversión era la obra de Dios mismo (vv. 15-17). Hace muy claro que en ningún instante él mismo tomó la iniciativa en esta ocasión. En la venida del Espíritu Santo sobre Cornelio y su casa, Pedro vio en seguida el cumplimiento de las palabras del Jesucristo resucitado, que prometía el envío del Espíritu (1:5). Una vez que el Espíritu había descendido, era imposible negarles el bautismo, porque al hacerlo equivalía a resistir a la expresa voluntad de Dios. Después que el Espíritu Santo llenó a los gentiles como lo había hecho con los judíos en Pentecostés, ¿quién podría estorbar a Dios (v. 17)?

En la luz de la evidencia irrefutable, los cristianos judíos se calmaron y glorificaron a Dios (v. 18). Mas la calma no dura mucho, porque la cuestión volverá pronto a tornarse candente en el seno de la comunidad de Jerusalén (15:1-3; comp. Gál. 2:11-14). Presumiblemente el trabajo de Pedro no era entre los gentiles, porque fue conocido como apóstol de la circuncisión (Gál. 2:8). La tardanza de parte de los apóstoles en reconocer la igualdad entre gentiles y judíos no es única en la historia cristiana; sólo debe reconocerse la culpa reciente y presente de prejuicio de parte de los cristianos en todas las naciones.

La iglesia en Antioquía de Siria

19 Entre tanto, los que habían sido esparcidos a causa de la tribulación que sobrevino en tiempos de Esteban* fueron hasta Fenicia, Chipre y Antioquía, sin comunicar la palabra a nadie, excepto sólo a los judíos. **20** Pero entre ellos había unos hombres de Chipre y de Cirene, quienes entraron en Antioquía y hablaron a los griegos* anunciándoles las buenas nuevas de que Jesús es el Señor.* **21** La mano del Señor estaba con ellos, y un gran número que creyó se convirtió al Señor.

---

*11:19 Ver 8:2, 4
*11:20a Algunos mss. antiguos dicen *a los helenistas.*
*11:20b Otra trad., *las buenas nuevas del Señor Jesús*

Con la experiencia de Esteban, Felipe y ahora Pedro, el evangelio fue liberado lo suficiente como para incluir a los gentiles temerosos de Dios. Estaba comenzando la batalla para la liberación completa y la destrucción de la barrera de separación entre los judíos y los gentiles paganos.

7. Fundación de la iglesia en Antioquía, 11:19-30.

Entre los resultados que tuvo la persecución desatada contra la comunidad de Jerusalén a raíz del martirio de Esteban y la huida de gran parte de sus miembros, lo que iba a tener mayor efecto histórico fue la fundación de la iglesia en Antioquía de Siria. Esta ciudad se convirtió rápidamente en el centro de la cristiandad y, lo que es mucho más importante, se constituyó en el punto de partida para la evangelización de los gentiles en gran escala. En efecto, fue esta iglesia la que organizó la primera gran expedición misionera formal, en la que Pablo y Bernabé fueron enviados a Chipre y Asia Menor (13:1, 2). No solamente la conversión de Saulo sino también el primer viaje misionero de Pablo se puede trazar indirectamente hasta Esteban.

Antioquía de Siria se fundó en el 300 a. de J.C., por Seleuco I, fundador de la dinastía de los seléucidas (en la época de los macabeos), y le dio este nombre en honor de su padre Antíoco. Según Josefo, Antioquía era la tercera ciudad del Imperio Romano. En el siglo I de la era cristiana contaba con cerca de medio millón de habitantes. Desde el principio tuvo una fuerte colonia judía, a la cual el fundador de la ciudad reconoció los mismos derechos que a los griegos. Josefo elogia su sinagoga como una de las más lujosas. Las relaciones entre judíos y griegos eran intensas.

Aparentemente transcurrieron varios años entre el v. 19, que mira atrás a la muerte de Esteban, y el v. 20 que refiere el momento cuando Saulo ya había estado en Tarso como cristiano (v. 25). La conversión de Saulo fue a más tardar en el año 35 d. de J.C., y el año que pasó con Bernabé en Antioquía sucedió algún tiempo durante el reinado de Claudio (41-54 d. de J.C.). Una parte de los cristianos de Jerusalén dispersos por la persecución (8:1-4) continuó predicando el evangelio y extendiéndose: en Fenicia, o sea, en la costa del Mediterráneo en torno a las ciudades de Tolemaida (21:7), Tiro (21:3), Sidón (27:3) y también en la isla de Chipre. A dondequiera que llegaron, sembraban la semilla de las buenas noticias, pero exclusivamente entre los judíos residentes en aquellas áreas. Sólo un reducido grupo de fugitivos de Chipre y Cirene en el norte de Africa, que llegó a Antioquía más tarde, decidió apartarse de este modo de obrar y extendió su predicación a los griegos. El éxito fue grande, y lo atribuyeron precisamente a la asistencia del Señor. Aunque no se lo menciona en el texto, el sentido obvio es que los griegos convertidos recibieron el bautismo sin tener que someterse previamente a la circuncisión. Se cuenta aquí el nacimiento de una comunidad cristiana en que se mezclaban indistintamente judíos y gentiles bautizados. El testimonio a los griegos en Antioquía

22 Llegaron noticias de estas cosas a oídos de la iglesia que estaba en Jerusalén, y enviaron a Bernabé para que fuese hasta Antioquía. **23** Cuando él llegó y vio la gracia de Dios, se regocijó y exhortó a todos a que con corazón firme permaneciesen en el Señor; **24** porque Bernabé era hombre bueno y estaba lleno del Espíritu Santo y de fe. Y mucha gente fue agregada al Señor. **25** Después partió Bernabé a Tarso para buscar a Saulo, y cuando le encontró, le llevó a Antioquía. **26** Y sucedió que se reunieron todo un año con la iglesia y enseñaron a mucha gente.
Y los discípulos fueron llamados cristianos por primera vez en Antioquía.

---

parece haber ocurrido después de la conversión del eunuco y la de Cornelio.

Parece que la iglesia madre de Jerusalén no estaba completamente convencida de que Dios había aceptado a los gentiles en el reino (algo semejante a lo que pasó con Felipe en Samaria, ver 8:14). Ellos enviaron a un representante, Bernabé, para que investigara el informe de que una gran cantidad de gentiles estaba aceptando al Señor. El hecho de que Bernabé fuera seleccionado como representante de la iglesia indica que era maduro y responsable, y a la vez demuestra la providencia de Dios en su elección. Estaba listo para aceptar el plan de Dios. Llega a la convicción de que el nacimiento de esta comunidad en que judíos y paganos entran por una misma puerta es sencillamente providencial, y anima a los convertidos a permanecer fieles al Señor (v. 23). No se declara cuál era específicamente la misión de Bernabé, pero se nota que no regresa a Jerusalén. Más bien debió confiársele que se hiciera cargo personalmente de la situación. La misión era extremadamente delicada, pero Bernabé la debió llevar a cabo con sumo tacto y clara visión de la realidad, pues en poco tiempo *mucha gente fue agregada al Señor* (v. 24). Y otro gran mérito suyo fue que, viendo que la mies era abundante, va a Tarso (v. 25) en busca de Saulo, el futuro gran apóstol, a quien sabía libre de prejuicios judaicos y con una misión para los gentiles (9:15; 22:21). Ambos regresaron a Antioquía y enseñaron a los nuevos convertidos durante un año. Bernabé fue quien le había introducido ante los apóstoles (9:27) y él es ahora el que le introduce definitivamente en el apostolado.

Y los discípulos fueron llamados cristianos por primera vez en Antioquía (v. 26) por aquellos que estaban fuera de la iglesia. Es que hasta entonces, al menos ante el gran mundo, no se les distinguía de los judíos, dado que la nueva religión se predicaba sólo a judíos, y para los que se convertían, la ley y el templo seguían conservando todo su prestigio (2:46; 3:1; 15:5; 21:20). Es ahora, con la conversión también de los gentiles, que comienzan a aparecer ante el mundo como algo distinto y adquieren personalidad propia. Según Barclay, la palabra *cristiano* comenzó siendo una burla. Era un mote medio burlón y despectivo. Pero los cristianos tomaron la burla y la convirtieron en una palabra que todo el mundo llegaría a conocer. Por medio de sus vidas la convirtieron en un nombre que dejó de ser despectivo para significar valor y amor como virtudes admiradas por todos los hombres. Posiblemente este evento refleja la transición del movimiento cristiano de ser una secta dentro del judaísmo a comenzar a ser un movimiento separado.

Características de una iglesia triunfante

La iglesia en Antioquía nos presenta las características de una iglesia que triunfa en el ministerio.
1. Osadía en el testimonio evangelístico (11:19-21).
2. Fundamentación en la sana doctrina (11:22-26).
3. Generosidad en las ofrendas (11:27-30).
4. Visión misionera mundial (13:1-3).

Todo principio debe ser practicado para que produzca resultados. Apliquemos estas características en nuestra iglesia, para que sea una iglesia triunfante.

27 En aquellos días descendieron unos profetas de Jerusalén a Antioquía. **28** Y se levantó uno de ellos, que se llamaba Agabo, y dio a entender por el Espíritu que iba a ocurrir una gran hambre en toda la tierra habitada. (Esto sucedió en tiempos de Claudio.*)

29 Entonces los discípulos, cada uno conforme a lo que tenía, determinaron enviar una ofrenda para ministrar a los hermanos que habitaban en Judea. **30** Y lo hicieron, enviándolo a los ancianos por mano de Bernabé y de Saulo.

*11:28 Emperador de Roma, 41-54 d. de J.C.

Según Stagg, a menos que Lucas no ubique cronológicamente el cap. 12, el hambre a la que se refirió Agabo debe haber ocurrido antes de la muerte de Herodes, en el 44 d. de J.C. Lucas declara que sucedió durante el reinado de Claudio (41-54 d. de J.C.). Los historiadores romanos Suetonio y Tácito señalan que el hambre tomó lugar durante el reinado de Claudio. Josefo, el historiador judío, se refiere a hambres en Jerusalén entre los años 44 y 58 d. de J.C. Por cierto, las palabras *en toda la tierra habitada* (v. 28) se entienden como la tierra romana y no todo el mundo geográfico.

Los nuevos cristianos gentiles expresaron la autenticidad de su fe enviando una contribución para aliviar la pobreza de los hermanos judíos en Judea. Se pueden palpar dos motivos detrás de la ofrenda: una expresión de amor para aquellos que tienen necesidad y un esfuerzo para aliviar la tensión entre ellos y los judíos. Saulo y Bernabé eran los líderes lógicos para llevar la ofrenda a Judea. La incorporación de los gentiles en la iglesia primitiva había producido tensiones dentro de la fraternidad cristiana pero todavía no la había quebrantado.

Los *profetas* son prominentes en el libro de Los Hechos: Judas y Silas (15:32), numerosos profetas y maestros en Antioquía (13:1), las hijas de Felipe (21:9), así como Agabo y sus compañeros (11:27, 28; 21:10). Aunque la función de predicción es una actividad menor en el ministerio profético, sí está incluida. Sin embargo la función mayor era aquella de traer un mensaje fresco y reciente de Dios. Un profeta procura interpretar el sentir de Dios para el pueblo y a la vez ayudar al pueblo a interpretarse a sí mismo. Los *ancianos* eran los hombres maduros de las sinagogas que servían como líderes de las mismas. Aparentemente la iglesia también usaba el término para designar a sus líderes. En las Epístolas Pastorales el término es intercambiable con *obispo* (Tito 1:5, 7). En Hechos 20:17-28 es también sinónimo de *pastor* y *obispo*.

Semillero homilético

El cristiano ejemplar
11:19-30

Introducción: Cada iglesia necesita miembros ejemplares que puedan colaborar para que crezca la congregación. La iglesia en Antioquía creció porque sus miembros tenían esas cualidades. ¿Cuáles son?
  I. Es una persona no derrotada por la persecución (v. 19).
    1. La persecución refina al creyente.
    2. La persecución extiende el reino.
  II. Es una persona ansiosa por testificar en todas partes (vv. 20, 21).
    1. Primero a los judíos únicamente.
    2. Después incluían a los griegos.
  III. Es una persona dispuesta a recibir y escuchar a personas más experimentadas en el evangelio.
    1. Escucharon a Bernabé (v. 22).
    2. Escucharon a Pablo (v. 25).
    3. Escucharon a Agabo (v. 28).
  IV. Es una persona generosa en compartir con los necesitados (vv. 28-30).
    1. Por la predicción del hambre (v. 28).
    2. Por ganar favor frente a los prejuicios en contra de ellos (v. 30).
Conclusión: Las cualidades de estos cristianos les prepararon para ser el eje de la expansión del evangelio hasta lo último de la tierra. Su ejemplo es un desafío para nosotros.

Jacobo ejecutado, Pedro encarcelado

12 Entonces, por aquel tiempo, el rey Herodes echó mano de algunos de la iglesia para maltratarlos. **2** Y a Jacobo, el hermano de Juan, lo hizo matar a espada. **3** Al ver que esto había agradado a los judíos, procedió a prender también a Pedro. Eran entonces los días de los panes sin levadura.* **4** Cuando le tomó preso, le puso en la cárcel, entregándole a la custodia de cuatro escuadras de cuatro soldados cada una, con la intención de sacarle al pueblo después de la Pascua. **5** Así que Pedro estaba bajo guardia en la cárcel, pero la iglesia sin cesar* hacía oración a Dios por él.

---

*12:3 O sea, *la Pascua*
*12:5 Otra trad., *con fervor*

---

8. Persecución de la iglesia por Herodes Agripa, 12:1-25

(1) Jacobo ejecutado, Pedro encarcelado, 12:1-5. La expresión *por aquel tiempo* (v. 1) indica cierto enlace de lo que va a seguir con los hechos precedentes. Parece deducirse que durante los hechos aquí narrados los mensajeros de Antioquía, Bernabé y Saulo (11:30), estaban en Jerusalén. La persecución de Herodes Agripa era el tercer asalto mayor contra el movimiento cristiano, siendo el primero el de los saduceos y el segundo el de los fariseos. Parece que la persecución de Herodes contra los cristianos, además de mostrar animosidad personal contra ellos, procedía de su deseo de ganar más y más el favor de los judíos. La ejecución (*a espada*, v. 2, quiere decir decapitado) de Jacobo y el arresto de Pedro representaba parte de su estrategia.

La familia de Herodes nunca había sido popular entre los judíos debido a su linaje extranjero. La odiaban por ser idumea, descendiente de sus enemigos más vigorosos en tiempos pretéritos. Herodes Agripa era nieto de Herodes el Grande, el mismo que gobernaba cuando nació Jesús, que recibió a los magos del oriente y que ordenó la masacre de los niños. Aristóbulo, su padre, había sido ejecutado por Herodes el Grande. Como Herodes Agripa se había educado en Roma y era amigo del emperador Calígula (37-41 d. de J.C.), éste lo hizo rey de la tetrarquía de Filipos y más tarde de Galilea y Perea. Judea y Samaria fueron agregadas a su reino después que él ayudó a Claudio (41-54 d. de J.C.) a ganar la aprobación del Senado romano como emperador. Prácticamente logró volver a reunir bajo su cetro todos los territorios que habían pertenecido a su abuelo Herodes el Grande. La acción de Herodes y la reacción de los judíos demostraron que los cristianos ahora no tenían el favor de los judíos no cristianos en Jerusalén.

Este *Jacobo* (v. 2) decapitado por Herodes es el Jacobo, hermano de Juan y uno de los tres predilectos del Señor (Mar. 5:37; 9:2; 14:33). Fue el primero de los apóstoles que derramó su sangre por la fe. No debe confundirse con Jacobo, el medio hermano de Jesús (12:17; 15:13; 1 Cor. 15:7; Gál. 2:9).

> Semillero homilético
> **La oración que vale**
> 12:1-19
>
> I. Es la oración que persiste (v. 5).
> II. Es la oración de multitudes (v. 12).
> III. Es la oración de fe (vv. 14-17).
> IV. Es la oración que actúa, de acuerdo con las oportunidades.

Pedro fue arrestado y puesto en prisión durante la fiesta de los panes sin levadura. La Pascua y la fiesta de los panes sin levadura estaban íntimamente relacionadas como una sola fiesta. En realidad los siete días de los panes sin levadura seguían a la Pascua, pero Lucas se refiere a los ocho días de celebración como la Pascua. Agripa se cuidó de no violar las costumbres de los judíos; por ello, esperó hasta después de la fiesta para la ejecución de Pedro.

Pedro es librado de la cárcel

6 Cuando Herodes iba a sacarlo, aquella misma noche Pedro estaba durmiendo entre dos soldados, atado con dos cadenas, y los guardias delante de la puerta vigilaban la cárcel. **7** Y he aquí se presentó un ángel del Señor, y una luz resplandeció en la celda. Despertó a Pedro dándole un golpe en el costado y le dijo:
—¡Levántate pronto!
Y las cadenas se le cayeron de las manos.
8 Entonces le dijo el ángel:
—Cíñete y ata tus sandalias.
Y así lo hizo. Luego le dijo:
—Envuélvete en tu manto y sígueme.
9 Y habiendo salido, le seguía y no comprendía que lo que hacía el ángel era realidad. Más bien, le parecía que veía una visión. **10** Cuando habían pasado la primera y la segunda guardia, llegaron a la puerta de hierro que daba a la ciudad, la cual se les abrió por sí misma. Cuando habían salido, avanzaron por una calle, y de repente el ángel se apartó de él

(2) Pedro es librado de la cárcel, 12: 6-19. *Pero la iglesia sin cesar hacía oración a Dios por él* (v. 5), y su oración fue escuchada. En el curso de la noche anterior a su ejecución, un ángel libertó a Pedro en forma prodigiosa (comp. 5:19). La descripción del episodio es muy gráfica. Probablemente Lucas recibió su información directamente del mismo Pedro. En su celda el Apóstol duerme tranquilamente entre dos soldados, atado con cadenas a cada uno de ellos. ¡Pedro estaba profundamente dormido la noche anterior a su ejecución! Estaba tan profundamente dormido que el ángel tuvo que darle un golpe en el costado para despertarlo; y le dijo: *¡Levántate pronto!* (v. 7). Todavía medio dormido, se levanta y sigue al ángel. Apenas cuando éste desaparece se recobra del todo y reconoce que el Señor lo ha salvado milagrosamente.

Pedro se encaminó a la casa de María, la madre de Juan Marcos, donde la iglesia estaba reunida y orando. Muy bien pudo ser el mismo Marcos, sin duda testigo ocular, quien contó a Lucas todos estos detalles. En 1 Pedro 5:13, Pedro llama a Marcos su *hijo* (espiritual), lo que hace suponer que estaba unido a esta familia por vínculos particulares de amistad. Al principio los discípulos continuaron participando en los cultos de adoración en el templo y en la sinagoga, pero se reunían también en casas privadas para estudio, oración y convivencia. Esas casas desempeñaron un papel cada vez más importante

---

Semillero homilético
La intervención divina
12:1-18

Introducción: Muchas veces experimentamos la intervención divina sin darnos cuenta de lo que está pasando. Percibimos hechos locales, pero lo cierto es que Dios está obrando en forma sobrenatural en favor nuestro.
  I. El propósito de la intervención divina (vv. 1-6).
    1. Para frustrar el propósito de los enemigos de Dios (vv. 2, 3).
    2. Para liberar a los suyos en forma sobrenatural (vv. 4, 5).
  II. El instrumento de su intervención (v. 7).
    1. El ángel del Señor (v. 7).
    2. Una luz resplandeciente.
    3. Una voz audible.
  III. Las consecuencias de la intervención.
    1. Liberación de Pedro (vv. 10-17).
    2. Muerte de Herodes: murió en forma trágica (vv. 20-24).
Conclusión: Debemos tener más fe en Dios y en su poder, confiando en que él puede intervenir en nuestras vidas de manera sobrenatural cuando los momentos de necesidad y la voluntad de Dios así lo determinen.

11 Entonces Pedro, al volver en sí, dijo: "Ahora entiendo realmente que el Señor ha enviado su ángel y me ha librado de la mano de Herodes y de toda la expectación del pueblo judío."
12 Cuando se dio cuenta de esto, fue a la casa de María, la madre de Juan que tenía por sobrenombre Marcos, donde muchos estaban congregados y orando. **13** Cuando Pedro tocó a la puerta de la entrada, una muchacha llamada Rode salió para responder. **14** Cuando ella reconoció la voz de Pedro, de puro gozo no abrió la puerta, sino que corrió adentro y anunció que Pedro estaba ante la puerta. **15** Ellos le dijeron:
—¡Estás loca!
Pero ella insistía en que así era. Entonces ellos decían:
—¡Es su ángel!
16 Mientras tanto, Pedro persistía en tocar; y cuando abrieron, le vieron y se asombraron. **17** Con la mano Pedro les hizo señal de guardar silencio y les contó cómo el Señor le había sacado de la cárcel. Luego dijo:
—Haced saber esto a Jacobo* y a los hermanos.
Y saliendo se fue a otro lugar.
18 Cuando se hizo de día, hubo un alboroto no pequeño entre los soldados sobre qué habría pasado con Pedro. **19** Pero Herodes, como le buscó y no le halló, después de interrogar a los guardias, les mandó ejecutar.* Después descendió de Judea a Cesarea y se quedó allí.

*12:17 O: *Santiago*; comp. Gál. 1:19 y Stg. 1:1
*12:19 Otra trad., *mandó llevar a la muerte*

en la adoración y el compañerismo al separarse los cristianos de la adoración y las costumbres judías.

Probablemente la casa de María fue el lugar de reunión regular para la comunidad cristiana en Jerusalén. Posiblemente fue el lugar donde Jesús comió la última cena con sus discípulos y donde los discípulos se reunieron después de la ascensión. Los hermanos allí presentes se resisten a creer a Rode (Rosa) que Pedro haya llegado, y piensan que se trata más bien de su ángel; pues los judíos creían que un ángel guardián se parecía a la persona a la cual protegía. Ellos estaban asombrados cuando lo vieron.

Este *Jacobo* a quien se debe comunicar la liberación de Pedro (v. 17), es el hermano del Señor. Es el mismo que escribió la epístola de Santiago. Este Jacobo era el líder de la iglesia en Jerusalén (Hech. 15). Se sabe que era hermano del Señor (Gál. 1:19). El hecho de que su nombre se menciona específicamente aquí en el v. 17 indica que él era el líder de la iglesia en Jerusalén y no Pedro. La identidad de los hermanos no es conocida. Tal vez estaban incluidos algunos de los otros apóstoles entre ellos. Después de este acontecimiento, los apóstoles como grupo desaparecen de la narración de Lucas. En las otras ocasiones en que Lucas vuelve a la narración de la iglesia en Jerusalén, Jacobo es el líder.

Y saliendo se fue a otro lugar (v. 17). La vida de Pedro seguía en peligro, y por eso se limita a un relato muy corto de su liberación y se apresura a salir de aquella casa para ponerse a salvo. ¿A dónde se habrá dirigido?, no lo dice Los Hechos. La Iglesia Católica Romana postula que fue a Roma donde llegó a ser el primer obispo. Sin embargo, Pedro estaba presente para la

Oraciones contestadas

Las nubes descendieron sobre el Canal Inglés durante la invasión de Normandía a fines de la Segunda Guerra Mundial. Fue el momento decisivo para los generales del ejército aliado. Tenían que tomar la decisión de proceder con la invasión o postergarla. Decidieron dar orden de avanzar, y el resultado fue una maniobra completamente exitosa. Algunos dirían que fue un accidente de la historia. Pero la verdad es que había millones de personas que estaban orando por la protección de los soldados. Algunas eran madres y padres, otras eran esposas y novias y otras eran hijos y hermanos. Dios contesta la oración en el momento cuando necesitamos su ayuda.

La muerte de Herodes Agripa I

20 Herodes estaba furioso con los de Tiro y de Sidón. Pero ellos se presentaron a él de común acuerdo; y habiendo persuadido a Blasto, el camarero mayor del rey, pedían la paz, porque su región era abastecida por la del rey.

21 En un día señalado, Herodes, vestido de sus vestiduras reales, se sentó en el tribunal y les arengaba. **22** Y el pueblo aclamaba diciendo: "¡Voz de un dios, y no de un hombre!"

23 De repente le hirió un ángel del Señor, por cuanto no dio la gloria a Dios. Y murió comido de gusanos.

24 Pero la palabra de Dios* crecía y se multiplicaba. **25** Bernabé y Saulo volvieron de* Jerusalén, una vez cumplido su encargo,* tomando también consigo a Juan que tenía por sobrenombre Marcos.

---

*12:24 Algunos mss. antiguos dicen *del Señor*.
*12:25a Algunos mss. antiguos dicen *a Jerusalén*.
*12:25b Gr., *diaconía*; o sea, *ministerio* o *servicio*

---

conferencia en Jerusalén en el año 49 d. de J.C. (cap. 15), y no es mencionado por Pablo en la epístola a los Romanos alrededor del 56 d. de J.C. Lucas tampoco menciona a Pedro en su relato de la llegada de Pablo a Roma en los años 60-61 d. de J.C. (28:14-31). Frank Stagg opina que cuando Pablo llegó a Roma era evidente que ningún apóstol había estado allí, porque los judíos vinieron a él para un relato confiable acerca de esta secta, la de la iglesia cristiana (28:22). Es posible que Pedro trabajara en áreas rurales de Palestina hasta la muerte de Herodes Agripa en el año 44 d. de J.C.

(3) La muerte de Herodes Agripa I, 12:20-25. William Barclay nos ayuda a entender el final terrible que cayó sobre Herodes. Había en ese entonces cierta disputa entre él y los habitantes de Tiro y Sidón. Sus tierras estaban al norte de Palestina. Herodes podía crearles dificultades en dos maneras. Si desviaba el comercio de Palestina de sus puertos sus ingresos se verían seriamente dañados. Y lo que era peor, Tiro y Sidón dependían de Palestina para obtener alimentos. Si se suspendía ese abastecimiento su situación sería sin duda alguna muy seria. Estos pueblos lograron sobornar a Blasto, el ca-

---

Semillero homilético
La obra de Dios manifestada en una iglesia
12:1-25

Introducción: El libro de los Hechos contiene el registro de la manera en que los cristianos en los primeros años se enfrentaron con los problemas que surgieron. Es evidente que dependían mucho del poder que Dios imparte por medio de la oración.
I. Dios obra para crear un sentido de fraternidad entre los miembros de la iglesia.
   1. En vez de buscar cada quien su propia seguridad, se reunían para orar.
   2. Oraban por Pedro que estaba en la cárcel.
II. Dios obra para librar a sus siervos.
   1. La historia de la iglesia así lo demuestra.
   2. Libró a Pedro de las cadenas.
III. Dios obra para contrarrestar la oposición.
   1. Nadie puede luchar contra Dios y pretender salir victorioso.
   2. Herodes murió precisamente en el tiempo en que perseguía a la iglesia.
IV. Dios obra para multiplicar su palabra.
   1. La obra se multiplicó.
   2. Bernabé y Saulo se preparaban para iniciar la obra misionera mundial.
Conclusión: Dios está listo para obrar en su iglesia y así transformarla en un instrumento útil en sus manos. Sólo queda que la iglesia permita la acción poderosa del Espíritu de Dios.

marero mayor del rey, y se les concedió una audiencia pública. Se debe recordar la popularidad de Herodes.

Josefo, el historiador judío, describe que en el segundo día del festival, Herodes entró al anfiteatro vestido con una túnica de hilado de plata. El sol destellaba sobre la plata y la gente gritaba que había llegado un dios. En ese momento cayó sobre él una terrible y repentina enfermedad de la que nunca se recobró. Josefo agrega que durante su discurso Herodes miró hacia arriba y vio una lechuza sobre una cuerda. Lo interpretó como un presagio malo y comenzó a sufrir fuertes dolores intestinales, y cinco días después murió. Se encuentra un relato paralelo a éste en la historia intertestamentaria sobre la muerte de Antíoco IV Epífanes, el máximo perseguidor de los judíos (2 Macabeos 9:5-9). Es muy probable que Lucas incluye este episodio para mostrar que Dios castiga a aquellos que molestan a la iglesia e impiden el crecimiento del reino de Dios (visto como una señal mesiánica).

Con la eliminación de la amenaza de Herodes Agripa I los cristianos ya podían testificar libremente, y *la palabra de Dios crecía y se multiplicaba* (v. 24). Los vv. 24 y 25 nos hacen volver a 11:27-30. Pablo y Bernabé habían cumplido su servicio de misericordia para con la iglesia de Jerusalén y regresaron a Antioquía, llevando consigo a Juan Marcos.

III. EL MOVIMIENTO CRISTIANO UNIVERSAL: DIFUSION DE LA IGLESIA EN EL MUNDO GRECORROMANO, 13:1—28:31

Comienza una nueva etapa en la historia del movimiento cristiano (la tercera, según el esquema de Stagg), con la extensión de la predicación del evangelio al mundo gentil. Las actividades de la primera parte (1:6—7:60) están centradas principalmente en Jerusalén y dirigidas por los doce. Nótese que en el cap. 12 Lucas incluye relatos de varios incidentes que prepararon el camino para la gran misión a los gentiles (comenzando con la dispersión de los convertidos en el día de Pentecostés). A medida que el evangelio se extendía a través de Palestina y Siria, los discípulos continuaron intentando ganar a los judíos, pero el crecimiento más significativo era entre los paganos. La segunda fase empezó con la ordenación de los siete en el cap. 6 y las consecuencias del martirio de Esteban (8:1—12:25). Bajo la dirección de los siete (especialmente Esteban y Felipe) el evangelio fue llevado a los samaritanos y a los temerosos de Dios (el eunuco y Cornelio). La influencia de los siete preparó la etapa siguiente de desarrollo, en la cual el evangelio fue llevado a los gentiles paganos en todo el mundo (13:1—28:31).

Propiamente esta tercera fase comenzó con la predicación a los gentiles en Antioquía, pero es ahora, al iniciarse los grandes viajes misioneros a través del imperio romano, cuando de hecho esta proclamación adquiere carácter plenamente universal. Poco a poco llegó a ser muy claro que los cristianos no podían continuar su asociación con los cultos en las sinagogas. Los judaizantes forzaron al cristianismo a separarse completamente del judaísmo.

1. Bernabé y Saulo elegidos para ir a los gentiles, 13:1-3

La escena que nos presenta Lucas en los vv. 1-3 es el punto de partida para esos grandes viajes misioneros. Ahora sabemos en esta situación el número y los nombres de los líderes de la comunidad antioqueña. Estos cinco hombres, sin duda todos helenistas, son llamados *profetas y maestros* (v. 1), funciones ambas que pueden concurrir en una misma persona. Los doce y los siete ya dejan de estar en primer plano.

El más eminente, y tal vez también el de más edad entre ellos es *Bernabé*; *Saulo* quizá es el más joven. Los otros tres no son conocidos. *Simón* lleva el sobrenombre latino de *Níger* ("el negro"), tal vez a causa del color de su piel. *Lucio de Cirene* debe ser uno de los fugitivos que se mencionan en 11:20. De *Manaén* se dice que

Bernabé y Saulo para la obra misionera

13 Había entonces en la iglesia que estaba en Antioquía, unos profetas y maestros: Bernabé, Simón llamado Níger, Lucio de Cirene, Manaén,* que había sido criado con el tetrarca Herodes, y Saulo. **2** Mientras ellos ministraban al Señor y ayunaban, el Espíritu Santo dijo: "Apartadme a Bernabé y a Saulo para la obra a la que los he llamado." **3** Entonces, habiendo ayunado y orado, les impusieron las manos y los despidieron.

13:1 En hebreo *Menajem*

El evangelio universal
13:1-3

Se ha señalado que esta lista de profetas simboliza el llamamiento universal del evangelio. Bernabé era un judío oriundo de Chipre; Lucio provenía de Cirene en el norte de Africa; Simeón era también un judío pero se da su otro nombre, Níger, que es romano y que muestra que se debe haber movido en círculos compuestos por romanos; Manaén era un hombre con conexiones en la aristocracia y en la corte; y Pablo mismo era un judío de Tarso en Cilicia y un rabí. En este pequeño grupo está ejemplificada la influencia unificadora del cristianismo. Hombres de muchas tierras y de distintos pasados habían descubierto el secreto de estar juntos debido a que habían descubierto el secreto de Cristo.

---

fue amigo de infancia (lit. "educado juntamente") del tetrarca Herodes (Luc. 3:1). Sin duda se trata de Herodes Antipas, el que aparece durante la vida pública de Jesucristo (Mar. 6:14; Luc. 23:8), único de los Herodes que llevó el título de tetrarca. Tres de los cinco son presentados pero no se mencionan otra vez. Esto implica que ellos seguían trabajando en Antioquía como profetas y maestros.

El Espíritu Santo, lo mismo que en otras ocasiones de importancia (2:4; 8:29; 10:19; 15:28; 16:6, 7; 20:23), es también quien toma la decisión aquí. En efecto, mientras estaban ministrando al Señor, dice el Espíritu Santo a través de alguno de los profetas allí presentes: *Apartadme a Bernabé y a Saulo para la obra a la que los he llamado* (v. 2). La iglesia de Antioquía era sensible a la dirección del Espíritu Santo. No se dice exactamente cuál es esa obra, pero por la continuación de la historia se ve explícitamente que se trataba del apostolado entre los gentiles. Los discípulos fueron convencidos, junto con Bernabé y Saulo, que el plan de Dios para la iglesia era liberar a estos de sus responsabilidades y enviarlos a hacer la obra misionera. Obviamente, así lo entendieron los otros allí reunidos (v. 3).

En el llamado al servicio misionero no sólo el individuo sino toda la iglesia debe sentir la convicción de la dirección de Dios. En Antioquía, la iglesia participó en la decisión del llamado de Dios a sus miembros para un servicio especial. La iglesia continuó participando en el ministerio de Bernabé y Saulo apartándolos y enviándolos a su nuevo trabajo. Algunos eruditos interpretan que los que *les impusieron las manos* en el v. 3 fueron los *profetas y maestros* del v. 1; sin embargo según Stagg, Viertel y otros parece más lógico que la *iglesia* del v. 1 sea a quien hace referencia los que *les impusieron las manos*. Es posible, pero no es probable, que los tres profetas y maestros ordenaron para un nuevo ministerio a dos que se habían contado entre ellos.

Aunque no es posible hacer una conclusión dogmática sobre la concordancia o falta de concordancia entre los pronombres del v. 3, por lo menos en Los Hechos hay fuerte evidencia de que en esta ocasión participaba toda la congregación en la imposición de manos. El contexto y la gramática de 6:6 (la ordenación de los siete) sugieren fuertemente que el pronombre *ellos* que se refiere a quienes pusieron las manos sobre los siete hace mención a toda la congregación (ver comentario sobre 6:6). En 13:3 se dice que fueron puestas las manos sobre Bernabé y

Bernabé y Saulo en Chipre

4 Por lo tanto, siendo enviados por el Espíritu Santo, ellos descendieron a Seleucia, y de allí navegaron a Chipre. **5** Después de llegar a Salamina, anunciaban la palabra de Dios en las sinagogas de los judíos. También tenían a Juan como ayudante.

Saulo. Aparentemente esto fue hecho por toda la congregación y no sólo por los cinco (o tres) hombres mencionados en el v. 1. Bernabé y Saulo eran dos de los cinco. Como interpretación alternativa, tres de los cinco podrían haber puesto las manos sobre dos, pero probablemente no fue así.

El fondo de la práctica neotestamentaria de imponer las manos probablemente se encuentra en el AT, como en Génesis 48:14-16, cuando Jacob bendijo a los hijos de José, mirando a Dios como el único que podía en realidad otorgar la bendición. Los cristianos en la época temprana parecen haber practicado algunas formas de ordenación. Esto implicaba la imposición de manos. La imposición de manos o la ordenación (si este término puede usarse indistintamente), no confería nuevos derechos o autoridad al ordenado. Este tipo de imposición de manos debe distinguirse de otro tipo en el cual se considera que debe verterse algo de la propia personalidad (un sacramento). Por lo contrario, más bien era el reconocimiento de tres cosas: (1) La presencia ya existente de algún don o ministerio especial, (2) una oración intercesora por la continuación del don del Espíritu Santo, (3) la aceptación de parte de la iglesia y la persona ordenada de la nueva responsabilidad.

2. Primer viaje misionero por Chipre y Asia Menor, 13:4—14:28

(1) Bernabé y Saulo en Chipre, 13:4-12. Comienza el primero de los tres grandes viajes misioneros de Pablo. La primera etapa del viaje será hasta Chipre, patria de Bernabé (4:36). Al principio de esta primera fase, el jefe moral de la expedición parece ser Bernabé, nombrado siempre primero (12:25; 13:1, 2, 7); pero muy pronto los papeles se invierten, y Pablo aparecerá continuamente en el liderazgo (13:9, 13, 16, 43, 50). Llevan consigo como auxiliar a Juan Marcos, *primo de Bernabé* (Col. 4:10). Probablemente esta-

---

Semillero homilético
Misiones al extranjero
13:2-12

Introducción: Por primera vez los miembros de una iglesia salen con la comisión de evangelizar y establecer iglesias en países extranjeros. En el plan de Dios hay que dar algunos pasos que son indispensables para la obra misionera más allá de las fronteras.

I. La iglesia envía misioneros.
  1. Por convicción, después de orar.
  2. Los aparta. Hay elección y consagración o separación para la tarea.
  3. Los "ordena". Les impone las manos, señal de su idoneidad, avalada por la iglesia.

II. Los misioneros están dispuestos a obedecer.
  1. La iglesia los elige, pero ellos deciden si obedecen o no.
  2. El Señor abre las puertas del campo misionero, los misioneros deciden obedecer.
  3. Los misioneros deben estar dispuestos a dejar su tierra y todo lo que ello implica.

III. Los misioneros informan a la iglesia.
  1. De las condiciones del campo.
  2. De las necesidades que hay.
  3. De los avances y el potencial de progreso.

Conclusión: Dios no va a enviar ángeles a hacer la tarea misionera. Le corresponde a la iglesia orar, escoger, consagrar y enviar a los misioneros idóneos a establecer nuevas iglesias.

6 Habiendo atravesado toda la isla hasta Pafos, hallaron a un mago, falso profeta judío, llamado Barjesús. **7** El estaba con el procónsul Sergio Paulo, un hombre prudente. Este, mandando llamar a Bernabé y a Saulo, deseaba oír la palabra de Dios. **8** Pero el mago Elimas (pues así se traduce su nombre) les resistía, intentando apartar al procónsul de la fe. **9** Entonces Saulo, que también es Pablo, lleno del Espíritu Santo, fijó los ojos en él **10** y dijo:

---

mos en el año 45 d. de J.C. y el viaje durará hasta 49 d. de J.C.

Después que la iglesia les había liberado de sus responsabilidades en Antioquía para que pudieran seguir la dirección del Espíritu Santo, embarcaron rumbo a Chipre en Seleucia, un puerto a unos 25 km. de Antioquía. La actividad de los misioneros se inicia en Salamina, el puerto principal de la isla, cuando comenzaron a anunciar *la palabra de Dios en las sinagogas de los judíos* (v. 5). La palabra *ayudante* (v. 5) aplicada a Marcos era usada por los judíos para referirse a la persona en la escuela de la sinagoga que instruía en las Escrituras. Aparentemente la tarea de Juan Marcos era la de instruir a los nuevos convertidos en el relato de las enseñanzas y actividades de Jesús.

Aunque Lucas no menciona un grupo cristiano específico, puede ser que ya hubiera cristianos en la isla cuando Bernabé y Saulo llegaron. Lucas afirma en 11:19 que algunos de los fugitivos predicaron en la isla. Tal vez Bernabé deseaba hacer una visita a Chipre debido a que era su hogar.

No sabemos si el resultado de la proclamación en Salamina fue abundante, ni cuánto tiempo duró la predicación allí. Tampoco sabemos si al atravesar de Salamina a Pafos, puerto occidental de la isla (a unos 150 km. de Salamina), se detuvie-

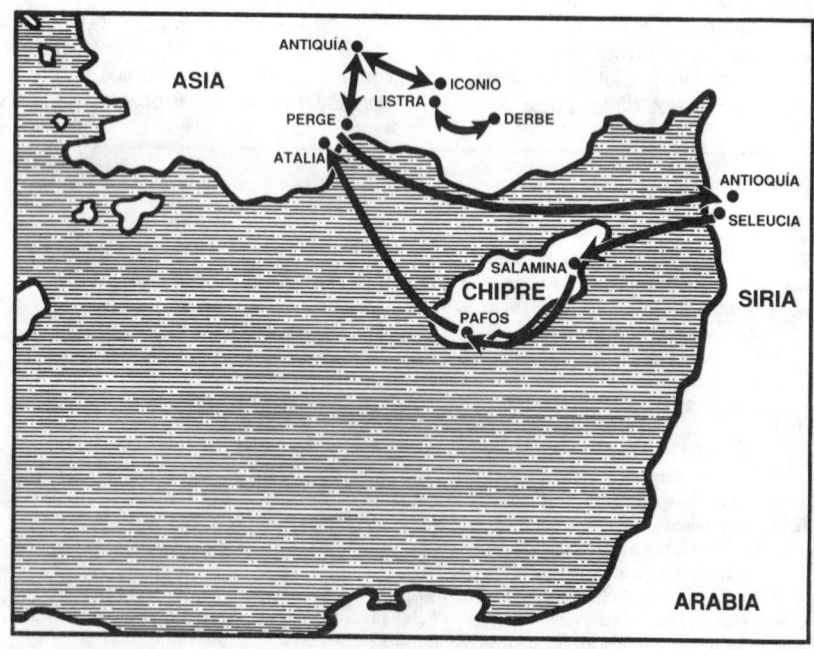

El primer viaje misionero de Pablo y Bernabé

—¡Oh tú, lleno de todo engaño y de toda malicia, hijo del diablo, enemigo de toda justicia! ¿No cesarás de pervertir los caminos rectos del Señor? **11** Y ahora, ¡he aquí la mano del Señor está contra ti! Quedarás ciego por un tiempo sin ver el sol. De repente cayeron sobre él niebla y tinieblas, y andando a tientas, buscaba quien le condujese de la mano. **12** Entonces, al ver lo que había sucedido, el procónsul creyó, maravillado de la doctrina del Señor.

Pablo en Antioquía de Pisidia

13 Habiendo zarpado de Pafos, Pablo y sus compañeros arribaron a Perge de Panfilia; pero Juan se separó de ellos y se volvió a Jerusalén. **14** Pasando de Perge, ellos llegaron a Antioquía de Pisidia. Y en el día sábado, habiendo entrado en la sinagoga, se sentaron. **15** Después de la lectura de la Ley y de los Profetas, los principales de la sinagoga mandaron a decirles:

—Hermanos,* si tenéis alguna palabra de exhortación para el pueblo, hablad.

16 Entonces Pablo se levantó, y haciendo una señal con la mano, dijo:

— Hombres de Israel y los que teméis a Dios,* oíd. **17** El Dios de este pueblo de Israel escogió a nuestros padres. Enalteció al pueblo, siendo ellos extranjeros en la tierra de Egipto, y con brazo levantado los sacó de allí.

*13:15 Lit., *Varones hermanos.*
*13:16 Otra trad: *los temerosos de Dios*; es decir, gentiles simpatizantes del judaísmo

---

ron a predicar en los pueblos que encontraron al paso. Puede pensarse que sí, pues las colonias judías debían ser numerosas en todos los lugares.

De la proclamación del evangelio en Pafos tenemos datos más concretos. Es allí donde los misioneros conocieron al procónsul romano *Sergio Paulo* (v. 7), el cual los invitó a que le predicaran la Palabra. Abiertamente se les oponía *Barjesús* (v. 6), el consejero espiritual del procónsul. Barjesús significa "hijo de Jesús" (Josué). Lucas lo describe como un mago y un falso profeta. Este desafió a Bernabé y Saulo debido a su miedo de perder su posición ante Sergio Paulo. Trató de desacreditar el mensaje de los apóstoles de Dios y alejar de la fe al procónsul. Desde luego la reacción de Pablo contra él es fuerte; y no fueron sólo palabras, sino también hechos, haciendo que quedara ciego temporalmente. La expresión *hijo del diablo* (v. 10) tal vez la sugiriera a Pablo el nombre mismo del mago, como decir: más que Barjesús o "hijo de salvación" lo que eres es Barsatán o "hijo de perdición". Jesús había llamado así a los judíos que se oponían a su predicación (Juan 8:44).

Lucas afirma que Sergio creyó. Algunos, apoyándose en que Los Hechos no dice nada de su bautismo, han sostenido que en realidad no se hizo cristiano. Dicen que después que su consejero espiritual fue cegado por la mano del Señor, no pudo negar que Bernabé y Saulo tenían un poder religioso superior; algo como conocimiento intelectual, sin llevar las cosas a la práctica. Sin embargo, no hay por qué excluir una verdadera conversión, consumada en bautismo. También en 17:34 falta la mención del bautismo.

Lucas nota que *Saulo* también era conocido como *Pablo* (v. 9). Su nombre hebreo era Saulo, y su nombre romano Pablo. Con el testimonio al procónsul romano, Pablo comenzó su misión a los gentiles; resulta apropiado que se le llame por su nombre romano, el mismo que el Apóstol usa invariablemente en sus epístolas.

(2) Pablo en Antioquía de Pisidia, 13:13-41. Pablo, Bernabé y Juan Marcos, dejando Chipre, pasan al Asia Menor. Pablo aparece a la cabeza de la expedición desde el primer momento (vv. 13, 16). Los misioneros viajaron desde el pueblo portuario, Atalia, hasta Perge, que estaba a unos 10 km. de la costa. Juan Marcos dejó al grupo en Perge y regresó a Jerusalén. No sabemos qué razones hayan llevado a Juan Marcos a separarse de los dos apóstoles. ¿Era acaso porque Pablo se ha-

18 Por un tiempo como de cuarenta años los soportó* en el desierto. **19** Luego destruyó siete naciones en la tierra de Canaán, y les hizo heredar la tierra de ellas; **20** como unos 450 años. »Después de eso,* les dio jueces hasta el profeta Samuel. **21** Y a partir de entonces pidieron rey, y Dios les dio por cuarenta años a Saúl hijo de Quis, hombre de la tribu de Benjamín.* **22** »Después de quitarlo, les levantó por rey a David, de quien dio testimonio diciendo: *"He hallado a David hijo de Isaí, hombre conforme a mi corazón,** *quien hará toda mi voluntad."* **23** De la descendencia de David, conforme a la promesa, Dios trajo para Israel un Salvador, Jesús. **24** Antes de presenciar su venida,* Juan predicó el bautismo de arrepentimiento a todo el pueblo de Israel. **25** Entonces, cuando Juan terminaba su carrera, decía: "¿Quién pensáis que yo soy? Yo no lo soy. Más bien, he aquí viene tras mí uno de quien yo no soy digno de desatar el calzado de sus pies."*

26 »Hermanos,* hijos del linaje de Abraham, y los que entre vosotros temen a Dios: A nosotros* nos ha sido enviado el mensaje* de esta salvación. **27** Porque los habitantes de Jerusalén y sus gobernantes, por no reconocer a Jesús ni hacer caso a las palabras* de los profetas que se leen todos los sábados, las cumplieron al condenarlo. **28** Sin hallar en él ninguna causa digna de muerte, pidieron a Pilato que le matase. **29** Y como habían cumplido todas las cosas escritas acerca de él, lo bajaron del madero y lo pusieron en el sepulcro. **30** Pero Dios le levantó de entre los muertos. **31** Y él apareció por muchos días a los que habían subido con él de Galilea a Jerusalén, los cuales ahora son sus testigos ante el pueblo.

---

*13:18 O sea, *aguantó su comportamiento*; algunos mss. antiguos dicen *los llevó en sus brazos como una nodriza.*
*13:20 Algunos mss. antiguos tienen ... *ellas.* ²⁰*Después de eso, por 450 años les dio...*; sobre las alusiones históricas, ver Deut. 1:31; 7:1; Jos. 12:7, 8.
*13:21 Ver 1 Sam. 8:5; 10:1
*13:22 1 Sam. 13:14; ver también 1 Sam. 16:12, 13 y Sal. 89:20
*13:24 O sea, *antes del comienzo de su ministerio*
*13:25 Ver Juan. 1:20, 27; Luc. 3:16
*13:26a Lit., *varones hermanos*
*13:26b Algunos mss. antiguos dicen *A vosotros os ha sido enviado el mensaje...*
*13:26c Lit., *palabra*
*13:27 Lit., *voces*

---

bía convertido en el líder del grupo, reemplazando a su primo Bernabé? ¿Era acaso que Pablo era dominante y Marcos quería mantener su libertad y autoestima? ¿Fue tal vez por las incomodidades que preveía de un viaje por las montañas? ¿Estaba enfermo? ¿Tenía novia en Jerusalén? Una cosa es cierta, y es que a Pablo no le gustó esta retirada de Marcos, pues luego, pensando en ella, no querrá admitirle como compañero en su segundo viaje misionero (15:38). Más tarde, sin embargo, Pablo se reconcilió con él (Col. 4:10).

Solos ya Pablo y Bernabé *pasando de Perge, ellos llegaron a Antioquía de Pisidia* (v. 14). Se llama *de Pisidia* para distinguirla de Antioquía de Siria. El viaje de 150 km. hasta Antioquía, ubicado a 1200 m. sobre el nivel del mar, era difícil y peligroso. Los llevaba por el terreno áspero de las pendientes montañosas del Tauro. Con frecuencia había inundaciones repentinas y amenazas a los viajeros por los bandidos de la región.

Entre los eruditos bíblicos hay desacuerdos en cuanto a la ubicación de las iglesias a las cuales se dedicó la epístola a los Gálatas. Algunos piensan que la carta fue enviada a la región norte de Asia Menor, y otros opinan que fue a la región sur, que incluye a Antioquía de Pisidia. Galacia recibió su nombre de los guerreros galos que habitaron una sección del interior de Asia Menor. A la Galacia original los ro-

32 »Nosotros también os anunciamos las buenas nuevas de que la promesa que fue hecha a los padres, 33 ésta la ha cumplido Dios para nosotros sus hijos,* cuando resucitó a Jesús; como también está escrito en el Salmo segundo:

*Mi hijo eres tú;
yo te he engendrado hoy.**

34 »Y acerca de que le levantó de los muertos para no volver más a la corrupción, ha dicho así: *Os daré las santas y fieles bendiciones prometidas a David.** 35 Por eso dice también en otro lugar: *No permitirás que tu Santo vea corrupción.** 36 Porque, después de haber servido en su propia generación a la voluntad de Dios, David murió, fue reunido con sus padres y vio corrupción. 37 En cambio, aquel a quien Dios levantó no vio corrupción.

---

*13:33a Algunos mss. antiguos dicen *para nuestros hijos*
*13:33b Sal. 2:7
*13:34 Isa 55:3 (LXX)
*13:35 Sal. 16:10 (LXX)

---

manos agregaron las regiones de Frigia, Pisidia y Licaonia, en las cuales estaban ubicadas las ciudades de Antioquía, Iconio, Listra y Derbe. Entonces se puede concluir que la zona original de los galos se conoce como Galacia del Norte y que Galacia del Sur es la región que los romanos agregaron a la provincia. Si la epístola a los Gálatas de Pablo fue dirigida a las iglesias de Galacia del Sur, la información de Gálatas 4:13-20 se aplicaría a la visita a Antioquía de Pisidia en su primer viaje misionero. Se implica en este pasaje de Gálatas que Pablo había planeado viajar a otra ciudad pero una enfermedad lo obligó a cambiar sus planes. Se sugiere que pudiera haber sido un problema en los ojos (Gál. 4:13-15).

Cuando Pablo llegó a Antioquía de Pisidia, entró en la sinagoga y fue bien recibido porque el que presidía la reunión acostumbraba invitar a los que juzgaba mejor preparados, particularmente si eran forasteros. Tal sucedió en el caso actual (v. 15). Algo parecido pasó con Jesucristo cuando regresó a Nazaret por primera vez después de su bautismo (Luc. 4:16-22).

Semillero homilético
Un mensaje poderoso
13:16-41

Introducción: La predicación de Pablo en Pisidia ilustra la clase de mensajes que se predicaban en los inicios de la obra misionera. De una manera sencilla, sin usar las artes de la retórica, detalla la historia de Cristo y los hechos más notables del pueblo de Dios que señalaban su manifestación en carne.
 I. La venida de Jesús es la consumación de la historia.
   1. La historia no es cíclica. Tiene un comienzo y avanza hacia un final.
   2. La historia es un proceso con un propósito definido. Que los hombres se encuentren con Dios.
   3. La historia terminará cuando Cristo venga otra vez.
 II. Los hombres no reconocieron a Dios en Jesucristo.
   1. Rechazaron al Hijo de Dios.
   2. Hicieron mal uso de su libertad para escoger entre Dios y la religión vacía.
 III. Aunque los hombres rechazaron a Dios en Jesucristo, no lo vencieron.
   1. La resurrección es la prueba del invencible propósito y poder de Dios.
   2. Dios no perdió el control de las cosas.
   3. Sus propósitos y voluntad reinarán sobre todo.
Conclusión: La historia se centraliza en Cristo y su propósito al venir al mundo. Cada persona tiene que tomar la decisión en relación con la persona de Cristo.

38 »Por lo tanto, hermanos,* sea conocido de vosotros que por medio de él se os anuncia el perdón de pecados. **39** Y de todo lo que por la ley de Moisés no pudisteis ser justificados, en él es justificado todo aquel que cree. **40** Mirad, pues, que no sobrevenga lo que está dicho en los Profetas:

41 *Mirad, burladores, asombraos y pereced.*
Porque yo hago una gran obra en vuestros días:
*una obra que jamás la creeréis, aunque alguien os la cuente.**

---

*13:38 Lit. *varones hermanos*
*13:41 Hab. 1:5 (LXX)

Llegado el sábado, Pablo y Bernabé van como siempre a la sinagoga. Terminada la lectura de una sección de *la Ley y de los Profetas* (v. 15), se les invita a dirigir algunas palabras de edificación y enseñanza. La misma costumbre se implantó en la comunidad cristiana primitiva (1 Cor. 14:3, 31; 1 Tim. 4:13; Heb. 13:22; Hech. 20:2). Pablo aceptó la invitación y utilizó los pasajes del AT para presentar a Jesús como el Salvador, pues el AT predecía su venida. Tanto para Pablo como para Jesús, el cristianismo era la consumación del judaísmo, y no su antagonista. El mensaje de Pablo se dirige a judíos y temerosos de Dios; nótese que Pablo usa el nombre del pacto, es decir *Israel* para los judíos (v. 16), y luego el nombre *hijos del linaje de Abraham* (v. 26).

Verdades prácticas

Pablo usó una estrategia que le permitió llevar el evangelio a todo el mundo.
1. Trazó la historia de los judíos para mostrar las raíces comunes (vv. 17-30).
2. Confrontó a los oyentes con la verdad del evangelio (vv. 38-40).
3. Aceptó la invitación de continuar su testimonio (vv. 42, 43).
4. Declaró su intención de extender su ministerio a los gentiles (vv. 46, 47).

A pesar de esta relación especial entre Dios y el pueblo de Israel, Pablo no les va a dar ningún aliento para creer que Dios estaba ligado sólo a su nación y raza, como pensaban los judíos contemporáneos. Los *hombres de Israel* (v. 16) e *hijos del linaje de Abraham* (v. 26) pueden ser rechazados igual como fue quitado el rey Saúl (v. 22). También la misma salvación fue ofrecida a los gentiles, pero ellos también pueden ser eliminados como lo fueron las siete naciones de la tierra de Canaán (v. 19). Todos son llamados a tomar una decisión que resultaría en la salvación o en el juicio.

Se puede bosquejar el sermón en tres partes, claramente apuntadas por la repetición de los vocativos *hermanos* (vv. 26, 38) que responden al inicial *hombres de Israel y los que teméis a Dios* (v. 16). Son: (1) La preparación de parte de Dios de un pueblo y de un Salvador (vv. 17-25); (2) el mensaje evangélico (vv. 26-37), y (3) la exhortación a creer: la invitación (vv. 38-41).

La preparación de parte de Dios de un pueblo y de un Salvador. La primera parte es un recuento de los muchos beneficios de Dios sobre Israel, desde Abraham hasta Juan el Bautista, el precursor de Jesucristo. La síntesis de las varias etapas que comprendió el proceso de elegir y guiar al pueblo israelita es más breve que en el discurso de Esteban (cap. 7). Pablo hace hincapié en la iniciativa de Dios de preparar a un pueblo para su salvación, y también en su cuidado para con ellos (v. 17). La elección no era por su mérito; más bien, Dios, por su paciencia, los soportó (v. 18). Dios les hizo toda provisión para su preparación al darles: los padres (patriarcas), los jueces, profetas como Samuel, David el Rey, Juan el heraldo y finalmente Jesús el Salvador.

El mensaje evangélico: Jesús como Salvador. La segunda parte es una de-

42 Cuando ellos salían, les rogaron que el sábado siguiente les hablasen de estos temas. **43** Entonces una vez despedida la congregación, muchos de los judíos y de los prosélitos piadosos siguieron a Pablo y a Bernabé, quienes les hablaban y les persuadían a perseverar fieles en la gracia de Dios. **44** El sábado siguiente se reunió casi toda la ciudad para oír la palabra de Dios. **45** Y cuando los judíos vieron las multitudes, se llenaron de celos, y blasfemando contradecían lo que Pablo decía. **46** Entonces Pablo y Bernabé, hablando con valentía, dijeron:

—Era necesario que se os hablase a vosotros primero la palabra de Dios; pero ya que la habéis desechado y no os juzgáis dignos de la vida eterna, he aquí, nos volvemos a los gentiles.

47 Porque así nos ha mandado el Señor:

---

mostración del mesiazgo de Jesucristo, rechazado por su pueblo, pero en quien se cumplen las profecías alusivas al Mesías. Toda esta parte, llena de citas bíblicas, sigue un proceso muy parecido al empleado también en los discursos de Pedro (2:22-35; 3:13-26). Vemos en estos discursos de Pedro y Pablo los elementos básicos de la predicación apostólica temprana: (1) La vida y el ministerio de Jesús (vv. 24, 25); (2) Jesús es el cumplimiento de la profecía del AT (vv. 26, 27); (3) la muerte injusta y el entierro de Jesús (vv. 29, 30); (4) Dios levantó a Jesús de los muertos (vv. 30, 31); (5) el cumplimiento de la promesa de Dios (vv. 32-37), y (6) la exhortación para aceptar a Jesucristo como Salvador y Señor (vv. 38-41).

La exhortación a creer: la invitación. En conclusión se sacan las consecuencias de lo dicho, a saber, que es necesario creer en Jesucristo si queremos ser justificados. La ley de Moisés no podía liberar al pueblo de sus pecados y restaurarlos a la comunión con su Padre celestial, pero Jesús sí ofrecía perdón de los pecados. Pablo lo proclamó a la gente: *en él es justificado todo aquel que cree* (v. 39). Por primera vez se establece la gran doctrina de Pablo de la justificación o justicia por medio de la fe. Es un tema que más tarde Pablo desarrolla a fondo en sus cartas a Roma y a Galacia. Y por fin se cita Habacuc 1:5 para advertir a sus oyentes del peligro de ser ciegos a la hora que estaba cumpliéndose en su día. Tal vez Pablo estaba recordando su propia ceguera espiritual antes de su experiencia en el camino a Damasco.

Evidentemente el mensaje de Pablo en la sinagoga produjo una gran impresión, pero no todo quedó claro pues le ruegan que regrese para hablarles sobre el asunto al sábado siguiente (v. 42). Aparentemente el punto que necesitaba de más aclaración era el que había tocado al final sobre la justificación por la fe en Jesús y no por las obras de la ley (vv. 38, 39). Consecuencias muy graves parecían deducirse de tales afirmaciones. Muchos de los judíos y convertidos al judaísmo (prosélitos gentiles) continuaron hablando del tema con Pablo y Bernabé después de la despedida del culto (v. 43).

> **Joya bíblica**
>
> Entonces una vez despedida la congregación, muchos de los judíos y de los prosélitos piadosos siguieron a Pablo y a Bernabé, quienes les hablaban y les persuadían a perseverar fieles en la gracia de Dios (13:43).

(3) El segundo encuentro, 13:42-52. El sábado siguiente se reunió casi toda la ciudad para escuchar a Pablo. Sin duda a lo largo de la semana se había ido corriendo la noticia de lo interesante que resultaba el nuevo predicador y de su independencia frente a la Ley. Muchos de la ciudad (judíos y prosélitos, v. 43) se reunieron para oír los pensamientos de Pablo y Bernabé sobre la palabra de Dios. Ahora nos encontramos con otro grupo nuevo dentro de la audiencia de los misioneros; entre *las multitudes* (v. 45) se encuentran los gentiles paganos (es decir, no precondicionados por el judaísmo como

*Te he puesto por luz
a los gentiles,*
a fin de que seas para salvación
hasta lo último de la tierra.**

48 Al oír esto, los gentiles* se regocijaban y glorificaban la palabra del Señor, y creyeron cuantos estaban designados para la vida eterna. **49** Y la palabra del Señor se difundía por toda la región.

50 Pero los judíos instigaron a unas mujeres piadosas y distinguidas y a los principales de la ciudad, y provocaron una persecución contra Pablo y Bernabé, y los echaron de sus territorios. **51** Entonces sacudieron el polvo de sus pies contra ellos, y se fueron a Iconio. **52** Y los discípulos estaban llenos de gozo y del Espíritu Santo.

---

*13:47a, 48 Otra trad., *las naciones*
*13:47b Isa. 49:6

---

se ve en el v. 43), ya listos para oír la palabra de Dios. No se dan los detalles de los discursos de Pablo a lo largo de la semana, pero a juzgar por la reacción tan distinta de los judíos (v. 45) y los gentiles (v. 48), parece claro que insistió en la justificación por la fe en Jesús y que con su muerte y resurrección había traído la redención a todos los hombres indistintamente, aboliendo de este modo la ley de Moisés. Los gentiles entonces interpretaron que el *todo aquel que cree* (v. 39) los incluía a ellos. Vinieron el segundo sábado a la sinagoga para oír más de esta interesante interpretación de Pablo sobre la palabra de Dios.

> **Luz a las naciones**
>
> Cada nación tiene un papel importante en el mundo y en relación con las demás naciones vecinas y las mundiales. Hoy en día una violencia en el rincón más retirado del mundo es noticia en toda otra parte del mundo instantáneamente. Por eso, es importante aceptar el papel que Dios nos ha puesto, y ser una luz para testificar del amor de Dios para toda la humanidad.

Los gentiles temerosos de Dios y los prosélitos habían sido aceptados por los judíos de la sinagoga, pero cuando los judíos vieron la muchedumbre de los gentiles paganos que venían a oír a Pablo, *se llenaron de celos* (v. 45). Ellos contradijeron los principios de interpretación y la aplicación que Pablo había dado a las Escrituras del AT. Los judíos llegaron a enfurecerse durante el debate y aun blasfemaron y maldijeron a Cristo (v. 45; ver también Gál. 3:13).

Los judíos habían probado ser indignos de la gracia de Dios porque habían repudiado a su Hijo, quien les ofreció vida eterna (v. 46). Pablo señala por las Escrituras (Isa. 49:6) que era la voluntad de Dios que la luz del evangelio fuera llevada a los gentiles (v. 47). Ahora ellos están rechazando a Jesús, el Hijo de Dios (el Mesías) quien había ordenado que las buenas nuevas de salvación fueran llevadas hasta lo último de la tierra. Los celos y el prejuicio de los judíos revelaron que eran indignos del perdón de Dios.

Los gentiles notaron la actitud de los judíos, y se regocijaron y alabaron a Dios cuando oyeron que la palabra de Dios los incluía. Lucas, otra vez, llama nuestra atención al hecho de que el propósito predeterminado de Dios no puede ser impedido. Los gentiles que también habían sido elegidos para vida eterna respondieron al mensaje de Pablo por medio de la fe. El evangelio ya había alcanzado finalmente a aquellos que estaban más lejos: los gentiles paganos. La respuesta de los gentiles trajo notas de gozo y de tristeza al mismo tiempo. El hecho de que los gentiles fueron incluidos para salvación trajo regocijo, pero eso resultó en la autoexclusión de los judíos. Ellos rechazaron ser puestos en un mismo nivel con los gentiles en la esfera del movimiento cristiano (ver Ef. 2:11-22; 3:1-13).

Pero cuando más general fue el rechazo

Pablo y Bernabé en Iconio

14 Aconteció en Iconio que entraron juntos en la sinagoga de los judíos y hablaron de tal manera que creyó un gran número, tanto de judíos como de griegos. **2** Pero los judíos que no creyeron incitaron y malearon el ánimo de los gentiles en contra de los hermanos. **3** Con todo eso, ellos continuaron mucho tiempo hablando con valentía, confiados en el Señor, quien daba testimonio a la palabra de su gracia concediendo que se hiciesen señales y prodigios por medio de las manos de ellos. **4** La gente de la ciudad estaba dividida: Unos estaban con los judíos, otros con los apóstoles. **5** Como surgió un intento de parte de los gentiles y los judíos, junto con sus gobernantes, para afrentarlos y apedrearlos, **6** se enteraron y huyeron a Listra y a Derbe, ciudades de Licaonia, y por toda la región de alrededor. **7** Y allí anunciaban el evangelio.

de la predicación de los apóstoles de parte de los judíos, tanto más abundantes fueron los frutos que ésta alcanzó entre la población pagana. El evangelio se difunde rápidamente, no sólo en Antioquía, sino también en las regiones circunvecinas, gracias a los esfuerzos de los mismos convertidos. Los judíos no permanecieron inactivos, sino que valiéndose de algunas mujeres de posición social, pudieron promover un motín popular contra los dos predicadores. Los dos debieron salir de allí rumbo a Iconio, pero no sin antes realizar el gesto simbólico de sacudir el polvo de sus pies contra sus perseguidores (v. 51; ver 18:6), conforme a la instrucción de su Señor (Mat. 10:14; Mar. 6:11; Luc. 9:5; 10:11).

(4) Pablo y Bernabé en Iconio, 14:1-7. Iconio, al sudeste de Antioquía, distaba de esta ciudad unos 130 km. Lucas nos informa cuidadosamente que Perge estaba en la provincia de Panfilia (13:13), Antioquía en Pisidia (13:14), Listra y Derbe en Licaonia (14:6), pero no se encuentra ninguna indicación respecto a la geografía de Iconio. Probablemente fue intencional, debido a que anteriormente esta ciudad perteneció a Frigia, pero posteriormente estaba incluida como parte del distrito de Licaonia, aunque sus habitantes seguían considerándose como frigios.

Después que llegaron a Iconio, los apóstoles entraron una vez más en la sinagoga y predicaron a Cristo. La actividad de los dos misioneros (heraldos de la fe), descrita en pocas líneas, sigue más o menos el mismo curso que en Antioquía. Al principio obtienen gran éxito entre los judíos, no menos que entre los griegos (gentiles temerosos de Dios). Lucas no presenta el bosquejo del mensaje, pero dice que una gran multitud creyó. De aquí en adelante Lucas ya no vuelve a dar cuenta detallada de la predicación en las sinagogas; sólo de vez en cuando y en pocas palabras indica su contenido. Los puntos esenciales de sus discursos habrán sido los mismos en todas partes.

La experiencia de Antioquía se repitió en Iconio: se comienza por predicar en la sinagoga con un gran éxito inicial (v. 1), pero los judíos no creyentes incitaron una gran oposición entre los gentiles y los enojaron contra los hermanos (v. 2; 18:6; 19:9; 28:24). La ciudad llegó a estar dividida después de que Pablo y Bernabé pasaron un prolongado período de tiempo enseñando el evangelio. Aquí, como en

---

A pesar de la oposición

Víctor Martínez Corcho, de Cartagena, Colombia, lleva en su cuerpo las cicatrices de su fidelidad al evangelio. Siendo pastor de la Iglesia Bautista Alcibia en aquella ciudad, cierto día un grupo de fanáticos decidió apedrear el edificio que recién se había terminado. El pastor Martínez recibió el golpe de una piedra en la sien, pero después de pocos minutos el grupo se dispersó. A través de los años él ha seguido fiel en la predicación del evangelio a unas 600 personas cada domingo, pero esa multitud que tiraba piedras desapareció. Miles de personas han llegado a aceptar el evangelio como resultado de su fidelidad a pesar de la oposición.

Pablo y Bernabé en Listra

8 En Listra se hallaba sentado cierto hombre imposibilitado de los pies, cojo desde el vientre de su madre, que jamás había caminado. **9** Este oyó hablar a Pablo, quien fijó la vista en él y vio que tenía fe para ser sanado. **10** Y dijo a gran voz:

—¡Levántate derecho sobre tus pies!

Y él saltó y caminaba. **11** Entonces, cuando la gente vio lo que Pablo había hecho, alzó su voz diciendo en lengua licaónica:

—¡Los dioses han descendido a nosotros en forma de hombres!

12 A Bernabé le llamaban Zeus y a Pablo, Hermes,* porque era el que llevaba la palabra. **13** Entonces el sacerdote del templo de Zeus, que quedaba a la entrada de la ciudad, llevó toros y guirnaldas delante de las puertas de la ciudad, y juntamente con el pueblo quería ofrecerles sacrificios. **14** Cuando los apóstoles Bernabé y Pablo oyeron esto, rasgaron sus ropas y se lanzaron a la multitud dando voces **15** y diciendo:

---

*14:12 Entre griegos y romanos, Zeus (Júpiter) era el principal de los dioses, y Hermes (Mercurio) era su portavoz.

---

otros lugares, Dios confirmó su presencia a través de la audacia del testimonio de los apóstoles y las *señales y prodigios por medio de las manos de ellos* (v. 3). Aquellos que se oponían conspiraron con sus gobernantes para instigar una manifestación pública durante la cual los apóstoles deberían ser apedreados. Sin embargo, la gente no había tenido éxito en su acusación ante el tribunal contra los apóstoles. Y al fin, los dos predicadores salieron de allí rumbo a las ciudades vecinas (vv. 4-7). Lo que sucede en otras situaciones en sus viajes misioneros, sucede también en Iconio: los dos portavoces de la fe tienen que ceder ante el odio de los judíos que persisten en la infidelidad y que se encargan de armarles un alboroto (9:23; 13:45, 50; 14:19; 17:5-8; 18:6, 12, 13).

En el v. 3 se designa la predicación del evangelio como *la palabra de su gracia*. Con ello se da a entender que la salvación que ofrece el cristianismo es puro don de Dios (ver 15:11; 20:24, 32).

Los vv. 4 y 14 de este capítulo son los únicos pasajes en que Pablo y Bernabé se mencionan con el título de *apóstoles* (apóstol significa "enviado"), título que Los Hechos, fuera de aquí, reserva para los doce. Aun cuando habla de Pablo solo, Lucas no lo llama jamás apóstol. Los apóstoles de Cristo, que no deben confundirse con "los apóstoles de las iglesias" (2 Cor. 8:23: RVA tiene *mensajeros*; Fil. 2:25:

RVA tiene *mensajeros*), era un grupo especial y restringido, pero llegaron a incluir a otros que no eran de los doce. Pablo, Bernabé, Santiago, Andrónico, Junias y Epafrodito parecen haber sido considerados apóstoles de Cristo. Posiblemente éstos, incluyendo a Pablo, deben ser distinguidos de los doce, al no haber seguido a Jesús desde el tiempo del bautismo de Juan (1:22) como era el caso con los doce. Pablo, por lo menos, insistía en que él había visto al Señor resucitado, basando su pretensión al apostolado en tal experiencia (1 Cor. 9:1), junto con su designación directa por Jesucristo (Gál. 1:1).

(5) Pablo y Bernabé en Listra, 14:8-20. Listra y Derbe eran dos ciudades de Licaonia, pertenecientes políticamente a la provincia romana de Galacia. Estaban al sudeste de Iconio. Listra distaba de Iconio unos 40 km. y Derbe distaba de Listra unos 50 km. Según parece, en ninguna de las dos ciudades existía sinagoga ni un grupo considerable de temerosos de Dios, mas el culto a Zeus es prominente (v. 13). Parece que el ambiente era predominantemente pagano. Judíos, en cambio, sí los había. Listra fue la ciudad natal de Timoteo, a quien Pablo conoció ya durante esta su primera estancia en la ciudad. Es posible que el hogar de Timoteo (y de su madre Eunice, una mujer judía, y de Loida, su abuela) haya hospedado a los apóstoles cuando estuvieron en Listra (16:1, 2; 2

—Hombres, ¿por qué hacéis estas cosas? Nosotros también somos hombres de la misma naturaleza que vosotros, y os anunciamos las buenas nuevas para que os convirtáis de estas vanidades al Dios vivo que hizo el cielo, la tierra, el mar y todo lo que hay en ellos. **16** En las generaciones pasadas Dios permitió que todas las naciones anduvieran en sus propios caminos; **17** aunque jamás dejó de dar testimonio de sí mismo haciendo el bien, dándoos lluvias del cielo y estaciones fructíferas, llenando vuestros* corazones de sustento y de alegría.

18 Aun diciendo estas cosas, apenas lograron impedir que el pueblo les ofreciese sacrificios.

---

*14:17 Algunos mss. tardíos dicen *nuestros*.

Tim. 1:5).

Referente a la visita a Derbe nada sabemos en detalle, sino que después de anunciar el evangelio y de hacer muchos discípulos volvieron a Listra (v. 21). Al contrario, por lo que se refiere a la estancia en Listra sí abunda la información. Como no disponían de una sinagoga, la predicación de Pablo y Bernabé se realizó en las calles y en las casas. Tal vez a la entrada del mercado se encontraron con un limosnero inválido de nacimiento que había escuchado el mensaje de Pablo con gran interés. Al observar al enfermo, Pablo nota en la expresión de su rostro que tiene una fe suficiente en él como enviado de Dios y acepta con plena convicción la verdad de su sermón (ver 13:48). Pablo le ordena que se ponga de pie. Este se levanta y comienza a caminar.

Como era una sociedad pagana, la multitud de paganos dedujo del milagro que los dioses habían tomado forma humana y habían venido a su ciudad. La creencia de que las divinidades pueden revestir figura humana y andar entre los hombres corresponde perfectamente a las ideas religiosas del paganismo de esa época. También los habitantes de Malta tomaron a Pablo por un dios (28:6). Como Bernabé era mayor

---

Semillero homilético

¿Qué es un misionero?
14:8-20

Introducción: Se habla mucho de misiones y misioneros. Pero, ¿qué características debe tener un misionero según la perspectiva bíblica?
I. Un misionero es una persona visionaria llamada por Dios.
  1. Con una visión clara del campo: Los campos blancos para la siega.
  2. Con una visión amplia del campo: El campo es el mundo.
  3. Con una visión concreta de su misión: Que los hombres se arrepientan.
II. Un misionero es una persona obediente al llamado por Dios.
  1. No se deja llevar por adulaciones (a Pablo y a Bernabé les querían ofrecer sacrificios).
  2. El misionero obedece la voz del Espíritu (Pablo vio que un hombre tenía fe para ser sanado).
  3. Sigue adelante a pesar de las adversidades.
III. Un misionero es una persona llamada por Dios que está dispuesta a sufrir.
  1. Un misionero expone su vida por la causa de Cristo (a Pablo lo apedrearon).
  2. Un misionero sigue adelante a pesar de las adversidades (Pablo siguió adelante a pesar de que lo habían dejado casi muerto).
  3. Un misionero sabe que habrá sufrimientos en el desempeño de la obra misionera (*Es preciso que a través de muchas tribulaciones entremos en el reino de Dios,* v. 22).

Conclusión: Un verdadero misionero es aquel que habiendo sido llamado por Dios a la obra misionera, se convierte en un visionario cuya obediencia le capacita para soportar el sufrimiento que implica la realización de su tarea.

19 Entonces de Antioquía y de Iconio vinieron unos judíos, y habiendo persuadido a la multitud, apedrearon a Pablo y le arrastraron fuera de la ciudad, suponiendo que estaba muerto. **20** Pero los discípulos le rodearon, y él se levantó y entró en la ciudad. Al día siguiente partió con Bernabé para Derbe.

---

y el más reservado se le identificó con Zeus (Júpiter, dios romano principal), la suprema deidad y el guardián principal de la ciudad. Pablo era el que llevaba la palabra y el menor de los dos; por tanto, se asemejaba a Hermes (Mercurio, el equivalente romano), el mensajero de los dioses. Dado que la gente empezó a hablar en lenguaje licaónico, probablemente Pablo y Bernabé no entendieron lo que decían cuando los identificaron con Zeus y Hermes (v. 11).

El pueblo de Listra está tan firmemente convencido de que Pablo y Bernabé son dioses en figura humana que los sacerdotes del templo de Zeus, erigido a la entrada de la ciudad, se dan prisa para ofrecer un sacrificio a las dos supuestas divinidades. Los apóstoles intervinieron inmediatamente y rasgaron sus vestidos como señal de repugnancia por un acto tan blasfemo (un gesto usual entre los judíos, Mar. 14:63). Ellos les indicaron que también eran hombres y que predicaban el evangelio para que la gente conociera al Dios viviente.

El mensaje de Pablo a las personas de Listra refleja el fondo simple y pagano de sus oidores. Como todos los discursos en Los Hechos, éste también es completamente apropiado a la situación. En las sinagogas Pablo naturalmente apelaba al testimonio de las Escrituras judías, mas aquí tiene que apelar a su propia experiencia (es decir, la revelación natural). Las palabras que entonces anuncia al pueblo tienen para nosotros mucha importancia, porque nos ilustran sobre lo que era la predicación de Pablo a grupos paganos.

Comienza enseñando a la gente acerca del Dios viviente, como la verdad religiosa fundamental de que hay un solo Dios, el cual es el Creador del universo y Padre amoroso de todos los hombres (igual como el discurso en Atenas, 17:22-31). No somos nosotros dioses, les dicen Pablo y Bernabé, sino que poseemos una naturaleza de hombres, semejante a la de ustedes. Somos mensajeros de ese Dios viviente, y lo que buscamos precisamente es apartarlos del culto a los ídolos, Zeus y Hermes, que son falsos (no tienen existencia real), y convertirlos al único y verdadero Dios. Sus dioses son objetos inertes y, en consecuencia, incapaces de acudir en ayuda de sus adoradores; en cambio, nuestro Dios no ha dejado de dar testimonio de sí mismo. El Dios que les anunciamos es un Dios que existe, que posee la vida y es capaz de hacer algo por sus adoradores, escuchar sus súplicas, protegerlos y traerles la paz y la felicidad verdadera.

Se nota en el v. 19 un cambio brusco en los sentimientos populares, que sirve como estorbo a la obra de los apóstoles y que pone fin a su actividad en Listra. Los responsables son, una vez más, los judíos, venidos en esta ocasión desde Antioquía a Iconio. Estos judíos celosos que se oponían al éxito del evangelio entre los gentiles, se movieron entre el pueblo emocional e inconstante y les persuadieron que los apóstoles estaban equivocados. La muchedumbre se amotina y apedrea a Pablo, que se desploma inconsciente. Dado que Pablo era el portavoz, fue el blanco principal de la ira de la gente. Creyéndole muerto, lo llevaron fuera de la ciudad y allí lo abandonaron. Mientras los discípulos rodeaban el cuerpo, quizá planeando su entierro, Pablo vuelve en sí, se levanta y regresa a la ciudad. Pablo habla de esta experiencia más tarde en sus escritos (2 Cor. 11:25; 2 Tim. 3:11).

(6) El regreso a Antioquía de Siria, 14:21-28. Como se notó antes, nada sabemos en detalle de la obra en Derbe. Lucas menciona que se hicieron muchos

El regreso a Antioquía de Siria

21 Después de anunciar el evangelio y de hacer muchos discípulos en aquella ciudad, volvieron a Listra, a Iconio y a Antioquía, **22** fortaleciendo el ánimo de los discípulos y exhortándoles a perseverar fieles en la fe. Les decían: "Es preciso que a través de muchas tribulaciones entremos en el reino de Dios." **23** Y después de haber constituido ancianos para ellos en cada iglesia y de haber orado con ayunos, los encomendaron al Señor en quien habían creído.

24 Luego de atravesar Pisidia, llegaron a Panfilia; **25** y después de predicar la palabra en Perge, descendieron a Atalia. **26** De allí navegaron a Antioquía, donde habían sido encomendados a la gracia de Dios para la obra que habían acabado.

27 Después de llegar y reunir la iglesia, se pusieron a contarles cuántas cosas había hecho Dios con ellos, y cómo él había abierto a los gentiles la puerta de la fe. **28** Y se quedaron allí por mucho tiempo con los discípulos.

---

discípulos, dando a entender que un buen número de los ciudadanos de la pequeña ciudad se convirtió a Cristo. Es posible que Gayo de Derbe fuera convertido en este tiempo (20:4).

Después de terminar la obra en Derbe, Pablo y Bernabé determinaron regresar a Antioquía de Siria, iglesia de la que habían partido para este su primer viaje misionero. El regreso va a hacerse siguiendo el mismo camino que habían traído, pero en sentido inverso: Derbe-Listra-Iconio-Antioquía de Pisidia-Perge (vv. 21-25); desde allí bajarán a Atalia, puerto principal del área, embarcándose para Siria (vv. 25, 26).

> **Joya bíblica**
> Y después de haber constituido ancianos para ellos en cada iglesia y de haber orado con ayunos, los encomendaron al Señor en quien habían creído (14:23).

La razón por la que eligieron esta ruta de regreso es significativa. Podían haber hecho el viaje mucho más directo atravesando la cordillera del Tauro por Cilicia y bajando luego a Siria. Dado que hacía muy poco tiempo que las congregaciones se habían establecido en esas ciudades, era importante que recibieran más enseñanza y orientación en cuanto al evangelio, y que se les ayudara a resolver cualquier problema que pudiera haber surgido. Los nuevos cristianos necesitaban comprender que su fe no les iba a librar de ser perseguidos. Pablo es totalmente honrado con la gente que había decidido convertirse al cristianismo. Les decía francamente que tendrían que entrar en el reino de Dios atravesando muchas aflicciones. La entrada al reino de Dios era una puerta muy angosta y difícil. El reino de Dios, un concepto judío, se usaba muy poco entre los gentiles.

Otra razón para volver a visitar a las nuevas iglesias es que necesitaban algo de organización, especialmente aquellas entre los gentiles que eran independientes de la sinagoga. Los apóstoles demostraron que su convicción era desde el comienzo que el cristianismo debía ser vivido en comunidad. Las personas no se dejaban solamente a su vida individual. Desde el principio el deseo de los dos evangelistas no fue solamente convertir a individuos, sino formar con esos individuos una congregación cristiana. Lucas menciona que Pablo y Bernabé constituyeron *ancianos para ellos en cada iglesia* (v. 23). La palabra "constituir" (nombrar) originalmente denotaba una elección por aclamación (es decir, un voto por levantar las manos). El significado original de la palabra pudo haberse usado para referirse a una elección popular. Parece ser que la elección fue llevada a cabo bajo la dirección de los apóstoles. La organización de la iglesia bajo la dirección de los presbíteros (transliteración de la palabra griega) o ancianos, probablemente fue derivada de la sinagoga judía. Los ancianos eran los responsables

El problema con los judaizantes

15 Entonces algunos que vinieron de Judea enseñaban a los hermanos: "Si no os circuncidáis de acuerdo con el rito de Moisés, no podéis ser salvos." **2** Puesto que surgió una contienda y discusión no pequeña por parte de Pablo y Bernabé contra ellos, los

---

de dirigir los cultos de la iglesia. Después de la elección de los ancianos, la congregación pasó un tiempo orando y ayunando. Lucas no menciona la imposición de manos. Los apóstoles encomendaron a los ancianos y a toda la iglesia al Señor antes de continuar su viaje a Antioquía de Siria. Como se menciona previamente, con frecuencia los términos *anciano* y *obispo* son usados alternativamente en el NT (Hech. 20:17 con 20:28; y Tito 1:5 con 1:7).

Al llegar a Antioquía los misioneros reúnen a la iglesia y cuentan de *cuántas cosas había hecho Dios con ellos*, pero la noticia de más importancia y de enorme trascendencia era *cómo él había abierto a los gentiles la puerta de la fe* (v. 27). Esto debió llenar de alegría a la iglesia en Antioquía, compuesta en gran parte por gentiles. Claro, se habían ofrecido puertas abiertas a los gentiles: circuncisión, la Ley, llegar a ser prosélito. Mas esta puerta —fe personal en Jesucristo— no tenía necesariamente ninguna conexión con la sinagoga ni con ninguna de estas cosas.

No todos, sin embargo, participaban del mismo entusiasmo. Algunos cristianos judíos, demasiado apegados aún al judaísmo, no compartían esas alegrías. Los asuntos narrados en el siguiente capítulo son una buena prueba de ello.

3. Problema de la obligación de la ley discutido en Jerusalén, 15:1-35

La predicación a los gentiles y la entrada de éstos a la iglesia produjeron un problema que tenía que resolverse. Toda la religión judía se fundamentaba en el hecho de que eran el pueblo escogido. En realidad lo que creían era no sólo que ellos eran la posesión especial de Dios, sino que también Dios era posesión especial de ellos. El problema era el siguiente: ¿Era necesario que un gentil se circuncidara y aceptara la ley de Moisés al convertirse al cristianismo y hacerse miembro de la iglesia? O ¿se debía aceptar a un gentil por el simple hecho de ser un hombre? Pero aun cuando se resolviera este problema quedaba otro de importancia. Los judíos no podían recibirlos como huéspedes ni ser hospedados por ellos. De modo que surgió otra pregunta: Si los gentiles eran aceptados en la iglesia, ¿hasta qué punto podrían asociarse con los judíos en la vida social de la iglesia y del mundo? ¿Continuarían las líneas de demarcación aun dentro de la iglesia? ¿Se consideraría a los gentiles y a los judíos en un mismo nivel, sin ninguna diferenciación? Estos son los problemas que existían en el movimiento cristiano durante el primer siglo, como se refleja en la literatura neotestamentaria. La solución no era fácil.

Es dentro de este contexto histórico y esta atmósfera de contención que se aprecia la importancia de la conferencia en Jerusalén. ¿Puede innovar el cristiano? La primera cuestión es saber si la iglesia y el cristiano pueden innovar, bajo la dirección del Espíritu Santo (Juan 14:25, 26; 16:5-15), o si tienen que contentarse con repetir al pie de la letra lo que se les ha enseñado desde siempre. Es inútil poner ejemplos; surgen fácilmente de la Escritura misma y también de la vida actual de la iglesia o de nuestra propia vida. La iglesia responde: siendo aparentemente infiel a la letra de las consignas de Cristo (*No vayáis por los caminos de los gentiles, ni entréis en las ciudades de los samaritanos*, Mat. 10:5), se puede ser fiel a su espíritu. Debe notarse en Los Hechos que los hombres como Esteban, Felipe, Pablo y Pedro, y unos hombres de Chipre y de Cirene, y luego los otros escritores del NT, bajo la guía del Espíritu Santo, estaban desarrollando unos principios de interpretación

hermanos determinaron que Pablo, Bernabé y algunos otros de ellos subieran a Jerusalén a los apóstoles y ancianos para tratar esta cuestión.*

3 Entonces los que habían sido enviados por la iglesia pasaban por Fenicia y Samaria, contando de la conversión de los gentiles; y daban gran gozo a todos los hermanos.

*15:2 Ver Gál. 2:1

más sanos que aquellos que fueron usados por los judaizantes. Al fin Pablo lo resume todo cuando dice: *Ya no hay judío ni griego, no hay esclavo ni libre, no hay varón ni mujer; porque todos vosotros sois uno en Cristo Jesús* (Gál. 3:28).

Muchos han tratado de armonizar la visita de Pablo a Jerusalén que se menciona en el cap. 15 con las visitas que se encuentran en sus cartas. Tradicionalmente los eruditos han identificado la visita de Pablo a Jerusalén con motivo de la conferencia con Gálatas 2:1-10. Sin embargo, algunos otros estudiosos sugieren que la visita descrita en 11:30 corresponde a su visita según Gálatas 2:1-10. Es indudable que hay ciertas diferencias respecto al número de visitas de Pablo a Jerusalén y su cronología según Lucas en Los Hechos y según Pablo en su epístola a los Gálatas. A la vez, hay muchas semejanzas entre Hechos 15 y Gálatas 2:1-10 y los dos se suplementan.

(1) El problema de los judaizantes, 15:1-3. En el intervalo entre el primer viaje misionero de Pablo y el segundo, ocurrió algo de suma trascendencia para la actividad misionera, o más precisamente, para la posibilidad misma de desarrollo de la iglesia primitiva. La cuestión surgió a raíz de la llegada a Antioquía de algunos cristianos judíos procedentes de Judea, los cuales tenían un enfoque del cristianismo muy estrecho. Estos, como los que en el v. 5 compartieron su pensamiento, debían ser antiguos fariseos (luego llamados judaizantes), que no satisfechos de seguir siendo personalmente estrictos observantes de la ley, pretendían además que los gentiles se hicieran judíos antes de hacerse cristianos.

Los argumentos de los judaizantes cho-

Semillero homilético

Cómo solucionar los problemas en la iglesia
15:1-35

Introducción: Cada iglesia, en todas las épocas y en todos los lugares, enfrenta problemas de todo tipo. Algunas veces, como en el caso de este pasaje, son problemas que surgen por el crecimiento mismo de la obra. ¿Cómo encontrar soluciones a los problemas? El ejemplo que tenemos aquí nos da algunas pautas para solucionarlos.

I. Los problemas deben ser tratados antes que avancen demasiado.
  1. Identificar el problema (vv. 1, 2a).
  2. Buscar urgentemente un principio de solución (vv. 2b-3).
II. Los problemas deben ser tratados con toda la información necesaria.
  1. Información de los involucrados en la discusión (vv. 4, 5, 12).
  2. Información de otros que pueden ilustrar adecuadamente del asunto (vv. 7-11, 13-21).
III. Los problemas deben ser tratados con la meta de llegar a un acuerdo.
  1. Elaboran los términos de un acuerdo pacificador (vv. 22-29).
  2. Comunican adecuadamente el acuerdo pacificador (vv. 30-35).

Conclusión: ¿Hay problemas en la iglesia hoy? ¡Sí! Pero también puede haber soluciones que lleguen a tiempo. Es importante tomar en cuenta las sugerencias de la experiencia de la iglesia en el primer siglo. Cada iglesia o comunidad cristiana necesita personas consagradas que puedan percibir el problema, reflexionar sobre posibles soluciones, y llevar a los demás a aceptar el mejor acuerdo posible para solucionar el problema.

Las deliberaciones en Jerusalén

4 Una vez llegados a Jerusalén, fueron recibidos por la iglesia y por los apóstoles, y les refirieron todas las cosas que Dios había hecho con ellos. **5** Pero algunos de la secta de los fariseos que habían creído se levantaron diciendo:

—Es necesario circuncidarlos y mandarles que guarden la ley de Moisés.

6 Entonces se reunieron los apóstoles y los ancianos para considerar este asunto. **7** Como se produjo una grande contienda, se levantó Pedro y les dijo:

—Hermanos,* vosotros sabéis como, desde los primeros días, Dios escogió entre vosotros* que los gentiles oyesen por mi boca la palabra del evangelio y creyesen. **8** Y Dios, que conoce los corazones, dio testimonio a favor de ellos al darles el Espíritu Santo igual que a noso-

---

•15:7a Lit., *Varones hermanos*
*15:7b Algunos mss. antiguos no incluyen *de entre vosotros*; otros dicen *de entre nosotros*.

---

caron con la oposición más enérgica por partes de Pablo y de Bernabé. La reacción de los hermanos de Antioquía frente a las críticas de los que habían venido de la iglesia madre de Jerusalén era muy ardua. Era el choque entre un mundo viejo y otro nuevo. El asunto era grave y podía haber puesto en peligro la futura propagación del movimiento cristiano. Las discusiones terminaron con una solución provisional: Enviar a Jerusalén una delegación encabezada por Pablo y Bernabé, a fin de solicitar allí el juicio de los apóstoles y de los ancianos sobre el delicado problema. Durante el viaje a Jerusalén atravesaron Fenicia y Samaria visitando a las iglesias en esa región y relatando la conversión de los gentiles. El hecho de que su informe de la conversión de los gentiles causó *gran gozo a todos los hermanos* (v. 3) brindó más apoyo a la posición de Pablo y Bernabé durante la conferencia. Sólo en Jerusalén surgieron de nuevo los judeocristianos de mentalidad estrecha.

(2) Las deliberaciones en Jerusalén, 15:4-21. La conferencia comenzó con un debate sobre el tema presentado por los fariseos que creían que Jesús era el Mesías. La pregunta ya no era: ¿Puede salvarse un gentil?, pues todos estaban de acuerdo en aceptar esto. La pregunta era: ¿Qué deben hacer los gentiles para ser salvos? Todos estaban dispuestos a aceptar que los gentiles y los judíos debían creer en el nombre de Jesucristo, es decir, que Jesús era el libertador ungido por Dios. Lo que debía decidirse era si tenían que *circuncidarlos y mandarles que guarden la ley de Moisés* (v. 5). ¿Podían los judíos cristianos asociarse con los gentiles incircuncisos sin que esto involucrara contaminación? ¿Debían los gentiles cristianos permanecer en una posición inferior en la iglesia, como los temerosos de Dios en la sinagoga?

Además, según Weldon Viertel, los fariseos temían que los gentiles no mantuvieran el elevado nivel moral del judaísmo. Sus temores no eran totalmente infundados. El NT indica que algunos gentiles abusaron de su libertad hasta el punto del antinomianismo (contra la ley). Ellos llevaron la doctrina de la libertad cristiana hasta un exceso de libertinaje (por ejemplo, en la iglesia en Corinto). El cristiano no puede vivir sin alguna ley, como no puede adorar sin alguna forma (1 Cor. 14:40, hacer *todo decentemente y con orden*). En realidad Pablo no estaba abogando por la libertad de la ley moral del AT sino por la libertad de las ceremonias y las costumbres nacionalistas judías. Habían surgido muchas prácticas que los fariseos observaban en forma legalista. Pero éstas carecían de significado religioso para los gentiles. Pablo (poniendo en práctica la hermenéutica sana del patrón de Esteban) consideraba que la circuncisión, el ceremonialismo en el templo y los reglamentos para observar el día de reposo eran costumbres sin sentido para los gentiles. En cambio, el asesinato, el adulterio y la idola-

tros, **9** y no hizo ninguna diferencia entre nosotros y ellos, ya que purificó por la fe sus corazones. **10** Ahora pues, ¿por qué ponéis a prueba a Dios, colocando sobre el cuello de los discípulos un yugo que ni nuestros padres ni nosotros hemos podido llevar? **11** Más bien, nosotros creemos que somos salvos por la gracia del Señor Jesús, del mismo modo que ellos. **12** Entonces toda la asamblea guardó silencio. Y escuchaban a Bernabé y a Pablo, mientras contaban cuántas señales y maravillas Dios había hecho por medio de ellos entre los gentiles. **13** Cuando terminaron de hablar, Jacobo respondió diciendo:

---

tría eran leyes morales y religiosas que debían ser preservadas. La distinción entre las costumbres sin sentido y las leyes válidas se basa en el efecto que éstas tienen sobre la relación de la persona con Dios y con su prójimo.

> **Joya bíblica**
> Ahora pues, ¿por qué ponéis a prueba a Dios, colocando sobre el cuello de los discípulos un yugo que ni nuestros padres ni nosotros hemos podido llevar? (15:10).

En su intervención, Pedro les recordó a los judíos más estrictos cómo él mismo había sido responsable de la recepción de Cornelio en la iglesia unos diez años atrás. La prueba de que había actuado correctamente era que Dios les había otorgado el Espíritu Santo al ser salvados (el mismo Espíritu que confirmó la salvación de los cinco mil judíos el día de Pentecostés). Se podría haber considerado a los gentiles como ceremonialmente impuros según la ley; pero Dios había hecho algo mucho más grande: por medio de su Espíritu había limpiado sus corazones. ¿Qué hombre ha encontrado la felicidad a través de la ley? preguntó Pedro en el v. 10. La tendencia de obedecer sus variados mandamientos y ganar así la salvación era una batalla perdida que dejaba a todos en deuda. Sólo hay un camino para todos, aceptar el don gratuito de la gracia de Dios en un acto de rendimiento y de humilde fe.

William Barclay nos da un buen resumen del discurso de Pedro con los siguientes pensamientos. En todo este debate estaba involucrado el principio más profundo que era éste: ¿Puede el hombre justificarse a sí mismo por sus propios esfuerzos? O ¿debe admitir su impotencia y debilidad y estar dispuesto a aceptar en humilde fe lo que le otorga la gracia de Dios y lo que por sí mismo no puede lograr? En efecto, el partido judío sostenía que la religión significa ganar los favores de Dios guardando la ley. Pedro decía: La religión consiste en entregarnos a la gracia y al amor de Dios. Se encuentra aquí implícitamente la diferencia entre la religión de las obras y la de la gracia. Nadie hallará jamás la paz hasta que se dé cuenta de que no puede considerar a Dios como su deudor, sino que sólo puede tomar lo que él en su gracia le otorga. El primer privilegio y obligación del hombre es recibir. Habiendo ya recibido, su continuo privilegio y obligación es contar. La obra concreta de la salvación es sólo de Cristo; el hombre simplemente puede aceptarla por fe y entonces testificar de ella por gratitud. Tomás no fue el único en exclamar: *¡Señor mío, y Dios mío!* (Juan 20:28).

Los argumentos de Pedro prepararon a toda la asamblea para escuchar con mentes abiertas los informes de Bernabé y Pablo. *La asamblea* (v. 12) o multitud da a entender que un número mayor del de

> **El concilio en Jerusalén**
> El concilio en Jerusalén decidió ciertos puntos que son de suma importancia para el cristianismo:
> 1. La salvación es por la fe sin las obras de la Ley.
> 2. Los ritos externos, como la circuncisión, son cargas innecesarias para el cristiano.
> 3. Los cristianos observarán las partes de la ley que les beneficiarán en la salud.

—Hermanos,* oídme: **14** Simón* ha contado cómo Dios visitó por primera vez a los gentiles para tomar de entre ellos un pueblo para su nombre **15** Con esto concuerdan las palabras de los profetas, como está escrito: **16** *"Después de esto volveré y reconstruiré el tabernáculo de David, que está caído. Reconstruiré sus ruinas y lo volveré a levantar,* **17** *para que el resto de los hombres busque al Señor, y todos los gentiles, sobre los cuales es invocado mi nombre,"* **18** *dice el Señor que hace* estas cosas,* que son conocidas desde la eternidad.** **19** Por lo cual yo juzgo que no hay que inquietar a los gentiles que se convierten a Dios, **20** sino que se les escriba que se aparten de las contaminaciones de los ídolos, de fornicación, de lo estrangulado y de sangre. **21** Porque desde tiempos antiguos Moisés tiene en cada ciudad quienes le prediquen en las sinagogas, donde es leído cada sábado.

*15:13 Lit., *Varones hermanos*
*15:14 Lit. *Simeón*, una de las formas del nombre arameo del apóstol Simón Pedro; comp. 2 Ped. 1:1
*15:18a Algunos mss. añaden *todas.*
*15:18b Amós 9:11, 12
*15:18c Otra trad., *dice el Señor que desde la eternidad hace conocer estas cosas.* Algunos mss. antiguos dicen *A Dios son conocidas todas sus obras desde la eternidad.*

---

los apóstoles y ancianos se había presentado para la conferencia. El tema era tan importante que se requería el consentimiento de toda la iglesia para evitar una división en el grupo.

> **Joya bíblica**
> Por lo cual yo juzgo que no hay que inquietar a los gentiles que se convierten a Dios, sino que se les escriba que se aparten de las contaminaciones de los ídolos, de fornicación, de lo estrangulado y de sangre (15:19, 20).

Bernabé y Pablo mencionaron los prodigios con que Dios había actuado a través de ellos entre los gentiles. Dondequiera que los gentiles recibían la palabra, había evidencias de que se les había dado el Espíritu Santo. Estos eventos probaron seguramente que el reino de Dios incluía a los gentiles.

Toca ahora a Jacobo hacer uso de la palabra. De este Jacobo, hermano del Señor y sin duda ahora el jefe de la comunidad cristiana en Jerusalén, ya se habló anteriormente (ver 12:17). Evidentemente Jacobo no sólo era el principal de la iglesia en Jerusalén, sino que también era el líder del partido hebreo conservador. Se nota que él usa el nombre Simón, que es el nombre hebreo para Pedro (v. 14). La importancia de los escrúpulos judíos (v. 20) y la normalidad de la sinagoga y los cultos del sábado reflejan algo de sus puntos de vista (v. 21). Si había alguien capaz de influir en los cristianos judíos conservadores a que aceptaran a los gentiles, sería él. Además, para Jacobo (como fue para Pedro) el bautismo de Cornelio era una prueba de que Dios, al lado del pueblo constituido por los judíos que se habían hecho creyentes, deseaba formar para sí otro nuevo, de origen gentil. Insistió en particular en que fue Dios mismo quien dispuso la evangelización de los gentiles. Por lo tanto Jacobo vio que era sabio apoyar los argumentos de Pedro con citas del AT. El señaló que según Amós 9:11, 12, los gentiles serían incluidos en el reino.

Jacobo concluyó dando a su opinión sobre el asunto discutido la forma de una proposición. En su primera parte apoya abiertamente al parecer de Pedro: no hay derecho de imponer ninguna carga, quiere decir, la circuncisión y la ley, a los gentiles que abracen la fe. En una segunda parte manifestó el deseo de que a los paganos convertidos se les exigiera que aceptaran algunas restricciones en la conducta práctica, y que guardaran cierta consideración hacia los sentimientos religiosos de los cristianos judíos. Jacobo propuso que los

La carta a los creyentes gentiles

22 Entonces pareció bien a los apóstoles y a los ancianos con toda la iglesia que enviaran a unos hombres elegidos* de entre ellos, a Antioquía con Pablo y Bernabé: a Judas que tenía por sobrenombre Barsabás, y a Silas, quienes eran hombres prominentes entre los hermanos. **23** Por medio de ellos escribieron:

Los apóstoles, los ancianos y los hermanos, a los hermanos gentiles que están en Antioquía, Siria y Cilicia. Saludos.

24 Por cuanto hemos oído que algunos que han salido de nosotros, a los cuales no dimos instrucciones, os han molestado con palabras, trastornando vuestras almas, **25** de común acuerdo nos ha parecido bien elegir unos hombres y enviarlos a vosotros con nuestros amados Bernabé y Pablo, **26** hombres que han arriesgado sus vidas por el nombre de nuestro Señor Jesucristo. **27** Así que hemos enviado a Judas y a Silas, los cuales también os confirmarán de palabra el mismo informe.

---

*15:22 Otra trad: *Entonces les pareció bien... elegir a unos hombres de entre ellos y enviarlos a Antioquía...*

---

gentiles se apartasen *de las contaminaciones de los ídolos, de fornicación, de lo estrangulado y de sangre* (v. 20). El primero era un requisito religioso; la idolatría estaba muy difundida entre los gentiles, pero era aborrecida por los judíos. El segundo, abstinencia de fornicación, era una ley moral; protegía la santidad de la vida familiar. Este vicio sexual era común entre los paganos. El tercero y el cuarto decretos, que probablemente estaban relacionados, se referían a la creencia judía de que la vida estaba en la sangre y no debía comerse. Los gentiles no tenían los mismos escrúpulos que los judíos en cuanto a comer la sangre. Todo esto no era tanto un compromiso como un ajuste designado para facilitar y mantener la fraternidad entre dos grupos cuyos trasfondos eran tan diferentes.

El concilio en Jerusalén explica por qué muchas costumbres y fiestas judías no eran observadas por el movimiento cristiano, aunque fueron presentadas en el AT (teológicamente el AT debe interpretarse a la luz del NT y no al revés). Aun en la observancia del sábado como día de adoración había muchas costumbres judías sin sentido para los cristianos gentiles. Por ello, la iglesia adoptó el primer día en lugar del séptimo para la adoración. El primer día era significativo para los cristianos por ser el día de la resurrección de Jesús. La conferencia de Jerusalén no resolvió del todo para la iglesia cristiana el asunto de guardar las costumbres judías.

(3) La carta a los creyentes gentiles, 15: 22-35. En vista de que Jacobo no había tomado una postura radical, sus sugerencias pusieron el fundamento para un acuerdo de toda la iglesia. Claro, no significa que cada individuo estaba de acuerdo

> ### María Slessor
> En tiempos modernos, entre los misioneros que han sufrido como Pablo y sus compañeros, está María Slessor de Gran Bretaña. Ella fue a la parte del Africa que hoy es Nigeria y pasó casi cuarenta años ministrando a las personas allí. Algunos misioneros trataron de persuadirla a no entrar al área de Calabar, en el occidente del Africa, porque las condiciones allí eran tan difíciles. Pero ella insistía, diciendo: "La presencia de una dama allí no presentará el resentimiento como si fuera hombre. No me considerarán una amenaza." Y fue. María penetró las fronteras que ninguna persona europea había logrado hasta ese entonces. Adoptó a siete niños africanos huérfanos y tuvo un ministerio único en aquella parte del mundo. Escribió muchas cartas contando de sus experiencias en servicio fiel al Señor.
> Su ejemplo representa un gran desafío para nosotros hoy en día. Algunos buscan los lugares más cómodos, otros buscan el lugar de más reconocimiento. Pero fidelidad al Señor es lo más importante.

28 Porque ha parecido bien al Espíritu Santo y a nosotros no imponeros ninguna carga más que estas cosas necesarias: **29** que os abstengáis de cosas sacrificadas a los ídolos, de sangre, de lo estrangulado y de fornicación.* Si os guardáis de tales cosas, haréis bien. Que os vaya bien.

30 Entonces, una vez despedidos, ellos descendieron a Antioquía; y cuando habían reunido a la asamblea, entregaron la carta.

31 Al leerla, se regocijaron a causa de esta palabra alentadora.* **32** Judas y Silas, como también eran profetas, exhortaron a los hermanos con abundancia de palabras y los fortalecieron. **33** Después de pasar allí algún tiempo, fueron despedidos en paz por los hermanos para volver a los que los habían enviado.* **35** Pero Pablo y Bernabé se quedaron en Antioquía, enseñando la palabra del Señor y anunciando el evangelio con muchos otros.

---

*15:29 Sobre estas instrucciones, comp. 1 Cor. 6:18; 8:1, 4, 7, 10, 11; 10:28; Lev. 19:4; 26:1; Eze. 20:18; Ose. 4:11
*15:31 Otras trads., *este estímulo; este consuelo*; o, *esta exhortación*
*15:33 Algunos mss. antiguos tienen ... *enviado.* ³⁴ *Pero a Silas le pareció bien quedarse allí.*

---

con ello. Es obvio en Los Hechos que por varios años después del concilio todavía había judaizantes que buscaban imponer la circuncisión sobre los gentiles. Debidamente asentado el acuerdo en un documento escrito, debe ser llevado al conocimiento de los antioqueños por dos hombres que en la iglesia en Jerusalén ocuparon posiciones destacadas. Judas Barsabás (quizá hermano de José Barsabás, 1:23) evidentemente era hebreo, como se sugiere por su nombre; y Silas (probablemente helenista, como su nombre lo sugiere) que luego acompañará a Pablo en su segundo viaje misionero (v. 40). La carta fue enviada a los gentiles de Antioquía, Siria y Cilicia. El motivo está en que Antioquía, que presentó la interpelación, era la capital de estas dos provincias. Señalaba la carta que los hermanos de Judea que fueron a Antioquía a imponer sus ideas no tenían el apoyo de la iglesia en Jerusalén (v. 24).

> **Joya bíblica**
>
> **Al leerla, se regocijaron a causa de esta palabra alentadora (15:31).**

La conferencia pudo llegar a un consenso y una armonía porque los miembros fueron guiados por el Espíritu Santo (v. 28). La vida en el Espíritu no esclaviza con costumbres y requisitos gravosos, sino que el Espíritu da libertad y dirección para un servicio cristiano efectivo.

4. Segundo viaje misionero de Pablo atravesando Asia Menor y Macedonia, hasta Atenas y Corinto, 15:36—18:22

(1) Comienzo del segundo viaje misionero, 15:36-41. El relato del segundo viaje misionero comienza en 15:36 y termina en 18:22. Abiertas las puertas del evangelio, era necesario reemprender la obra de la predicación. Así lo comprendieron Pablo y Bernabé. Pero he aquí que surge entre los dos misioneros una discusión sobre si llevar con ellos a Juan Marcos o no (este Marcos ya nos es conocido, ver 13:5-13). La discusión debió ser muy viva, pues las palabras *surgió tal desacuerdo entre ellos* (v. 39) quiere decir literalmente "fuerte excitación de ánimo". Indudablemente el conciliador Bernabé quería dar otra oportunidad a su primo para que reparase su falta; pero Pablo, más exigente (ver 23:3; 2 Cor. 10:1—11:15; Gál. 1:6—3:4; 5:1-12), no quería exponerse a una nueva deserción.

La discusión, en vez de terminar el asunto, acabó en una separación, dividiéndose el campo que se habría de visitar. Bernabé, acompañado de Marcos, marchó a Chipre, de donde era nativo. Pablo,

Comienzo del segundo viaje misionero

36 Después de algunos días, Pablo dijo a Bernabé: "Volvamos ya a visitar a los hermanos en todas las ciudades en las cuales hemos anunciado la palabra del Señor, para ver cómo están." **37** Bernabé quería llevar consigo a Juan, llamado Marcos; **38** pero a Pablo le parecía bien no llevar consigo a quien se había apartado de ellos desde Panfilia y que no había ido con ellos a la obra. **39** Surgió tal desacuerdo entre ellos que se separaron el uno del otro. Bernabé tomó a Marcos y navegó a Chipre; **40** y Pablo escogió a Silas y salió encomendado por los hermanos a la gracia del Señor. **41** Luego recorría Siria y Cilicia, fortaleciendo a las iglesias.

---

tomando por compañero a Silas, emprendió el viaje por tierra hacia las ciudades de Licaonia y Pisidia anteriormente evangelizadas. No se crea, sin embargo, que la separación dejará rastros de rencor. Pablo recordará siempre a Bernabé con cariño (1 Cor. 9:6; Gál. 2:9); y tocante a Marcos, del que la condescendencia de Bernabé logró hacer un gran misionero, le vemos luego entre los colaboradores muy apreciados por Pablo (Col. 4:10; Film. 24; 2 Tim. 4:11).

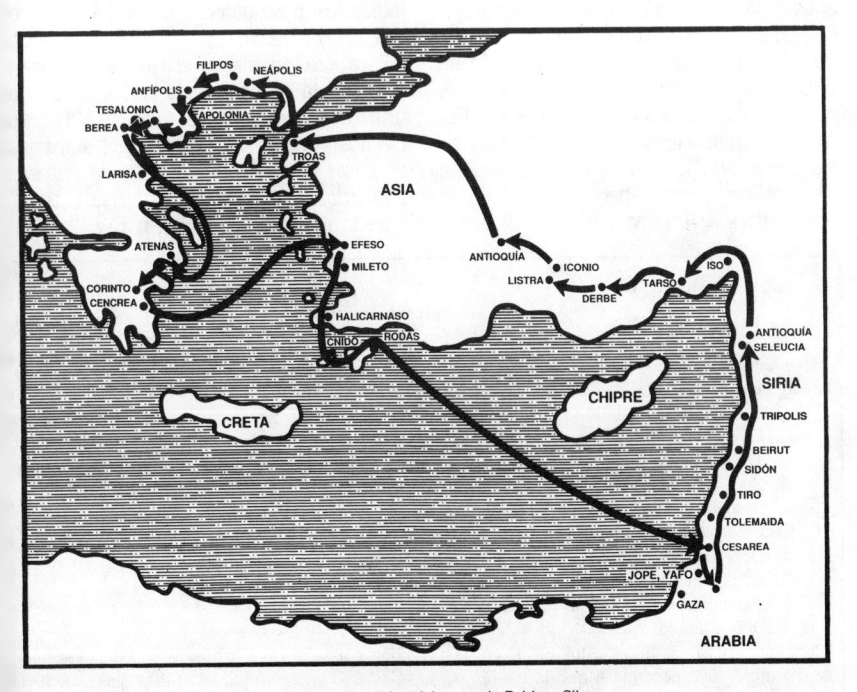

El segundo viaje misionero de Pablo y Silas

Timoteo acompaña a Pablo

16 Llegó a Derbe y Listra, y he aquí había allí cierto discípulo llamado Timoteo,* hijo de una mujer judía creyente, pero de padre griego. **2** El era de buen testimonio entre los hermanos en Listra y en Iconio. **3** Pablo quiso que éste fuera con él, y tomándole lo circuncidó por causa de los judíos que estaban en aquellos lugares, porque todos sabían que su padre era griego. **4** Cuando pasaban por las ciudades, les entregaban las decisiones tomadas por los apóstoles y los ancianos que estaban en Jerusalén, para que las observaran. **5** Así las iglesias eran fortalecidas en la fe, y su número aumentaba cada día.

---

*16:1 Ver 2 Tim. 1:5

---

(2) Timoteo acompaña a Pablo, 16:1-5. Cruzando el Tauro por Cilicia, los dos viajeros Pablo y Silas, llegaron a Derbe y luego a Listra, lugares que ya habían sido evangelizados en el primer viaje misionero. No se dice nada de la estancia en Derbe; en cambio, de su tiempo en Listra nos queda la interesante noticia de la entrada de Timoteo al equipo de Pablo. Probablemente era huérfano de padre, habiendo sido educado por su madre, Eunice, y su abuela, Loida. Posiblemente se había hecho cristiano, junto con su madre y abuela, durante la estancia anterior de Pablo en Listra. Sin embargo, por ser hijo de padre gentil no estaba circuncidado. Por eso Pablo determinó circuncidarle *por causa de los judíos* (v. 3). Parece que se presenta un problema ante el hecho de que Pablo circuncidara a Timoteo. Acababa de ganar una batalla en la que la circuncisión se había declarado innecesaria (ver también Gál. cap. 5). Ello no se opone a lo que había sostenido en la conferencia en Jerusalén defendiendo lo no obligatorio de la circuncisión (15:2-12) y no permitiendo la circuncisión de Tito (Gál. 2:3-5). No era asunto de principio, si la circuncisión era o no requisito doctrinal, sino simplemente de norma práctica (Gál. 5:6); haciéndose gentil con los gentiles, y judío con los judíos, a fin de ganar a todos para Cristo (ver 1 Cor. 9:20).

Esta sección marca el fin de una gran misión; y a la vez señala la conclusión de una de las divisiones mayores de Los Hechos. Una de las declaraciones sumarias de Lucas aparece en el v. 5: *y su número aumentaba cada día*, así como se encuentran también en 2:47; 4:4; 6:7; 12:24.

Semillero homilético
Las cualidades de un líder
16:1-5

Introducción: Cuando Pablo descubrió a Timoteo en Listra (Hech. 16:1), inmediatamente se dio cuenta de sus cualidades de líder y lo adiestró para colaborar en la expansión del evangelio.
  I. Cualidades del joven idóneo.
   1. Conocía bien las escrituras.
   2. Tenía parentesco judío y gentil.
   3. Establecía un nexo de compatibilidad con Pablo.
   4. Probaba su fidelidad en la persecución.
  II. Lecciones para las iglesias que buscan líderes.
   1. Deben seleccionar con cuidado a los candidatos.
   2. Deben buscar a personas consagradas como cualidad principal.
   3. Deben buscar a personas dedicadas a la tarea con fe en la causa.
   4. Deben animar a los miembros de la iglesia para orar por los jóvenes.
Conclusión: Si seguimos estos pasos en buscar líderes para la obra, tendremos resultados que perdurarán y que permitirán que la misión de la iglesia se siga cumpliendo hasta que el Señor venga.

Pablo pasa a Macedonia

6 Atravesaron la región de Frigia y de Galacia, porque les fue prohibido por el Espíritu Santo hablar la palabra en Asia. **7** Cuando llegaron a la frontera de Misia, procuraban entrar en Bitinia, pero el Espíritu de Jesús* no se lo permitió. **8** Entonces, después de pasar junto a Misia, descendieron a Troas. **9** Y por la noche se le mostró a Pablo una visión en la que un hombre de Macedonia estaba de pie rogándole y diciendo: "¡Pasa a Macedonia y ayúdanos!"

*16:7 Algunos mss. omiten *de Jesús*.

Hasta este punto el ambiente en que se presenta el movimiento cristiano era oriental, pero todo cambia después de esta sección. La preocupación de Lucas no era tanto con la cronología geográfica, sino con la libertad del evangelio.

Vamos a examinar (con la ayuda de Viertel en *Los Hechos de los Apóstoles*) los pensamientos de Stagg. Los estudios de la extensión del evangelio por medio de Pablo generalmente dividen el tema basándose en tres viajes, cada uno de los cuales comenzó en Antioquía de Siria:

Primer viaje: La misión a Chipre y Galacia (13:4—14-28).

Segundo viaje: La misión a Galacia, Macedonia y Acaya (15:36—18:22).

Tercer viaje: La misión al Asia y visitas a Macedonia y Acaya (18:23—21:14).

Pero cuando escudriñamos bien Los Hechos encontramos que Lucas dividió el trabajo de Pablo de acuerdo con los temas involucrados (que tratan con la libertad del evangelio) en vez de hacerlo de acuerdo con sus viajes en sentido geográfico.

La primera división de su trabajo se describe en Hechos 13:1—16:5. Al llevar el evangelio en Chipre y Galacia Pablo trabajó principalmente en las sinagogas, pero cuando los judíos lo rechazaron se dirigió a los gentiles. Durante este período, el tema de cómo se salvan los gentiles llevó a una seria discusión que resultó en la conferencia en Jerusalén. La primera campaña principal de Pablo terminó cuando los decretos de la conferencia en Jerusalén fueron compartidos con las iglesias.

La segunda división es la de 16:5—21:14. Durante este período se intensifica la oposición de los judaizantes, a pesar de los decretos de la conferencia en Jerusalén. Pablo llevó el evangelio a las provincias de Macedonia, Acaya y Asia (Efeso).

La tercera división va desde 21:15 hasta 28:31. Durante este período la oposición de los judaizantes alcanzó su clímax con el arresto de Pablo en Jerusalén y su encarcelamiento en Cesarea y Roma. Lucas indica que Pablo tuvo oportunidad de compartir el evangelio con un rey y los oficiales del gobierno, y eventualmente fue a Roma.

(3) Pablo pasa a Macedonia, 16:6-12. ¿Qué hay de nuevo en esta segunda campaña? Lucas no nos está informando cómo el evangelio alcanzó a Europa. En esta sección, él nos demuestra como los paganos fueron convertidos aparte de alguna conexión con el judaísmo. Lucas nos muestra cómo, mientras la obra estaba progresando entre los paganos, al mismo tiempo los judíos estaban palpando más y más conflictos entre el evangelio y lo que ellos entendían que representaba sus intereses nacionales. El demuestra cómo Pablo y las iglesias gradualmente eran ahuyentados de las sinagogas. Lucas muestra cómo la inclusión de los paganos, ganados aparte de las sinagogas, resultó en la autoexclusión de los judíos del cristianismo.

Al terminar su primer gran esfuerzo misionero (v. 4) Pablo, Silas, y ahora Timoteo estaban en Antioquía de Pisidia. Habían terminado la segunda visita a las ciudades del sur de Galacia. La mayor parte de Asia Menor todavía estaba sin evangelizar. Al oeste de Antioquía de Pisidia estaba la provincia conocida como Asia.

Cuando los apóstoles atravesaron la región de Pisidia, estaban en los límites de Asia. Efeso era una ciudad principal de la provincia, y era también el centro del helenismo. Pablo pudo haber deseado ir a Efeso durante su primer viaje, cuando fue obligado a dirigirse a Galacia debido a una enfermedad del cuerpo (Gál. 4:13). Tal vez Pablo contemplaba la posibilidad de ir a Efeso en su segundo viaje, pero Lucas dice que *les fue prohibido por el Espíritu Santo hablar la palabra en Asia* (v. 6).

A continuación Pablo se dirigió hacia el norte. La provincia de Bitinia tenían muchas ciudades florecientes. Nuevamente el *Espíritu de Jesús* impidió a Pablo visitar las ciudades de esta provincia y predicar el evangelio (v. 7). Es posible que Pedro haya testificado en Bitinia varios años después (ver 1 Ped. 1:1).

No debe confundirse la provincia de Asia (que hoy es Turquía) con el continente de Asia de hoy día. Las provincias de Asia, Macedonia y Acaya constituían el gran centro cultural grecorromano. Cada provincia era limitada por el mar Egeo. Después de su llegada a la colonia romana de Troas, que era el puerto principal de Misia, Pablo recibió la dirección divina a través de una visión. Vio a un hombre de Macedonia que le rogaba animosamente que cruzara el mar y llevara el evangelio a Macedonia. Ahora, por fin, la visión de un personaje con aspecto de macedonio se le aparece en visión nocturna (durante un sueño); guió a Pablo y su equipo en su camino. Algunos especulan que era el mismo Lucas (que llega a ser parte del equipo desde este momento), que tal vez era macedonio.

Existen varias ideas sobre lo que constituye el llamado macedónico. Se ha dicho muchas veces que fue precisamente aquí en este episodio que el evangelio fue llevado a Europa. Muchos eruditos, aparentemente olvidando la diferencia entre la provincia romana de Asia y el gran continente de Asia, han ofrecido relatos caprichosos en cuanto a cómo, si no fuera por

Pablo y la visión de Macedonia

10 En cuanto vio la visión, de inmediato procuramos salir para Macedonia, teniendo por seguro que Dios nos había llamado para anunciarles el evangelio. **11** Zarpamos, pues, de Troas y fuimos con rumbo directo a Samotracia, y al día siguiente a Neápolis; **12** y de allí a Filipos, que es una ciudad principal de la provincia de Macedonia, y una colonia.* Pasamos algunos días en aquella ciudad.

*16:12 Es decir, una colonia romana

---

el llamado macedónico, Pablo hubiera marchado a la India o China. Ninguno posee la evidencia para decir que Pablo era el primero en llevar el evangelio a Europa o que Lidia fue la primera convertida en Europa. Cuando se estudia la Escritura cuidadosamente hay evidencia muy fuerte en el sentido de que el cristianismo llegó a Roma en una fecha mucho más temprana (posiblemente plantado ahí por algunos de los convertidos romanos que estaban en Jerusalén el día de Pentecostés, 2:10). Además, los conceptos geográficos modernos de Asia y Europa son extraños a la situación en Los Hechos. Las provincias de Asia, Macedonia y Acaya constituían un gran centro cultural grecorromano al lado del Mar Egeo. No se las dividía en Asia y Europa o en Este y Oeste. El macedonio no dijo "¡Pasa a Europa y ayúdanos!" sino *¡Pasa a Macedonia y ayúdanos!* (v. 9). La separación entre Este y Oeste no era el Bósforo o la Dorilea, sino las montañas de Tauro. La inquietud de Lucas no era tanto geográfica, sino con las condiciones de salvación, la libertad del evangelio y el significado de ello para los judíos y los gentiles.

En el v. 10 aparece de repente y sin advertencia previa un pasaje en el que se utiliza el pronombre "nosotros". La historia se relata en primera y no en tercera persona. Eso nos indica que Lucas estaba allí como testigo ocular y compañero de Pablo. Aunque Lucas pudo haberse unido al grupo en ese momento, su participación en la decisión (ir a Macedonia) indica que no era un nuevo convertido o un recién conocido.

Aunque no se menciona el término "trinidad", la dirección divina para el viaje se

---

Semillero homilético

Un llamado urgente
16:6-12

Introducción: La experiencia de Pablo con el hombre de Macedonia ha servido para inspirar a miles de personas para dedicarse a la obra misionera. Consideremos algunos factores de este llamado.

I. El origen del llamado.
   1. Dios es el que busca la iniciativa.
   2. Los seres humanos son medios para llamarnos (el hombre de Macedonia).
   3. Las necesidades de las personas en el Imperio Romano impresionaron a los misioneros. La incredulidad y la inmoralidad eran factores principales.
II. El contenido del llamado.
   1. Una visión de un hombre, representando personas necesitadas.
   2. Una voz de ruego, comunicando la urgencia del llamado.
   3. Una petición específica: *y ayúdanos* (v. 9).
III. La respuesta al llamado.
   1. Fue inmediato (v. 10).
   2. Fue abierto para abarcar toda la región.
   3. Fue tranquilo, porque sabía que Dios les llamaba.

Conclusión: Es una experiencia maravillosa sentir el llamado de Dios, responder a ese llamado, y sentir satisfacción en cumplir con el llamado y tranquilidad en hacer la voluntad de Dios.

La conversión de Lidia

13 Y el día sábado salimos fuera de la puerta de la ciudad, junto al río, donde pensábamos que habría un lugar de oración.* Nos sentamos allí y hablábamos a las mujeres que se habían reunido. **14** Entonces escuchaba cierta mujer llamada Lidia, cuyo corazón abrió el Señor para que estuviese atenta a lo que Pablo decía. Era vendedora de púrpura de la ciudad de Tiatira, y temerosa de Dios.* **15** Como ella y su familia fueron bautizadas, nos rogó diciendo: "Ya que habéis juzgado que soy fiel al Señor, entrad en mi casa y quedaos." Y nos obligó a hacerlo.

*16:13 Algunos mss. antiguos dicen *donde se hacía oración*.
*16:14 Es decir, gentil simpatizante del judaísmo

---

atribuyó al *Espíritu Santo* (v. 6), el *Espíritu de Jesús* (v. 7), y *Dios*, evidentemente el Padre (v. 10). Como se notó anteriormente en el cap. 2, los tres: el Espíritu del Padre, el Espíritu de Jesús y el Espíritu Santo se intercambian en el NT.

Zarpando de Troas y pasando por la isla de Samotracia, el equipo misionero viajó durante dos días (20:6) disfrutando de completa calma, hasta llegar al puerto de Neápolis. Pero no es aquí, sino en Filipos, ubicada unos 12 km. tierra adentro, donde comienza su trabajo. Filipos tenía una larga historia. Felipe de Macedonia (padre de Alejandro el Grande) la había construido en 356 a. de J.C., y le había dado su propio nombre. En una época hubo famosas minas de oro, pero en la época de Pablo estaban agotadas. Más tarde (42 a. de J.C.) fue escena de una de las batallas más famosas del mundo, cuando Augusto obtuvo para sí el Imperio Romano. Lucas destaca que Filipos era la ciudad principal de Macedonia, y era una colonia romana, lo que quiere decir que era un pedazo de Roma en un territorio extranjero. Gozaba del derecho de gobierno propio, propiedad de terrenos y a veces era libre de impuestos. La ciudad guardaba la principal ruta terrestre entre el este y el oeste.

(4) La conversión de Lidia, 16:13-15. Sin duda pocos judíos vivían en Filipos; diez hombres era el número mínimo para el establecimiento de una sinagoga y aparentemente no la había en esta ciudad. En el día de reposo, los apóstoles se unieron a un grupo de mujeres que se reunían para la oración en un lugar junto al río, fuera de la ciudad. Entre las mujeres de que se hace mención especial está una llamada Lidia, temerosa de Dios (Lidia fue nombrada por su país nativo, en que era natural de Tiatira, ciudad de Lidia en Asia, ver Apoc. 2:18). La arqueología ha demostrado que era ésta una ciudad en la que florecía la industria de la púrpura. Lucas nos dice que Lidia era vendedora de púrpura.

> **Joya bíblica**
>
> **Entonces escuchaba cierta mujer llamada Lidia, cuyo corazón abrió el Señor para que estuviese atenta a lo que Pablo decía (16:14).**

A través del Espíritu del Señor Lidia abrió su corazón para responder por fe a lo que Pablo le habló. Lucas nos dice que ella y su familia recibieron el bautismo. Lo mismo sucedió en el caso de Cornelio (10:48), en el caso del carcelero de Filipos (16:32) y con Crispo en Corinto (18:8). Estos versículos no dan base para el bautismo infantil. No hay indicación de que su casa (o su familia) incluyera en estas ocasiones a sus niños. Probablemente sus sirvientes y sus asociados estaban incluidos, pero no hay indicación tampoco de que la fe de Lidia, de Cornelio o de Crispo alcanzara para los otros miembros de la casa. El mismo Espíritu del Señor que abrió los corazones de estos tres estaba presente para abrir también el corazón de su familia.

Pablo y Silas en la cárcel de Filipos

16 Aconteció que, mientras íbamos al lugar de oración, nos salió al encuentro una joven esclava que tenía espíritu de adivinación, la cual producía gran ganancia a sus amos, adivinando. **17** Esta, siguiendo a Pablo y a nosotros, gritaba diciendo:

—¡Estos hombres son siervos del Dios Altísimo, quienes os anuncian el camino de salvación!

18 Hacía esto por muchos días. Y Pablo, ya fastidiado, se dio vuelta y dijo al espíritu:

—¡Te mando en el nombre de Jesucristo que salgas de ella!

Y salió en el mismo momento.

19 Pero cuando sus amos vieron que se les había esfumado su esperanza de ganancia, prendieron a Pablo y a Silas y los arrastraron a la plaza,* ante las autoridades. **20** Al presentarlos ante los magistrados, dijeron:

—¡Estos hombres, siendo judíos, alborotan nuestra ciudad! **21** Predican costumbres que no nos es lícito recibir ni practicar, pues somos romanos!

22 Entonces el pueblo se levantó a una contra ellos. Y los magistrados les despojaron de sus ropas con violencia y mandaron azotarles con varas. **23** Después de golpearles con muchos azotes, los echaron en la cárcel y ordenaron al carcelero que los guardara con mucha seguridad. **24** Cuando éste recibió semejante orden, los metió en el calabozo de más adentro y sujetó sus pies en el cepo.

16:19 Gr., *ágora*; es decir, el mercado o plaza central

Un comentario destaca que la casa de Lidia se convirtió en el hogar de los misioneros (v. 15) y en la primera iglesia en Filipos (ver v. 40).

(5) Pablo y Silas en la cárcel de Filipos, 16:16-24. No se sabe cuánto duró la actividad de los misioneros en Filipos. A pesar de la nota del v. 12 (*algunos días*), es casi seguro que debió haberse prolongado por lo menos por varias semanas (v. 18, *muchos días*). Pablo, pues, tuvo suficiente tiempo para establecer allí una comunidad floreciente, por la cual sintió un afecto especial (Fil. 4:15, 16).

De cuanto haya ocurrido en este tiempo, Los Hechos no conservan más que un episodio, el que terminará en la interrupción violenta de la obra misionera. Note que el primer conflicto entre el cristianismo y el paganismo no fue sobre doctrina sino sobre dinero. Los amos de la *joven esclava* usaban su *espíritu de adivinación* (v. 16) para recibir ganancias mediante la adivinación del futuro. Según el texto griego, la joven poseía el espíritu "pitón" y practicaba la adivinación. Según una leyenda mitológica muy extendida por el mundo grecorromano, Pitón era el nombre de la serpiente que en un principio había pronunciado los oráculos en Delfos, y que fue muerta por Apolo, quien la substituyó en su función de adivinar. La persona que tenía el "espíritu de Pitón" tenía poder para hablar inspiradamente. De acuerdo con algunos escritores griegos, los sacerdotes de Pitón eran ventrílocuos. La joven esclava pudo haber sido ventrílocua, y perdió su poder de hablar cuando le fue quitado el espíritu de Pitón.

La joven que tenía *espíritu de adivinación* (v. 16) según se desprende del modo de hablar de Pablo, era evidentemente una poseída, cuyos oráculos y adivinaciones se debían a la influencia diabólica (v. 18). Lucas conserva la expresión "espíritu pitónico", de origen pagano, en sentido general de *espíritu de adivinación*, sin que el uso de esa expresión signifique, ni mucho menos, que el evangelista creía en la existencia o realidad de Pitón.

Movida por el demonio que llevaba adentro, evidentemente la joven reconoció la misión divina de los apóstoles, corrió tras ellos y a grandes voces hizo pública su convicción. La expresión *Dios Altísimo* (v. 17) era de uso frecuente para referirse al Dios judío en los círculos paganos que habían entrado en contacto con el judaísmo. En esta ocasión la esclava representaba a los paganos que deseaban encontrar una deidad suprema y la salvación que les librara de los malos espíritus. *El camino*

Conversión del carcelero de Filipos

25 Como a la medianoche, Pablo y Silas estaban orando y cantando himnos a Dios, y los presos les escuchaban. **26** Entonces, de repente sobrevino un fuerte terremoto, de manera que los cimientos de la cárcel fueron sacudidos. Al instante, todas las puertas se abrieron, y las cadenas de todos se soltaron. **27** Cuando el carcelero despertó y vio abiertas las puertas de la cárcel, sacó su espada y estaba a punto de matarse, porque pensaba que los presos se habían escapado. **28** Pero Pablo gritó a gran voz, diciendo:

---

de salvación (v. 17) es el camino que se ha de seguir si se quiere conseguir la salvación (v. 30). Al escuchar las enseñanzas de Pablo y sus compañeros, la joven llegó a entender que estaban proclamando el camino de liberación del destino. Lucas implica que el espíritu de Pitón que estaba dentro de ella reconoció la verdad del mensaje presentado por Pablo y le hizo pronunciar repetidamente el oráculo. A pesar de que se presentaban alabanzas a los misioneros, éstas no agradaron a Pablo. A Pablo, como en otro tiempo a Jesús (Mar. 1:25; 3:12; Luc. 4:35), no le interesaron los testimonios favorables salidos de la boca de una que estaba poseída; y al ser molestado Pablo ordenó al demonio salir de la mujer. Así sucedió, y la muchacha perdió la habilidad de adivinar los eventos del futuro. No es claro si la joven fue convertida o no, cuando le salió el espíritu.

Pero los dueños, gravemente perjudicados en sus ingresos, arrastraron a Pablo y Silas a la presencia de los jueces. En la acusación contra los misioneros, apelando a un cargo más efectivo, los inculparon de andar sembrando la inquietud con su predicación de costumbres e ideas religiosas extrañas, que al pueblo romano no era lícito recibir ni practicar. También a eso añadieron los amos que ambos predicadores eran judíos. Los judíos gozaban en aquel entonces de amplia tolerancia en el imperio romano; sin embargo es cierto que en algunos lugares no se hacía caso de tales privilegios. De todos modos no les era permitido hacer proselitismo entre los romanos. Así pues, se les acusó de actividades proselitistas. La acusación pretendía excitar el prejuicio de la gente y de los gobernantes, y su plan tuvo éxito.

Después de la pena de los azotes, Pablo y Silas son encarcelados y sometidos a una vigilancia especial, con los pies bien sujetos en el cepo. Normalmente los calabozos se cavaban en la roca al borde de la colina en la cual estaba construida la ciudadela. La perspectiva era terrible, pues los así encadenados sólo podían estar echados en el suelo, o a lo mejor sentados; y en esta ocasión se daba el agravante de que tenían el cuerpo totalmente llagado por los azotes. Más adelante, como a algo que le ha quedado muy grabado, aludirá Pablo a estos sufrimientos en Filipos (ver 1 Tes. 2:2).

(6) Conversión del carcelero de Filipos, 16:25-40. Este evento representa un clímax y es uno de los pasajes claves de Los Hechos. ¿Cómo puede ser salvo un pagano? Seguramente este carcelero de Filipos no poseía ninguna orientación en el judaísmo. Sólo unas pocas mujeres se reunían para orar, y no hay evidencia de una sinagoga en la ciudad. Se encuentra aquí el primer caso absoluto de una conversión gentil fuera del paganismo y aparte de la influencia judía.

Los samaritanos eran en parte israelitas y reverenciaban la Tora; los convertidos prosélitos habían abrazado completamente el judaísmo; el eunuco etíope y Cornelio eran temerosos de Dios y anteriormente habían sido estudiantes de judaísmo, como fueron otros ganados al cristianismo a través de las sinagogas. Pero aquí es un pagano cuya salvación es por pura fe en el Señor Jesús, sin la influencia de la circuncisión ni de la sinagoga. Ahora el último grupo había sido alcanzado; hasta el fin del mundo, no tanto geográfica sino teológicamente. En Gálatas 3:8 Pablo escribe: *Y la Escritura, habiendo previsto que por la fe*

—¡No te hagas ningún mal, pues todos estamos aquí!
29 Entonces él pidió luz y se lanzó adentro, y se postró temblando ante Pablo y Silas. **30** Sacándolos afuera, les dijo:
— Señores, ¿qué debo hacer para ser salvo?
31 Ellos dijeron:
— Cree en el Señor Jesús* y serás salvo, tú y tu casa.
32 Y le hablaron la palabra del Señor a él, y a todos los que estaban en su casa. **33** En aquella hora de la noche, los tomó consigo y les lavó las heridas de los azotes. Y él fue bautizado en seguida, con todos los suyos. **34** Les hizo entrar en su casa, les puso la mesa y se regocijó de que con toda su casa había creído en Dios.
35 Cuando se hizo de día, los magistrados enviaron a los oficiales a decirle:

16:31 Algunos mss. antiguos dicen *el Señor Jesucristo*.

Dios había de justificar a los gentiles, anunció de antemano el evangelio a Abraham, diciendo: En ti serán benditas todas las naciones.

A pesar de los malos tratos y del dolor, Pablo y Silas no se sienten desgraciados (ver 5:41); por el contrario, se ponen a orar, y a eso de la medianoche su oración se cambia en un canto de alabanza a Dios, hasta tal punto que los demás prisioneros se despiertan y los escuchan maravillados. Sobrevino entonces de improviso un terremoto que sacudió los cimientos del edificio y soltó las cadenas que unían a los prisioneros a las paredes. No cabe duda que Lucas presenta este terremoto como algo milagroso, de modo parecido a lo que sucedió en 4:31, pues un terremoto ordinario no abre puertas y suelta grillos. El terremoto despertó al carcelero, quien corrió hasta la prisión porque era responsable con su propia vida por los prisioneros. Al observar las puertas abiertas supuso que se habían escapado todos los prisioneros. Al momento de querer suicidarse la voz de Pablo desde el interior de la prisión detuvo su acción. Pablo le informó que ningún prisionero había huido.

La pregunta del carcelero penetró hasta el punto clave: *Señores, ¿qué debo hacer para ser salvo?* (v. 30). La respuesta, *Cree en el Señor Jesús y serás salvo* (v. 31), si valía para este hombre, sería válida para cualquier hombre. Probablemente sabía que aquellos dos se habían presentado como enviados de Dios para anunciar a los hombres la salud eterna (es posible que hasta hubiera oído la predicación de Pablo), y estaba dispuesto ahora a prestar fe a sus palabras. En el curso de esa noche, él y toda su familia recibieron suficiente instrucción en la fe cristiana y se bautizaron. Lo interesante acerca de este hombre es que inmediatamente confirmó y probó su conversión por medio de hechos. Habiéndose convertido a Cristo lavó las heridas en las espaldas de los dos prisioneros y les dio de comer. En este momento su cristianismo se expresó en el

Pablo y Silas en la cárcel

36 El carcelero comunicó a Pablo estas palabras:

—Los magistrados han enviado orden de que seáis puestos en libertad; ahora, pues, salid e id en paz.

37 Pero Pablo les dijo:

—Después de azotarnos públicamente sin ser condenados, siendo nosotros ciudadanos romanos, nos echaron en la cárcel; y ahora, ¿nos echan fuera a escondidas? ¡Pues no! ¡Que vengan ellos mismos a sacarnos!

38 Los oficiales informaron de estas palabras a los magistrados, quienes tuvieron miedo al oír que eran romanos. **39** Y fueron a ellos y les pidieron disculpas. Después de sacarlos, les rogaron que se fueran de la ciudad. **40** Entonces, después de salir de la cárcel, entraron en casa de Lidia; y habiendo visto a los hermanos, les exhortaron y luego partieron.

---

acto de bondad más práctico. La disposición de los judíos a comer en la casa de un gentil y la actitud del carcelero, que cambió de un superior a la de un siervo para con los prisioneros, indica la transformación tremenda que produjo el evangelio.

La ley romana prohibía claramente el azotar en público a los ciudadanos romanos. Los magistrados habían pasado por alto un juicio justo para Pablo y Silas. Así es como en Jerusalén, el oficial que quería someter a Pablo a la flagelación se guardó de hacerlo tan pronto este alegó su condición de ciudadano romano (22:29).

Pero, ¿por qué Pablo no quiso apelar también en esta oportunidad a su ciudadanía romana, e impedir así el verse sometido al castigo? No lo sabemos. Quizá, en circunstancias análogas, renunció también a hacer valer sus derechos (ver 1 Cor. 6:7). En esta ocasión, después que la turba se apaciguó y los magistrados se tranquilizaron, Pablo envió un mensaje a los oficiales diciendo que ellos eran ciudadanos romanos y habían sido tratados injustamente. Dándose cuenta de la seriedad de su ofensa, los magistrados rogaron a los apóstoles que se fueran de Filipos.

Semillero homilético

Avivamiento en una cárcel
16:25-40

Introducción: Hay personas que saben aprovechar cualquier circunstancia para el avance del evangelio. Así fue Pablo. Cuando lo encarcelaron, buscó la oportunidad de testificar.
  I. Las circunstancias que rodeaban el avivamiento (vv. 25-29).
    1. El tiempo era especial: a la medianoche.
    2. Los presos estaban cantando y alabando a Dios.
    3. El terremoto manifestó el poder divino.
  II. La petición del carcelero (v. 30).
    1. Una petición sincera.
    2. Una petición de urgencia.
  III. La respuesta de los presos (v. 31).
    1. Una respuesta clara con las instrucciones.
    2. Una respuesta sencilla de obedecer.
  IV. La decisión del carcelero (vv. 32-36).
    1. Una decisión personal de parte de él.
    2. Una decisión de grupo, la que incluyó a la familia.
  V. La liberación milagrosa (vv. 37-40).
    1. Sin perjudicar a los presos.
    2. Sin perjudicar al carcelero.
    3. Con alegría para los cristianos en Filipos.
Conclusión: Dios está listo para traernos un avivamiento en cualquier momento y en cualquier lugar. Algunas de las conversiones más dramáticas no acontecen en los edificios de las iglesias.

Pablo y Silas en Tesalónica

17 Atravesaron por Anfípolis y Apolonia y llegaron a Tesalónica, donde había una sinagoga de los judíos. **2** Y de acuerdo con su costumbre, Pablo entró a reunirse con ellos, y por tres sábados discutió con ellos basándose en las Escrituras, **3** explicando y demostrando que era necesario que el Cristo padeciese y resucitase de entre los muertos. El decía: "Este Jesús, a quien yo os anuncio, es el Cristo." **4** Y algunos de ellos se convencieron y se juntaron con Pablo y Silas: un gran número de los griegos piadosos* y no pocas de las mujeres principales.

---

*17:4 Otra trad., *temerosos de Dios*; es decir, gentiles simpatizantes del judaísmo

---

Lucas no nos informa de cuántos miembros de la iglesia estaban reunidos en el hogar de Lidia. Cuando los apóstoles entraron en la casa, *habiendo visto a los hermanos, les exhortaron y luego partieron* (v. 40). Aunque Lucas había entrado con Pablo y Silas al lugar de oración (v. 13), él no fue llevado cautivo ni encarcelado. El usa pronombres en tercera persona (él, ellos) en vez de primera (yo, nosotros) para describir la experiencia de Pablo y Silas en la cárcel. Después de que el grupo partió de Filipos, Lucas continuó usando pronombres en tercera persona (17:1). Aparentemente, Timoteo se fue con Pablo y Silas, pero Lucas se quedó para cuidar de la joven iglesia.

(7) Pablo y Silas en Tesalónica, 17:1-9. De Filipos, siguiendo la célebre vía Ignacia, arteria militar y comercial que llevaba a Roma, los misioneros marcharon a Tesalónica, pasando por Anfípolis y Apolonia. No parece que se detuvieran para predicar en estas dos ciudades. Dado que la distancia entre Filipos y Tesalónica era de unos 150 km., eran las etapas de descanso después de un viaje de unos 50 km. por día.

Tesalónica era una ciudad de gran movimiento comercial a cuyo puerto llegaban los naves procedentes de todos los puntos del Mediterráneo. La ciudad fue fundada por Casandro, en el año 315 a. de J.C., que le dio ese nombre en honor de su mujer Tesalónica, hermana de Alejandro Magno. En el año 146 a. de J.C. fue erigida por los romanos como la capital de la provincia de Macedonia, sede del gobernador romano, y por eso estaba al mismo nivel con Antioquía de Siria, Cesarea, Corinto y Efeso. Roma le había concedido libertad y tenía una constitución propia. Estaba gobernada, al igual que otras ciudades libres entre los romanos, por una asamblea popular (*demos* o pueblo). Los oficiales o magistrados se llamaban *politarcas* (gobernantes o jefes de la ciudad). En los últimos años, se ha encontrado la palabra *politarca* en varias inscripciones en Macedonia. En realidad, este término singular representa una prueba de la exactitud histórica y política de Lucas.

Tesalónica (contrariamente a Filipos) aparentemente tenía una gran colonia de judíos y una sinagoga. *Y de acuerdo con su costumbre* (v. 2), Pablo y Silas entraron en la sinagoga y comenzaron a predicar

---

Un misionero preso, pero fiel al Señor

La historia del avance misionero contiene abundancia de ilustraciones de personas que testificaron de Jesucristo mientras estaban en la cárcel. Uno de los casos más conocidos es el de Adoniram Judson, pionero norteamericano que pasó su vida en Birmania. Fue internado en una cárcel durante varios meses, y le tocó a la señora Ana llevarle la comida y medicinas para tratar de aliviar su sufrimiento. Durante sus visitas Ana llegó a conocer a unos presos de Tailandia; aprendió su idioma y apeló a las sociedades misioneras para mandar a misioneros allí. Lo hicieron, y así las puertas para el evangelio se abrieron en Tailandia. ¡Un testimonio en una cárcel de parte de misioneros fieles en un país abre las puertas para el evangelio en otro país!

5 Entonces los judíos se pusieron celosos y tomaron de la calle* a algunos hombres perversos, y formando una turba alborotaron la ciudad. Asaltando la casa de Jasón, procuraban sacarlos al pueblo. **6** Como no los encontraron, arrastraron a Jasón y a algunos hermanos ante los gobernadores de la ciudad, gritando: "¡Estos que trastornan al mundo entero también han venido acá! **7** Y Jasón les ha recibido. Todos éstos actúan en contra de los decretos del César, diciendo que hay otro rey, Jesús." **8** El pueblo y los gobernadores se perturbaron al oír estas cosas; **9** pero después de obtener fianza de Jasón y de los demás, los soltaron.

---

*17:5 Gr., *ágora*; es decir, el mercado o plaza central

---

por tres sábados consecutivos (también podría traducirse durante tres semanas, es decir, por lo menos, unos quince días). Hasta ahora (con pocas excepciones como en Listra y Derbe, donde llegó huyendo de la persecución), Pablo siempre iba primero a la sinagoga judía y allí daba comienzo a su predicación. Del argumento de ésta, Los Hechos dan un breve resumen, que nada contiene de nuevo. Pablo usaba las Escrituras del AT para mostrar que Jesús, el mismo carpintero de Nazaret, era el cumplimiento de las profecías y las promesas con respecto al Mesías davídico que establecería un reino eterno. Pablo también tenía que mostrar a los judíos que, de acuerdo con los designios y la voluntad de Dios, el Mesías debía sufrir, morir y resucitar, y que Dios le dio la victoria a través de la resurrección. Pablo estaba convencido de que muchos judíos no habían comprendido estas enseñanzas del AT. La muerte de Jesús, y sobre todo su muerte en la cruz, era para los judíos el mayor motivo de escándalo (ver 1 Cor. 1:23; y Hech. 3:18; 26:23).

En los primeros capítulos de Los Hechos, Lucas nos informa que muchos judíos llegaron a ser convencidos de las verdades que se encuentran en la predicación de los primeros predicadores del movimiento cristiano, y se convirtieron a la fe cristiana (2:41, hasta *tres mil personas*; 4:4, el número de los hombres que creyeron llegó a ser *como cinco mil*; 6:7, *el número de los discípulos se multiplicaba en gran manera en Jerusalén*). Sin embargo, a este nivel, más tarde en el movimiento cristiano (durante el segundo viaje misionero de Pablo) cuando muchos gentiles habían aceptado a Cristo y así convertidos al movimiento, había cada vez menos judíos que acudían al cristianismo. En esta ocasión, entre los hebreos que escucharon a Pablo y Silas en la sinagoga de Tesalónica, el número de convertidos fue mínimo. Al mismo tiempo que algunos judíos creyeron (uno de ellos debió ser Aristarco, 20:4; Col. 4:10), también lo hicieron *gran número de los griegos* temerosos de Dios y *no pocas de las mujeres principales* (v. 4) de los gentiles. Se encuentra aquí otra vez un patrón que se nota en Los Hechos (ver 13:46-49; 18:6, 7; 19:8-10); después de que muchos gentiles respondieran al evangelio y que los judíos excluyeran a Pablo, motivados por los celos, éste fue directamente a los gentiles. Cuando los cristianos eran expulsados de la sinagoga, tenían que encontrar un lugar en el cual reunirse, por ejemplo en la casa de Jasón (17:6).

No tardó, pues, en surgir una persecución. Los adversarios de Pablo se pusieron celosos ante el éxito de la predicación de Pablo entre los gentiles. Los judíos apelaron a las emociones del pueblo y alistaron a hombres perversos del mercado para provocar un alboroto y para asaltar la casa de Jasón. Al no hallar a Pablo y Silas, prendieron a Jasón (Jasón es el correspondiente griego de Jesús o Josué) y lo arrastraron junto con otros cristianos hasta donde estaban los *politarcas*. Cuando iban por las calles, gritaban: *¡Estos que trastornan al mundo entero también han venido acá!* (v. 6). Aunque la acusación era exagerada, la misma da evidencia de que el

Pablo y Silas en Berea

10 Entonces, sin demora, los hermanos enviaron a Pablo y Silas de noche a Berea; y al llegar ellos allí, entraron a la sinagoga de los judíos. **11** Estos eran más nobles que los de Tesalónica, pues recibieron la palabra ávidamente, escudriñando cada día las Escrituras para verificar si estas cosas eran así. **12** En consecuencia, creyeron muchos de ellos; y también de las mujeres griegas distinguidas y de los hombres, no pocos. **13** Pero cuando supieron los judíos de Tesalónica que la palabra de Dios era anunciada por Pablo también en Berea, fueron allá para incitar y perturbar* a las multitudes. **14** Entonces los hermanos hicieron salir inmediatamente a Pablo para que se fuese hasta el mar, mientras Silas y Timoteo se quedaron allí. **15** Los que conducían a Pablo le llevaron hasta Atenas; y después de recibir órdenes para Silas y Timoteo de que fuesen a reunirse con él lo más pronto posible, partieron de regreso.

---

*17:13 Algunos mss. antiguos omiten *y perturbar*.

---

cristianismo estaba haciendo un gran impacto en el mundo.

Las acusaciones que los maleantes lanzaron contra los misioneros eran graves: perturbar el orden (v. 6; comp. 24:5) y obrar contra los decretos del César, *diciendo que hay otro rey, Jesús* (v. 7; acusación de traición). En realidad eran las mismas acusaciones que fueron lanzadas contra Jesús (Luc. 23:3; Juan 19:12). Jasón y sus compañeros fueron acusados de ser leales al competidor de César. Los oficiales decidieron postergar el caso para otro día; por lo tanto recibieron la fianza de Jasón y de los otros y los soltaron. Los líderes y la gente de la ciudad tenían mucho cuidado de evitar cualquier posible sedición, porque Tesalónica podría perder su estado de ciudad libre si toleraba la traición. En qué consistía esa fianza no se dice: probablemente bastó una promesa formal de que no perturbarían la paz pública, quizá con depósito de algún dinero.

Con todo, para evitar nuevos problemas, aquella misma noche Pablo y Silas partieron apresuradamente de la casa de Jasón para Berea. Las dos epístolas de Pablo a los tesalonicenses confirman y completan el retrato de Lucas en Los Hechos (ver 1 Tes. 1:4—2:12).

(8) Pablo y Silas en Berea, 17:10-15. Berea también pertenecía a la provincia de Macedonia, y distaba de Tesalónica unos 80 km. Un poco más al sur se hallaba el majestuoso Olimpo. En aquel entonces era una ciudad extensa y populosa. Es posible que Pablo y Silas buscaron este sitio, algo apartado del mar y fuera de las grandes rutas comerciales (no estaba ubicada en la vía Ignacia como Filipos y Tesalónica), con intenciones de trabajar allí por algún tiempo sin tantas dificultades. Por lo menos de momento, quedaba más en la sombra, libre de las persecuciones de sus enemigos.

Cristianos ejemplares
17:10-15
1. Estaban abiertos para escuchar nuevas ideas (v. 11).
2. Estaban dispuestos a examinar las fuentes (v. 13).
3. Estaban firmes para resistir las influencias negativas (v. 13).
4. Estaban solícitos en ayudar a los siervos del Señor (v. 14).

Pablo comenzó por presentarse en la sinagoga, donde fue bien recibido. Según Lucas al decir que los judíos eran *más nobles* de espíritu *que los de Tesalónica* (v. 11) y ávidos para escudriñar (estudiar diligentemente) cada día las Escrituras (el AT) para verificar si era así como Pablo decía (v. 11). Al usar la palabra "noble" aquí, Lucas deseaba comunicar la idea de que eran generosos, liberales y de mente abierta. Está contrastando la nobleza de los judíos de Berea con la turba de los hombres de Tesalónica. Muchos de los judíos, junto con varios gentiles aristócratas, tanto hombres como mujeres, creyeron en las enseñanzas de Pablo y

Discurso de Pablo en Atenas

16 Mientras Pablo los esperaba en Atenas, su espíritu se enardecía dentro de él al ver que la ciudad estaba entregada a la idolatría. **17** Por lo tanto, discutía en la sinagoga con los judíos y los piadosos,* y todos los días en la plaza mayor,* con los que concurrían allí.

*17:17a Otra trad., *temerosos de Dios*; es decir, gentiles simpatizantes del judaísmo
*17:17b Gr., *ágora*; es decir, el mercado o plaza central

---

recibieron a Cristo como Señor y Salvador. Los judíos que no creyeron en Cristo no manifestaron oposición.

Pero como había pasado en Listra (14:19) no tardan en llegar unos cuantos judíos de Tesalónica con el propósito de causarle aquí las mismas dificultades e impedirle que lleve adelante su misión. Los nuevos convertidos decidieron enviar a Pablo a otro lugar, ya que el era el objeto de los disturbios. Aparentemente Pablo salió en compañía de un buen número de cristianos, previendo un ataque abierto. Un grupo menor continuó con él hasta Atenas (v. 15). Silas y Timoteo, menos amenazados que Pablo, se quedaron en Berea, probablemente para terminar de organizar aquella comunidad. Lo cierto ahora es que quiere que vayan cuanto antes a reunirse con él, y así se lo encarga. Los Hechos no vuelven a mencionar la comunidad de Berea; pero, de seguro, lo que Pablo alcanzó a hacer allí quedó bien cimentado para el futuro.

La ágora en Atenas

(9) Discurso de Pablo en Atenas, 17:16-34. En el tiempo de Pablo la ciudad de Atenas carecía de importancia política, y aun comercialmente estaba muy postrada, pues ya no era capital de la provincia romana. Sin embargo, la ciudad conservaba aun vestigios de su antigua grandeza; había mantenido su lugar como la capital intelectual y artística del mundo. Por todas partes se encontraban monumentos, templos y estatuas, y era sede de las grandes escuelas filosóficas; y como la cuna de la cultura, Atenas atraía a extranjeros de todas parte del mundo de aquel entonces. Los romanos convirtieron a Grecia en territorio romano en 146 a. de J.C. Por deferencia a su glorioso pasado, Roma otorgó a Atenas el estado de ciudad libre y federal.

Al recorrer la ciudad, Pablo se sintió lleno de indignación al observar tantos ídolos. Siendo judío, representaban blasfemias contra el Dios verdadero; siendo cristiano, sabía de la inutilidad de acudir a los ídolos en momentos de necesidad. Para él, no eran mas que simples creaciones artísticas, como lo son hoy día.

Siguiendo su costumbre, Pablo comenzó su predicación en las sinagogas los sábados, antes que en ningún otro lugar. Parece que los resultados no fueron muy buenos, pues el texto no añade ningún dato. Los otros días aparentemente Pablo hablaba directamente con los paganos de la ciudad en *la plaza mayor* (v. 17). *La plaza mayor* significa mercado o plaza central en el corazón de la ciudad. Era un centro de actividad civil y comercial, y a la vez lugar para el intercambio informal de información, noticias del día, y también de ideas y pensamientos. La pauta en Los Hechos llega a ser cada vez más clara:

18 Y algunos de los filósofos epicúreos y estoicos disputaban con él. Unos decían:
—¿Qué querrá decir este palabrero?
Otros decían:
—Parece ser predicador de divinidades extranjeras.
Pues les anunciaba las buenas nuevas de Jesús y la resurrección. **19** Ellos le tomaron y le llevaron al Areópago* diciendo:
—¿Podemos saber qué es esta nueva doctrina de la cual hablas? **20** Pues traes a nuestros oídos algunas cosas extrañas; por tanto, queremos saber qué significa esto.
21 Todos los atenienses y los forasteros que vivían allí no pasaban el tiempo en otra cosa que en decir o en oír la última novedad. **22** Entonces Pablo se puso de pie en medio del Areópago y dijo:
—Hombres de Atenas: Observo que sois de lo más religiosos en todas las cosas. **23** Pues, mientras pasaba y miraba vuestros monumentos sagrados, hallé también un altar en el cual estaba esta inscripción: AL DIOS NO CONOCIDO. A aquel, pues, que vosotros honráis sin conocerle, a éste yo os anuncio.

---

*17:19 Tribunal superior de Atenas

poco a poco los exponentes (Pablo y sus compañeros), los que proclaman un evangelio que hace provisiones de igualdad tanto para judíos como para gentiles en el reino de Dios, están siendo expulsados de las sinagogas. Y el fin de las cosas, más allá del período de Los Hechos pero acercándose rápidamente (durante la última mitad del primer siglo), era la separación de la sinagoga (judaísmo) y la iglesia (cristianismo) en dos movimientos distintos (que existen hasta hoy día), un precio terrible para la victoria indispensable de un evangelio sin impedimento.

Pablo, además de encontrarse con gente común en la plaza mayor, tuvo también un encuentro con algunos filósofos epicúreos y estoicos. En su famosa plaza mayor, ubicada a los pies del Areópago y próxima a la Acrópolis, se discutía de todo. Allí se encontraba el pórtico (galería), y la *Estoa* (que dio a los estoicos su nombre), que usaban para intercambio o lugar de reuniones.

La escuela epicúrea fue fundada por Epicuro (342-270 a. de J.C.). Esta filosofía de una existencia material hacía imposible la inmortalidad del ser humano. Según este punto de vista la existencia estaba compuesta de átomos materiales que formaban nuevas combinaciones continuamente. Los átomos eran indestructibles en sí mismos, pero las combinaciones se estaban cambiando permanentemente. En vista de que el alma humana estaba compuesta de un arreglo de átomos materiales que se disipaban en el momento de la muerte, el alma (quiere decir, la persona o personalidad) cesaba de existir en la muerte, aun cuando los átomos individuales seguían existiendo. Por tanto, la existencia humana con significado se limitaba a esta vida. Según Epicuro, la meta para cada vida era la felicidad o la satisfacción inmediatas (¿no se parece ésto al pensamiento que se encuentra en la filosofía humana y popular en muchas sociedades de hoy día?) Weldon Viertel opina que la felicidad epicúrea se definía como la ausencia de dolor. El dolor nunca puede sentirse si la mente se abstrae de él. El placer, que es el principal bien de la vida, puede ser obtenido por quienes lo buscan. Los epicúreos no defendían el placer sensual, pero podían dar una interpretación sensual al dicho popular: "Come, bebe y alégrate, porque mañana puedes morir." La obvia denuncia contra Epicuro es que era egocéntrico.

La escuela estoica fue fundada por Zenón (aprox. 336-264 a. de J.C.), un nativo de Chipre, quien estableció la costumbre de usar la antigua Galería Pintada de Atenas como el lugar para sus enseñanzas. Sus discípulos se conocían como los estoicos, por su asociación con la *stoa* o galería. Los estoicos creían que el significado de la vida residía en el deber, la obediencia a la ley y la virtud. El hombre maduro y virtuoso no tenía nada que ver con las emociones o pasiones, sino que vivía una vida de autocontrol y autosuficiencia. Ellos creían que un espíritu o poder universal guiado por la razón llenaba el universo (panteísmo) y el alma del hombre participaba de la inmortalidad del espíritu universal. Los espíritus humanos eran continuamente reabsorbidos dentro de una razón o espíritu universal. En su punto de vista materialista y panteísta de la existencia, creían que el espíritu era simplemente materia refinada (es decir, vida). Así, el fin del hombre era vivir en armonía con la naturaleza, de la cual él era una parte. Esta meta se alcanzaba mediante una vida de deber, virtud y disciplina. Se ve fácilmente que igual como el epicúreo, el estoico era también egocéntrico. En realidad todos somos egocéntricamente orientados; pero lo que el cristiano reconoce con vergüenza (el autoegotismo) como el corazón de nuestra depravación, es lo que el estoico y el epicúreo glorifican orgullosamente como una virtud.

Debido a su orgullo intelectual, los filósofos atenienses dieron poca importancia a la filosofía cristiana (el punto de vista de una vida con significado eterno y espiritual) expuesta por Pablo. Se le designó con el despectivo nombre de charlatán (*este palabrero*, v. 18), con el cual parecen querer dar a entender que, aunque bien provisto de palabras, carecía de verdadero pensamiento filosófico. Sobre todo, les sonaba a nuevo eso de *Jesús y la resurrección* (v. 18), de que hablaba Pablo. Por eso, para poder oírle mejor, libres del ruido de la multitud, *le llevaron al Areópago* (v. 19). El término *Areópago* puede ser entendido como lugar, posiblemente una colina al occidente de la Acrópolis, en la cual, desde tiempos más antiguos, tenía su sede el tribunal de este nombre. Hay algunos autores que entienden el término *Areópago* no en sentido topográfico (la colina), sino en sentido jurídico como el tribunal mismo (ver v. 34). Desde luego el texto puede interpretarse de las dos maneras. Lo que fuera no le quita nada de la importancia del discurso de Pablo. No parece que fueron muchos los oyentes, sino un pequeño grupo de filósofos epicúreos y estoicos que deseaban saber que quería decir con esas cosas extrañas que predicaba en la plaza mayor (vv. 18-20).

Discurso en el Areópago (vv. 22-31). Es notable este discurso de Pablo, tanto por la doctrina que contiene como por la habilidad con que la presenta. La conclusión a que procura llegar será la misma

El Areópago en Atenas

24 Este es el Dios que hizo el mundo y todas las cosas que hay en él. Y como es Señor del cielo y de la tierra, él no habita en templos hechos de manos, 25 ni es servido por manos humanas como si necesitase algo, porque él es quien da a todos vida y aliento y todas las cosas. 26 De uno solo* ha hecho toda raza de los hombres, para que habiten sobre toda la faz de la tierra. El ha determinado de antemano el orden de los tiempos y los límites de su habitación, 27 para que busquen a Dios, si de alguna manera, aun a tientas, palpasen y le hallasen. Aunque, a la verdad, él no está lejos de ninguno de nosotros; 28 porque "en él vivimos, nos movemos y somos".* Como también han dicho algunos de vuestros poetas: "Porque también somos linaje de él."*

---

*17:26 Algunos de los mss. antiguos dicen *de una sola sangre*.
*17:28a Cita de Epiménides, poeta griego del siglo VI a. de J.C.
*17:28b Cita de Arato, poeta de Cilicia, del siglo III a. de J.C.; otros poetas habían dicho algo parecido.

---

de siempre; la de que sus oyentes crean en el mensaje de salvación traído por Jesucristo (v. 31). Pero en esta ocasión, al contrario de sus discursos ante los judíos (13:16-41; 17:3), el camino no va a ser en base a citas del AT, sino de abrir los ojos ante el mundo que nos rodea, creado y ordenado maravillosamente por Dios.

El discurso se abrió con un elogio a los atenienses. Pablo comenzó su presentación observando que la gente era muy religiosa; por tanto, era comprensible que estuvieran interesados en sus enseñanzas extrañas. Mientras paseaba por la ciudad y visitaba los monumentos de Atenas se encontró con un altar cuya inscripción lo dejó profundamente impresionado y le pareció muy rica en simbolismo para mostrar lo que eran las ideas religiosas de la ciudad: *AL DIOS NO CONOCIDO* (v. 23). Esa misma inscripción le sirve también para entrar suavemente en la materia. El Dios desconocido que ya tenía un lugar en el panteón de Atenas, se haría conocer a través de las enseñanzas de Pablo: *A aquel, pues, que vosotros honráis sin conocerle, a éste yo os anuncio* (v. 23).

Según Lorenzo Turrado la presentación de Pablo se puede resumir en la siguiente manera: Dios, creador de todas las cosas y de los hombres, puede y debe ser conocido por estos (vv. 24-28); pero, de hecho, los hombres no le han conocido, adorando en cambio estatuas de oro, de plata y de piedra (v. 29). Son *los tiempos de la ignorancia* (v. 30). La idea fundamental que Pablo hace resaltar en esta primera parte del discurso es el conocimiento de Dios por la sola razón natural (un tema que se encuentra de nuevo claramente en su carta a los romanos (Rom. 1:19, 20).

> **Joya bíblica**
>
> **De uno solo ha hecho toda raza de los hombres, para que habiten sobre toda la faz de la tierra (17:26).**

Sin embargo, en los vv. 30 y 31 Pablo deja el campo de la razón natural para entrar en el de la revelación sobrenatural. Dios no se ha desentendido del mundo, sino que, fingiendo no ver esos *tiempos de la ignorancia* para no tener que castigar, manda a todos los hombres que *se arrepientan* (v. 30), enviando al mundo a Jesucristo, a quien ha constituido juez universal, cuya misión ha quedado garantizada por su resurrección de entre los muertos. La idea fundamental en estos versículos es la importancia de la resurrección de Cristo para la credibilidad del evangelio cristiano (un tema que aparece de nuevo claramente en 1 Cor. 15:14, 15). Las afirmaciones de Pablo en cuanto a Dios como Creador y Salvador refutaron en muchos aspectos las filosofías de los estoicos y los epicúreos.

También podemos ver en estas dos ideas fundamentales —conocimiento de Dios por la sola razón natural y la importancia de la resurrección de Cristo— al menos

29 »Siendo, pues, linaje de Dios, no debemos pensar que la Divinidad sea semejante a oro, o plata, o piedra, escultura de arte e imaginación de hombres. **30** Por eso, aunque antes Dios pasó por alto los tiempos de la ignorancia, en este tiempo manda* a todos los hombres, en todos los lugares, que se arrepientan; **31** por cuanto ha establecido un día en el que ha de juzgar al mundo con justicia por medio del Hombre a quien ha designado, dando fe de ello a todos, al resucitarle de entre los muertos.

*17:30 Algunos mss. antiguos dicen *declara*.

---

insinuadas, otras ideas subalternas de la unidad de la especie humana y de la providencia de Dios en la historia, señalando a cada pueblo la duración de su existencia y los límites de sus dominios (v. 26; Rom. 5:12-21; Ef. 1:10-11). El orgullo local, del cual se jactaban los atenienses, de que ellos nacieron en su propio suelo como un pueblo separado, fue reprobado por Pablo cuando declaró que *de uno solo* (es decir, de una sola sangre) *ha hecho* [Dios] *toda raza de los hombres* (v. 26). Somos un solo pueblo a pesar de las diferencias de raza o nacionalidad. Si hay un solo Dios y Padre (Deut. 6:4; Mar. 12:29), entonces es el mismo Dios y Padre de todos los pueblos. El orgullo de los atenienses en dividir la humanidad en griegos y no griegos (bárbaros) era tan depravado como el orgullo de los judíos en dividir la humanidad en judío pío y gentil impío. El judío era menos excusable porque Dios esperaba más de él. Los judíos habían sido avisados por sus propios profetas contra el autoengaño de tal prejuicio. Aun más serio era el hecho de que los judíos buscaban dar sanción divina a su propio fanatismo.

Al castigar tanto a los judíos del primer siglo, no debe olvidarse que la misma nación que produjo esta intolerancia, también, a la vez, produjo los grandes exponentes (Esteban, Felipe, Pablo, Pedro, unos hombres de Chipre y de Cirene quienes hablaron también a los griegos y muchos otros) del punto de vista de que todos los hombres eran recipientes del amor de Dios. Y que este mismo Dios estaba proponiendo rehacer de todos un solo pueblo (Ef. 2:21, 22; 3:3-13). Todo esto sirve para comprender que en Dios no hay razas ni naciones escogidas. Profetas y fanáticos pueden provenir de los judíos, de los griegos o de cualquier otro pueblo.

Además, ha de observarse que la cristiandad también, a través de su historia, siempre ha tenido sus profetas y sus intolerantes, los fanatismos reflejados en sus contiendas religiosas, sus persecuciones en interés de la verdad (según su hermenéutica), y sus discriminaciones y prejuicios raciales. Inquisiciones y negaciones modernas de libertades básicas se practican en el nombre de Jesús. En el v. 26 Pablo da reconocimiento al hecho obvio de que hay tales instituciones como naciones y que Dios las ha establecido, y que él obra a través de ellas en los tiempos sucesivos para el desarrollo del hombre (Rom. 13:17; ver Mat. 22:21). Sin embargo sus múltiples obras tienen el fin de que todas las cosas sean unidas en él.

> **Joya bíblica**
> Por eso, aunque antes Dios pasó por alto los tiempos de la ignorancia, en este tiempo manda a todos los hombres, en todos los lugares, que se arrepientan (17:30).

El término "arrepentirse" (v. 30) significa "cambiar de dirección". Algunos lo hicieron (v. 34), y su conversión les destaca en contraste marcado con la presumida satisfacción de aquellos que en su orgullo intelectual simplemente ridiculizaron la mención de la resurrección. La manera como lo cuenta Lucas no puede ser más expresiva: *Cuando le oyeron mencionar la resurrección de los muertos, unos se burlaban* [se echaron a reír], *pero otros*

32 Cuando le oyeron mencionar la resurrección de los muertos, unos se burlaban, pero otros decían:
—Te oiremos acerca de esto en otra ocasión.
33 Así fue que Pablo salió de en medio de ellos, **34** pero algunos hombres se juntaron con él y creyeron. Entre ellos estaba Dionisio, quien era miembro del Areópago, y una mujer llamada Dámaris, y otros con ellos.

---

decían: *Te oiremos acerca de esto en otra ocasión* (v. 32). Y Pablo ni siquiera pudo continuar el discurso. Lo que para algunos era un reírse a carcajadas, para Pablo y para otros innumerables era la realidad más profunda de la vida.

Algunos eruditos llegaron a la conclusión de que Pablo escogió un enfoque equivocado en su presentación del evangelio en Atenas. Esta conclusión se fundamenta en la cita de 1 Corintios 2:1, 2: *Así que, hermanos, cuando yo fui a vosotros para anunciaros el misterio de Dios, no fui con excelencia de palabras o de sabiduría. Porque me propuse no saber nada entre vosotros, sino a Jesucristo, y a él crucificado.* Pablo fue a Corinto después de dejar Atenas, y algunos dicen que esta afirmación en la epístola a los corintios es un repudio del enfoque de su tema ante el Areópago en Atenas. En verdad, en 1 Corintios Pablo se estaba defendiendo a sí mismo contra la crítica de que no era tan elocuente como Apolos. Concluir que Pablo fracasó en Atenas es hacer un juicio pobre. Su manera de presentar el evangelio fue diferente, pero su audiencia compuesta por filósofos griegos eruditos difería grandemente de la gente a la que había testificado previamente. El discurso en Atenas no indica que Pablo se propuso demostrar su propia sabiduría al presentar el evangelio. Lo que sí revela es que Pablo consideraba a los que le escuchaban, sus trasfondos y sus intereses al presentarles a Cristo como Salvador.

Semillero homilético
Circunstancias que conmueven
17:16-34

Introducción: Los pioneros misioneros presenciaron condiciones abrumadoras en algunas partes del mundo. En las islas del sur del Pacífico los habitantes vivían en las tinieblas espirituales y practicaban el canibalismo. Algunos misioneros fueron para predicarles el evangelio y varios de ellos pagaron el precio más alto al llegar a ser mártires. Pero con los años se convirtieron muchas tribus, y dejaron la práctica del canibalismo. Pablo se conmovió con lo que vio en Atenas.
 I. Vio multitudes que viven en forma equivocada.
   1. Una ciudad entregada a la idolatría (v. 16).
     (1) Vio estatuas edificadas a los dioses griegos y romanos.
     (2) Vio crueldad y lujuria de parte de los habitantes.
   2. Un pueblo judío entregado a la polémica (v. 17).
   3. Los filósofos entregados a escuchar cosas nuevas (v. 18b).
 II. Vio la necesidad de predicar la verdad a los atenienses (vv. 22-31).
   1. Su mensaje se centralizó en la naturaleza de Dios.
     (1) Revelado en el Espíritu Santo.
     (2) Creador del universo.
   2. Su mensaje terminó con el mensaje del juicio venidero (vv. 30, 31).
 III. Vio las reacciones variadas de los oyentes (vv. 32, 34).
   1. Algunos se burlaron y no quisieron escuchar más.
   2. Algunos expresaron interés, diciendo que querían escuchar más.
   3. Algunos creyeron, entregándose a Dios.
Conclusión: Cuando predicamos el evangelio, tenemos que ser fieles en presentar el mensaje. Sabemos que algunos se van a mofar, otros querrán escuchar más antes de tomar una decisión, pero también habrá algunos que van a creer en el Cristo de la Biblia.

Pablo en Corinto

18 Después de esto, Pablo partió de Atenas y fue a Corinto. **2** Y habiendo hallado a un judío llamado Aquilas, natural de Ponto, recién llegado de Italia con Priscila su mujer (porque Claudio* había mandado que todos los judíos fueran expulsados de Roma), Pablo acudió a ellos. **3** Como eran del mismo oficio, permaneció con ellos y trabajaba, pues su oficio era hacer tiendas. **4** Y discutía en la sinagoga todos los sábados y persuadía a judíos y a griegos.

---

*18:2 Emperador de Roma, 41-54 d. de J.C.; el decreto aludido se promulgó por el año 49 o 50.

---

(10) Pablo en Corinto, 18:1-17. El viaje a Corinto, la capital de Acaya y sede de la residencia del procónsul, cubría una distancia de unos 80 km. La ciudad había sido destruida por los romanos en 146 a. de J.C., pero Julio César la había reconstruido en 46 a. de J.C. Su posición geográfica hacía de Corinto la ciudad más importante de Grecia. William Barclay nos relata los siguientes datos acerca de esta ciudad. Acaya está casi cortada en dos por el mar. De un lado está el golfo de Salónica con su puerto de Cencrea y sobre el otro lado está el golfo de Corinto con su puerto de Lequeo. Entre ellos había un angosto estrecho de tierra de no más de ocho km. de ancho y sobre ese istmo estaba Corinto. El resultado era que todo el comercio del norte y del sur de Grecia tenía que pasar a través de Corinto porque no había otro camino. Corinto era llamada "el puente de Grecia". Pero el viaje alrededor del extremo sur de Grecia era muy peligroso. El cabo Malea era más austral y rodearlo era aun más peligroso. Los griegos tenían un proverbio: "Dejad que el que piensa rodear el Malea se salga con la suya". De modo que el comercio del este y del oeste del Mediterráneo también pasaba por Corinto, debido a que los hombres preferían ese camino al de Malea. Corinto era el mercado de Grecia.

Pero Corinto era algo más que el gran centro de comercio y negocios. No lejos de sus muros tenían lugar cada dos años los famosos juegos ístmicos (ver 1 Cor. 9:24-27) que, en ocasiones, podían hasta casi competir con los universalmente renombrados juegos olímpicos, celebrados cada cuatro años en la no lejana ciudad de Olimpia. Pero sobre todo, Corinto era una ciudad malvada. Los griegos tenían un dicho: "hacerse el corintio", que significaba llevar una vida de lujuria y corrupción. Los autores griegos hablaban de "corintizar" como sinónimo de vida licenciosa, y en Grecia si alguna vez se caracterizaba a un corintio en el escenario, se le hacía aparecer como un borracho. Dominando a Corinto estaba la colina de Acrópolis. No era sólo una fortaleza; era un templo de Afrodita. En sus grandes días este templo tenía mil sacerdotisas de la diosa que a la vez eran prostitutas sagradas y que, al

Ruinas de Corinto

5 Cuando Silas y Timoteo llegaron de Macedonia, Pablo se dedicaba exclusivamente a la exposición de la palabra,* testificando a los judíos que Jesús era el Cristo. **6** Pero como ellos le contradecían y blasfemaban, sacudió sus vestidos y les dijo: "¡Vuestra sangre sea sobre vuestra cabeza! ¡Yo soy limpio! De aquí en adelante iré a los gentiles." **7** Se trasladó de allí y entró en la casa de un hombre llamado Tito Justo,* quien era temeroso de Dios,* y cuya casa estaba junto a la sinagoga. **8** Crispo, el principal de la sinagoga, creyó en el Señor con toda su casa. Y muchos de los corintios que oían, creían y eran bautizados. **9** Entonces el Señor dijo a Pablo de noche, por medio de una visión: "No temas, sino habla y no calles; **10** porque yo estoy contigo, y nadie pondrá la mano sobre ti para hacerte mal; porque yo tengo mucho pueblo en esta ciudad." **11** Pablo se quedó allí por un año y seis meses, enseñándoles la palabra de Dios.

---

*18:5 Otra trad., *Pablo era impulsado por la palabra*
*18:7a Algunos mss. antiguos omiten el nombre *Tito*.
*18:7b Es decir, gentil simpatizante del judaísmo

---

anochecer, bajaban a la ciudad a ofrecer su comercio. Existía otro proverbio: "No todos pueden costearse un viaje a Corinto", aplicado a quienes tienen que renunciar a una cosa por falta de dinero. Tal era la ciudad en la que entraba Pablo al salir de Atenas.

Cuando escribió Pablo a los corintios hizo una lista de todo tipo de maldades: *¿No sabéis que los injustos no heredarán el reino de Dios? No os engañéis: que ni los fornicarios, ni los idólatras, ni los adúlteros, ni los afeminados, ni los homosexuales, ni los ladrones, ni los avaros, ni los borrachos, ni los calumniadores, ni los estafadores, heredarán el reino de Dios* (1 Cor. 6:9, 10).

Y después escribe la frase triunfante: *Y esto erais algunos de vosotros, pero ya habéis sido lavados, pero ya sois santificados, pero ya habéis sido justificados en el nombre del Señor Jesucristo y en el Espíritu de nuestro Dios* (1 Cor. 6:11).

Aparentemente Pablo hizo de Corinto la sede de su trabajo en Acaya (2 Cor. 1:1). De la correspondencia extensiva de Pablo se sabe más de la iglesia en Corinto que de cualquiera otra iglesia del movimiento cristiano temprano. Sin embargo Lucas sólo dedica 17 versículos a su ministerio en

---

Semillero homilético
Compañeros con una misión especial
18:1-4

Introducción: Personas que tienen habilidades similares tienden a reunirse y conversar de temas de interés común. Pablo utilizó esta tendencia para encontrar a personas con intereses y habilidades similares a los de él, para conectarse con ellos en la expansión del evangelio.
 I. La identidad de las personas.
  1. Aquila y Priscila, de Italia, pero expulsados por su predicación del evangelio, viajando hacia el oriente.
  2. Pablo de Antioquía, celoso para predicar el evangelio, viajando hacia el occidente.
 II. El terreno común de todos.
  1. Eran hacedores de carpas, ministros bivocacionales.
  2. Eran conocedores del evangelio, y ansiosos para extenderlo.
 III. El ministerio en conjunto.
  1. Se unieron por razones económicas posiblemente.
  2. Se unieron porque sabían que podrían lograr mayores resultados en conjunto.
  3. Se unieron para dar un testimonio unido en el evangelio.
Conclusión: Hay necesidad de colaborar con los demás en la expansión del evangelio. Más logramos si cooperamos que si participamos en la competencia.

12 Siendo Galión procónsul de Acaya, los judíos de común acuerdo se levantaron contra Pablo y le llevaron al tribunal, **13** diciendo: —¡Este persuade a los hombres a honrar a Dios contra la ley!
14 Cuando Pablo iba a abrir su boca, Galión dijo a los judíos:

—Si se tratara de algún agravio o de un crimen enorme, oh judíos, conforme al derecho yo os toleraría. **15** Pero ya que se trata de cuestiones de palabras, de nombres y de vuestra ley, vedlo vosotros mismos. Yo no quiero ser juez de estas cosas.

---

este lugar, que se prolongó por 18 meses. En esta ocasión Lucas se ocupa principalmente con dos cosas: (1) La separación de la sinagoga y la iglesia, y (2) la negativa de Galión, el procónsul romano, de juzgar el caso de la sinagoga contra la iglesia.

Pablo se relacionó aquí con los esposos Aquila y Priscila, hebreos nativos de Ponto (Asia Menor), llegados a Corinto poco antes, procedentes de Italia. Habían sido expulsados por el emperador Claudio. Suetonio, historiador romano del primer siglo, afirma que los judíos fueron expulsados de Roma debido al tumulto constante provocado por un tal Cresto. La mayoría de los eruditos lo considera como referencia a Cristo con los errores de escritura comunes en los escritores romanos. Según notas de Orosio, escritor cristiano, el edicto de la expulsión fue promulgado en 49 d. de J.C. Aquila y Priscila pueden haber llegado a Corinto a principios del 50 d. de J.C. y Pablo varios meses después.

No es posible asegurar si los dos se habían hecho cristianos en Roma, lo que parece probable, ya que no se hace la menor alusión a que hubieran sido convertidos por Pablo. Eran gente de buenos recursos económicos, y en relación con Pablo y el movimiento cristiano fueron particularmente generosos (18:18, 26, 27; Rom. 16:3; 1 Cor. 16:19; 2 Tim. 4:19). Pablo se unió a ellos en la empresa de fabricar tiendas. Era costumbre entre los hebreos que los discípulos de los rabinos (por ejemplo: Gamaliel y Pablo, 22:3) aprendieran algún oficio manual, de suerte que más tarde pudieran vivir de él. Pablo y Aquila eran fabricantes de tiendas; poseían el mismo oficio. Luego, en ocasión de defender sus motivos por los cuales predicaba el evangelio, Pablo recordó a los corintios que él se sostenía a sí mismo mientras estuvo allí (1 Cor. 4:12; 9:12-18; 2 Cor. 11:7-12; 12:13). No se avergonzó de ejercer su oficio a lo largo de sus años de apostolado para no ser gravoso a sus evangelizados ni poner obstáculo a la difusión del evangelio (20:24; 1 Tes. 2:9; 2 Tes. 3:8). Pablo trabajaba durante la semana y predicaba el evangelio en el día de reposo.

Al parecer, especialmente durante los primeros días en Corinto, Pablo estaba débil físicamente y deprimido emocionalmente, lo que puede haber sido resultado de su enfermedad, y debido también al rechazo del evangelio de parte de los judíos:

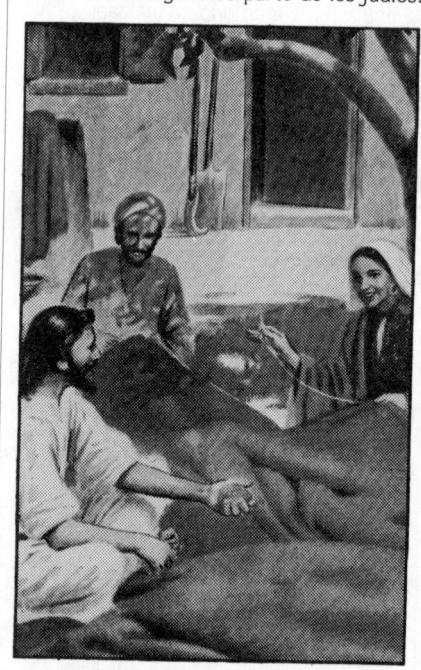

Haciendo carpas en Corinto

16 Y los expulsó del tribunal. 17 Entonces todos* tomaron a Sóstenes, el principal de la sinagoga, y le golpeaban delante del tribunal, y a Galión ninguna de estas cosas le importaba.

*18:17 Algunos mss. antiguos dicen *todos los griegos*.

Y estuve entre vosotros con debilidad, con temor y con mucho temblor (1 Cor. 2:3; ver 1 Tes. 3:1-5). Al fin de cierto tiempo, no puede haber sido un lapso largo, llegaron *Silas y Timoteo* (v. 5) trayendo ayuda. Aparentemente la iglesia de Filipos le envió un regalo de dinero (2 Cor. 11:8, 9; Fil. 4:15), y ahora Pablo podía dedicarse de lleno a la predicación y la enseñanza de la palabra (v. 5). Sus compañeros también trajeron el informe de que la iglesia en Macedonia estaba continuando en fe y en amor. La llegada de Silas y Timoteo animó grandemente al Apóstol (v. 5; 1 Tes. 3:6-10). Probablemente en esta ocasión Pablo escribió sus cartas a Tesalónica.

Lo que había pasado en Antioquía de Pisidia (13:45-52), y luego en Efeso (19:9), sucedió también aquí: pronto se llega a la ruptura con la sinagoga (vv. 6-11). Pablo enseñaba a los judíos con sinceridad que Jesús era el Cristo (el Mesías), sin embargo, ellos se resistían y hasta blasfemaban a Cristo. Dado que habían rechazado deliberadamente la palabra de Dios, Pablo ahora no era responsable por ellos. Dejó el sitio en que hasta ahora había desplegado su actividad, pero no sin darles a los judíos incrédulos una seria advertencia: *¡Vuestra sangre sea sobre vuestra cabeza!* (v. 6; se encuentra esta fórmula en el AT, 2 Sam. 1:16; 1 Rey 2:33; ver Mat. 27:24, 25, y también Hech. 13:51). Por este dicho simbólico, Pablo quería decir: la responsabilidad del castigo divino a que dará lugar su infidelidad, recae sobre ustedes mismos; yo no tengo ninguna culpa de su perdición eterna (20:26). Y por eso, con plena tranquilidad de conciencia, puedo consagrar mi trabajo a los gentiles (13:46; 28:28). Pablo entonces fue a los gentiles.

Después de dejar la sinagoga Pablo trasladó su centro de operaciones a la casa contigua, la que pertenecía a Tito Justo, un temeroso de Dios que desde luego había aceptado a Cristo. La actividad de Pablo para ganar a los judíos, a pesar de todo, no fue inútil, pues el propio presidente de la sinagoga, Crispo, y su casa creyeron en el Señor. Lucas comenta que muchos gentiles recibían a Cristo y eran bautizados. Lucas no nos da más detalles de este episodio, sólo que Pablo salió de la sinagoga en donde fue rechazado para que pudiera ir directamente a los gentiles. Era una decisión audaz establecer una obra aparte de la sinagoga y contigua a ella. Es posible que Pablo dejara la sinagoga antes de ser expulsado; si así es, esto señalaría una época en la historia del movimiento cristiano. Su significado sería que era un evento de mucho alcance que representó otro paso hacia la eventual separación completa entre la sinagoga y la iglesia. Evidentemente la decisión de Pablo de separarse de la sinagoga era muy dolorosa. Por eso la visión mencionada en el v. 9 representa la autenticación de Dios sobre la misión de Pablo a los gentiles: *No temas, sino sigue hablando y no calles*.

La comparecencia de Pablo ante el procónsul Galión es un dato histórico de gran importancia para la cuestión cronológica de la vida del apóstol. El año de su proconsulado en Acaya se puede fijar con bastante certeza gracias a una inscripción descubierta en Delfos, que contiene parte de una carta del emperador Claudio a la ciudad de Delfos. En la carta hace mención de su amigo Galión, procónsul de Acaya. La carta fue escrita entre abril y agosto del año 52. En vista de que los procónsules debían tomar posesión de su cargo (que duraba un año) en primavera o a principios del verano, Galión fue procónsul de Acaya en el período que va de la primavera

Pablo regresa a Antioquía de Siria

18 Pero Pablo, habiéndose detenido allí muchos días más, se despidió de los hermanos, e iba navegando hacia Siria; y con él iban Priscila y Aquilas. En Cencrea se rapó la cabeza, porque había hecho un voto.

19 Llegaron* a Efeso, y él los dejó allí. Y entró en la sinagoga y discutía con los judíos. **20** Pero a pesar de que ellos le pedían que se quedase por más tiempo, no accedió, **21** sino que se despidió y dijo:* "Otra vez volveré a vosotros, si Dios quiere." Y zarpó de Efeso.

---

*18:19 Algunos mss. antiguos dicen *Llegó*.
*18:21 Algunos mss. antiguos tienen ... *dijo: En todo caso es necesario que yo guarde la próxima fiesta en Jerusalén, pero otra vez volveré...*; comp. 20:16.

---

del 52 a la primavera de 53. Es posible que Galión hubiera sido nombrado procónsul poco antes de que los judíos acusaron a Pablo ante él. De estos datos se puede deducir que el encuentro de Pablo y Galión debió suceder en la primavera-verano del 52. Parece que Pablo llevaba ya en Corinto al menos año y medio (v. 11), y, por tanto su llegada a la ciudad debió de tener lugar a principios del 51 o quizá a fines de 50.

Los judíos no habían podido asustar a Pablo con sus amenazas; por lo tanto buscaron acción legal para que fuera expulsado de la ciudad. Como en otros lugares, los judíos se habían puesto celosos cuando escucharon a Pablo enseñar a los gentiles que no era necesario que guardaran la ley ceremonial de Moisés. Los judíos acusaron a Pablo de persuadir *a los hombres a honrar a Dios contra la ley* (v. 13). La acusación de que obraba contra la ley, sin especificar de qué ley se trataba, la judía o la romana, era un tanto ambigua, confiando tal vez con ello hacer más impresión en el procónsul que, en seguida, había de pensar que era la ley romana. Y podían escudarse en que Pablo al obrar contra la ley judía obraba también, en cierto sentido, contra la ley romana, dado que la religión judía era una religión legal, protegida por las leyes romanas. Sin embargo, el procónsul no se prestó a estas ambigüedades. La respuesta de Galión a la acusación implica que la ley que Pablo estaba acusado de quebrantar era la ley judía, en vez de la ley romana. Galión parece haber tenido poca paciencia con los judíos (v.

14). El se negó a juzgar el debate entre los judíos referente a sus costumbres religiosas, y mandó que los oficiales sacaran a la turba del tribunal. Obviamente Galión no distinguía entre el judaísmo y el cristianismo. En esta ocasión el cristianismo no era reconocido como una religión legal en su propio nombre; pero, en realidad recibió el reconocimiento debido a que se lo distinguió del judaísmo.

Lucas no aclara bien quién golpeó a Sóstenes, el líder de la sinagoga. Un escritor concluye que el desprecio de Galión a los odiados judíos dio a los gentiles la oportunidad de prender y golpear a Sóstenes sin temor a ninguna represalia. Indirectamente los judíos golpearon a Sóstenes por no haber manejado correctamente el caso contra Pablo.

> **Joya bíblica**
> Pero a pesar de que ellos le pedían que se quedase por más tiempo, no accedió, sino que se despidió y dijo: "Otra vez volveré a vosotros, si Dios quiere" (18:20, 21).

(11) Pablo regresa a Antioquía de Siria, 18:18-23. Después de haber sido llevado ante Galión, Pablo continuó en Corinto muchos días más. No se sabe nada de sus actividades durante este tiempo, pero se piensa que pudo marcharse con libertad sin molestia por parte de los judíos. Probablemente estaba usando estos días para asegurar la fundación de la

HECHOS 18:18-23

22 Habiendo arribado a Cesarea, y después de subir* y saludar a la iglesia, descendió a Antioquía.

23 Y después de haber estado allí algún tiempo, salió a recorrer en orden la región de Galacia y Frigia, fortaleciendo a todos los discípulos.

---

*18:22 Es decir, a Jerusalén

---

iglesia en Corinto. Luego Pablo, acompañado por Aquila y Priscila, determinó regresar a Antioquía de Siria, punto de partida de su expedición misionera. No sabemos si le acompañarían Timoteo y Silas. Pudieron haberse quedado en Corinto para fortalecer la obra en Acaya. Probablemente sus planes incluían un viaje a Jerusalén para cumplir un voto (v. 18). Es casi seguro que se trata del voto de los nazareos de que se habla en Números 6:1-21, y que entre los hebreos tenía un gran aprecio.

En el tiempo de Pablo se podía tomar un voto por un mínimo de treinta días (en lugar de toda la vida de abstinencia de vino y de cortarse el cabello, como era el voto anteriormente). El principio del período de los treinta días estaba marcado por el corte del cabello. Al fin de período, se rapaba la cabeza. Los judíos que estaban fuera de Palestina a menudo guardaban el cabello hasta que llegaban a Jerusalén, y allí quemaban el pelo en el fuego como sacrificio. Tal vez Pablo tomó el voto por haber sido preservado de sus enemigos y por el éxito del trabajo entre los gentiles.

> **Joya bíblica**
>
> Y después de haber estado allí algún tiempo, salió a recorrer en orden la región de Galacia y Frigia, fortaleciendo a todos los discípulos (18:23).

La nave en que Pablo se embarcó viajaba rumbo a Efeso (Cencrea era el puerto marítimo de Corinto). Algunos opinan que la mención del nombre de Priscila en primer lugar en esta instancia puede indicar que ya ella era la evangelista más importante entre los dos. Aquí se separó Pablo de ellos. En cuanto a Pablo, se quedó sólo algunos días predicando en la sinagoga. Los judíos pidieron que se quedara por más tiempo, pero se despidió de ellos prometiendo regresar, *si Dios quiere* (v. 21). Es evidente que Pablo tenía ahora el plan de cambiar su centro de operación a Efeso; por un tiempo largo, conforme había pensado hacerlo al principio del segundo viaje (16:6). Probablemente Priscila y Aquila pasaron su residencia de Corinto a Efeso por un deseo expreso de Pablo, para continuar con el trabajo, y para luego poder encontrar allí alojamiento y trabajo en su tercer viaje misionero.

De nuevo en el mar, desembarcó en Cesarea sobre la costa de Samaria, *y después de subir y saludar a la iglesia, descendió a Antioquía* (v. 22). No se especifica si la iglesia estaba en Cesarea o en Jerusalén. Probablemente visitó la iglesia en Jerusalén y luego descendió a Antioquía (si se tratara simplemente de la iglesia de Cesarea, no es fácil que Lucas hablara de "subir", término técnico entre los judíos para indicar el viaje a Jerusalén, ciudad más elevada que el resto del país). El regreso de Pablo a Antioquía marca el final de lo que se conoce tradicionalmente como el segundo viaje misionero.

5. Tercer viaje misionero, con parada de tres años en Efeso, regresando a Antioquía a través de Macedonia y Grecia, 18:23—21:17.

La historia del tercer viaje misionero comienza en 18:23. Comenzó con una gira por Galacia y Frigia. Parece que la intención de Pablo en esta primera parte de su viaje no fue la de fundar nuevas iglesias, sino la de fortalecer *a todos los discípulos* (v. 23). Luego Pablo llegó a Efeso, donde permaneció por casi tres años. No se dice

Apolos se une a los cristianos

24 Llegó entonces a Efeso cierto judío llamado Apolos, natural de Alejandría, hombre elocuente y poderoso en las Escrituras. **25** Este había sido instruido en el Camino del Señor; y siendo ferviente de espíritu, hablaba y enseñaba con exactitud las cosas acerca de Jesús,* aunque conocía solamente el bautismo de Juan. **26** Comenzó a predicar con valentía* en la sinagoga, y cuando Priscila y Aquilas le oyeron, le tomaron aparte y le expusieron con mayor exactitud el Camino de Dios.
27 Como él quería viajar a Acaya, los hermanos le animaron y escribieron a los discípulos que le recibiesen. Cuando llegó allá, fue de gran provecho a los que mediante la gracia habían creído; **28** pues refutaba vigorosamente a los judíos en público, demostrando por medio de las Escrituras que Jesús era el Cristo.

*18:25 Algunos mss. antiguos tienen *acerca del Señor.*
*18:26 Otras trads., *con confianza;* o, *con denuedo*

---

quién acompañó al Apóstol. Sabemos que, una vez en Efeso, estaban con él Timoteo, Erasto, Gayo, Aristarco (19:22, 29), y posiblemente Tito (2 Cor. 2:12-13). Durante los tres años en Efeso quizá los esfuerzos de Pablo se extendieran hasta las ciudades cercanas de Esmirna, Filadelfia, Colosas, Laodicea, Hierápolis y Mileto.

(1) Apolos se une a los cristianos, 18:24-28. Lucas nos dice que, mientras Pablo recorría las regiones de Galacia y Frigia (19:1), un nuevo predicador, con el que sin duda Pablo no contaba, estaba ayudando a su obra de evangelización en Efeso y Corinto: *Apolos, natural de Alejandría, hombre elocuente y poderoso en las Escrituras* (v. 24). Es interesante el caso de Apolos (forma abreviada de Apolonio). Lucas escribe que *había sido instruido en el Camino del Señor; y siendo ferviente de espíritu* (sin duda el espíritu de Dios) *hablaba y enseñaba con exactitud las cosas acerca de Jesús,* pero que *conocía solamente el bautismo de Juan* (v. 25). Aparentemente Apolos, judío de Alejandría, llegó a Efeso siendo cristiano (aunque con instrucción todavía incompleta). Eso quiere decir que era verdad lo que enseñaba sobre Jesús y su doctrina, pero no era toda la verdad.

Debe notarse que Apolos y los doce de Efeso (ver 19:1-7), eran discípulos de Juan el Bautista. Es probable que este cristianismo incompleto de Apolos y los de Efeso habría comenzado con discípulos que habían escuchado en Judea las enseñanzas de Juan el Bautista, y que no conocían de Jesús sino unos cuantos hechos de su vida. Ellos aparentemente no comprendían que el Mesías debía sufrir, ser crucificado y resucitar, para que pudiera cumplirse la promesa divina del reino eterno (ver Rom. 6:1-11). Siendo incompleta la formación de Apolo, Priscila y Aquila, que oyeron sus predicaciones en la sinagoga de Efeso, *le tomaron aparte y le expusieron con mayor exactitud el Camino de Dios* (v. 26). No se menciona si Apolos recibió el Espíritu Santo y fue bautizado después de recibir más instrucción.

Cualidades de un líder especial (Apolos)
18:24-28

Las cualidades que vemos en Apolos son las que todo ministro necesita si va a tener éxito en su ministerio.
1. Elocuencia en su presentación verbal.
2. Poderoso en el uso de las Escrituras.
3. Instruido en el camino del Señor.
4. Ferviente en espíritu evangelístico.
5. Exacto en su verbalización del mensaje.
6. Dispuesto para recibir instrucción.

No es ninguna sorpresa que Apolos (siendo nativo de Alejandría, centro del helenismo) haya decidido marcharse a Acaya, otro centro del helenismo, para trabajar en la iglesia en Corinto. Los discípulos en Efeso lo animaron y le escribieron una carta de recomendación a la iglesia en Corinto. Lucas comenta que Apolos *fue de gran provecho* a la iglesia allí, debido a su

Pablo en Efeso

19 Mientras Apolos estaba en Corinto, aconteció que Pablo, después de recorrer las regiones interiores, bajó a Efeso y encontró a ciertos discípulos. **2** Entonces les dijo:
—¿Recibisteis el Espíritu Santo cuando creísteis?
Ellos le contestaron:
— Ni siquiera hemos oído que haya Espíritu Santo.
3 Entonces dijo:
—¿En qué, pues, fuisteis bautizados?
Ellos respondieron:
—En el bautismo de Juan.
4 Y dijo Pablo:
—Juan bautizó con el bautismo de arrepentimiento, diciendo al pueblo que creyesen en el que había de venir después de él, es decir, en Jesús.*

---

*19:4 Algunos mss. antiguos dicen *en Jesús, el Cristo.*

---

habilidad para refutar a los judíos, usando las Escrituras del AT para demostrar que Jesús era en verdad el Cristo (v. 28). A este Apolos se refiere varias veces Pablo en sus cartas, siendo tenido por él en alta estima (1 Cor. 1:12; 3:4-6, 22; 4:6; 16:12; Tito 3:13).

(2) Pablo en Efeso, 19:1-22. El cap. 19 se dedica primeramente a la obra de Pablo en Efeso. Pablo se quedó más tiempo en esta ciudad que en cualquier otro lugar; debió haber permanecido allí casi tres años. Consideremos, pues, cómo era Efeso para merecer tanto tiempo del apóstol Pablo.

Efeso, capital administrativa de la provincia romana de Asia, era una ciudad rica y populosa, y una de las ciudades más importantes del mundo en aquel entonces, igual aun con Corinto, Antioquía y Alejandría. Era el gran centro de comercio del Asia Menor. A ella venían a converger los grandes caminos procedentes de los lugares interiores de Asia para su conexión con el occidente, siendo conocido como "la tesorería de Asia". El famoso templo de Artemisa (Diana en latín) estaba ubicado cerca de Efeso, y fue conocido como una de las siete maravillas del mundo. Este templo, verdadero centro de peregrinaciones, atraía a muchos visitantes a la región. Enterados de la gran riqueza que la diosa traía a su ciudad, los efesios eran muy agradecidos y le otorgaron apoyo oficial. Antes del surgimiento de la cultura griega en Asia Menor, la diosa era una figura negra agazapada, con muchos senos, que representaban la fertilidad. Por ello, tanto para los griegos como para los romanos, Diana era una diosa casta de la caza.

> **Verdades prácticas**
> **Tres pasos para ser salvo**
> 19:1-7
> 1. El primer paso es seguir la luz que hemos recibido (v. 3).
> 2. El segundo paso es ejercer la fe en Cristo (v. 4).
> 3. El tercer paso es recibir el Espíritu Santo (v. 6).

Aunque la adoración a Diana puede no haber incluido prostitución o inmoralidad (como por ejemplo las sacerdotisas en Corinto), contribuyó al crecimiento de la superstición y al cultivo de la magia. Efeso era famosa por los encantamientos y magias llamados "escritos efesinos". Se garantizaba que otorgaban seguridad al viaje, que daban hijos a los que no los tenían y concedían éxito en el amor o en cualquier negocio. Entonces no es ninguna sorpresa que la iglesia haya tenido que confrontar más tarde el peligro grande de dejarse influir por las herejías de la cultura que la rodeaba. Pablo advirtió a los ancianos de Efeso contra los falsos maestros (20:29 ss.).

En los vv. 1-7 se encuentra el caso de los doce discípulos de Juan el Bautista. Anteriormente se ha tratado el caso semejante de Apolos, también discípulo de Juan. Cuando Pablo llegó a Efeso, Apolos no

5 Cuando oyeron esto, fueron bautizados en el nombre del Señor Jesús. **6** Y cuando Pablo les impuso las manos, vino sobre ellos el Espíritu Santo, y ellos hablaban en lenguas y profetizaban. **7** Eran entre todos como doce hombres.

8 Durante unos tres meses, entrando en la sinagoga, Pablo predicaba con valentía* discutiendo y persuadiendo acerca de las cosas del reino de Dios. **9** Pero como algunos se endurecían y rehusaban creer, hablando mal del Camino delante de la multitud, se separó de ellos y tomó a los discípulos aparte, discutiendo cada día en la escuela de Tirano.* **10** Esto continuó por dos años, de manera que todos los que habitaban en Asia, tanto judíos como griegos, oyeron la palabra del Señor. *

---

*19:8 Otras trads., *con confianza*; o, *con denuedo*
*19:9 Algunos mss. antiguos dicen *de un cierto Tirano*.
*19:10 Algunos mss. antiguos dicen *del Señor Jesús*.

---

estaba en la ciudad, sino en Corinto. Su situación, respecto a la formación religiosa, era muy semejante, aunque no se ha de creer que formara parte del mismo grupo, pues en ese caso apenas se concibe que no hubieran sido adoctrinados ahora por Apolos, una vez que él lo fue por Priscila y Aquila. Tal vez los doce habían llegado a Efeso posteriormente.

Parece que Apolos sí había sabido la historia de la vida de Jesús (18:25-28), pero su falla consistía en no haber podido comprender la experiencia de la muerte y resurrección de Jesucristo como era memorizada y simbolizada en el bautismo cristiano por el movimiento cristiano temprano (Rom. 6:1-11).

Mientras que en el caso de los doce discípulos es explícito que no habían sido bautizados con el Espíritu Santo (v. 2), Pablo, al conocerlos, supone desde luego que estos discípulos ya habían recibido el bautismo (v. 3), y su pregunta de si habían recibido el Espíritu Santo (v. 2) se refiere evidentemente a si habían recibido además ese don del Espíritu, del que habló Pedro en su discurso del día de Pentecostés (2:38). Y también de lo que habla 1:5: *Porque Juan, a la verdad, bautizó en agua, pero vosotros seréis bautizados en el Espíritu Santo después de no muchos días*. Parece que los doce discípulos (igual que Apolos) no habían conocido el bautismo cristiano sino solamente el bautismo de Juan. Y aparentemente, por lo menos en lo que respecta a los doce, aun no entendían el bautismo de Juan, porque fue necesario que Pablo lo explicara, haciéndoles ver que el bautismo de Juan se basaba en el arrepentimiento y que Juan mismo procuraba dirigir a sus discípulos hacia Jesús (19:4). Aparentemente estos doce hombres no habían oído nada de la vida, ministerio, muerte y resurrección de Jesús.

Son interesantes los comentarios de Alfredo Wilkenson sobre este aparente enigma. La historia de los discípulos de Juan el Bautista no es menos enigmática que la de Apolos. En Los Hechos se da a estos doce hombres el título de *discípulos* (v. 1; no el de discípulos de Juan), de cristianos, en otras palabras, y en el relato se los considera como convertidos. Y a la vez son personas que aún no habían recibido el bautismo cristiano ni sabían nada del envío del Espíritu Santo por obra de Cristo. Con

---

Verdades prácticas

En los vv. 8 al 10 encontramos lo que en la actualidad llamaríamos un programa de discipulado. Así lo implementó Pablo:
1. El lugar de la predicación era la sinagoga.
   (1) Encontró a la gente más interesada en las cosas de Dios.
   (2) Se separó de la sinagoga cuando la división era marcada.
2. El tema siempre era las cosas del reino de Dios (v. 8).
3. El modo era predicar con valor y en forma persuasiva (v. 8).
4. La estrategia era encararse con la oposición (v. 9).

11 Dios hacía milagros* extraordinarios por medio de las manos de Pablo; 12 de tal manera que hasta llevaban pañuelos o delantales que habían tocado su cuerpo para ponerlos sobre los enfermos, y las enfermedades se iban de ellos, y los espíritus malos salían de ellos.

13 Pero también algunos de los judíos, exorcistas ambulantes, se pusieron a invocar el nombre del Señor Jesús sobre los que tenían espíritus malos, diciendo:
—¡Os conjuro por el Jesús que Pablo predica!

*19:11 Lit., *hechos de gran poder*

---

todo, deben haber sido cristianos, si bien en forma imperfecta, es decir, discípulos de Jesús, al estilo de Apolos. Ellos habían recibido el bautismo de Juan, tal vez de manos del Bautista mismo. Hasta donde las escasas noticias de la antigüedad permiten saberlo, en aquella época (y por lo menos hasta la última década del primer siglo) existía un grupo compacto de discípulos de Juan que, en la persona del Bautista, ejecutado por Herodes, estaba viendo al Mesías.

Seguramente Apolos y los doce seguidores de Juan habían tenido una experiencia previa con el Espíritu Santo, o no hubieran tenido la experiencia que tuvieron. Es posible que el Espíritu Santo pueda producir en una persona la convicción del pecado y otras experiencias espirituales sin que esa persona sepa que es el Espíritu quien está obrando en su vida. La exposición razonada o el entendimiento de la experiencia viene más tarde. El Espíritu Santo ciertamente guía a un niño a una experiencia genuina aunque el niño mismo no comprende que es el Espíritu el que obra en él. Y así pudo haber sido con los doce discípulos en Efeso; probablemente su experiencia había corrido más allá que su teología.

Ruinas de Efeso

14 Eran siete hijos de un tal Esceva, un judío, principal de los sacerdotes, los que hacían esto. **15** Pero el espíritu malo respondió y les dijo:

—A Jesús conozco, y sé quién es Pablo; pero vosotros, ¿quiénes sois?

Pablo completó la enseñanza de los doce hombres, diciendo que el bautismo de Juan era de carácter provisional, con el propósito de preparar al pueblo para recibir a Jesús y el nuevo bautismo cristiano. Una vez instruidos, los discípulos se bautizaron; después Pablo, en un acto distinto, como en el caso de los samaritanos (8:16-20), impuso las manos sobre los ya bautizados y descendió el Espíritu Santo sobre ellos, con la consiguiente manifestación de hablar en lenguas y profetizar.

En Los Hechos, como se ha mencionado anteriormente, la venida del Espíritu Santo a la vida de una persona no sigue un patrón fijo. Según 8:17 y 19:6 la venida del Espíritu estaba relacionada con la imposición de manos. El hablar en lenguas y profetizar dio evidencia de que los doce discípulos habían recibido el Espíritu Santo. En el caso de Cornelio, el Espíritu vino sobre los griegos temerosos de Dios mientras Pedro estaba predicando (10:44). Los doce hombres en Efeso fueron bautizados en el nombre del Señor Jesús antes de que recibieron el Espíritu Santo. Cornelio recibió el Espíritu Santo antes del bautismo. El hecho de que recibió el Espíritu fue dado como razón para bautizarlos. Aunque no aparece ningún modelo fijo para recibir el Espíritu, Lucas deja bien claro que los judíos y los gentiles que creen en Jesús reciben el poder del reino, el ser llenos del Espíritu, lo que les da poder para proclamar el mensaje del reino y hacer la obra de Jesucristo.

De esta sección se deduce que el evangelio había llegado a Efeso antes del arribo de Pablo, y que Lucas no explica cómo el evangelio llegó allí por primera vez. Evidentemente su propósito es mostrar cómo la interpretación de Pablo, en cuanto a la muerte y la resurrección de Cristo, era necesaria para corregir los conceptos equivocados o incompletos en cuanto a Cristo.

Es de igual importancia corregir las enseñanzas erróneas e incompletas del cristianismo como desafiar el error de fuera.

Después que algunos judíos comenzaron a cerrar sus mentes a Jesús como Mesías, Pablo decidió separarse de la sinagoga. Esta no era la primera ruptura con la sinagoga, sin embargo era muy significativa. En Efeso parece que hubo una división dentro de la sinagoga misma, y sólo unos judíos *hablaban mal del Camino delante de la multitud* (v. 9, a menudo Lucas usaba la frase *el Camino* para denominar al cristianismo). Probablemente, la multitud se refería a los gentiles temerosos de Dios. Es posible que Pablo pudo haber quedado en la sinagoga más de tres meses (v. 8) pero se fue con estos gentiles antes de que se confundieran con los argumentos de los judíos. No es que Pablo tenía menos afecto para los judíos; solamente parecía ser el único camino para alcanzar tanto a judíos como a griegos (v. 10). Parece que el término *griegos* aquí se usaba para incluir a todos los griegos y no solamente a los temerosos de Dios. Se ve en este episodio otro paso hacia la separación completa entre la sinagoga y la iglesia antes del fin del primer siglo.

Otro dato interesante es el uso del término *reino de Dios* (v. 8), usado solamente ocho veces en Los Hechos. No es difícil entender por qué Pablo no hacía énfasis en la idea del reino de Dios cuando se encontraba en las regiones romanas. Ya se le había acusado de ser un traidor al César. La palabra griega *ekklesia*[1577] (iglesia) ahora se aceptaba entre los cristianos judíos y los temerosos de Dios como un término religioso referente al pueblo de Dios. Pablo eligió esta palabra (término usado en la Septuaginta; versión griega del AT), prefiriéndola a la frase *reino de Dios*; sin embargo, a veces usaba esta frase cuando hablaba a los judíos. Cuando Pablo salió de la sinagoga en esta ocasión, predicaba a judíos y a griegos y estaba enseñando un reino de Dios en el cual los judíos y los gentiles compartirían como hermanos. Pablo no dio la espalda a los judíos; él se retiró de una sinagoga que se oponía a la igualdad entre los judíos y gentiles.

El mensaje que Pablo estaba predicando en esta situación en Efeso era fiel a la expresión clásica del tema que se encuentra como tema conmovedor de la epístola de Pablo a Efeso, escrita más tarde a la misma congregación cuando estaba prisionero en Roma. En esa carta el *propósito eterno* (Ef. 3:11) se presenta como el plan de Dios para unir toda la humanidad en Cristo Jesús, derribando la *barrera de división* entre judíos y griegos (Ef. 2:14), y creando de los dos *un solo hombre nuevo* (Ef. 2:15). En Efesios el término para esta humanidad nueva es iglesia; aquí, en el v. 8, probablemente se usa la expresión *reino de Dios* con el mismo sentido. El significado primario de la palabra *reino* es señorío o soberanía, pero este reino de Dios en Cristo es sobre toda la humanidad; Dios no es un rey nacional.

Pablo, abandonando la sinagoga, cambió su sede a la escuela de un filósofo llamado Tirano (v. 9, probablemente un salón de conferencias conectado a un gimnasio usado por gramáticos, poetas y filósofos). Existe un manuscrito que añade ciertos detalles adicionales dados por un testigo ocular. Dice que Pablo enseñaba allí desde la hora quinta hasta la décima, o sea desde las once de la mañana hasta las cuatro de la tarde. Hasta las once y después de las cuatro de la tarde, Tirano necesitaría el lugar. En ciudades jónicas todo el trabajo cesaba a la once de la mañana y no comenzaba hasta bien entrada la tarde. Era demasiado caluroso para trabajar en esa hora. Pablo debe haber trabajado toda la mañana y toda la tarde en su oficio (20: 34), y enseñaba al mediodía. Según Barclay, esto muestra dos cosas: la vehemencia con que enseñaba Pablo y la avidez que tenían los cristianos por aprender. El único momento que tenían era cuando los demás descansaban, durante las horas de más calor, y eligieron ese momento. Muchos de nosotros tendríamos que avergonzarnos cuando decimos que ciertas horas no nos convienen.

Pablo continuó sus conferencias todos los días durante dos años, además su trabajo debió ser muy intenso durante esta época. Lucas hace una afirmación general al decir *que todos los que habitaban en Asia, tanto judíos como griegos, oyeron la palabra del Señor* (v. 10). Lucas apenas da detalles; pero claramente deja comprender que era un trabajo fecundo, como se puede notar luego en 20:18-21.

La verdad de la enseñanza de Pablo en cuanto al poder del reino, quedó demostrada por medio de los *milagros extraordinarios* que hacía (v. 11); *de tal manera que hasta llevaban pañuelos o delantales que habían tocado su cuerpo para ponerlos sobre los enfermos, y las enfermedades se iban de ellos, y los espíritus malos salían de ellos* (vv. 11, 12). El uso de paños y delantales (toallas) era un acomodo a la fe supersticiosa de los efesios. Este incidente es paralelo a 5:12-16 cuando la sombra de Pedro tenía el poder de traer sanidad a los enfermos. El poder de sanidad no estaba en la ropa ni en la sombra, sino en el Señor. La ropa servía como apoyo a la fe supersticiosa. La gente creía que Jesús, a quien Pablo predicaba, tenía poder para sanar, pero su fe necesitaba una señal tangible, algo que pudieran ver o sentir. El Señor pudo haber hecho estos milagros sin los pañuelos o sin la sombra de Pedro.

En los vv. 13-18 encontramos la narración acerca de los hijos de Esceva. La magia y el espiritismo estaban muy difundidos en Efeso. El exorcismo era una práctica común. Si el exorcista conocía el nombre de un espíritu más poderoso que el que había entrado en la persona afectada, al pronunciarlo podía sobreponerse al espíritu malo y hacerlo salir. Algunos judíos exorcistas que vieron los milagros realizados por Pablo quisieron pervertir el uso del poder divino. Ellos pensaron que el nombre *Jesús* era una palabra mágica

16 Y el hombre en quien estaba el espíritu malo se lanzó sobre ellos, los dominó a todos y prevaleció contra ellos, de tal manera que huyeron de aquella casa desnudos y heridos. **17** Este acontecimiento fue conocido por todos los que habitaban en Efeso, tanto judíos como griegos. Cayó temor sobre todos ellos, y el nombre del Señor Jesús era magnificado. **18** Muchos de los que habían creído venían confesando y reconociendo sus prácticas públicamente. **19** Asimismo, un buen número de los que habían practicado la magia trajeron sus libros y los quemaron delante de todos. Calcularon su valor y hallaron que era de 50.000 monedas de plata. **20** De esta manera crecía la palabra del Señor y prevalecía poderosamente.

21 Cuando estas cosas se cumplieron, Pablo propuso en su espíritu ir a Jerusalén después de recorrer Macedonia y Acaya, diciendo: "Después que haya estado en Jerusalén, me será preciso ver también a Roma." **22** Y después de enviar a Macedonia a dos de los que le ayudaban, a Timoteo y a Erasto, él mismo se detuvo por algún tiempo en Asia.

---

que podía ser usada para lograr sus propios fines egoístas. El fracaso de los judíos exorcistas, *los siete hijos de un tal Esceva, un judío, principal de los sacerdotes* (v. 14) fue usado para advertir a la gente que el poder espiritual que es de Dios no podía ser pervertido.

Su fracaso infundió a todos, fieles e infieles, un saludable temor. El resultado fue que muchos de esos farsantes, y muchos de los necesitados también, vieron lo equivocados que estaban. Las prácticas (v. 18) que ellos declaran no son simplemente acciones pecaminosas, sino supersticiones, hechicerías y otras cosas por el estilo. Nada puede demostrar más definidamente la realidad del cambio que el hecho de que en la supersticiosa Efeso estuvieran dispuestos a quemar los libros y amuletos que les reportaban tantas ganancias.

> **Joya bíblica**
> Cayó temor sobre todos ellos, y el nombre del Señor Jesús era magnificado (19:17).

En el v. 20 la expresión *de esta manera crecía la palabra del Señor y prevalecía poderosamente* claramente marca una división mayor en Los Hechos. Como se ha notado anteriormente, el autor ha usado una frase literaria semejante en varios puntos clave del libro y la repite otra vez en 28:31. La noticia de los planes que el Apóstol tenía para el futuro es por demás valiosa (vv. 21, 22), y es plenamente confirmada por sus epístolas.

Habiendo pasado *dos años* (v. 10) y *tres meses* (v. 8) de estancia en Efeso, Pablo piensa en dejar la ciudad. La frase *cuando estas cosas se cumplieron* (v. 21) indica que se había terminado su obra en esa región y estaba por comenzar una nueva etapa en su vida. Sus planes están perfectamente revelados en los vv. 21, 22: ir a Jerusalén, después de haber visitado las iglesias de Macedonia y Acaya, y luego marcharse para Roma. Estos datos se amplían por lo que el mismo Pablo escribe a los romanos (Rom. 15:25-28) de que la visita a Macedonia y Acaya era para recoger dinero para los fieles en Jerusalén que estaban pasando hambre (ver 1 Cor. 16:1-3); y que la visita a Roma era un antiguo deseo de Pablo (Rom. 1:13-15). No sabemos con toda seguridad lo que se prolongaría este *algún tiempo* porque Pablo *se detuvo* en Efeso (v. 22). Durante el período de casi tres años en Efeso, Pablo escribió por lo menos una y probablemente hasta tres cartas a la iglesia en Corinto. Además Efeso sirvió como el centro de operaciones de la gran campaña misionera de Asia (19:26, 27). También parece que Pablo fuera encarcelado en Efeso, pero el autor no incluye nada de la obra misionera fuera de Efeso en Asia ni del encarcelamiento.

Probablemente Pablo había recibido la noticia del problema en Macedonia; por lo tanto envió a Erasto y Timoteo para que

Alboroto de los plateros en Efeso

23 En aquel entonces se produjo un alboroto no pequeño acerca del Camino. **24** Porque cierto platero, llamado Demetrio, que elaboraba en plata templecillos de Diana,* y daba no poca ganancia a los artesanos, **25** reunió a éstos con los obreros de oficios semejantes y les dijo:

— Hombres, sabéis que nuestra prosperidad proviene de este oficio; **26** y veis y oís que no solamente en Efeso, sino también en casi toda Asia, este Pablo ha persuadido y apartado a mucha gente, diciendo que no son dioses los que se hacen con las manos. **27** No solamente hay el peligro de que este negocio nuestro caiga en descrédito, sino también que el templo de la gran diosa Diana sea estimado en nada, y que pronto sea despojada de su majestad aquella a quien adoran toda el Asia y el mundo.

28 Al oír estas palabras se llenaron de ira y gritaron diciendo:

—¡Grande es Diana de los efesios!

---

*19:24 Lit., *Artemisa*, el nombre griego de la diosa Diana

---

fueran antes de él para guiarles hasta que él llegara (1 Cor. 1:11; 4:17; 16:10). Luego parece que hubo un cambio en los planes de Pablo después de la salida de Timoteo y Erasto. En su correspondencia a Corinto Pablo menciona un problema en Efeso que casi lo llevó a la muerte (2 Cor. 1:8 s.). Algunos comentarios sugieren que fue arrojado a la arena a pelear con animales salvajes; otros eruditos creen que el lenguaje es simbólico (1 Cor.15:30 s.).

Se observa que Lucas no dice nada de estos incidentes; y nos hacemos la pregunta: ¿Por qué? Ciertamente Pablo representa el papel de primer actor en los caps. 13—28 de Los Hechos, pero el interés de Lucas (inspirado por Dios) no es primariamente con Pablo. Su interés está enfocado en las actitudes y en las decisiones de los judíos y los gentiles y en el significado de ellas para los dos grupos, y para el futuro del movimiento cristiano en el mundo. Sin duda usó algunos datos históricos simplemente porque le eran conocidos y eran interesantes. Lucas utilizó otros asuntos porque se relacionaban con problemas importantes pero de menor impacto; pero en esta sección de Los Hechos Lucas regresa una y otra vez a su propósito principal.

(3) Alboroto de los plateros en Efeso, 19:23-41. Un hecho imprevisto aceleró la salida de Pablo de Efeso, el motín de los plateros de la ciudad contra él. El líder es el platero *Demetrio* (v. 24), que parece fuera el dueño o el jefe de alguna gran empresa donde se fabricaban, de plata, templecillos de Diana (lit. Artemisa), que eran reproducciones del famoso templo de la diosa, y también pequeñas estatuas de la diosa que allí se veneraba. En aquel establecimiento se encontraban muchos artesanos y otros obreros. La controversia con Demetrio demuestra el poder y la influencia de la iglesia. Les hace ver a los obreros cómo la industria con que obtienen sus ganancias se está arruinando ante el éxito del ministerio de Pablo, el cual engaña a la gente afirmando que los ídolos hechos por mano de hombre no son verdaderos dioses. Este conflicto no fue el resultado de un complot de los judíos, sino de los griegos cuyos negocios se veían afectados. La causa ostensible de la revuelta fue el celo religioso, pero la causa real era la disminución en las ganancias económicas. Pero Demetrio no pensaba solamente en el aspecto económico sino también en las emociones religiosas de los obreros; la gente sencilla de la antigüedad identificaba ingenuamente a la divinidad con el ídolo correspondiente. Señaló que si Pablo seguía predicando, la gran diosa Diana perdería su valor; y su templo, meta de muchas peregrinaciones, correría el riesgo de caer en el desprecio y hasta la reputación de la misma diosa se vería seriamente afectada. Como era de esperar, mucha gente respondió a esta amenaza a su religión, y comenzaron a gritar, y los gritos duraban *por casi dos horas* (v. 34): ¡Grande es Diana de los efesios! (v. 28).

29 Y la ciudad se llenó de confusión. Se lanzaron unánimes al teatro, arrebatando a Gayo y a Aristarco, macedonios y compañeros de Pablo. **30** Aunque Pablo quería salir a la multitud, los discípulos no se lo permitieron. **31** También algunas de las autoridades de Asia, que eran sus amigos, enviaron a él y le rogaron que no se presentara en el teatro. **32** Unos gritaban una cosa, y otros otra cosa; porque la concurrencia estaba confusa, y la mayor parte ni sabía por qué se había reunido.
33 Entonces algunos de entre la multitud dieron instrucciones* a Alejandro, a quien los judíos habían empujado hacia adelante. Y Alejandro, pidiendo silencio con la mano, quería hacer una defensa ante el pueblo. **34** Pero reconociendo que era judío, todos volvieron a gritar a una sola voz, por casi dos horas:
—¡Grande es Diana de los efesios!

*19:33 Algunos mss. antiguos dicen *sacaron a Alejandro*.

En medio del alboroto los obreros arrastraron consigo a dos compañeros de Pablo, los dos de Macedonia, Gayo y Aristarco; es probable que los hubieran secuestrado por la calle. Quizá la gente no pudo encontrar a Pablo debido a que los hermanos lo retenían, aunque quiso hacerse presente en el teatro. También fue advertido por algunas de las autoridades de Asia, que eran sus amigos, y le rogaban que no se presentara en el teatro (v. 31). El hecho de que algunas de las autoridades fueran amigos de Pablo es indicio de su gran fama y del prestigio que gozaba (vv. 10, 17, 26).

Aunque Asia estaba gobernada por un procónsul, Efeso era una ciudad libre, y muchos asuntos continuaban manejándose por el *demos* o pueblo. La multitud estaba tan desorganizada que la mayor parte de la concurrencia ni sabía por qué se había reunido. La palabra griega *ekklesia*[1577] (termino neotestamentario para iglesia) se traduce en este capítulo como *concurrencia* (vv. 32 y 41) y *asamblea* (v. 39); y en este último es el único lugar en el NT donde se usa en un sentido original para denotar una asamblea de ciudadanos regularmente congregados. El sentido verdadero de la palabra es *desafiado, llamado* (ver Ef. 4:1-6). Los ciudadanos votantes eran llamados de las masas de la totalidad

---

Semillero homilético
Una controversia desafortunada
19:23-41

Introducción: La gente tiende a congregarse cuando se dan cuenta de una discusión, una pelea, o una competencia. Los ciudadanos en Efeso se reunieron para escuchar a los misioneros.
I. Los participantes en la competencia.
   1. Pablo, representante del Dios del universo.
   2. Los seguidores de Diana, diosa de los efesios.
   3. Los artesanos, recipientes de las ganancias del comercio de los dioses.
II. Las tácticas en presentar las verdades.
   1. Pablo utilizó el poder del Espíritu Santo para inspirarle.
   2. Los efesios paganos seguían la emoción de las masas.
   3. Los artesanos seguían la táctica de incitar a la violencia.
III. Los resultados del alboroto.
   1. Pablo quería escaparse, pero no se lo permitieron (v. 30).
   2. La mayoría quedaba confusa, no sabiendo por qué gritaban (v. 32).
   3. El magistrado calmó la multitud (vv. 35-41).
Conclusión: En años pasados era muy común escuchar debates entre ateos y cristianos, católicos y protestantes, y de entre los varios grupos. Hoy nos damos cuenta que no da resultados positivos la polémica. Podemos servir mejor a Dios buscando la oportunidad de presentar el evangelio sin buscar peleas.

35 Por fin, cuando el magistrado había apaciguado la multitud, dijo:

—Hombres de Efeso, ¿qué hombre hay que no sepa que la ciudad de Efeso es guardiana del templo de la majestuosa Diana y de su imagen caída del cielo?* **36** Ya que esto no puede ser contradicho, conviene que os apacigüéis y que no hagáis nada precipitado. **37** Pues habéis traído a estos hombres que ni han cometido sacrilegio ni han blasfemado a nuestra diosa. **38** Por tanto, si Demetrio y los artesanos que están con él tienen pleito contra alguien, se conceden audiencias y hay procónsules. ¡Que se acusen los unos a los otros! **39** Y si buscáis alguna otra cosa, será deliberado en legítima asamblea. **40** Pero hay peligro de que seamos acusados de sedición por esto de hoy, sin que tengamos ninguna causa por la cual podamos dar razón de este tumulto.

41 Y habiendo dicho esto, disolvió la concurrencia.

---

*19:35 Lit., *enviada por Zeus*; posiblemente se trata de un meteorito que veneraban en el sitio.

---

de la población para gobernar una ciudad-estado griega. La palabra se usa también en la Septuaginta para denotar la congregación de Israel. Los dos usos combinados formaron el fundamento de la *ekklesia* (iglesia) del NT, que algunas veces significa la iglesia cristiana local, otras veces la totalidad de la iglesia de Jesucristo.

Lucas presenta un dato interesante referente a Alejandro (vv. 33 s.); y *dieron instrucciones* (lo sacaron) *a Alejandro, a quien los judíos habían empujado hacia adelante*. No sabemos quien era ni por qué lo hicieron. Es de suponerse que estaba tratando de hacer una defensa de los judíos, al declarar que no tenían ninguna relación con Pablo y los cristianos; o puede ser que los judíos hubieran tomado una posición tan fanática contra la idolatría que Alejandro, como portavoz de ellos, quiso que lo escucharan. Puede notarse que aunque la organización tenía un oficial que la presidía y mantenía el orden de la reunión, la gente resolvía los asuntos de la agenda en una forma democrática. Dado que este término particular fue escogido para designar a la iglesia del NT, es obvio que la iglesia conducía sus asuntos en una manera semejante. La asamblea espiritual podía tener un líder que mantuviera el orden de las reuniones y presidiera la organización democrática para hacer las cosas dignamente. El líder no tenía una voz autoritativa para decidir por la asamblea. Sus responsabilidades eran asignadas por la asamblea que lo elegía y él era responsable ante la misma. Tan pronto como los gentiles reconocieron que Alejandro era judío, rompieron a gritar locamente durante dos horas: ¡*Grande es Diana de los efesios!* (v. 28). Parece que la multitud era antisemita y anticristiana. Era el típico populacho cuya razón había sido arrojada al viento.

Finalmente la tumultuosa multitud quedó bajo la dirección de un magistrado o escribano (secretario). La gente se reunía en su asamblea regular usualmente tres veces por mes. Además se podía citar a asamblea extraordinaria por alguna ocasión especial. Se elegía a un *escribano* de la asamblea para que presidiera la misma, registrara las actas y convocara o despidiera la asamblea. Se citó a una asamblea extraordinaria para juzgar a Gayo y Aristarco.

Cuando el orden se había restaurado el oficial habló a la multitud con algo de severidad, reprendiéndole por su irracionalidad emocional. La frase *guardiana del templo* (v. 35) representaba un título honorario para una ciudad. Les recordó que no era necesario defender a Artemisa ni informar a ningún ciudadano que Efeso era guardiana del templo de Diana. Artemisa estaba protegida por una roca sagrada que, según la tradición, había caído del cielo (es decir, enviada por Zeus, dios principal de los griegos); tal vez fuera un meteorito que la gente comenzó a adorar como piedra sagrada. Los líderes de la turba habían traído a esos hombres que no eran sacrílegos ni blasfemos (ladrones de

HECHOS 20:1-6

Recorrido de Macedonia y Grecia

20 Después de cesar el disturbio, Pablo mandó llamar a los discípulos, y habiéndoles exhortado, se despidió y salió para ir a Macedonia. **2** Recorrió aquellas regiones, exhortándoles con abundancia de palabras, y luego llegó a Grecia. **3** Después de estar él allí tres meses, los judíos tramaron un complot contra él cuando estaba por navegar rumbo a Siria, de modo que decidió regresar por Macedonia.

---

templos). Debido a que el poder de la asamblea era limitado, el oficial aconsejó a Demetrio y sus comerciantes que llevaran sus quejas a los procónsules, cuyos tribunales estaban reuniéndose en esos días. Y si no estaban satisfechos con la decisión de los procónsules, el tema sería tratado en una asamblea regular. El escribano amonestó a la multitud sobre la seriedad de sus acciones. El temía que la revuelta de la turba fuera interpretada como una insurrección contra Roma y, como resultado, perderían su libertad. No consideraba las acusaciones lo suficientemente serias como para citar a una asamblea extraordinaria. Habiendo reprendido al pueblo, el oficial despidió la concurrencia (la *ekklesía*).

(4) Recorrido de Macedonia y Grecia, 20:1-6. Después de la tumultuosa reunión en el teatro de Efeso, gracias a la intervención del magistrado de la ciudad, Pablo salió de allí. Llamó a los discípulos, y habiéndolos exhortado y abrazado, *se despidió y salió para ir a Macedonia* (v. 1), pasando por Troas. Pablo había enviado a Tito a Corinto con una carta, y esperaba encontrarse con él en Troas para enterarse de las noticias en cuanto a la iglesia en Corinto (2 Cor. 2:12, 13). No se sabe cuánto tiempo se detuvo en Macedonia ni qué ciudades visitó; Lucas se contenta con decir que Pablo exhortó *con abundancia de palabras* a cada iglesia (v. 2). Puede pensarse que visitaría por lo menos las iglesias

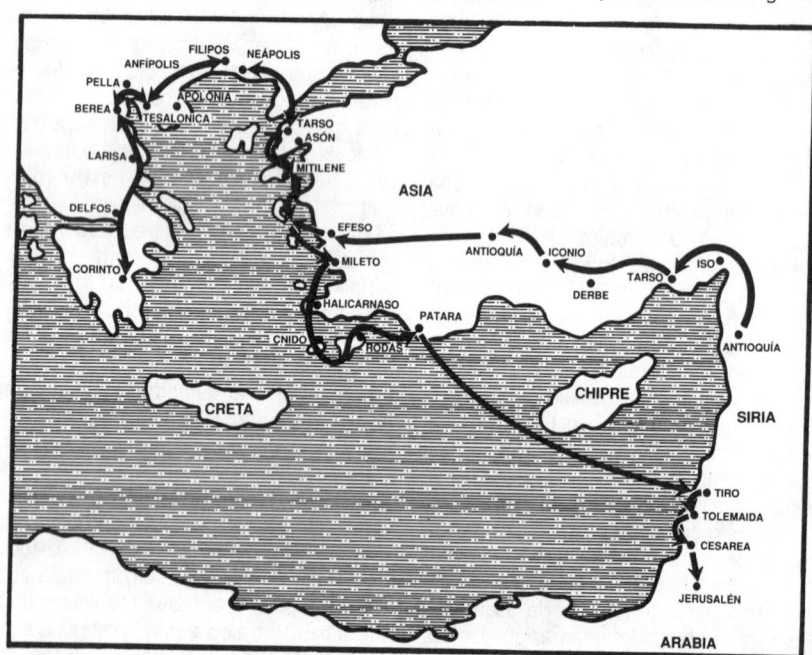

Tercer viaje misionero de Pablo y sus compañeros

4 Le acompañaron Sópater hijo de Pirro, de Berea, los tesalonicenses Aristarco y Segundo, Gayo de Derbe, Timoteo, y Tíquico y Trófimo de Asia. **5** Estos salieron antes y nos esperaron en Troas. **6** Pero después de los días de los panes sin levadura,* nosotros navegamos desde Filipos y los alcanzamos después de cinco días en Troas, donde nos detuvimos siete días.

---

*20:6 Es decir, la Pascua

---

en Filipos, Tesalónica y Berea, fundadas durante el segundo viaje misionero (16:12—17:14). Es probable también que fuera en esta ocasión (aunque no se lo menciona en Los Hechos) cuando el Apóstol llegó hasta Ilírico o Dalmacia y Nicópolis, viajes que sugieren sus cartas (Rom. 15:19; 2 Tim. 4:10; Tito 3:12). Desde luego, fue de seguro a Filipos, donde se encontró con Tito, y de allí le envió la actual segunda carta a los corintios (2 Cor. 2:12, 13; 7:5-9; 9:2-4).

> **Verdades prácticas**
>
> La visita de Pablo y sus compañeros a las ciudades donde anteriormente había predicado era de mucho valor. En el día de hoy la visita de personas que han iniciado la obra del Señor en un lugar puede inspirar a todos para ser más fieles al Señor.
> 1. Inspira a los fieles.
> 2. Despierta interés de parte de los nuevos.
> 3. Alcanza a los inconversos.
> 4. Da oportunidad para informar y enseñar más a los que pudieran tener dudas en cuanto a su fe.

En Grecia (era el nombre popular de Acaya) pasó *tres meses* (v. 3, durante el invierno cuando no había navegación en el Mediterráneo), la mayor parte de ellos seguramente en Corinto (1 Cor. 16:6). Es posible que en Corinto Pablo encontrara hospedaje en la casa de Gayo (quien había sido bautizado por él (Rom. 16:23; 1 Cor. 1:14), y que escribiera la epístola a los romanos durante los tres meses de estancia en Grecia. Después de años de lucha con los judaizantes que enseñaban que los gentiles debían mantener las costumbres de Moisés, Pablo expresó, en su carta a Roma, la doctrina de la justificación por la fe. Cuando la escribió, estaba anticipando un viaje a Jerusalén que consideraba peligroso (Rom. 15:31).

En la primavera estaba listo para embarcarse para Siria (Palestina) a fin de llevar la ofrenda que, en favor de los pobres de la iglesia madre, iba recogiendo desde hacía tiempo en Galacia, Macedonia y Acaya (1 Cor. 16:1; 2 Cor. 8:1-7; Rom. 15:25-26). Pero cuando descubrió un complot contra su vida, cambió de planes y tomó la ruta terrestre de vuelta a Troas pasando por Macedonia. Carecemos de datos exactos en relación con esta conjura. Puede ser que los judíos tuvieran el plan de acabar con él de una vez, asesinándolo en el momento de embarcarse, o bien durante el viaje, arrojando el cuerpo al mar; dado que en la misma nave harían el viaje muchos peregrinos con rumbo a Jerusalén para la fiesta de Pentecostés.

Algunos hermanos acompañaron a Pablo. Estos hombres evidentemente eran representantes de las diversas iglesias elegidos para llevar las colectas pertinentes a la iglesia en Jerusalén (1 Cor. 16:3). Sópater (tal vez el Sosípater de Rom. 16:21), era de Berea; había dos hermanos de Tesalónica: Aristarco (19:29) y Segundo; y se encuentra en el grupo también un Gayo de Derbe, probablemente amigo de Timoteo que vivía en la cercana Listra. De Asia, representando a Efeso, estaban Tíquico y Trófimo. Estos hombres habían venido de Asia y estaban esperando a Pablo en Troas (consulte un mapa para conocer la geografía de estas regiones y lugares; ver 16:8-12).

En el v. 6 comienza de nuevo la segunda narración con la primera persona del plural, nosotros (16:10), lo que significa que de Filipos en adelante, Lucas, autor de Los

Pablo visita Troas

7 El primer día de la semana, cuando estábamos reunidos para partir el pan, Pablo comenzó a hablarles, porque había de partir al día siguiente, y alargó el discurso hasta la medianoche. **8** Había muchas lámparas en el piso superior, donde estábamos* reunidos. **9** Y a cierto joven llamado Eutico, que estaba sentado en la ventana, le iba dominando un profundo sueño. Como Pablo seguía hablando por mucho tiempo, el joven, ya vencido por el sueño, cayó del tercer piso abajo y fue levantado muerto. **10** Entonces Pablo descendió y se echó sobre él, y al abrazarlo dijo: "¡No os alarméis, porque su vida está en él!" **11** Después de subir, de partir el pan y de comer, habló largamente hasta el alba; y de esta manera salió. **12** Ellos llevaron al joven vivo y fueron grandemente consolados.*

*20:8 Algunos mss. antiguos dicen *estaban*.
*20:12 Otra trad., *animados*

Hechos, vuelve a formar parte del equipo que acompañaba a Pablo. Pablo había dejado a Lucas en Filipos tan pronto como se fundó la iglesia en ese lugar (en el segundo viaje misionero); y probablemente Lucas funcionó como pastor en los años subsecuentes. Mientras los siete compañeros de Pablo nombrados en 20:4 se le adelantaron hasta Troas, el Apóstol se quedó durante la pascua judía (los siete días de los panes sin levadura, es decir, en marzo o abril como nuestra pascua de hoy día), en su comunidad predilecta de Filipos. Su viaje a Troas les llevó cinco días, y se quedaron en esa ciudad durante siete días (v. 6).

(5) Pablo visita Troas, 20:7-12. El discurso de despedida de Pablo en Troas nos permite penetrar en la vida de las primeras iglesias gentiles del movimiento cristiano temprano (Frank Stagg). *El primer día de la semana*, o sea el domingo, la iglesia se reunió *para partir el pan* (v. 7). Puede ser que el partimiento del pan se refiera a una cena en conjunto o fiesta de amor de la iglesia, o a la cena del Señor, y tal vez se refiera a ambas cosas. La iglesia pudo haber celebrado una cena de compañerismo terminando con la celebración de la cena de Señor. No se sabe con claridad si la fiesta de amor y la cena del Señor se celebraban juntas o separadas. Como en la noche antes de la crucifixión Jesús inauguró la Cena, algunos han pensado que los cristianos primitivos podían haber celebrado la cena del Señor al finalizar el ágape.

Aunque los cristianos judíos se reunían en el día de reposo (nuestro sábado) ese día no tenía ningún significado especial para los gentiles cristianos que no tenían antecedentes de las costumbres judías. Los cristianos convertidos fuera del judaísmo cambiaron espontáneamente al primer día de la semana debido a ser ese el día de la resurrección de Jesús. Los primeros judíos cristianos continuaron adorando en la sinagoga; por lo tanto seguían observando el día de reposo. Después de la separación del judaísmo y el cristianismo, los cristianos eligieron el primer día de la semana para su adoración.

En Juan 20:1 y 26 se registra que los discípulos se reunieron el primer día de la semana y que volvieron a reunirse al domingo siguiente. En su primera carta a Corinto (escrita más o menos por el 56 d. de J.C.), Pablo indica que la costumbre allí era reunirse en el primer día de la semana (1 Cor. 16:1, 2). Quizá el concepto cristiano más temprano del sábado se presenta en Hebreos 4:1-11, en donde el autor desarrolla la proposición de que el sábado del AT era un tipo o una sombra, y su cumplimiento es el reposo sabático en Jesucristo. Entonces, la vida en Cristo es el sábado (reposo verdadero) de un cristiano. Por tanto, el *día del Señor* (Apoc. 1:10) es un día separado (es decir, el primer día de la semana) en el cual los cristianos espontáneamente nos entregamos para adorar, testificar y recordar la resurrección de Jesús.

En conexión con este servicio Pablo pronunció un extenso discurso a los discípulos

Viaje desde Troas hasta Mileto

13 Habiendo ido nosotros al barco con anticipación, navegamos hasta Asón para recibir a Pablo allí, pues así lo había dispuesto, debiendo ir él por tierra. **14** Cuando se reunió con nosotros en Asón, le tomamos a bordo y fuimos a Mitilene. **15** Navegamos de allí al día siguiente y llegamos frente a Quío. Al otro día, atracamos en Samos,* y llegamos a Mileto al próximo día, **16** pues Pablo había decidido pasar de largo a Efeso para no detenerse en Asia; porque, de serle posible, se apresuraba para pasar el día de Pentecostés en Jerusalén.

Despedida de los ancianos de Efeso

17 Desde Mileto, Pablo envió a Efeso e hizo llamar a los ancianos de la iglesia. **18** Cuando ellos llegaron a él, les dijo: "Vosotros sabéis bien cómo me he comportado con vosotros todo el tiempo, desde el primer día que llegué a Asia, **19** sirviendo al Señor con toda humildad y con muchas lágrimas y pruebas que me vinieron por las asechanzas de los judíos.

---

*20:15 Algunos mss. antiguos incluyen *y habiendo hecho escala en Trogilio*.

---

que se habían reunido. Probablemente Lucas seguía el método romano de reconocer que el día comenzaba al amanecer, por lo que quizá la reunión se celebró el domingo en la noche. La iglesia en Troas, al igual que en otros lugares, se reunía en un hogar particular en el cual la habitación más grande era el aposento alto. Sobre este discurso largo Ralph Earle comenta que las palabras *comenzó a hablar* (v. 7) traduce la voz griega *dialégomai*[1256], que significa *conversar con, discurrir, argüir*. Ya ha aparecido en 17:2, 17; 18:4, 19; 19:8, 9 y se encuentra en 20:9; 24:12, 25. Tal vez el mejor significado es *conversaba con*. Otro erudito dice: "La reunión era donde se usaba el razonamiento y la conversación para resolver las dudas y aclarar las dificultades que podían surgir en las mentes de los cristianos de Troas." Pablo prolongó el diálogo *hasta la medianoche* (v. 7). Había muchas *lámparas* (v. 8) que brindaban suficiente luz para la sala. Quizá el calor de las lámparas y el prolongado discurso contribuyeron para que Eutico, un joven que se había sentado en la ventana, se durmiera profundamente. Normalmente, una caída desde el tercer piso es fatal. Pero el texto mismo no permite afirmar con certeza si estaba verdaderamente muerto (v. 9) y Pablo le restauró la vida, o si sólo había quedado inconsciente, creyendo todos que estaba muerto (v.10). Cuando regresaron a la habitación, Pablo partió y comió el pan. Y aún después de esto continuó sus enseñanzas hasta el amanecer. Al romper el alba, salió.

(6) Viaje desde Troas hasta Mileto, 20:13-16. Debido a que ahora Lucas estaba con Pablo se puede seguir su viaje día tras día y paso a paso (ver un mapa de la ruta elegida). Asón estaba unos 30 km. de Troas por tierra y a 45 km. por mar. Pablo y sus compañeros se separaron, y mientras ellos hicieron el viaje a Asón por barco, Pablo lo hizo por tierra. No se declaran las razones por qué él escogió el camino por tierra; bien puede ser que quisiera estar solo estos días para preparar su espíritu para los días que vendrían. Una vez en Asón, juntos ahora todo el equipo, navegaron hacia Mitilene. Al día siguiente navegaron en frente de la isla de Quío, luego la de Samos, y finalmente a Mileto, a unos 45 km. de Efeso. Pablo pasó de largo a Efeso no queriendo detenerse allí, pues quería llegar a Jerusalén para el día de Pentecostés.

(7) Despedida de los ancianos de Efeso, 20:17-38. Sintiendo Pablo que no tenía el tiempo necesario para visitar a toda la iglesia, hizo llamar a los ancianos. Tenía un mensaje importante de despedida que darles. El peso del mensaje era una amonestación solemne que incluía tanto advertencias como instrucciones. Cuando llegaron los ancianos, Pablo les abrió su

20 Y sabéis que no he rehuido el anunciaros nada que os fuese útil, y el enseñaros públicamente y de casa en casa, **21** testificando a los judíos y a los griegos acerca del arrepentimiento para con Dios y la fe en nuestro Señor Jesús.*
22 "Ahora, he aquí yo voy a Jerusalén con el espíritu encadenado, sin saber lo que me ha de acontecer allí; **23** salvo que el Espíritu Santo me da testimonio en una ciudad tras otra, diciendo que me esperan prisiones y tribulaciones. **24** Sin embargo, no estimo que mi vida sea de ningún valor ni preciosa para mí mismo, con tal que acabe* mi carrera y el ministerio que recibí del Señor Jesús, para dar testimonio del evangelio de la gracia de Dios.

---

*20:21 Algunos mss. antiguos dicen *Jesucristo*.
*20:24 Algunos mss. antiguos incluyen *con gozo*.

---

corazón en el único mensaje para líderes de la iglesia que tenemos registrado, aunque hay muchos paralelos en las cartas que escribió a las iglesias que fundó.

Frank Stagg nos ofrece algunos pensamientos pertinentes sobre este mensaje de despedida. En primer lugar (vv. 18-27) tenemos una defensa personal de su ministerio, recordándoles como se había comportado todo el tiempo desde el primer día que llegó a Asia (Efeso). El Apóstol no era un líder para los días felices, ni un predicador asalariado. El estaba con su pueblo siempre que había necesitado su servicio pastoral. Sus epístolas a los gálatas y a los corintios implican que había sido acusado por los judaizantes de predicar por dinero, por prestigio y por poder personal. Pablo afirmó a los ancianos que servía al Señor *con humildad*, por su interés en la gente (v. 19). Era un buen pastor.

> **Joya bíblica**
>
> Sin embargo, no estimo que mi vida sea de ningún valor ni preciosa para mí mismo, con tal que acabe mi carrera y el ministerio que recibí del Señor Jesús, para dar testimonio del evangelio de la gracia de Dios (22:24).

Pablo entonces pasó a describir su ministerio en Efeso (vv. 20, 21). Los ancianos sabían que no había rehuido anunciarles nada que les fuese útil. El verbo griego en este lugar se refiere a envolver una cosa para sacarla de la vista o derrumbarla. De aquí que está usado, metafóricamente, con el sentido de tapar lo que debe ser manifestado. Pablo no ajustó su enseñanza para adaptarla al gusto de la gente, sino que les dio lo que necesitaban. El predicó el evangelio completo (ver v. 27). No dejó de dar su mensaje a los judíos aunque sabía que podían reaccionar con violencia. Pablo informó tanto a judíos como a gentiles que la relación correcta con Dios se establecería mediante la fe en Jesucristo y no por guardar las costumbres de Moisés.

A continuación vuelve la narración hacia el presente (vv. 22-24), quiere decir, el viaje de Pablo hacia Jerusalén. Si lo completa, no es asunto de una decisión tomada ligeramente; se vio compelido a ello para obedecer al Espíritu (19:21). No sabe en detalle su destino; pero su alma está llena de presentimientos. El estaba interesado en lo que le pasaría en Jerusalén porque el Espíritu Santo le daba testimonio por los cristianos de todas las ciudades (es decir, Corinto, Filipos, Troas) que allí lo esperaban cadenas y tribulaciones. Pero inmediatamente Pablo declara que el aprecio que siente por la vida no era suficiente para frenarlo en su carrera, ni para impedirle llevar a cabo la misión recibida del Señor, la de *dar testimonio del evangelio de la gracia de Dios* a todos los hombres (v. 24). Por su carta a los romanos se sabe que sentía una carga especial por su propio pueblo (Rom. 10:1). En el v. 24 se implica que Pablo sentía la obligación de presentar el evangelio de la gracia a los judíos en Jerusalén, antes de sentir que había completado la tarea para

25 "Ahora, he aquí yo sé que ninguno de todos vosotros, entre los cuales he pasado predicando el reino, volverá a ver mi cara. **26** Por tanto, yo declaro ante vosotros en el día de hoy que soy limpio de la sangre de todos, **27** porque no he rehuido el anunciaros todo el consejo de Dios. **28** Tened cuidado por vosotros mismos y por todo el rebaño sobre el cual el Espíritu Santo os ha puesto como obispos,* para pastorear la iglesia del Señor,* la cual adquirió para sí mediante su propia sangre. **29** Porque yo sé que después de mi partida entrarán en medio de vosotros lobos rapaces que no perdonarán la vida al rebaño; **30** y que de entre vosotros mismos se levantarán hombres que hablarán cosas perversas para descarriar a los discípulos tras ellos. **31** Por tanto, velad, acordándoos que por tres años, de noche y de día, no cesé de amonestar con lágrimas a cada uno.

*20:28a Comp. Fil. 1:1; 1 Tim. 3:2; Tito 1:7
*20:28b Algunos mss. antiguos dicen *la iglesia de Dios.*

---

la que Dios le había llamado (es decir, presentarlo entre los gentiles).

El Apóstol tenía una convicción intensa de que sus oyentes nunca volverían a ver su rostro (v. 25). La declaración no implica que Pablo pensara que iba a morir en Jerusalén, sino que esperaba ir a otro lugar después de haber estado allí. A la luz de su convicción de que esa era la última vez que hablaría a los efesios, Pablo dijo ante ellos: *soy limpio de la sangre de todos* (v. 26). Había usado su ministerio con eficiencia al anunciar *todo el consejo de Dios* (v. 27). Este consejo de Dios significa no sólo la doctrina de *arrepentimiento para con Dios y la fe en nuestro Señor Jesús* (v. 21), sino también la regeneración y la entera santificación (1 Tes. 5:23). Además, había declarado que la voluntad de Dios incluía a los gentiles en el reino de Dios, aunque esto le ocasionara el rechazo de su propia gente. El propósito completo de Dios incluía la unidad de judíos y griegos en la iglesia (Ef. 2:14).

En vista de que ya Pablo sentía que su trabajo en Asia y las provincias de alrede-

---

Semillero homilético
Un ministerio fiel
20:25-35

Introducción: Lo que se llama una despedida en la Biblia en verdad es una celebración por la fidelidad de un ministro del Señor al llamado de ser misionero. Vamos a considerar algunos aspectos de esta celebración.
I. Un repaso del comportamiento del misionero (vv. 18, 19).
   1. Constante desde el primer día entre ellos.
   2. Con humildad en sus actos de ministerio.
   3. Con empatía con ellos en sus padecimientos.
   4. Con fidelidad en las pruebas.
II. El contenido del mensaje del misionero (vv. 20-23).
   1. Predicó lo que fue útil.
   2. Predicó pública y privadamente.
   3. Predicó todo el evangelio: arrepentimiento de pecados y fe en el Señor.
   4. Predicó a toda persona necesitada: judío y gentil.
III. Una expresión de la fe del misionero (vv. 22-35).
   1. Fe en Dios, sin saber lo que le iba a acontecer en Jerusalén (v. 22, 23).
   2. Fe en ser fiel al Señor hasta la muerte (v. 24).
   3. Fe que está limpio de la sangre de todos (v. 25, 26).
   4. Fe que ha obrado con motivación sana (vv. 33,-35).
Conclusión: El Señor no llama a todos a ser misioneros como Pablo. Sin embargo, el Apóstol es un ejemplo para todos nosotros en realizar la tarea de todo creyente: proclamar el evangelio.

32 "Y ahora, hermanos, os encomiendo a Dios y a la palabra de su gracia, a aquel que tiene poder para edificar y para dar* herencia entre todos los santificados.
33 "No he codiciado ni la plata ni el oro ni el vestido de nadie. **34** Vosotros sabéis que estas manos proveyeron para mis necesidades y para aquellos que estaban conmigo. **35** En todo os he demostrado que trabajando así es necesario apoyar a los débiles, y tener presente las palabras del Señor Jesús, que dijo: 'Más bienaventurado es dar que recibir.' "

*20:32 Algunos mss. antiguos dicen *para edificaros y para daros herencia.*

---

dor había terminado, él estimula a los ancianos a que acepten una responsabilidad mayor (v. 28). La exhortación aquí es importante. La primera responsabilidad de un ministro es tener cuidado de su propia condición espiritual. Si falla en esto, no le valdrá nada que haya tratado de velar por los que han sido puestos a su cuidado.

El v. 28 provee mucha información en cuanto al liderazgo de la iglesia primitiva. Frank Stagg nos ofrece unos enfoques valiosos en cuanto a la terminología usada en este capítulo. *Obispos* es el nombre griego *epískopos* [1985] (la palabra episcopal se deriva de este sustantivo). Obispo significa *uno que vigila*, y por lo tanto un *superintendente* o *sobreveedor* (Fil. 1:1; 1 Tim. 3:2; Tito 1:7; 1 Ped. 2:25). El hecho de que estos hombres sean llamados *ancianos* (en griego *presbúteros* [4245]: presbíteros) en el v. 17, implica que presbíteros y obispos tenían la misma función en el movimiento cristiano temprano. Los términos *obispo* y *anciano* se usaban alternativamente aquí y en otras partes del NT (Tito 1:5,7). El término *anciano* se había tomado del concepto de los líderes de las sinagogas y el Sanedrín. Eran hombres maduros seleccionados por los miembros de la sinagoga y funcionaban como una junta de ancianos con cierta autoridad asignada. Un presidente de la junta de la sinagoga era responsable por los cultos de la misma. Dado que la iglesia en Efeso se reunía en hogares, estaba dividida en pequeñas unidades o grupos determinados por la ubicación geográfica y por los lugares disponibles. Probablemente, la iglesia en Efeso también se refiere a las congregaciones de los alrededores. Un número de ancianos de esa iglesia vinieron a escuchar a Pablo. No se sabe si cada grupo tenía más de un anciano o no.

La responsabilidad de estos líderes era apacentar: literalmente *pastorear la iglesia del Señor* (v. 28). La iglesia es llamada *el rebaño*, el cual debe ser guardado de los falsos maestros. Los *ancianos* debían ser guardianes contra las doctrinas de los judaizantes y los gnósticos, y fueron hechos superintendentes de la iglesia por el Espíritu Santo. El *obispo* (sobreveedor) era el responsable de cuidar y proteger a la congregación, no de gobernar sobre ella. Los ancianos-obispos debían apacentar el rebaño. Los pastores guían, cuidan y ali-

Despedida de los hermanos de Efeso

36 Cuando había dicho estas cosas, se puso de rodillas y oró con todos ellos. **37** Entonces hubo gran llanto de todos. Se echaron sobre el cuello de Pablo y le besaban, **38** lamentando sobre todo por la palabra que había dicho que ya no volverían a ver su cara. Y le acompañaron al barco.

---

mentan al rebaño. Un anciano-obispo-pastor debe ser un líder maduro y respetado quien cuida al rebaño de las falsas enseñanzas, lo alimenta enseñándole la palabra de Dios, lo guía a hacer la voluntad de Dios y ministra a sus necesidades. Es el Espíritu Santo el que asigna las responsabilidades a los líderes. Ningún hombre debe escoger esta posición motivado por la ambición o el orgullo. Los tres títulos, pues, (anciano, obispo y pastor) se usaban alternativamente para los mismos hombres.

En cuanto a la expresión la *iglesia del Señor, la cual adquirió para sí mediante su propia sangre* (v. 28) y la redacción que se encuentra en algunos otros manuscritos antiguos (ver nota de la RVA): *... iglesia de Dios la cual adquirió para sí mediante su propia sangre*, hay diferencia de opinión entre los eruditos. La iglesia pertenece a Dios. Está identificada como *la iglesia de Dios*, significando el pueblo de Dios. Los cristianos reemplazaron a los israelitas como el pueblo de Dios. Los cristianos fueron comprados con la propia sangre de Dios. En el v. 28 Pablo no distingue entre el derramamiento de la sangre de Cristo y la sangre de Dios. La sangre representa la vida. Dios dio la vida de su hijo para que su iglesia tuviera vida. Notamos aquí que

---

Semillero homilético

La bienaventuranza escondida
20:35

Introducción: Solemos pensar en Mateo 5 cuando hablamos de las bienaventuranzas. Pero hay otra aquí citada en Hechos 20:35. No sabemos cuándo Cristo pronunció esta, pero es cierto que nos llama la atención por su desafío.
 I. Es comprensivo.
   1. La vida comienza cuando la madre da y el bebé recibe.
   2. Llega el momento cuando queremos recibir en vez de dar.
   3. Llegar a querer dar representa la meta más alta.
   4. Los ancianos vuelven a recibir cuando no pueden dar más.
 II. Es paradójico.
   1. Pensamos que el mayor gozo es en recibir.
   2. Descubrimos que el mayor gozo es en dar.
     (Ilustración: El profeta pidió de la viuda de Sarepta pan. Ella preparó el pan con la última gota de aceite y harina que tenía, pero se sorprendió que el frasco de aceite quedó lleno y que había harina para alimentarles día tras día.)
 III. Es pedagógico.
   1. Necesitamos aprender a recibir con gozo y humildad.
   2. Necesitamos aprender a dar con gozo y humildad.
 IV. Es proporcional.
   1. El que recibe experimenta gozo.
   2. El que da experimenta mayor gozo.
 V. Es progresivo.
   1. Cristo nos promete que cuando damos, recibimos más para continuar con la generosidad.
   2. El poder dar con gozo representa una madurez espiritual avanzada.
Conclusión: Muchos están en la circunstancia cuando necesitan recibir el mensaje del evangelio. Antes de poder dar a otros, tenemos que recibir. Otros se quedan en la primera etapa de querer recibir. Pero necesitamos experimentar el gozo de avanzar un paso más, el de dar, para poder experimentar el mayor gozo.

HECHOS 20:17-38; 21:1-17

Rumbo a Jerusalén

21 Habiéndonos despedido de ellos, zarpamos y navegamos con rumbo directo a Cos, y al día siguiente a Rodas, y de allí a Pátara. **2** Hallando un barco que hacía la travesía a Fenicia, nos embarcamos y zarpamos. **3** Después de avistar Chipre y de dejarla a la izquierda, navegábamos a Siria y arribamos a Tiro, porque el barco debía descargar allí. **4** Nos quedamos siete días allí, ya que hallamos a los discípulos. Mediante el Espíritu ellos decían a Pablo que no subiese a Jerusalén. **5** Cuando se nos pasaron los días, salimos acompañados por todos con sus mujeres e hijos hasta fuera de la ciudad, y puestos de rodillas en la playa, oramos. **6** Nos despedimos los unos de los otros y subimos al barco, y ellos volvieron a sus casas.

---

es una clara afirmación de la divinidad de Jesucristo, pues es únicamente Jesucristo quien ha derramado su sangre por los hombres (Mat. 26:28; Efe. 1:7; 1 Ped. 1:19; Tito 2:13, 14).

Los *lobos rapaces* que vendrían después de la salida de Pablo (v. 29), y los hombres perversos que descarriarían *a los discípulos tras ellos* (v. 30) parecen ser referencias a las sectas de judaizantes y gnósticos mencionadas anteriormente, que abundaban en aquellas regiones y de que son claro testimonio las epístolas pastorales (1 Tim. 1:3, 4; 4:1-3; 6:20, 21; 2 Tim. 2:16-19; Tito 3:9). También se encuentra tal testimonio en otros escritos neotestamentarios (2 Ped. 2:17-19; Jud. 4-19; Apoc. 2:12-25). En las cartas a los efesios y a los colosenses Pablo denuncia fuertemente a tales elementos: *Hijos de desobediencia* (Ef. 5:6) y los que llevan *cautivos por medio de filosofías y vanas sutilezas... conforme a los principios elementales del mundo* (Col. 2:8-16). Pablo reconocía que los ancianos-obispos-pastores serían puestos a prueba y serían tentados, pero la gracia de Dios les edificaría y les daría la victoria (v. 32).

Pablo rechazó la insinuación de que predicaba a Cristo para recibir plata, oro, vestidos, o por cualquiera otra ganancia personal. Les recuerda a tales hombres que él había ido mucho más allá para evitar la codicia: como en Tesalónica (2 Tes. 3:7-12) y en Corinto (1 Cor. 9:11-15; 2 Cor. 11:7-12; 12:13-16), también en Efeso Pablo se había ganado la vida con el trabajo de sus manos.

Las palabras del Señor Jesús: *Mas bienaventurado es dar que recibir* (v. 35), no se encuentran en los Evangelios. Antes de que fueron escritos los Evangelios, los dichos de Jesús se repetían oralmente, y obviamente este es uno de los dichos preservados aparte de los Evangelios.

Pablo terminó su reunión de despedida con una oración. Dado que les había anunciado que no volverían a verlo más, los hermanos lloraron y le besaron afectuosamente antes de que se fuera. Los vv. 37 y 38 describen el profundo amor y respeto que los ancianos tenían por el Apóstol. Les era difícil dejarlo partir.

(8) Rumbo a Jerusalén, 21:1-17. En el cap. 21 el autor describe la porción restante del viaje a Jerusalén y cuenta lo que sucedió cuando Pablo llegó para hacer su última visita a ese lugar. Lucas está con el grupo, lo que se nota por el uso de "nosotros" a través de toda esta sección. Su presencia también está indicada por la presentación continua casi cada día, de detalles de todo lo hecho. Parece que Lucas llevaba un diario de sus viajes y aquí comparte lo esencial del mismo con los lectores. Pero aparentemente el propósito principal de esta sección era impresionar. Lucas estaba retratando dramáticamente la situación tensa en Jerusalén y el cono-

---

Verdades prácticas

Cuando el Espíritu Santo dirige:
1. Los esfuerzos de disuadir al ministro no valen (vv. 4, 11, 12).
2. Las personas a quien Dios revela su propósito testifican (v. 11).
3. Las consecuencias de nuestra obediencia están en las manos de Dios (vv. 13, 14).
4. Todos se someten a la voluntad divina (v. 14).

7 Habiendo completado la travesía marítima desde Tiro, arribamos a Tolemaida; y habiendo saludado a los hermanos, nos quedamos con ellos un día. **8** Al día siguiente, partimos* y llegamos a Cesarea. Entramos a la casa de Felipe el evangelista, quien era uno de los siete,* y nos alojamos con él. **9** Este tenía cuatro hijas solteras* que profetizaban. **10** Y mientras permanecíamos allí por varios días, un profeta llamado Agabo descendió de Judea. **11** Al llegar a nosotros, tomó el cinto de Pablo, se ató los pies y las manos, y dijo:

—Esto dice el Espíritu Santo: "Al hombre a quien pertenece este cinto, lo atarán así los judíos en Jerusalén, y le entregarán en manos de los gentiles."

12 Cuando oímos esto, nosotros y también los de aquel lugar le rogamos que no subiese a Jerusalén. **13** Entonces Pablo respondió:

---

*21:8a Algunos mss. antiguos dicen *saliendo Pablo y los que estábamos con él, llegamos...*
*21:8b Ver 6:5 y 8:5, 26-40
*21:9 Otra trad., *hijas vírgenes*

---

cimiento de esta tensión a través del mundo cristiano. Tanto Pablo como los hermanos se dieron cuenta de lo peligrosa y explosiva que era la situación en Jerusalén. Eran días decisivos para los judíos y para el cristianismo.

Después de la emocionante partida en Mileto, Pablo y sus compañeros tuvieron un viaje favorable hasta Cos, Rodas y Pátara, que estaban en la costa de Licia. Pátara y Mira eran los lugares que se usaban regularmente para comenzar un viaje a través del mar abierto hasta Egipto, o para pasar de Chipre hasta Siria. Allí cambiaron su embarcación. El mar abierto entre Pátara y Tiro requería una nave mayor que el barco costero que Pablo había alquilado para sus viajes anteriores. Encontró una nave mercante con carga para Tiro, que hacía la travesía directamente hasta la costa fenicia.

> **Joya bíblica**
> Esto dice el Espíritu Santo: "Al hombre a quien pertenece este cinto, lo atarán así los judíos en Jerusalén, y le entregarán en manos de los gentiles" (21:11).

Arribando a Tiro, el Apóstol fue a visitar a los cristianos del lugar. ... *Ya que hallamos* (lit., *habiendo encontrado*, implicando una búsqueda), *a los discípulos*, se quedaron allí siete días (v. 4). Probablemente Pablo sabía que había creyentes en la ciudad (ver 11:19; 15:3) pero no sabía donde encontrarlos. Hay que recordar que en aquel entonces las iglesias no tenían edificios; los cristianos se congregaban en casas particulares. El cambio de carga en Tiro permitió al grupo de Pablo quedarse estos siete días con los discípulos. Las iglesias en Fenicia se habían establecido por los helenistas; por lo tanto, los discípulos no eran hostiles al evangelio de Pablo. En una ocasión anterior, ellos se regocijaron al escuchar la noticia de la conversión de los gentiles (15:3). Aquí, como en Mileto, se observa un profundo cariño de parte de estos discípulos en contraste marcado con el odio amargo de aquellos que habían rechazado el concepto de que en Cristo todos son hermanos, incluyendo a los judíos y los gentiles. Cuando llegó la hora señalada para partir, los discípulos de Tiro y sus familias acompañaron a Pablo y sus compañeros hasta el barco. Después de orar juntos en la playa, tuvo lugar otra despedida semejante a la de Mileto.

El viaje de Pablo continuó desde Tiro hasta Tolemaida, antes de partir para Cesarea. En Cesarea, Pablo y su grupo se hospedaron en *la casa de Felipe el evangelista, quien era uno de los siete* (v. 4; ver 6:5). Este había servido como evangelista a los samaritanos y ante el eunuco etíope (cap. 8). Evidentemente se había distinguido tanto en ese campo que tiene el

— ¿Qué hacéis llorando y quebrantándome el corazón? Porque yo estoy listo no sólo a ser atado, sino también a morir en Jerusalén por el nombre del Señor Jesús.

14 Como él no se dejaba persuadir, desistimos diciendo:

—Hágase la voluntad del Señor.

15 Después de estos días, habiendo hecho los preparativos, subimos a Jerusalén. **16** También vinieron con nosotros unos discípulos de Cesarea, trayendo consigo a un tal Mnasón de Chipre, discípulo antiguo, en cuya casa nos hospedaríamos.

17 Cuando llegamos a Jerusalén, los hermanos nos recibieron de buena voluntad.

---

honor de ser el único hombre en el NT que lleva ese título (ver Ef. 4:11 y 2 Tim. 4:5). Aparentemente, Felipe se había establecido allí y tenía una familia de cuatro hijas, las cuales eran profetisas. Lucas no procura describir la naturaleza de su actividad profética. Ralph Earle dice que el significado probable era que ellas predicaban. La palabra *profetizar*, desde el siglo XVII, ha llegado a tener un solo significado, el de predecir lo que va a suceder. En tiempos de Casiodoro de Reina *profetizar* quería decir *predicar*. El hecho de que el autor menciona que eran *solteras* (el vocablo griego aquí se puede traducir: virgen, doncella) no implica que la iglesia primitiva exaltaba la virginidad como se sugiere en algunos comentarios. Las hijas de Felipe pueden haber advertido a Pablo de los peligros que le esperaban en Jerusalén.

Agabo (puesto que el nombre no es común, es posible que éste sea el mismo que había hecho una predicción en Antioquía, 11:18), dramatizó el mensaje profético, atándose las manos y los pies con el cinto de Pablo. Entonces pronunció su predicción inspirada de que Pablo sería atado así por los judíos en Jerusalén y entregado a los gentiles (quiere decir, los dirigentes romanos). Los profetas de la antigüedad pensaron que sus mensajes eran la palabra del Señor. Agabo declaró lo que *dice el Espíritu Santo* (v. 11). Sin embargo, Pablo creía que el Espíritu Santo le estaba dirigiendo a Jerusalén. Sus amigos quisieron disuadirlo de hacer el viaje, implicando con esto que entendían que el Espíritu le estaba guiando en otra dirección (vv. 12, 13). Es inútil entender lo que Pablo debiera haber hecho. No estaba buscando el martirio en Jerusalén; espera-

ba cerrar la brecha entre los judíos y los gentiles; sin embargo estaba listo para dar su vida allí. En una manera semejante, Jesús había afirmado su rostro para ir a Jerusalén, aunque ir a Jerusalén significaba la muerte (Mat. 16:21). La determinación de Pablo no revela obstinación, sino fuerza de carácter.

Acompañado por algunos hermanos de Cesarea, Pablo continuó hacia Jerusalén. Dado que el viaje era de unos 100 km., o sea más de un día de viaje, probablemente el grupo pasó la noche en cierta aldea donde vivía Mnasón. Este era uno de los primeros discípulos, probablemente uno de los 120 de Pentecostés. Siendo de Chi-

Foto moderna de Jerusalén

Pablo y los hermanos en Jerusalén

18 Al día siguiente, Pablo entró con nosotros para ver a Jacobo,* y todos los ancianos se reunieron. **19** Después de saludarlos, les contaba una por una todas las cosas que Dios había hecho entre los gentiles por medio de su ministerio. **20** Cuando lo oyeron, glorificaron a Dios. Y le dijeron:

—Tú ves, hermano, cuántos miles de judíos hay que han creído; y todos son celosos por la ley. **21** Pero se les ha informado acerca de ti, que tú enseñas a apartarse de Moisés a todos los judíos que están entre los gentiles,* diciéndoles que no circunciden a sus hijos ni anden según nuestras costumbres. **22** ¿Qué hay, pues, de esto? Seguramente oirán que has venido.* **23** Por tanto, haz esto que te decimos. Entre nosotros hay cuatro hombres que han hecho votos. **24** Toma contigo a estos hombres, purifícate con ellos, paga por ellos para que se rapen sus cabezas, y todos sabrán que no hay nada de lo que se les ha informado acerca de ti, sino que tú también sigues guardando la ley. **25** Pero en cuanto a los gentiles que han creído, nosotros hemos escrito lo que habíamos decidido:* que se abstengan de lo que es ofrecido a los ídolos, de sangre, de lo estrangulado y de fornicación.

---

*21:18 O: *Santiago*; comp. Gál. 1:19 y Stg. 1:1
*21:21 Otra trad., *entre las naciones*
*21:22 Algunos mss. antiguos dicen *Seguramente se reunirá la multitud, porque oirán que has venido*.
*21:25 Algunos mss. antiguos dicen *que no guarden nada de estas cosas, sino que se abstengan*; comp. 15:20, 29.

---

pre, puede haber llevado el evangelio a esa isla donde Pablo y Bernabé comenzaron su primer viaje misionero.

Es ésta la quinta vez (v. 17) que Pablo visita Jerusalén después de su conversión, según Lorenzo Turrado (ver 9:26; 11:30; 15:4; 18:22). Pronto va a comenzar aquí en Jerusalén su largo cautiverio, de algo más de cuatro años. Aparentemente los temores de Pablo fueron aliviados cuando llegó a Jerusalén y fue recibido con alegría por los cristianos allí (v. 17). Turrado sugiere que este primer encuentro de Pablo con los cristianos era un recibimiento privado. Fue una reunión en la que no faltó un buen número de cristianos helenistas, como Mnasón, que acudieron presurosos a saludarles, alegrándose con ellos de los grandes éxitos de la predicación entre los gentiles.

Joya bíblica

Después de saludarlos, les contaba una por una todas las cosas que Dios había hecho entre los gentiles por medio de su ministerio. Cuando lo oyeron, glorificaron a Dios (21:19, 20).

6. Pablo es hecho prisionero en Jerusalén, 21:18—23:22

(1) Pablo y los hermanos en Jerusalén, 21:18-25. El encuentro oficial tuvo lugar al día siguiente, cuando Pablo y los suyos visitaron a Jacobo, reuniéndose allí *con todos con los ancianos* (v. 18). Hay aquí un retrato del cristianismo judío —judaísmo cristiano— en la sexta década del primer siglo. Había habido un gran crecimiento numérico, pero no había evidencia del crecimiento en el concepto por el cual murió Esteban, (es decir, el universalismo del evangelio). Tal vez los cristianos de la iglesia judía, segregada en Jerusalén, no se vieron confrontados con este problema (es decir, tantos gentiles no circuncidados entre sus congregaciones). Ellos se podían regocijar con Pablo en cuanto a las bendiciones de Dios sobre su ministerio entre los gentiles (v. 20a), pero también estaban preocupados por el problema creado por su asociación con Pablo. Un gran número de cristianos en Jerusalén eran *celosos por la ley* (v. 20b). Sus celos por la ley les brindaban cierta seguridad en Jerusalén; pues después de la persecución de Esteban (caps. 6—7), no oímos nada más de una persecución de naturaleza religiosa contra la iglesia cristiana judía allí.

El movimiento cristiano judío se identificaba con el nacionalismo judío y por eso desapareció (para fines del primer siglo) como parte del triunfo del universalismo del evangelio de Jesucristo. No era ofensivo, no turbaba las costumbres culturales y religiosas, mantenía el estado legal.

Los cristianos judíos estaban molestos

Verdades prácticas

Cuándo es importante ceder:
1. Cuando no hay solución adecuada a las diferencias (v. 20).
2. Cuando cada partido tiene algo de la verdad (v. 21).
3. Cuando la intensidad de la controversia no permite la resolución en un solo lado (v. 24).
4. Cuando el acuerdo es aceptable para todos (v. 25).

---

porque se les había informado (lit., instruido) que Pablo enseñaba *apostasía* 646 (la palabra griega usada aquí) de Moisés a todos los judíos, diciéndoles *que no circunciden a sus hijos ni anden según nuestras costumbres* (v. 21). ¿Quién le dio a Pablo instrucciones de enseñar así? ¿Por qué estaban los cristianos judíos tan turbados en cuanto a la circuncisión? ¿Por qué Jacobo y los ancianos no les habían corregido de estas actitudes? Jacobo estaba preocupado por lo que los judíos cristianos oirían de la presencia de Pablo en la ciudad y si se armaría un escándalo (vv. 20-22).

Los ancianos sugirieron que Pablo demostrara abiertamente su adhesión a las costumbres judías, purificándose junto con cuatro hombres que habían tomado voto. Además, recomendaron que Pablo pagara todos los gastos que requería este ritual para que los judíos vieran que el Apóstol no se oponía a guardar la ley y las costumbres judías. El propósito de Pablo al ir a Jerusalén no había sido el de ampliar aún más la diferencia entre los judíos y los gentiles cristianos, sino poder lograr una reconciliación. Siendo Pablo judío, no había problema en que él siguiera las costumbres judías; por lo tanto, llevó a cabo el rito de la purificación y aceptó pagar los gastos de los cuatro hombres. Era una obra piadosa para los judíos ricos poder pagar los gastos de los hermanos pobres que no podían afrontar el costo de los sacrificios. Este acto mostraría públicamente que Pablo apoyaba las costumbres judías. Pablo mismo había escrito: *Para los judíos me hice judío, a fin de ganar a los judíos* (1 Cor. 9:20), y estaba listo para pagar los fuertes gastos de este voto nazareo que incluía dos corderos, un carnero, un pan, una torta, junto con comida y bebida para cada hombre (Núm. 6:14-21). La sugerencia de los líderes de Jerusalén se atenía a la decisión del concilio (15:20) y no infringía la libertad de los gentiles a los que no se les pedía que guardaran la ley de Moisés.

Pablo estaba de acuerdo con sus contemporáneos, los escribas y fariseos, en que las escrituras del AT eran inspiradas y autoritativas. Sin embargo, él no mantenía el criterio cerrado de interpretar literalmente cada palabra y aplicar los preceptos resultantes a las situaciones sin considerar las circunstancias. El no creía que la lealtad a la ley estaba por encima del bienestar humano. Pablo (como Jesús) fue influenciado por su medio judío, dado que la forma y a veces el contenido de sus dichos eran similares a los de los rabinos contemporáneos con él. Los fariseos cuestionaban los derechos de Jesús y de sus apóstoles para interpretar el AT. El judaísmo estaba edificado sobre un método de interpretación particular. Pablo (como Jesús) no fue afectado por los métodos judíos de interpretación. Sus métodos de interpretación (como anteriormente los de Esteban y luego los del autor de Hebreos) del AT fueron diferentes de los de los rabinos. El Apóstol obraría conscientemente y de acuerdo con lo que él sentía que era lo mejor para la causa de Cristo.

(2) Pablo es apresado en el templo, 21:26-36. Los portales del templo (que

Pablo es apresado en el templo

26 Entonces Pablo tomó consigo a aquellos hombres. Al día siguiente, después de purificarse con ellos, entró en el templo para dar aviso del día en que se cumpliría la purificación, cuando se ofrecería el sacrificio por cada uno de ellos.

27 Cuando iban a terminar los siete días, los judíos de Asia, al verle en el templo, comenzaron a alborotar a todo el pueblo y le echaron mano, 28 gritando: "¡Hombres de Israel! ¡Ayudad! ¡Este es el hombre que por todas partes anda enseñando a todos contra nuestro pueblo, la ley y este lugar! Y además de esto, ha metido griegos dentro del templo y ha profanado este lugar santo." 29 Porque antes habían visto con él en la ciudad a Trófimo, un efesio, y suponían que Pablo lo había metido en el templo.

30 Así que toda la ciudad se agitó, y se hizo un tumulto del pueblo. Se apoderaron de Pablo y le arrastraron fuera del templo, y de inmediato las puertas fueron cerradas.

31 Mientras ellos procuraban matarle, llegó aviso al tribuno de la compañía que toda Jerusalén estaba alborotada. 32 De inmediato, éste tomó soldados y centuriones, y bajó corriendo a ellos. Y cuando vieron al tribuno y a los soldados, dejaron de golpear a Pablo.

---

simbolizaban la presencia de Dios) estaban cerrados a los gentiles. Esto representa un contraste triste con las puertas abiertas al reino de Dios, que era la voluntad de Dios (1:6-8). Judíos cristianos como Esteban, Felipe, Pablo, y luego Pedro abrirían los portales a todo el mundo. Los legalistas levantaban un rótulo: *Camino cerrado.*

Pablo estaba en el último día para cumplir el voto cuando los judíos no cristianos de Asia lo descubrieron en el templo. Estos incitaron a la multitud acusándole de cuatro cosas contra los judíos: (1) No era leal a su propio pueblo; (2) proclamaba que no se debía guardar la ley de Moisés; (3) predicaba que los cristianos no tenían que observar las fiestas en Jerusalén y las ceremonias del templo; (4) había traído a griegos al templo y había profanado el lugar santo. Parece que este último cargo no era cierto, pero con el pretexto de que habían visto a Pablo acompañado del pagano ya cristiano (Trófimo) por la ciudad (v. 29), se imaginaron que también lo había introducido en el templo, con lo que se proponían excitar mucho más la ira de la gente. Los que prendieron a Pablo lo arrastraron desde el atrio interior (el atrio de Israel) hasta el exterior (el de los gentiles, donde se permitía la entrada de los extranjeros). Entre los dos atrios había muros y pilares que contenían la inscripción en griego y en latín prohibiendo que todo extranjero pasara dentro bajo pena de muerte. Las otras tres acusaciones, en substancia, son las mismas que habían lanzado contra Esteban (6:11-14) y antes contra Jesucristo (Mat. 26:61).

> **Verdades prácticas**
>
> Tres casos de acusaciones injustas en Jerusalén:
> 1. Cristo, que fue acusado y crucificado (Mat. 27:31-61).
> 2. Esteban, que fue acusado de blasfemia y apedreado (Hech. 7:1-60).
> 3. Pablo, que se defendió apelando a César (Hech. 21:26-40).

El prejuicio distorsiona la objetividad y ciega al hombre para que no vea la realidad. Los judíos afirmaron tener el favor de Dios sobre sus leyes y costumbres, y a la vez concluían que si las guardaban eran justificados ante él. Habían hecho de sus costumbres los requisitos para la salvación. Sus actitudes habían reducido la religión a una lista de reglas legalistas. Jesús y Esteban enfrentaron estas mismas circunstancias.

Las acusaciones de los judíos surtieron un efecto explosivo. Y no sólo los que entonces estaban en el templo, sino que muy pronto *toda la ciudad se agitó, y se hizo un tumulto del pueblo* (v. 30). Arrastraron a Pablo fuera del templo (es decir, fuera del atrio interior) para poder obrar

HECHOS 21:37—22:21

33 Entonces llegó el tribuno y le apresó, y mandó que le atasen con dos cadenas. Preguntó quién era y qué había hecho; **34** pero entre la multitud, unos gritaban una cosa y otros, otra. Como él no podía entender nada de cierto a causa del alboroto, mandó llevarlo a la fortaleza. **35** Y sucedió que cuando llegó a las gradas, Pablo tuvo que ser llevado en peso por los soldados a causa de la violencia de la multitud; **36** porque la muchedumbre del pueblo venía detrás gritando: "¡Mátale!"

Defensa de Pablo ante el pueblo

37 Cuando ya iba a ser metido en la fortaleza, Pablo dijo al tribuno:
—¿Se me permite decirte algo?
Y él dijo:
—¿Sabes griego? **38** Entonces, ¿no eres tú aquel egipcio que provocó una sedición antes de estos días, y sacó al desierto a cuatro mil hombres de los asesinos? *
39 Entonces dijo Pablo:
—A la verdad, yo soy judío, ciudadano de Tarso de Cilicia, una ciudad no insignificante. Y te ruego, permíteme hablar al pueblo.
40 Como él se lo permitió, Pablo, de pie en las gradas, hizo señal con la mano al pueblo. Hecho un profundo silencio, comenzó a hablar en hebreo diciendo:

---

*21:38 Lit., *sicarios*; o sea, *los que llevan dagas*; hay alusión a este grupo por Flavio Josefo en sus escritos.

---

más libremente con él. Su intención era matarle (v. 31); por eso no es extraño que los sacerdotes y levitas querían cerrar las puertas de dicho atrio interior, a fin de evitar la profanación del espacio sagrado por la acción de la turba. Sin embargo, su propósito no pudo llevarse a cabo, pues, enterado del tumulto el tribunal o jefe de la compañía romana en Jerusalén, cuya residencia estaba cerca de la torre Antonia, se apersonó en seguida allí con sus tropas, quitando a Pablo de entre la multitud (vv. 31-32). Una compañía estaba compuesta por más o menos mil soldados, y era comandada por un tribuno (capitán principal). Cada compañía estaba formada por diez centurias, cada una de ellas bajo un centurión. Dado que los centuriones eran oficiales a cargo de cien soldados cada uno, puede calcularse que había más o menos unos 200 soldados que corrieron para reprimir el tumulto. Cuando la muchedumbre vio al tribuno y sus soldados dejaron de golpear al Apóstol.

La primera disposición del tribuno es ordenar a sus soldados que aten a Pablo *con dos cadenas* (v. 33). Sin duda lo consideró como el instigador o causa de la turba, y quizá pensó que Pablo era un criminal peligroso. Debido a que no pudo sacar nada en claro a causa del alboroto, ordena llevarlo a la fortaleza (torre Antonia), para allí examinar el caso más tranquilamente. La gente seguía gritando detrás de él: *¡Mátale!* (v. 36). Aunque la pena normal para un acto de blasfemia era el apedreamiento, la gente estaba determinada a que se le diera muerte (v. 36).

(3) Defensa de Pablo ante el pueblo, 21:37—22:21. Cuando Pablo estaba a punto de ser internado en la fortaleza, pide al tribuno que le deje hablar al pueblo, cosa que éste le concede (vv. 37-40). Evidentemente se dirigió a él en perfecto griego, porque el tribuno le respondió sorprendido: *¿Sabes griego?* (v. 37). El tribuno tenía fuertes sospechas de que se trataba de un famoso revolucionario, de origen egipcio, que había provocado una sedición, y que había sacado al desierto *a cuatro mil hombres de los asesinos* (v. 38; lit. *los hombres que llevan dagas*; ver la nota de la RVA).

Obtenido el permiso, Pablo hace señal al pueblo de que quiere hablar, produciéndose *un profundo silencio* (v. 40), que todavía fue mayor cuando oyeron que les hablaba *en lengua hebrea* (22:2). La expresión *lengua hebrea*, al igual que en otros pasajes del NT (ver Juan 5:2; 19:17), ha de entenderse como el arameo, que era el idioma usual en Palestina a partir del regreso del cautiverio.

22 —Hermanos* y padres, oíd ahora mi defensa ante vosotros. **2** Cuando oyeron que Pablo les hablaba en lengua hebrea, guardaron aun mayor silencio. Entonces dijo:

3 —Soy un hombre judío, nacido en Tarso de Cilicia pero criado en esta ciudad, instruido a los pies de Gamaliel en la estricta observancia de la ley de nuestros padres, siendo celoso de Dios como lo sois todos vosotros hoy. **4** Yo perseguí este Camino hasta la muerte, tomando presos y entregando a las cárceles a hombres y también a mujeres, **5** como aun el sumo sacerdote me es testigo, y todos los ancianos de quienes también recibí cartas para los hermanos. Y fui a Damasco para traer presos a Jerusalén a los que estaban allí, para que fuesen castigados. **6** Pero me sucedió,* cuando viajaba y llegaba cerca de Damasco, como a mediodía, que de repente me rodeó de resplandor una gran luz del cielo. **7** Yo caí al suelo y oí una voz que me decía: "Saulo, Saulo, ¿por

---

*22:1 Lit., *Varones hermanos*
*22:6 Ver 9:1-22; 26:12-18

La defensa de Pablo se basa en dos proposiciones: (1) Siempre había sido un judío leal y (2) siempre había sido obediente al mandato de Dios. Su vida ahora es contraria a sus planes anteriores (antes de su conversión en el camino a Damasco), y por eso, no tenía que dar cuentas por ella a nadie excepto a Dios.

Pablo hizo su defensa ante los *hermanos y padres* (v. 1) y se identificó a sí mismo como un *hombre judío* (v. 3). Aunque nació fuera de Palestina (en Tarso, territorio helénico), él (con su familia) había mostrado su lealtad al buscar el mejor adiestramiento judío posible *a los pies de Gamaliel* (v. 3, un rabino eminente) y fue discipulado de acuerdo con la *estricta observancia de la ley* (v. 3). Su celo por Dios fue afirmado por sus persecuciones de *el Camino* (v. 4, los cristianos); por ejemplo, desde el tiempo en que Esteban fue apedreado en Jerusalén hasta su experiencia en el camino a Damasco. Con respecto a ello nadie podía dudar de su devoción a su propia nación (vv. 4, 5); pero Pablo les mostraría que su acción subsecuente era el resultado directo de la intervención de Dios (vv. 6-16).

Aunque el discurso de Pablo sirvió como defensa para sus acciones, además lo usó para compartir su experiencia con Cristo (la intervención divina). Pablo no había planeado esta experiencia sino que le fue dada directamente por Dios. La gran luz que brilló desde el cielo vino al mediodía. Sin duda era un milagro dado por Dios.

Esta significativa introducción de su conversión se relata tres veces en Los Hechos (ver 9:3; 26:13). Junto con la luz vino la voz del Señor, que se identificó como *Jesús de Nazaret* (v. 8), a quien Pablo estaba persiguiendo al prender a los cristianos (la iglesia). Se ha sugerido que la doctrina de Pablo sobre la iglesia como cuerpo de Cristo (Ef. 1:23) se ha originado en esta experiencia. Pablo dice que sus compañeros vieron la luz *pero no entendieron la voz del que hablaba conmigo* (v. 9). En la primera narración de su conversión (cap. 9) Lucas indica que los acompañantes de Pablo escucharon la voz. Un examen de la gramática griega en 22:9 revela que ellos no oyeron con entendimiento; sin embargo, pueden haber escuchado un ruido.

Pablo continuó narrando la serie de eventos divinos que no le dejaron otra opción que hacer lo que Dios quería (*el Dios de nuestros padres te ha designado de antemano para que conozcas su voluntad*, v. 14). Se le informó que en Damasco Ananías le daría más instrucciones. Todos los eruditos están de acuerdo en que Ananías era judío, y que también él guardaba la ley y tenía buen testimonio de todos los judíos que moraban en Damasco. Probablemente el punto al que Pablo quería llegar con sus oyentes, de pie en las gradas de la fortaleza, era que su conversión había sido verificada por un buen judío que permanecía en la ley. La ceguera, que había resultado de la luz brillante en el

HECHOS 21:37—22:21

qué me persigues?" **8** Entonces yo respondí: "¿Quién eres, Señor?" Y me dijo: "Yo soy Jesús de Nazaret, a quien tú persigues." **9** A la verdad, los que estaban conmigo vieron la luz,* pero no entendieron la voz del que hablaba conmigo. **10** Yo dije: "¿Qué haré, Señor?" Y el Señor me dijo: "Levántate y vé a Damasco, y allí se te dirá todo lo que te está ordenado hacer."

11 »Como no podía ver a causa del resplandor de aquella luz, fui guiado de la mano por los que estaban conmigo, y entré en Damasco. **12** Entonces un tal Ananías, hombre piadoso conforme a la ley, que tenía buen testimonio de todos los judíos que moraban allí, **13** vino a mí y puesto de pie me dijo: "Hermano Saulo, recibe la vista." Y yo le vi en aquel instante. **14** Y él me dijo: "El Dios de nuestros padres te ha designado de antemano para que conozcas su voluntad y veas al Justo, y oigas la voz de su boca. **15** Porque serás testigo suyo ante todos los hombres de lo que has visto y oído. **16** Ahora, pues, ¿por qué te detienes? Levántate y bautízate, y lava tus pecados, invocando su nombre."

*22:9 Algunos mss. antiguos incluyen *y se espantaron.*.

camino, desapareció cuando Ananías impuso las manos sobre Pablo. El milagro de la vista restaurada no podía haber ocurrido si no hubiera sido por el poder de Dios. Ananías interpretó la experiencia como si fuera una indicación de que Dios le había elegido para ser salvo mediante la fe en el *Justo*, es decir, Jesús (v. 14). La elección de Pablo no era sólo para salvación, sino también para servicio. Este fariseo ya convertido debía testificar a *todos los hombres* de lo que había *visto y oído* (v. 15).

Los judíos pedían que todos los prosélitos gentiles fueran bautizados, por considerarlos inmundos. Era una experiencia muy humillante para Pablo, quien había sido un estricto cumplidor de la ley, reconocer su inmundicia ante los ojos de Dios, al someterse al bautismo cristiano (v. 16). Este versículo no enseña la regeneración bautismal como algunos han pretendido, ni que el bautismo lava los pecados. El énfasis en esta oración está al final: *invocando*

Semillero homilético

Un testimonio impresionante
22:1-21

Introducción: Pablo aprovechó las oportunidades para dar testimonio de lo que Dios había hecho en su vida en cada circunstancia, sabiendo que había personas que se podrían impresionar por medio de ese testimonio.

I. Antes de su conversión (vv. 3-5).
   1. Era un judío educado en la ley.
   2. Era estudiante de Gamaliel.
   3. Estaba celoso de Dios, ayudando a los que le buscaban.
   4. Era perseguidor de la iglesia (v. 4).
II. Su conversión en el camino a Damasco (vv. 6-16).
   1. Vio una luz del cielo, para iluminarle divinamente.
   2. Recibió el ministerio por medio de Ananías (vv. 12-14).
   3. Escuchó una voz instruyéndole para bautizarse (v. 16).
   4. Recibió el mandato de Dios para dejar Jerusalén (vv. 15, 16).
III. Su comisión (vv. 17-21).
   1. Fue presentado una advertencia para salir de Jerusalén (v. 18).
   2. Fue comisionado para ser apóstol a los gentiles (v. 21).

Conclusión: Debemos aprovechar las oportunidades para compartir el evangelio, dando nuestro testimonio de nuestra conversión. Puede ser muy diferente a lo que pasó a Pablo, pero Dios bendecirá el testimonio que damos.

17 »Entonces, cuando volví a Jerusalén, mientras oraba en el templo, sucedió que caí en éxtasis **18** y vi al Señor que me decía: "Date prisa y sal de inmediato de Jerusalén, porque no recibirán tu testimonio acerca de mí." **19** Y yo dije: "Señor, ellos saben bien que yo andaba encarcelando y azotando a los que creían en ti en todas las sinagogas; **20** y cuando se derramaba la sangre de tu testigo Esteban, yo también estaba presente, aprobaba su muerte y guardaba la ropa de los que le mataban."* **21** Pero él me dijo: "Anda, porque yo te enviaré lejos, a los gentiles."

Pablo ante el tribuno

22 Le escucharon hasta esta palabra. Entonces alzaron la voz diciendo:

— ¡Quita de la tierra a tal hombre, porque no conviene que viva!

23 Como ellos daban voces, arrojaban sus ropas y echaban polvo al aire, **24** el tribuno mandó que metieran a Pablo en la fortaleza y ordenó que le sometieran a interrogatorio mediante azotes, para saber por qué causa daban voces así contra él. **25** Pero apenas lo estiraron con las correas, Pablo dijo al cen-

---

22:20 Ver 7:58; 8:1

---

su nombre (v. 16; se refiere al nombre de Jesús). Pablo fue limpio de sus pecados al invocar el nombre del Señor, y la experiencia espiritual fue simbolizada por el bautismo en agua. Entonces, la conversión, la comisión y el mensaje, todos eran de origen divino; no eran ideas de Pablo.

En los vv. 17-21, Pablo llamó la atención al hecho de que cuando él regresó a Jerusalén y mientras estaba orando en el templo, le había sobrevenido una experiencia de éxtasis (es decir, trance o visión; comp. 10:10; 11:5, ambas citas en relación con la visión de Pedro en Jope). Se nota que la visión en el templo de Jerusalén es propia de este discurso. Cronológicamente pertenece al primer viaje de Pablo a Jerusalén, después de su conversión (9:26-30; Gál. 1:18).

En la visión Dios le ordenó que debía irse de Jerusalén. Pablo lo resistía. Según 9:15, 16, Cristo había hablado con Ananías acerca de la elección de Pablo para la misión especial de evangelizar a los gentiles; aquí, en cambio, Cristo se lo da a saber durante el éxtasis en Jerusalén. Aunque podía darse por seguro que, desde el momento de su conversión, Pablo sabía que su misión específica sería aquella de evangelizar a los gentiles, eso no significó, sin embargo, que tal evangelización debiera comenzarse en seguida, ni que su predicación hubiera de dirigirse exclusivamente a ellos. Es indudable que Pablo quería predicar a los judíos en Jerusalén, como lo había hecho anteriormente (9:29). Pero el Señor le da a entender que ellos no aceptarán su testimonio ni su mensaje.

Frank Stagg concluye que no se sabe cuál habría sido la conclusión del discurso de Pablo si la gente hubiera seguido escuchándolo. Aparentemente escucharon su voz atentamente hasta el momento en que les compartió la orden que Dios le había entregado: *Anda, porque yo te enviaré lejos, a los gentiles* (v. 21). Tan pronto como mencionó la palabra *gentiles* la turba reaccionó violentamente y gritó pidiendo su muerte (v. 22). Se ve aquí una escena muy semejante a lo que le pasó a Esteban (7:54-60), cuando *Saulo consentía en su muerte* (8:1).

(4) Pablo ante el tribuno, 22:22-29. La turba había escuchado tranquilamente hasta que Pablo mencionó su envío a los gentiles (note la semejanza de este episodio con el del último párrafo de 28:25-28). Esa palabra confirmó las sospechas que tenían de él y resultó en la afirmación de que era un traidor y no merecía vivir (comp. 25:24). No sólo no había hecho nada para ganar a los gentiles al judaísmo, sino, lo que era peor, combatía fuertemente la idea de que la ley y la circuncisión tuvieran valor para ellos. Una misión entre los gentiles también la admitía y la practicaba el judaísmo, pero con el fin de conquistar prosélitos. Y este hombre Pablo pretendió haber recibido en el santo

turión que estaba presente:

—¿Os es lícito azotar a un ciudadano romano que no ha sido condenado?

26 Cuando el centurión oyó esto, fue e informó al tribuno diciendo:

—¿Qué vas a hacer? Pues este hombre es romano.

27 Vino el tribuno y le dijo:

— Dime, ¿eres tú romano?

Y él dijo:

—Sí.

28 El tribuno respondió:

—Yo logré esta ciudadanía con una gran suma.

Entonces Pablo dijo:

—Pero yo la tengo por nacimiento.

29 Así que, en seguida se retiraron de él los que le iban a interrogar. También el tribuno tuvo temor cuando supo que Pablo era ciudadano romano y que le había tenido atado.

---

templo un mandato divino para entregarse al apostolado a los gentiles. Tanta blasfemia produjo en los judíos un rencor salvaje. Ellos expresaron la costumbre oriental de sacudir sus vestidos y tirar polvo al aire (v. 23). Claramente Lucas quería demostrar dos tendencias que estaban sucediendo en el movimiento cristiano del primer siglo: la victoria gradual de un evangelio sin impedimento, promovido por la igualdad entre el gentil y el judío, y el consecuente rechazamiento judío del evangelio así definido. Mientras que una puerta estaba abierta, otra se estaba cerrando.

Verdades prácticas

Lo que significa sufrir por Cristo:
1. Si el sufrimiento puede glorificar a Dios, lo aceptamos.
2. Si el sufrimiento está en la providencia de Dios, nos sometemos.
3. Si el sufrimiento testifica de Cristo, nos regocijamos.

Debido a que entre Pablo y los judíos se hablaba arameo, el tribuno romano no pudo comprender la razón para la reacción tan feroz de los judíos. Se propuso saber la verdad azotando a Pablo hasta que confesara por qué los judíos habían gritado contra él. Los soldados romanos lo llevaron para cumplir el castigo brutal que a veces resultaba en la muerte. Parece que Pablo fue renuente a apelar a su ciudadanía romana; esperó hasta el último momento para hacer uso de los privilegios para librarse del castigo. Sólo cuando era repudiado por los judíos y confrontado con la posible pérdida de su vida, Pablo el judío se convirtió en Pablo el romano. El hecho de que Pablo fuera ciudadano de nacimiento (v. 28), implica que quizá su padre o su abuelo había comprado la ciudadanía, o que se le hubiera otorgado como una recompensa por algún gran servicio prestado al imperio. De vez en cuando los vasallos y los esclavos de Roma eran maltratados por los soldados, pero era ilegal que un ciudadano romano fuera golpeado vergonzosamente en público o fuera castigado antes de haber sido juzgado y condenado. Sin duda cuando Pablo hizo uso de su ciudadanía romana, se aumentó la brecha de separación entre él y los judíos.

Lucas señala que los centuriones y el tribuno se dieron cuenta de la seriedad de su acción al haber maltratado a un ciudadano romano. *El tribuno tuvo temor* porque había hecho mal en atar a Pablo (v. 29). Es por eso que preparó un juicio justo en el que los que acusaban a Pablo comparecerían y presentarían el caso contra él. La identidad judía de Pablo ya no le traía ningún beneficio; ahora estaba obligado a identificarse con su herencia romana.

La ciudadanía romana

Parece que había ciertos privilegios por ser ciudadano romano. Esto le salvó la vida a Pablo en varias ocasiones. ¿Cómo llegaba uno a ser ciudadano de Roma?
1. Se podía comprar la ciudadanía romana. A veces era costoso y otras veces no costaba mucho.
2. Al nacer en una colonia romana, uno automáticamente era ciudadano.
3. Por tener a un ancestro que participaba en el servicio militar.

Defensa de Pablo ante el Sanedrín

30 Al día siguiente, queriendo saber con certeza la verdadera razón por la que era acusado por los judíos, le desató y mandó reunir a todos los principales sacerdotes y a todo el Sanedrín* de ellos. Y sacando a Pablo, lo presentó delante de ellos.

23 Entonces Pablo, fijando la vista en el Sanedrín, dijo:

—Hermanos,* yo he vivido delante de Dios con toda buena conciencia hasta el día de hoy.

2 Y el sumo sacerdote Ananías mandó a los que estaban a su lado, que le golpeasen en la boca. **3** Entonces Pablo dijo:

—¡Dios te ha de golpear a ti, pared blanquea-

---

*22:30 O sea, *la corte suprema* de los judíos
*23:1 Lit. *Varones hermanos*

---

(5) Defensa de Pablo ante el Sanedrín, 22:30—23:11. *Al día siguiente,* después del arresto de Pablo, el tribuno *mandó reunir a todos los principales sacerdotes y a todo el Sanedrín de ellos* (la corte suprema de los judíos; v. 30). Aclarado lo de la ciudadanía romana, el tribuno desea salir cuanto antes de aquella situación embarazosa, y determina llevar a Pablo ante el Sanedrín para saber con seguridad de qué *era acusado por los judíos* (v. 30). En cierta época Pablo había ocupado un asiento entre ellos, ya fuera en el banco o entre los discípulos. En los años anteriores Pablo había llevado a muchos cristianos al Sanedrín para ser juzgados por su fe en Cristo. Ahora le toca a él pasar por esa experiencia. Estaba relacionado con procónsules, y otros líderes judíos y gentiles.

Aparentemente Pablo no pensaba que estuviera ante el Sanedrín como un criminal, sino como un igual; *fijando la vista en el concilio, dijo: Hermanos...* (v. 1), en una manera diferente de como lo habían hecho Pedro (4:8) y Esteban (7:2). En esta

---

Semillero homilético
El misionero ante el tribunal religioso
22:30—23:11

Introducción: En varias ocasiones los misioneros han tenido que comparecer ante oficiales, o seculares o religiosos, para responder preguntas con relación a su presencia en el país y su propósito. Casi todos dan testimonio de la manera en que el Espíritu Santo les da las palabras que necesitan en esos momentos. Veamos a Pablo ante el Sanedrín:
 I. La ocasión de la reunión (22:30).
   1. El tribunal romano quería aclarar por qué había sido acusado.
   2. El tribunal quería escaparse de las consecuencias de haber azotado a un romano.
 II. La defensa de Pablo (23:1-8).
   1. Pablo afirma su fidelidad a Dios (v. 1).
   2. Ananías, sumo sacerdote, mandó que golpeasen a Pablo (v. 2).
   3. Pablo se defiende diciendo que no sabía que era sumo sacerdote (v. 5).
   4. Pablo desvía al Sanedrín, mencionando la resurrección (v. 6).
 III. La revelación del Señor a Pablo (23:11).
   1. Le desafió para ser valiente.
   2. Le comisionó para testificar en Roma (v. 11).

Conclusión: En 1975 el Partido Comunista en Indonesia había organizado un golpe para apoderarse del gobierno allí. Tenían planes para asesinar a varios de los líderes nacionales, políticos tanto como religiosos, y el nombre de varios misioneros extranjeros figuraban en su lista para ser liquidados. Pero Dios frustró ese complot, y el resultado fue que el gobierno decretó que todo ciudadano tuviera una creencia en Dios. Así se presentó una gran oportunidad para presentar el evangelio a muchos y de establecer muchas nuevas iglesias. El plan del hombre para erradicar el evangelio del país llegó a ser el medio para presentar el mensaje del evangelio a muchos.

da! Tú estás sentado para juzgarme conforme a la ley; y quebrantando la ley, ¿mandas que me golpeen?

4 Los que estaban presentes le dijeron:

—¿Insultas tú al sumo sacerdote de Dios?

5 Y Pablo dijo:

— No sabía, hermanos, que fuera el sumo sacerdote; pues escrito está: *No maldecirás al gobernante de tu pueblo.**

6 Entonces Pablo, sabiendo que una parte del Sanedrín eran saduceos y la otra parte fariseos, gritó en el Sanedrín:

—Hermanos,* yo soy fariseo, hijo de fariseos. Es por la esperanza y la resurrección de los muertos que soy juzgado.

7 Cuando dijo esto, se produjo disensión entre los fariseos y los saduceos. La asamblea se dividió, **8** porque los saduceos dicen que no hay resurrección, ni ángeles, ni espíritus; pero los fariseos afirman todas estas cosas. **9** Se levantó un gran vocerío, y algunos de los escribas del partido de los fariseos se levantaron y contendían diciendo:

—No hallamos ningún mal en este hombre. ¿Y qué hay si un espíritu o un ángel le ha hablado?*

---

*25:5 Exo. 22:28
*23:6 Lit., *Varones hermanos*
*23:9 Algunos mss. tardíos dicen *Y si algún espíritu o un ángel le ha hablado, no resistamos a Dios.*

---

situación Pablo hablaba de *hermanos* en el judaísmo, aunque no en Cristo. Probablemente no se trata de mera coincidencia, sino que es algo intencionado, queriendo dar a entender que no consideraba a los integrantes del Sanedrín como jueces ni superiores. Esto no podía agradar a los miembros del concilio y menos aún cuando Pablo les informó que estaba convencido de estar haciendo la voluntad de Dios (v. 1). Sin duda era ése el énfasis que Pablo se proponía demostrar: cómo, antes y después de su conversión, había procedido siempre con sinceridad delante de Dios (26:2; cf. Fil. 3:6; 1 Tim. 1:13).

El sumo sacerdote Ananías mostró arrogancia frente a esta afirmación y ordenó que *le golpeasen en la boca* (v. 2). Esta acción era típica de Ananías, a quien los escritos seculares muestran como cruel y rapaz, completamente indigno de su oficio (Josefo). La reacción de Pablo fue violenta: *¡Dios te ha de golpear a ti, pared blanqueada!* (v. 3). Estaba juzgando a Pablo

---

> Semillero homilético
> **La resurrección: una doctrina divisoria**
> 23:6-8
>
> *Introducción:* Encuestas del número de personas que creen en la inmortalidad arrojan resultados sorprendentes. Un gran número de personas indican que no creen que haya una resurrección corporal de los muertos. En contraste con esto están las enseñanzas bíblicas que afirman esta verdad.
> I. Bases para creer en la resurrección.
>   1. El traslado de Enoc y Elías al cielo.
>   2. La referencia de Job 19:25: "Yo sé que mi redentor vive, y que al final se levantará sobre el polvo."
> II. El origen de la creencia en la resurrección de los fariseos.
>   1. Era polémica más que convicción.
>   2. Era parcial, porque no creían en el Cristo resucitado.
> III. La convicción de Pablo se basó en la resurrección de Cristo (1 Cor. 15:12-50).
>   1. El cuerpo resucitado del cristiano será parecido al cuerpo de Cristo después de la resurrección.
>   2. La resurrección de Cristo asegura la resurrección de todo cristiano.
> *Conclusión:* Aunque había debate entre los fariseos y los saduceos en cuanto a la certidumbre de la resurrección, Pablo tenía una fe más firme en esta doctrina. Así podemos tener la seguridad de la inmortalidad si tenemos fe en Cristo como Salvador.

10 Como hubo grande disensión, el tribuno, temiendo que Pablo fuese despedazado, mandó a los soldados que bajaran para arrebatarlo de en medio de ellos y llevarlo a la fortaleza. **11** A la noche siguiente se le presentó el Señor y le dijo: "Sé valiente, Pablo, pues así como has testificado de mí en Jerusalén, así es necesario que testifiques también en Roma."

Complot para asesinar a Pablo

12 Cuando llegó el día, los judíos tramaron un complot y se juraron bajo maldición, diciendo que no comerían ni beberían hasta que hubieran dado muerte a Pablo. **13** Eran más de cuarenta los que habían hecho esta conjuración. **14** Ellos fueron a los principales sacer-

---

por quebrantar la ley, pero Ananías acababa de quebrantarla ordenando una acción contraria a ella. Pero cuando Pablo se dio cuenta que él había hablado de esa manera al sumo sacerdote, se disculpó por su acción; quiere decir, reconoció que inadvertidamente había hecho mal, citando Exodo 22:28 (v. 5). Probablemente quiso decir con esto que no había considerado el cargo de la persona que había dado la orden. Pablo respetaba el cargo, pero no a la persona que lo desempeñaba. Este Ananías fue asesinado unos pocos años más tarde.

Pablo vio una última oportunidad para compartir la esperanza de Cristo con sus hermanos (v. 6). Sus acusadores no habían querido admitir la verdadera causa de sus acusaciones (que sus verdaderos problemas consistían en el odio hacia los gentiles y el orgullo nacional). Ellos buscaron razones religiosas para oponerse a él. Pablo había logrado muy poco al tratar de convencerles de que estaba actuando en obediencia a la voluntad de Dios. Cuando supo que parte de aquellos ante quienes estaba compareciendo eran saduceos y parte eran fariseos, Pablo llevó la discusión hacia controversias doctrinales. Su esperanza en Cristo estaba basada en *la resurrección de los muertos* (v. 6; comp. 1 Cor. 15:12-34). Difería de los fariseos en el punto de reconocer que la esperanza cristiana incluía a los gentiles tanto como a los judíos. Difería de los saduceos en que ellos no creían en la resurrección de los muertos. En esta ocasión Pablo no menciona su diferencia con los fariseos porque ellos se habían negado a reconocer que sus problemas más agudos eran los prejuicios raciales y nacionales.

Pablo confirmó que estaba siendo juzgado precisamente por haber predicado la resurrección de los muertos (v. 6). El había estado en las reuniones del Sanedrín en varias ocasiones y sabía de los debates entre los dos grupos respecto a la resurrección, los ángeles y los espíritus (la distinción declarada aquí entre los dos grupos está abundantemente confirmada por Josefo, el historiador judío del primer siglo). Su afirmación, *yo soy fariseo, hijo de fariseo. Es por la esperanza y la resurrección de los muertos que soy juzgado* (v. 6), alimentó el fuego del conflicto entre los dos grupos adversarios. Resultó el efecto deseado: los fariseos (por lo menos en este momento) en seguida apoyaron la causa de Pablo ante los saduceos. El grupo aristocrático y sacerdotal de los saduceos continuó oponiéndose a Pablo. Aun algunos fariseos sostuvieron que si Dios le había hablado a Pablo el Sanedrín no debía obstaculizar su trabajo. La discusión entre los fariseos y los saduceos ocasionó tanto furor que el tribuno hizo que Pablo volviera a la barraca antes que fuera despedazado por algunos miembros del Sanedrín.

Joya bíblica

A la noche siguiente se le presentó el Señor y le dijo: "Sé valiente, Pablo, pues así como has testificado de mí en Jerusalén, así es necesario que testifiques también en Roma" (23:11).

---

(6) Complot para asesinar a Pablo, 23:12-22. Pablo recibió una visión del Señor por medio de la cual fue consolado y guiado (v. 11), igual como antes en Corinto (18:9-10). Sin duda Pablo se sentía

dotes y a los ancianos, y les dijeron:

—Nosotros hemos jurado bajo maldición, que no gustaremos nada hasta que hayamos dado muerte a Pablo. **15** Ahora, pues, vosotros con el Sanedrín solicitad al tribunal que le saque mañana a vosotros, como si tuvierais que investigar su caso con más exactitud. Pero nosotros estaremos preparados para matarle antes que él llegue.

16 Pero el hijo de la hermana de Pablo oyó hablar de la emboscada. El fue, entró en la fortaleza y se lo informó a Pablo. **17** Pablo llamó a uno de los centuriones y le dijo:

—Lleva a este joven al tribunal, porque tiene algo que comunicarle.

18 Entonces él le tomó, le llevó al tribunal y le dijo:

—El preso Pablo me llamó y me rogó que trajera este joven a ti, porque tiene algo que decirte.

19 El tribunal le tomó de la mano, y llevándolo aparte le preguntó en privado:

—¿Qué es lo que tienes que decirme?

20 Y él dijo:

—Los judíos han acordado rogarte que mañana saques a Pablo al Sanedrín, como si fueran a indagar algo más exacto acerca de él. **21** Pues tú, no les creas, porque más de cuarenta hombres de ellos le están preparando una emboscada. Se han jurado bajo maldición que no comerán ni beberán hasta que le hayan asesinado. Ahora están listos, esperando una promesa de parte tuya.

22 Luego el tribunal despidió al joven encargándole:

—No digas a nadie que me has informado de esto.

---

perturbado por la revuelta en el Sanedrín, y estaba preocupado por su seguridad personal. Además, tanto él como el evangelio habían sido rechazados rotundamente por los judíos. En esta hora de prueba severa el Señor estuvo junto a su siervo y lo fortaleció. El Señor le aseguró que no moriría en Jerusalén, y que su deseo de visitar Roma sería cumplido (ver 19:21).

> **Joya bíblica**
> **Nosotros hemos jurado bajo maldición, que no gustaremos nada hasta que hayamos dado muerte a Pablo (23:14).**

Aquí se observan dos cosas. Primera, hasta dónde podían llegar los judíos para eliminar a Pablo, y segunda, hasta dónde estaba dispuesto a llegar el gobierno romano para administrar una justicia imparcial. La dependencia de Pablo en su ciudadanía romana le había asegurado un juicio justo, pero no le aseguraba la protección contra el complot de los judíos. Bajo ciertas circunstancias los judíos consideraban justificable el asesinato. Si un hombre se convertía en un peligro público para la moral y la vida, consideraban que era legítimo eliminarlo como pudieran. De modo que cuarenta hombres, quizá zelotes, hicieron una promesa. Según Barclay, tal voto fue llamado *querem* [2764]. Cuando un hombre se comprometía a él, estaba diciendo: *¡Que Dios me maldiga si fracaso en esto!* Estos hombres prometieron que *no comerían ni beberían*, poniéndose bajo la maldición de Dios, *hasta que no hubieran dado muerte a Pablo* (v. 12). Ellos conspiraron con el Sanedrín para traer nuevamente a Pablo ante el concilio con el fin de llevar a cabo una investigación más a fondo. Estos judíos planeaban matarlo antes de que llegara al tribunal.

Su plan hubiera tenido éxito si la noticia no hubiera llegado a oídos de un sobrino de Pablo (*hijo de la hermana*, v. 16), el cual se lo comunicó a su tío, y éste lo hizo llegar al tribunal (vv. 16-22). No sabemos que hacía este sobrino de Pablo en Jerusalén. Generalmente se cree que vivía con sus padres en Jerusalén, donde quizá se habría establecido la hermana del Apóstol cuando éste fue a estudiar allí (ver 22:3). Tampoco se dice si era o no cristiano, aunque se puede suponer que sí. El caso es que el sobrino se preocupó por la seguridad de su tío. El tribunal ordenó al sobrino de Pablo que no le contara a nadie de su entrevista. Lucas no nos explica cómo el sobrino se enteró del complot, ni qué

Pablo es llevado a Cesarea

23 Entonces el tribuno llamó a dos de los centuriones y dijo:
—Para la tercera hora* de la noche, preparad 200 soldados, más 70 de caballería y 200 lanceros para que vayan a Cesarea.
24 A la vez, ordenó que proveyeran cabalgaduras para que Pablo montara, y le llevasen a salvo al procurador Félix.
25 También escribió una carta en estos términos:
26 Claudio Lisias, al excelentísimo procurador Félix. Saludos.
27 Cuando este hombre fue prendido por los judíos y estaba a punto de ser muerto por ellos, yo le rescaté acudiendo con la tropa, habiendo entendido que era romano. **28** Queriendo saber el delito por el cual le acusaban, le hice bajar al Sanedrín de ellos. **29** Hallé que era acusado de cuestiones de la ley de ellos, pero sin ninguna acusación de crimen digno de muerte o de prisión. **30** Pero como se me informó que habría un complot* contra el hombre, inmediatamente le envié a ti y he informado también a sus acusadores que declaren delante de ti lo que tienen contra él.*

---

*23:23 O sea, *a las 9:00 p.m.* según el sistema judío; de usar el sistema romano, sería *a las 3:00 a.m.*
*23:30a Algunos mss. antiguos tienen *un complot preparado por los judíos.*
*23:30b Algunos mss. antiguos incluyen *Que te vaya bien.*

---

pasó con los cuarenta hombres cuando fracasaron.

7. Pablo es llevado a Cesarea donde permanece dos años preso, 23:23—26:32.

(1) Pablo es llevado a Cesarea, 23:23-35. El tribuno, dándose cuenta de la seriedad de la situación, hizo planes para mandar a Pablo a Cesarea durante la noche (vv. 23-35). Se llamó a *200 soldados, más 70 de caballería y 200 lanceros* de las fuerzas especiales para brindar la máxima seguridad a un prisionero tan importante. El oficial sabía que la situación era explosiva, y estaba determinado a evi-

Ruinas de Cesarea

31 Por tanto, de acuerdo con las órdenes que habían recibido, los soldados tomaron a Pablo y le llevaron de noche a Antípatris. **32** Y al día siguiente, dejando que la caballería siguiera con él, regresaron a la fortaleza. **33** Después de llegar a Cesarea y entregar la carta al procurador, presentaron también a Pablo delante de él.

34 El procurador leyó la carta y le preguntó de qué provincia era. Informado que era de Cilicia, dijo:

35 —Oiré tu causa cuando vengan tus acusadores.

Y mandó que le guardaran en el Pretorio de Herodes.

---

tar que mataran a su prisionero. Dado que proveyeron más de un caballo para Pablo, Lucas implica que irían algunos acompañantes con él (v. 24). No se menciona ningún otro prisionero, pero es posible que también hubieran arrestado a alguno de los compañeros de Pablo (ver 27:2).

Claudio Lisias (ahora Lucas nos da el nombre del tribuno) escribió una carta a Félix, el gobernador de la provincia (vv. 25-30). Félix llegó a ser gobernador de Judea en 51 o 52 d. de J.C., y según el historiador romano Tácito, era un gobernante cruel y malvado. Según la ley romana, cuando un oficial inferior remitía algún acusado a otro superior, tenía la responsabilidad de redactar una carta de presentación. Es lo que habrá de hacer también el procurador Festo cuando remita a Pablo a Roma (25:26; comp. 18:14-15). En la carta Claudio Lisias explicó las condiciones bajo las que tomó a Pablo en custodia y le comunicó que Pablo era un ciudadano romano. También mencionó el complot que hizo que enviara a Pablo inmediatamente a Cesarea y declaró que Pablo era inocente de cualquier crimen que mereciera la muerte o el encarcelamiento según la ley romana. Así Lisias se deshizo de un problema sumamente desagradable para él.

La escolta partió con la carta y el prisionero y después de una noche de marcha, de unas doce horas de camino, llegó a Antípatris (nombrado por el padre de Herodes el Grande). Dado que ahora Pablo estaba fuera de la región de mayor peligro, las tropas de a pie regresaron a Jerusalén al día siguiente. Los soldados de a caballo acompañaron a Pablo hasta Cesarea, un viaje de cerca de ocho horas de marcha. En Cesarea el Apóstol fue dejado bajo custodia en el pretorio de Herodes (se trata del palacio que Herodes el Grande se había hecho construir en la ciudad) que por aquel entonces servía de residencia a los procuradores.

En esta sección, que trata con el arresto y los juicios de Pablo, se encuentran varios de los temas de mayor interés de Lucas. Sin duda Lucas quería expresar muy claramente las circunstancias dentro de las cuales Pablo últimamente hizo su apelación al César (25:11). Pablo no había iniciado ninguna acusación contra su nación. En cambio, era la persistencia de la oposición judía la que finalmente resultó en su encarcelación romana. Aun algunos de los fariseos del Sanedrín habían reconocido que no era infiel a su pueblo (23:9), y Lisias, el tribuno romano, escribió a Félix que no encontraba ninguna acusación de crimen contra Pablo digna de muerte o de prisión, desde el punto de vista de un romano (v. 29).

Verdades prácticas
La protección divina

Dios utiliza las experiencias normales para lograr su propósito divino entre los seres humanos.
1. El plan de Dios era que Pablo llegara a Roma.
2. Utilizó a un sobrino para advertirle a Pablo del complot en su contra.
3. Utilizó a los soldados para llevarlo de noche a Antípatris.
4. Utilizó al procurador para darle la protección necesaria.

Pablo acusado ante Félix

24 Cinco días después, descendió el sumo sacerdote Ananías con algunos de los ancianos y un orador, un cierto Tértulo. Ellos comparecieron delante del procurador contra Pablo. **2** Y al ser llamado éste, Tértulo comenzó a acusarle diciendo:

—Puesto que gozamos de mucha paz, gracias a ti, y se están realizando reformas en beneficio de esta nación debido a tu prudencia, **3** oh excelentísimo Félix, siempre y en todo lugar lo aceptamos con toda gratitud. **4** Pero para no molestarte más largamente, te ruego que nos escuches brevemente, conforme a tu equidad. **5** Porque hemos hallado que este hombre es una plaga, y es promotor de sediciones entre los judíos de todo el mundo y cabecilla de la secta de los nazarenos. **6, 7*** Intentó también profanar el templo, pero le prendimos. **8** Al examinarle, tú mismo podrás saber todas estas cosas de las que le acusamos.

9 También los judíos lo confirmaban, alegando que estas cosas eran así.

---

*24:7 Algunos mss. antiguos tienen . . . *pero le prendimos. Nosotros quisimos juzgarle conforme a nuestra ley.* 7 *Pero intervino el tribuno Lisias y con gran violencia le quitó de nuestras manos,* 8 *mandando a sus acusadores que se presenten delante de ti. Al examinarle, tú. . .*

---

(2) Pablo acusado ante Félix, 24:1-9. En Cesarea, Pablo hizo tres apariciones principales: ante Félix (cap. 24), ante Festo (cap. 25) y ante Agripa (cap. 26). Ahora se le estaba llevando ante *gobernadores y reyes* (Mat. 10:18) por la causa de Cristo. Ralph Earle comenta que el relato del juicio ante Félix es un informe modelo; condensados como lo son los discursos de la acusación y de la defensa, dan todos los puntos necesarios y no dejan nada que desear.

El gobernador fijó el juicio de Pablo para cuando llegaran sus acusadores. Pablo no tuvo que esperar mucho a que llegara el sumo sacerdote Ananías, con algunos ancianos y un orador o abogado, Tértulo, quien presentó ante el procurador el caso contra Pablo (vv. 1-9). No se sabe si Tértulo era judío, romano o griego; para nosotros es un personaje desconocido. Pero tanto su nombre como su modo de hablar (por ejemplo, *de esta nación*, v. 2), parecen indicar que no era judío. Obviamente había sido seleccionado por ser más práctico que los judíos en el derecho romano. El juicio probablemente fue llevado a cabo en griego. Tértulo empezó su presentación haciendo cumplidos personales y adulaciones, algo muy característico de la oratoria romana (y de hoy día también). Comentó que bajo el gobierno de Félix se había logrado paz, se habían solucionado problemas y los judíos le estaban agradecidos.

En realidad, Félix era una persona despreciable. Aunque, al hacerse cargo de su oficio había eliminado a los bandidos en la región, el historiador romano Tácito calificó su gobierno con una frase durísima, diciendo que ejerció el poder de un rey con el espíritu de un esclavo, recurriendo a toda clase de crueldades y lascivias. Suetonio, otro historiador, lo describe como el "marido de tres reinas", una de las cuales es Drusila (que era judía), hermana de Agripa II, mencionada en 24:24.

Tértulo acusó a Pablo de ser una persona perjudicial, un agitador entre los judíos por todas partes (comp. 21:27, 28) y el líder y portavoz de la secta de los nazarenos. Estas acusaciones de que Pablo creaba disensión entre los judíos y era el cabecilla de la secta de los nazarenos, eran cargos políticos. Parece que *la secta de los nazarenos* (v. 5) hace referencia a los cristianos cuyo fundador era de Nazaret. Además, fue acusado de violación religiosa al profanar el templo (v. 6a). La última cláusula del v. 6, todo el 7, y la primera parte del 8 están omitidas en los manuscritos más antiguos y mejores (ver la nota de la RVA). Tértulo instó a Félix a que examinara personalmente a Pablo para establecer la verdad de sus acusaciones. Como es natural, los judíos que habían acompañado a Tértulo afirmaron que era verdad todo lo dicho por su abogado.

Defensa de Pablo ante Félix

10 Entonces, cuando el procurador le dio señal para hablar, Pablo contestó:
—Sabiendo que por muchos años has sido juez de esta nación, con confianza expondré mi defensa. **11** Tú puedes cerciorarte de que no hace más de doce días que subí a Jerusalén para adorar. **12** No me hallaron disputando con nadie en el templo, ni provocando tumultos del pueblo, ni en las sinagogas ni en la ciudad. **13** Tampoco pueden ellos comprobarte las cosas de las que ahora me acusan. **14** Sin embargo, te confieso esto: que sirvo al Dios de mis padres conforme al Camino que ellos llaman secta, creyendo todo lo que está escrito en la Ley y en los Profetas. **15** Tengo esperanza en Dios, la cual ellos mismos también abrigan, de que ha de haber resurrección de los justos y de los injustos. **16** Y por esto yo me esfuerzo siempre por tener una conciencia sin remordimiento delante de Dios y los hombres.

---

(3) Defensa de Pablo ante Félix, 24:10-23. La defensa que hace Pablo es perfecta, apelando sencillamente a los hechos y refutando cada uno de los tres cargos que le había hecho Tértulo. Empieza opinando que habla con confianza, sabiendo que Félix lleva muchos años gobernando aquel país (en aquel momento unos 6 a 8 años) y, por tanto, ha de tener práctica en semejantes cuestiones (v. 10). Luego va refutando: los cargos de alborotador (vv. 12, 13), cabecilla sectario (vv. 14-16) y profanador del templo (vv. 17-19).

> **Verdades prácticas**
> **Calumniado por fidelidad a Cristo**
> 24:1-9
> 1. Se refirieron a Pablo como plaga (v. 5).
> 2. Dijeron que era promotor de sediciones (v. 5).
> 3. Le acusaron de ser cabecilla de la secta de nazarenos (v. 5).
> 4. La acusaron de intentar profanar el templo (v. 6).

En primer lugar, Pablo negó ser un agitador que provocaba tumultos en Jerusalén. Esto es exactamente lo que el Apóstol no hacía. En lugar de agitar a la gente a rebelarse contra el gobierno romano (que es la implicación de este cargo falso) él enseñaba a los cristianos a estar sujetos a las autoridades gubernamentales (ver Rom. 13:1-7).

Es notable lo que dice Pablo de la segunda acusación, la de ser cabecilla de la secta de los nazarenos. Admite que él sigue de todo corazón *el Camino* o forma de vida que los judíos *llaman secta* (v. 14), al igual que se hablaba de la *secta de los fariseos* (15:5; 26:5) o *secta de los saduceos* (5:17), pero niega que eso sea separarse o renegar del judaísmo. Al contrario, sigue sirviendo al Dios de sus padres, creyendo *en la Ley y en los Profetas* (v. 14), y teniendo la esperanza en Dios, la cual ellos mismos también abrigan, *de que ha de haber resurrección de los justos y de los injustos* (v. 15). En fin, Pablo está afirmando que el movimiento cristiano no es una secta o facción del judaísmo, sino que es el mismo judaísmo que entra en posesión de su esperanza secular; y, al rechazar a Cristo, los judíos reniegan de su propia tradición religiosa (ver Rom. 3:31; 10:4).

Pablo refutó el tercer cargo de querer profanar el templo, señalando que *unos judíos de Asia me hallaron purificado en el templo (no en tumulto ni con alboroto)* (v. 18). No hubo excitación ni disturbio hasta que vinieron estos judíos de Asia; ellos, pues, eran responsables por el tumulto.

Al final de su defensa Pablo llama la atención de Félix a la ausencia de los que debieran estar presente como testigos, puesto que fueron los que provocaron su detención (v. 19; ver 21:27). ¿Por qué no estaban allí presentes los testigos principales para probar su caso (es decir los judíos de Asia)? Este era uno de los puntos legales más fuertes que Pablo hizo en su defensa ante Félix.

Luego Pablo desafió a los judíos que estaban allí a que mencionaran cualquier delito del que supieran que era culpable

17 »Pasados muchos años, vine para presentar donativos* y ofrendas a mi nación. 18 Mientras hacía esto, unos judíos de Asia me hallaron purificado en el templo (no en tumulto ni con alboroto). 19 Ellos deberían comparecer delante de ti y traer acusaciones, si es que tienen algo contra mí. 20 O que digan éstos mismos qué delito* hallaron cuando comparecí ante el Sanedrín,* 21 salvo que cuando estuve entre ellos lancé este grito: "¡Con respecto a la resurrección de los muertos yo soy juzgado hoy por vosotros!"

22 Entonces Félix, estando bien informado acerca de este Camino, les aplazó diciendo:

—Cuando venga* el tribuno Lisias, examinaré vuestro caso.

23 Dio órdenes al centurión de que Pablo fuese custodiado, pero que tuviera algunos privilegios y que no se impidiese a ninguno de los suyos atenderle.

*24:17 Lit., *obras de misericordia*; o, *limosnas*
*24:20a Algunos mss. antiguos dicen *qué crimen encontraron en mí*.
*24:20b O sea, *la corte suprema* de los judíos
*24:21 Ver 23:6
*24:22 Lit., *desciende*

---

cuando compareció ante el Sanedrín (v. 20). Los fariseos en el concilio en Jerusalén lo habían absuelto cuando oyeron su profesión de fe en la resurrección. Ese era su verdadero crimen, no una traición contra Roma, ni la profanación del templo. El énfasis de Pablo en la doctrina básica de la resurrección hizo imposible que los fariseos apoyaran a los saduceos en querer condenar a Pablo como hereje. Dado que quienes lo acusaban no se podrían poner de acuerdo y que su testimonio contradecía las acusaciones, Félix pidió que se continuara la investigación (*cuando venga el tribuno Lisias*, v. 22) antes de tomar una decisión final. El conocimiento del Camino de parte de Félix no tiene nada de extraño, pues ya había pasado de seis a siete años como procurador de Judea, y tenía por esposa a la judía Drusila, la cual seguramente lo habría informado acerca de este punto, como de otros movimientos dentro del judaísmo. Pusieron a Pablo bajo custodia, pero se le dio cierta libertad; por lo tanto, Lucas implica que Félix no consideraba que Pablo era culpable de algún crimen de los que concernían a la competencia de su tribunal (v. 23).

El Sanedrín

El Sanedrín se menciona varias veces en el Nuevo Testamento y fue el nombre dado al concilio o consejo judío. Era un grupo de setenta y un miembros los que formaban este cuerpo supremo que surgió después del Exilio. Según los rabinos, su origen se encuentra en Números 11:10-24, cuando Moisés escogió gobernar con la ayuda de los setenta. Su autoridad abarcaba funciones legislativas, ejecutivas y jurídicas. Estaba compuesto de sacerdotes de todos los grupos, entre ellos escribas y ancianos. El sumo sacerdote era la autoridad final y suprema. Era un puesto heredado que duraba por toda la vida.

Durante el tiempo de Herodes el Grande, éste cambió el sistema para escoger él mismo al sumo sacerdote. El puesto perdió algo de autoridad desde ese tiempo. Caifás era activo durante los días de Jesús y Ananías en los días de Pablo.

En los días de Pablo, los descendientes de los nobles eran saduceos y los abogados eran fariseos, de modo que se prestaba para mucho debate. El gobierno interno de la provincia estaba en manos del Sanedrín, los asuntos civiles tanto como los religiosos fueron tratados por ellos. En algunos casos parece que los oficiales de la provincia tomaron cartas en algunos asuntos y representaban la autoridad final. Por eso vemos que Pablo es pasado del Sanedrín a Herodes Agripa (Hechos 25:12).

Prisión de Pablo en Cesarea

24 Algunos días después, vino Félix con Drusila su esposa, que era judía. Mandó traer a Pablo, y le oyó acerca de la fe en Cristo Jesús. **25** Cuando Pablo disertaba de la justicia, del dominio propio y del juicio venidero, Félix se llenó de miedo y respondió:

—Por ahora, vete; pero cuando tenga oportunidad, te llamaré.

26 A la vez, Félix esperaba también que se le diera algún dinero de parte de Pablo. Por eso le hacía venir con frecuencia y hablaba con él. **27** Pero al cabo de dos años, Félix recibió como sucesor a Porcio Festo, y queriéndose congraciar con los judíos, Félix dejó preso a Pablo.

---

(4) Prisión de Pablo en Cesarea, 24:24-27. Félix conocía algo del cristianismo y deseaba poder comprenderlo mejor. El y Drusila invitaron a Pablo para que les hablara *acerca de la fe en Cristo Jesús* (v. 24). Es probable que la iniciativa la haya originado Drusila. Como judía que era, es de suponer que sentiría un interés especial por estas cuestiones y que mostraría el deseo de ver y de oír a este líder de la nueva secta. Pablo no usó sus oportunidades ante los oficiales romanos para defenderse, sino para hablar de Cristo y para dar su testimonio personal. En esta ocasión, él expuso también las exigencias éticas de la fe cristiana, en particular: el deber de la *justicia* (principios justos y prácticos en la vida diaria), *del dominio propio* (especialmente la disciplina de placeres sensuales) y *del juicio venidero* (en el cual toda maldad recibirá su justo castigo, y el bien, la recompensa merecida; v. 25).

Mientras el Apóstol hablaba, la conciencia de Félix empezó a inquietarse. De la misma manera, el mensaje se aplicaba a Drusila y no debió sentirse muy a gusto. Félix optó por interrumpir la conversación. Despidió a Pablo con la débil excusa de que en ese momento no tenía tiempo para escucharle (v. 25). Se alcanzó a adivinar cierto interés de su parte hacia el cristianismo, e incluso cierta simpatía hacia la persona de Pablo, pero es incapaz de entender y apreciar la seriedad de las exigencias religiosas y éticas del evangelio cristiano. En efecto, el motivo de estas pláticas no era exclusivamente el interés en las cosas religiosas. Obviamente Félix

---

Semillero homilético
Una decisión trágica
24:25

Introducción: La narración de la defensa de Pablo ante Félix nos comunica la paradoja que Félix fue el más temeroso al escuchar el testimonio de Pablo. La decisión de Félix de postergar escuchar más del evangelio y no tomar la decisión por Cristo lo relega siempre a una identificación negativa de parte de los cristianos.
  I. Fue trágica porque la verdad lo hizo temblar (v. 25).
    1. Reconoció su culpabilidad ante Dios.
    2. Apareció su cobardía porque no quiso decidir.
  II. Fue trágica porque postergó una decisión importante.
    1. Reconoció que la oportunidad podría pasar.
    2. Reconoció que los asuntos de vida y muerte son serios.
  III. Fue trágica porque nunca aceptó a Cristo.
    1. Escuchó varias veces el mensaje de Pablo (v. 26).
    2. Tuvo motivación no sana; esperaba recibir dinero de Pablo (v. 26).
    3. Al fin, se congració con los judíos, dejando preso a Pablo (v. 27).
Conclusión: Muchas personas escuchan el evangelio pero no toman la decisión por una razón u otra. Y muchos nunca aceptan el mensaje al postergar la decisión. Por eso, debemos persuadir a las personas para aceptar a Cristo en el momento propicio, el cual es ahora mismo.

Pablo apela al César

25 Tres días después de haber asumido el mando* de la provincia, Festo subió de Cesarea a Jerusalén. **2** Entonces los principales sacerdotes y los dirigentes de los judíos se presentaron ante él contra Pablo, y le rogaban **3** pidiendo contra él, el favor de que le hiciese traer a Jerusalén. Mientras tanto, ellos preparaban una emboscada para asesinarle en el camino. **4** Pero Festo respondió que Pablo estaba custodiado en Cesarea, y que en breve él mismo partiría para allá. **5** Dijo:

—Los que puedan de entre vosotros* desciendan conmigo; y si hay alguna falta en este hombre, acúsenle.

6 Después de detenerse entre ellos no más de ocho o diez días, descendió a Cesarea; y al día siguiente, se sentó en el tribunal y mandó que Pablo fuese traído. **7** Cuando llegó, le rodearon los judíos que habían descendido de Jerusalén, haciendo muchas y graves acusaciones contra él, las cuales no podían probar; **8** mientras que Pablo decía en su defensa:

---

*25:1 Otra trad., *después que llegara a la provincia*
*25:5 Otras trads., *los más influyentes entre vosotros*; o, *los que tienen autoridad entre vosotros*

---

estaba motivado por dos deseos: lograr un cohecho (un soborno, aunque la ley romana prohibía tales prácticas) de Pablo (v. 26), y ganar el favor de los judíos (v. 27). Pero fracasó en ambos propósitos. De modo que nada ganó en su escandaloso abuso de la justicia en el caso de Pablo. Félix reconoció que Pablo era inocente pero lo dejó en la cárcel. Pablo continuó en Cesarea, como prisionero (durante unos dos años), hasta que Festo llegó a ser procurador.

(5) Pablo apela al César, 25:1-12. Festo sucedió a Félix como procurador entre los años 55 y 60 d. de J.C. Aunque no se ha establecido la fecha exacta de su llegada a Cesarea, de acuerdo con la cronología de Lucas sería al final de ese período. Según Josefo Porcio Festo era un hombre recto y como funcionario un fiel cumplidor de su deber. Murió en Palestina durante el ejercicio de su cargo, unos pocos años después de su llegada.

El desprecio de los judíos contra Pablo, a pesar de haber pasado éste dos años de encarcelamiento ante Félix, continuaba tan furioso como el primer día. Por eso, cuando llegó Festo a Jerusalén, procuraron aprovecharse de la inexperiencia del nuevo procurador, presentando en seguida otra vez sus acusaciones contra Pablo. Debido a que el procurador era el responsable de mantener la paz en su provincia, éste trataba de mantener la buena voluntad de la gente, incluyendo especialmente a los líderes religiosos de los judíos. Los principales sacerdotes, por esto, le pidieron un favor que pensaban que no les sería rechazado. Le pidieron que trajera a Pablo a Jerusalén para ser juzgado otra vez. La petición no dejaba de ser tentadora para un gobernante que estaba por empezar su período de servicio. Sin embargo, lo que los judíos querían era asesinar a Pablo *en el camino* (v. 3), como ya lo habían intentado sin resultado anteriormente (23:15). La respuesta de Festo, manifestando justicia y sabiduría, es cortés pero firme; era simplemente una apelación a la ley romana: la causa ya se había llevado al tribunal de Cesarea, y allí debía ser tratada; si los líderes querían renovar sus acusaciones contra Pablo, debían ir a Cesarea (vv. 4, 5).

Efectivamente, después de *ocho o diez días, Festo descendió a Cesarea* (v. 6) y los portavoces de los judíos estuvieron listos para renovar el juicio contra Pablo. Las acusaciones que lanzan los judíos contra Pablo no se concretan en el texto de Lucas (v. 7); pero la defensa de Pablo indica que fue acusado nuevamente de tres asuntos principales: De quebrantar la ley religiosa de los judíos (primariamente enseñando que no se necesitaba la circuncisión para tener una relación correcta con Dios), de interrumpir la adoración pública en el templo (al asumir que había llevado al templo

— En nada he pecado, ni contra la ley de los judíos, ni contra el pueblo, ni contra el César.

9 Pero Festo, queriendo congraciarse con los judíos, respondió a Pablo y dijo:

—¿Quieres subir a Jerusalén para ser juzgado allí delante de mí acerca de estas cosas?

10 Pablo respondió:

—Ante el tribunal del César estoy, donde me corresponde ser juzgado. A los judíos no he hecho ninguna injusticia, como tú muy bien lo sabes. 11 Si estoy haciendo alguna injusticia o si he hecho alguna cosa digna de muerte, no rehúso morir; pero si no hay nada de cierto en las cosas de las que éstos me acusan, nadie puede entregarme a ellos. Yo apelo al César.

12 Entonces Festo, habiendo consultado con el consejo, respondió:

—Al César has apelado. ¡Al César irás!

a un gentil incircunciso), y de sedición (al predicar lealtad a Jesús, en vez de a César); es decir, más o menos las mismas en substancia que habían sido ya alegadas en el primer proceso (24:5, 6).

> **Joya bíblica**
> Si estoy haciendo alguna injusticia o si he hecho alguna cosa digna de muerte, no rehúso morir; pero si no hay nada de cierto en las cosas de las que éstos me acusan, nadie puede entregarme a ellos. Yo apelo al César (25:11).

Los judíos no pudieron probar sus acusaciones contra Pablo ante el nuevo procurador (vv. 18, 19). El caso debió haber terminado. Pero Festo, *queriendo congraciarse con los judíos*, deseaba hacerles un favor (v. 9). Esta expresión es casi la misma en el griego que la que se refería a Félix (24:27). Estos gobernantes romanos eran ante todo políticos en lo que tocaba a sus propios intereses. Dado que Festo no comprendía las leyes judías, quizá pensaba que al reabrir el juicio ante el Sanedrín tendría la oportunidad de comprenderlas mejor. Así que Festo le preguntó al preso si estaba dispuesto a subir a Jerusalén para ser juzgado nuevamente por el Sanedrín, prometiéndole su presencia en los debates para hacerle ver que no le dejaba desamparado. Con todo, puesto que se trata de un ciudadano romano, no pudo reenviarle a esa jurisdicción sin consentimiento del acusado. Si Pablo hubiera aceptado la invitación de Festo éste se podía congraciar con los judíos y a la vez conciliar su conciencia de juez con las exigencias de su oficio político.

Pablo estaba cansado de la prevaricación de los judíos y de las demoras de los romanos. Ya había estado ante el Sanedrín y se había defendido contra las acusaciones distorsionadas. Los celos y el prejuicio habían cegado los ojos de los judíos; por tanto, no valía la pena seguir discutiendo con ellos. El tribunal de César no había encontrado ninguna falta en él, con respecto a la acusación de que había agraviado a los judíos. Pablo se estaba dando cuenta de que el procurador trataba de descuidar su responsabilidad y declinar su competencia; y sabía que si volvía a manos del Sanedrín su muerte de una u otra forma era segura (ver 23:15, 16; 25:3). El Apóstol no temía la muerte. Dijo que si había cometido un crimen digno de muerte, no rehusaba morir (v. 11). Pero si estas acusaciones eran falsas, nadie podía entregarlo a ellos.

Pablo enérgicamente se negó a regresar y ser juzgado ante los oficiales judíos, y declara (me imagino en voz bien alta): *Ante el tribunal del César estoy, donde me corresponde ser juzgado* (v. 10). Con estas palabras Pablo revelaba que sabía lo que pensaba el procurador. Festo estaba listo para acceder a las demandas judías. Pero nadie, ni aun el gobernador romano, podía entregar a un ciudadano romano a la turba judía. Pablo terminó su desafío con la declaración: *Yo apelo al César* (v. 11). *Habiendo consultado con el consejo* (consejeros o asesores del gobernador), Festo se dirigió a Pablo y respondió: *Al César has apelado. ¡Al César irás!* (v. 12). Es seguro que a los oficiales judíos no les

Agripa considera el caso de Pablo

13 Pasados algunos días, el rey Agripa y Berenice fueron a Cesarea para saludar a Festo. **14** Como pasaban allí muchos días, Festo presentó al rey el caso de Pablo, diciendo:
—Hay cierto hombre que ha sido dejado preso por Félix, **15** con respecto a quien se me presentaron los principales sacerdotes y los ancianos de los judíos cuando subí a Jerusalén, pidiendo sentencia contra él. **16** A ellos les respondí que no es costumbre de los romanos entregar a ningún hombre antes que el acusado tenga presentes a sus acusadores y tenga oportunidad de hacer su defensa contra la acusación. **17** Así que, habiendo venido ellos juntos acá, sin ninguna demora, al día siguiente, me senté en el tribunal y mandé traer al hombre. **18** Pero cuando se presentaron los acusadores, no trajeron ninguna acusación con respecto a él, de los crímenes* que yo sospechaba. **19** Solamente tenían contra él ciertas cuestiones acerca de su propia religión y de un cierto Jesús, ya fallecido, de quien Pablo afirmaba que está vivo. **20** Yo, vacilante con semejante caso, le preguntaba si quería ir a Jerusalén y ser juzgado por estas cosas allí. **21** Pero como Pablo apeló a quedar bajo custodia para la decisión de Augusto, mandé que le guardasen hasta que yo le enviara al César. **22** Entonces Agripa dijo a Festo:
—Yo también quisiera oír al hombre.
Y él dijo:
—Mañana le oirás.

25:18 Algunos mss. antiguos dicen *de las cosas que yo sospechaba.*

---

gustó nada esta solución. Sin embargo, la apelación de Pablo permitió que Festo se desligara de la responsabilidad con el caso, y se la transmitiera a otro sin hacer peligrar su propia posición.

(6) Agripa considera el caso de Pablo, 25:13-22. Agripa II era el hijo de Herodes Agripa I que había sido rey de Judea hasta el 44 d. de J.C. (es el Agripa que se menciona en el cap. 12, que era responsable por la muerte de Jacobo, el hermano de Juan), y a su vez nieto de Herodes el Grande (Mat. 2:1). Educado en Roma, comenzó por obtener de Claudio César el pequeño reino de Calcis, en el Líbano, cuando murió su tío, el Herodes de Calcis. Más tarde se le concedió también la superintendencia del templo de Jerusalén y el derecho de nombrar a los sumos sacerdotes, y cambió Calcis por algunos territorios en Palestina del norte. Estos nuevos principados le fueron ampliados todavía, bajo Nerón César, para incluir partes de Galilea y Perea. En cuanto a las relaciones con Roma, él le profesaba una devoción sin reservas. Por su fidelidad Agripa II también recibió el título de rey.

No se trata de un nuevo juicio, pues después de la apelación al César nada se podía resolver ya en tribunales subalternos (v. 26). Se acostumbraba que los príncipes y autoridades dependientes presentaban sus respetos a la llegada de un nuevo gobernador. Agripa II y Berenice llegaron con ese propósito a Cesarea, poco después de que Festo había tomado posesión de su cargo (v. 13). Dos de las hermanas de Agripa se conocen por Los Hechos. Drusila, que ya conocemos como la tercera esposa de Félix (24:24), y Berenice, luego de la muerte de su tío y primer esposo Herodes de Calcis, se unió a su hermano Agripa II en Roma. Los dos, Agripa y Berenice, huéspedes de Festo, nos son bastante conocidos por los historiadores romanos, especialmente en los escritos de Josefo, y su conducta no tiene nada de recomendable. En la sociedad romana comenzaron a circular informes escandalosos en cuanto a sus relaciones incestuosas. Cuando el escándalo se hizo público, Berenice, para silenciar todo lo malo

---

Verdades prácticas

Pablo tenía la ciudadanía romana la cual:
1. Le brindaba protección de los judíos (v. 16).
2. Le ofrecía derecho de apelar a una corte superior.
3. Le protegía de la amenaza de azotes.
4. Le garantizaba una oportunidad para defenderse (v. 16).

Pablo testifica ante el rey Agripa

23 Así que al día siguiente vinieron Agripa y Berenice con mucha pompa, y después que entraron en la sala de audiencias con los tribunos y los principales de la ciudad, fue traído Pablo por mandato de Festo. **24** Entonces Festo dijo:

—Rey Agripa, y todos los hombres aquí presentes con nosotros: Mirad a este hombre, respecto del cual toda la multitud de los judíos ha recurrido a mí, tanto en Jerusalén como aquí, clamando a gritos que él no debe vivir más. **25** Pero yo hallé que él no había hecho ninguna cosa digna de muerte, y habiendo apelado él mismo a Augusto, he determinado enviarle. **26** Pero no tengo nada de cierto que escribir a mi señor acerca de él. Por esto le he traído ante vosotros, y especialmente ante ti, oh rey Agripa, para que después de examinarle, yo tenga algo que escribir. **27** Porque me parece cosa no razonable enviar un preso sin indicar también las acusaciones contra él.

---

que de ella se decía, decidió casarse con Polemo de Sicilia. Sin embargo, poco después lo abandonó y regresó con su hermano. Parece que ni Drusila ni Berenice fueron conocidas por su virtud.

La visita de esta pareja resultó en una estancia de muchos días. Todavía Festo no había resuelto completamente el caso de Pablo y necesitaba más información para enviar en su informe a César; discutió el asunto con Agripa pidiendo su consejo. A pesar de su fidelidad a Roma, Agripa se mostró siempre interesado en las cosas judías y leal para con su nación, cuyos intereses defendió no pocas veces ante el emperador. Era judío de nacimiento, pero era romano por su educación y por su simpatía. Festo resumió el caso de Pablo ante Agripa. En el repaso reconoció que cuando se realizó el juicio de Pablo, los que lo acusaban no presentaron ninguna acusación *de los crímenes que* él *sospechaba* (v. 18). Festo reveló su impresión de que el principal punto de desacuerdo entre Pablo y los oficiales judíos se centraba en la resurrección de Jesús. Festo, en su resumen a Agripa, reconocía que era incompetente para evaluar las cuestiones religiosas de los judíos. Pablo se había negado a volver a Jerusalén para ser examinado otra vez y, aun de más peso, había apelado al César.

Sin duda, Agripa se interesó en el caso de Pablo (v. 22). Es posible que hubiera oído de la predicación del famoso Apóstol y por cierto estaba bien al tanto de la controversia entre los fariseos y los saduceos en cuanto a la resurrección. Tenía conocimiento de la esperanza mesiánica de los judíos. Aunque la vida inmoral de Agripa chocaría con el mensaje de Pablo, su actitud a favor de Roma y su conocimiento de las tradiciones judías lo habían preparado para ser un juez imparcial, pero bien informado.

(7) Pablo ante el rey Agripa, 25:23-27. La vanidad y la ambición social de Agripa y Berenice se demuestran en la pompa del gobernador subordinado. El

Pablo ante Agripa y Berenice

26 Luego Agripa dijo a Pablo:
—Se te permite hablar por ti mismo.
Entonces Pablo extendió la mano y comenzó su defensa:

2 —Me tengo por dichoso que haya de exponer hoy mi defensa delante de ti, oh rey Agripa, acerca de todas las cosas de las que soy acusado por los judíos; 3 mayormente por ser tú conocedor de todas las costumbres y cuestiones de los judíos. Por lo tanto, te ruego que me escuches con paciencia.

4 »Mi manera de vivir, desde mi juventud, la cual pasé desde el comienzo entre los de mi nación en Jerusalén, la conocen todos los judíos. 5 Ellos me conocen desde antes, si quisieran testificarlo, que conforme a la más rigurosa secta de nuestra religión viví como fariseo. 6 Y ahora soy sometido a juicio por la esperanza de la promesa que Dios hizo a nuestros padres, 7 promesa que esperan alcanzar nuestras doce tribus sirviendo constantemente día y noche. ¡Por la misma esperanza soy acusado por los judíos, oh rey! 8 ¿Por qué se juzga increíble entre vosotros que Dios resucite a los muertos?

---

poder real quedaba en las manos de Festo, pero en esta ocasión éste le dio al joven rey la oportunidad para presentarse públicamente con apariencia de poder. El rey recibió el asiento del gobernador provincial, pero el gobernador guardaba la autoridad de dar el juicio final. En la apertura de la reunión Festo reconoció nuevamente que no había encontrado nada digno de muerte en Pablo.

En los vv. 26 y 27, Festo pasó a explicar el por qué de esta asamblea: Pablo apeló al César, pero él no pudo enviarlo a Roma sin hacer llegar al mismo tiempo al emperador, y por escrito, un resumen exacto de las acusaciones que se habían citado contra el presunto ofensor. Con la reunión buscó ponerse en condiciones de hacerlo. Barclay, en sus comentarios sobre este episodio, dice que Pablo entró en una escena como el judío, pequeño fabricante de tiendas, con las manos encadenadas; y sin embargo, desde la primera palabra que pronunció, dominó la escena. Algunos hombres tienen el don del poder. Cuando un hombre tiene a Cristo en su corazón y a Dios a la mano derecha, tiene el secreto del poder. ¿A quién temerá, entonces?

(8) Testimonio de Pablo ante Agripa, 26:1-32. Cuando Agripa le concedió al prisionero el permiso para hablar por sí mismo, Pablo no perdió la oportunidad de hablar ante un rey judío, un procurador romano, los hombres principales de la ciudad y los comandantes de las tropas. En general sus palabras coinciden con el discurso ante el pueblo judío cuando le prendieron (22:1-21). Lucas registra el discurso de Pablo y su defensa (v. 1), pero a la vez, Pablo combinó su discurso con un testimonio del evangelio. El Apóstol comenzó su presentación con un cumplido al rey, considerándose muy afortunado al tener la oportunidad de defenderse ante uno tan eminente y conocedor de las costumbres religiosas de los judíos. En los versículos que siguen Pablo desarrolla los siguientes hechos de su vida: (1) Antes de la conversión (vv. 4-11); (2) en la conver-

---

Una defensa en diez pasos

1. Comenzaba con agradecimiento por la oportunidad de testificar ante Agripa (v. 2).
2. Incluía elogios a Agripa por su conocimiento de la religión de los judíos (v. 3).
3. Incluía un resumen de la vida temprana de Pablo (v. 4).
4. Presentaba polémica sobre la resurrección de los muertos (vv. 7, 8).
5. Relataba su conversión en el camino a Damasco (vv. 9-14).
6. Informaba del propósito de Dios de hacerlo misionero a los gentiles (vv. 17, 18).
7. Afirmaba su obediencia al mandato divino (v. 19).
8. Explicaba la razón por la oposición de los judíos (vv. 21-23).
9. Declaraba que no estaba loco frente a la acusación de Festo (vv. 24-26).
10. Apelaba a Agripa para aceptar a Cristo y convertirse al evangelio (vv. 29, 30).

9 »Pues yo, a la verdad, había pensado que debía hacer muchas cosas contra el nombre de Jesús de Nazaret; **10** y esto hice en Jerusalén. Habiendo recibido autorización de los principales sacerdotes, yo encerré en cárceles a muchos de los santos; y cuando les mataban, yo di mi voto contra ellos. **11** Muchas veces, castigándoles en todas las sinagogas, procuraba obligarles a blasfemar; y enfurecido en extremo contra ellos, los perseguía hasta en las ciudades extranjeras.

---

sión (vv. 12-18) y (3) después de la conversión (vv. 19-23).

Antes de su conversión Pablo servía como modelo del judaísmo de su tiempo, fariseo de fariseos (comp. Fil. 3:4-6). Debido a que sus oyentes conocían el orgullo y la lealtad de un judío hacia las costumbres de sus padres, Pablo les refirió su vida anterior. De ninguna manera había hecho traición a la religión judía; por el contrario, siempre había guardado perfecta obediencia a la fe judía y a la esperanza del pueblo judío. Desde su juventud había sido un fariseo que se aferraba a la observación más estricta de la ley. Decir que era fariseo significa que formaba parte de los círculos que observaban más literalmente la ley (v. 5). Y, ahora que se encuentra sometido a investigación judicial, la única razón de ello es la firmeza con que esperaba la misma promesa que Dios hizo a sus padres. En un sentido general la referencia aquí es a la esperanza mesiánica, como está indicado en el v. 7. Dios había prometido a las doce tribus (se refiere a toda la comunidad de Israel) que serían una gran nación, que tendrían su propia tierra y que se les daría un rey eterno. Pero el v. 8 sugiere que también se refiere a la resurrección. La bendición especial del reino de Dios era la resurrección mediante la cual el pueblo de Dios sería establecido eternamente en el reino. El reino no se acabaría cuando la gente muriera. Wikenhauser opina que Pablo está diciendo: Yo creo, y por doquiera lo predico, que esta esperanza de nuestro pueblo había tenido su primera realización en Jesús, el carpintero de Nazaret. Es cierto que a este Jesús, a quien yo anuncio como Mesías, le dieron muerte, pero Dios lo resucitó de entre los muertos.

La pregunta que se hace en el v. 8: *¿Por qué se juzga increíble entre vosotros que Dios resucite a los muertos?*, debe ser relacionado con la gran verdad a la cual parece llevar todo el discurso; es decir *que el Cristo había de padecer, y que por ser el primero de la resurrección de los muertos, había de anunciar luz al pueblo y a los gentiles* (v. 23). O sea, que aunque Jesús fue crucificado, había resucitado, y que en ese momento era una persona viviente, y que por su resurrección había demostrado ser el Mesías, el cumplidor de la esperanza de Israel (Earle). Pablo explicó que anteriormente él mismo había rechazado el plan de

---

Antes y después de Cristo

Una de las cosas más extraordinarias acerca de los grandes personajes del Nuevo Testamento es que nunca tuvieron miedo de confesar lo que habían sido antes de conocer a Cristo. En la presencia de un rey, Pablo se confesó franca y libremente diciendo que hubo un momento de su vida cuando trató de eliminar el nombre de Cristo y destruir la existencia de sus seguidores. Había un famoso predicador y evangelista llamado Brownlow North. Él también era un hombre transformado, que había vivido antes una vida que no era nada cristiana. Una vez, justo antes de subir al púlpito para predicar en una iglesia en Aberdeen, Escocia, recibió una carta. Esta le decía que su remitente tenía evidencias de un hecho degradante que North había cometido antes de convertirse al cristianismo; y continuaba diciendo que el autor se proponía interrumpir el servicio y contarle el pecado a toda la congregación si North predicaba. El pastor llevó la carta al púlpito; se la leyó a la congregación; les relató lo que una vez había hecho; y después les dijo que la acusación era totalmente verdadera, pero que Cristo lo había cambiado y que también podía hacer lo mismo con ellos. Utilizó evidencia de su vergüenza para la gloria de Cristo.

12»En esto estaba ocupado cuando iba a Damasco con autorización y comisión de los principales sacerdotes.* **13** En el camino a mediodía, oh rey, vi que desde el cielo una luz, más resplandeciente que el sol, alumbró alrededor de mí y de los que viajaban conmigo. **14** Habiendo caído todos nosotros a tierra, oí una voz que me decía en lengua hebrea: "Saulo, Saulo, ¿por qué me persigues? ¡Dura cosa te es dar coces contra el aguijón!"* **15** Entonces yo dije: "¿Quién eres, Señor?" Y el Señor dijo: "Yo soy Jesús, a quien tú persigues. **16** Pero levántate y ponte sobre tus pies, porque te he aparecido para esto: para constituirte en ministro y testigo de las cosas que has visto de mí* y de aquellas en que apareceré a ti. **17** Yo te libraré del pueblo* y de los gentiles, a los cuales ahora yo te envío **18** para abrir sus ojos, para que se conviertan de las tinieblas a la luz y del poder de Satanás a Dios, para que reciban perdón de pecados y una herencia entre los santificados por la fe en mí."

---

*26:12 Comp. 9:1-22 y 22:6-21
*26:14 Lit., *los aguijones*
*26:16 Algunos mss. antiguos omiten *de mí*.
*26:17 O sea, *Israel*

Dios y había conspirado contra Jesús y sus seguidores. Había estado relacionado personalmente con la oposición al cristianismo (vv. 9-11).

La forma de vida de Pablo había dado vuelta completamente por un encuentro personal con el Señor del cielo en el camino a Damasco (vv. 12-18). Describió una luz del cielo que brillaba más que el sol. Había escuchado una voz que le decía en el idioma hebreo: *Saulo, Saulo, ¿por qué me persigues? ¡Dura cosa te es dar coces contra el aguijón!* (v. 14). El descubrió que el Señor del cielo era el mismo Jesús a cuya causa se estaba oponiendo. Cuando se ponía el yugo a un buey joven, éste se rebelaba y trataba de salir del yugo. Si se le uncía a un arado, el labrador llevaba en su mano un largo cayado con una punta aguzada que mantenía cerca

---

Semillero homilético
Lo que Cristo hace por las personas
26:17, 18

Introducción: Este breve pasaje nos da un resumen perfecto de lo que Cristo hace por las personas que le dan la oportunidad de actuar en sus vidas.
  I. Les abre los ojos.
     1. Les hace ver cosas que nunca habían visto antes.
     2. Les hace volver su vista de las cosas de la tierra a las cosas celestiales.
     3. Los ojos que estaban fijos en el yo, de pronto miran con amor a otros.
 II. Los lleva de la oscuridad a la luz.
     1. Sin Cristo, la vida está mal orientada.
     2. El hombre sin Cristo le da la espalda a la luz.
     3. Con Cristo se le revela el camino de la felicidad.
III. Lo transfiere del poder de Satanás al poder de Dios.
     1. Sin Cristo es esclavo del pecado.
     2. Con Cristo es siervo de Dios.
 IV. Le otorga el perdón de los pecados.
     1. Desaparece la penalidad del pecado.
     2. Para el futuro se recrea y se purifica la vida.
     3. Le permite vivir con los santos.
Conclusión: Lo que Cristo hace con la persona que se acerca a él para buscar sus caminos, lo libera de las cadenas del pasado y de los temores del futuro.

19»Por lo cual, oh rey Agripa, no fui desobediente a la visión celestial. **20** Más bien, primeramente a los que estaban en Damasco, y en Jerusalén y por toda la tierra de Judea, y a los gentiles, les he proclamado que se arrepientan y se conviertan a Dios, haciendo obras dignas de arrepentimiento.

21»A causa de esto, los judíos me prendieron en el templo e intentaron matarme. **22** Pero habiendo obtenido auxilio de Dios, me he mantenido firme hasta el día de hoy, dando testimonio a pequeños y a grandes, sin decir nada ajeno a las cosas que los profetas y Moisés dijeron que habían de suceder: **23** que el Cristo había de padecer, y que por ser el primero de la resurrección de los muertos, había de anunciar luz al pueblo* y a los gentiles.

26:23 O sea, *Israel*

---

de las patas del buey, de modo que cada vez que pateara chocara contra el aguijón. Si se lo uncía a una carreta, en la parte anterior de la misma había una barra con puntas de madera de modo que si pateaba sólo se lastimaba a sí mismo. El buey joven tenía que aprender a someterse al yugo por las malas; lo mismo sucedía con Pablo.

En su comentario de Los Hechos, William Barclay nos ayuda a captar el sentido profundo de esta metáfora (*dar coces contra el aguijón*) en el contexto de la conversión de Pablo. El dice que más adelante en los vv. 17 y 18 Lucas nos da un resumen perfecto de lo que Cristo hace por los hombres. (1) *Les abre los ojos.* Cuando Cristo entra en la vida de un hombre le permite ver las cosas que nunca antes había visto. Los ojos que estaban vueltos hacia la tierra de repente ven la gloria del cielo. Los ojos que estaban fijos en el yo, de pronto miran con amor a otros. (2) *Los convierte de las tinieblas a la luz.* Antes de su encuentro con Cristo es como si toda la vida del hombre estuviera mal orientada. Debido a que daba la espalda a la luz, caminaba en la obscuridad; pero ahora se encuentra caminando hacia la luz y ve su camino con claridad. (3) *Lo transfiere del poder de Satanás al de Dios.* Mientras en un tiempo estaba esclavizado por el mal, ahora es hijo de Dios con todo su poder triunfante que le permite dejar de vivir como esclavo del pecado y hacerlo en bondad victoriosa. (4) *Le otorga perdón de los pecados y la herencia para convivir con los santos.* Para el pasado, ha desaparecido la penalidad del pecado; para el futuro, se recrea y purifica la vida. Es liberado del miedo tanto del pasado como del futuro (v. 17, *Yo te libraré... yo te envío*). Si Pablo hubiera continuado desobedeciendo y dando coces contra el aguijón hubiera terminado en un desastre. No podía oponerse a Dios.

Aquí se encuentra en estas verdades la verdadera teología de la liberación (ver Juan 8:32, *Y conoceréis la verdad, y la verdad os hará libres*; y Juan 14:6, *Jesús le dijo: Yo soy el camino, la verdad y la vida*). El Libertador de parte de Dios fue enviado en la persona de su Hijo, el cual perdona los pecados de los que se arrepienten y concede la vida del reino a los que creen en él como Mesías. Los que renuncian a la vida terrenal de pecado y creen en Cristo son llevados (liberados) de las tinieblas a la luz. Estos descubren la realidad de la vida en comunión con Dios. Pablo creía en la realidad del reino de Dios pero no lo comparaba con ninguna organización terrenal (sea política o religiosa). El tenía el concepto de una realidad espiritual superior en la cual Satanás o Dios dominaba la vida del individuo. A través de Cristo, Dios viene a dominar la vida de una persona cuando ésta invita a Cristo por fe a ser su Rey. Todo el que toma esta decisión descubre la luz, la realidad y el significado de la vida ahora y para siempre. La vida debe ser vivida en un plano superior al nivel material actual.

Ahora, en obediencia a la visión celestial (después de la conversión, vv. 19-23), Pablo declaró a los judíos de *Damasco*, de

24 Mientras él decía estas cosas en su defensa, Festo le dijo a gran voz:
—¡Estás loco, Pablo! ¡Las muchas letras te vuelven loco!
25 Pero Pablo dijo:
—No estoy loco, oh excelentísimo Festo, sino que hablo palabras de verdad y de cordura.

26 Pues el rey, delante de quien también hablo confiadamente, entiende de estas cosas. Porque estoy convencido de que nada de esto le es oculto, pues esto no ha ocurrido en algún rincón. **27** ¿Crees, oh rey Agripa, a los profetas? ¡Yo sé que crees!

Jerusalén y de toda *Judea* que ellos y los gentiles debían arrepentirse y hacer *obras dignas de arrepentimiento* (v. 20). A Pablo se le había acusado de blasfemar contra Dios por hablar contra la ley de Moisés; sin embargo, sus llamados al arrepentimiento genuino y a la verdadera justicia no podían ser contrarios a la voluntad de Dios. El hecho de que él estaba dando su testimonio ante Agripa era evidencia de que Dios aprobaba su trabajo y lo había libertado. Pablo dice que todo lo que había enseñado se encontraba en el AT, basado en una interpretación sana de los profetas y de Moisés (v. 22). El descubría en el AT que el Mesías de Dios debía sufrir y ser resucitado de los muertos (v. 23). La vida y las creencias de Pablo cambiaron totalmente debido a que el Señor resucitado se le apareció y le permitió comprender estas verdades.

Frank Stagg declara que hay sólo un ministerio esencial en la iglesia, el ministerio perpetuo del mismo Señor resucitado y siempre presente. O sea que Jesucristo —quien ministró en Judea, Samaria y Galilea— continúa su ministerio por medio de la iglesia, su cuerpo. Todos los otros ministerios dentro de la iglesia se derivan y dependen de ese viviente Señor Jesús. En 2 Corintios 5:17-20 Pablo escribe claramente cual es este ministerio de la iglesia: Es *el ministerio de la reconciliación*, y tal como se encuentra en todos los escritos del Nuevo Testamento esta reconciliación incluye el hombre íntegro.

Stagg sigue opinando que, en un sentido real, cada cristiano es un ministro del ministerio de la reconciliación que Cristo nos ha entregado (2 Cor. 5:17, 19). A veces se dice que todos los cristianos son laicos. Esto es verdad, pero más propiamente puede decirse que cada cristiano es laico y ministro a la vez. Cada uno es ministro en el sentido de que es llamado a una vida de servicio. Cada uno es laico en el sentido de que no hay un grupo sacerdotal diferenciado del resto de la gente. Laicado es un término derivado del griego, con el significado de pueblo. Todos los cristianos

---

Las locuras de los grandes

Mientras él decía estas cosas en su defensa, Festo le dijo a gran voz:
¡Estás loco, Pablo! ¡Las muchas letras te vuelven loco! (26:24).

El epíteto de loco ha sido dado a muchos hombres eminentes en las esferas religiosas, políticas y científicas, pero sabemos que más lo merecían aquellos que lo aplicaban a otros. Wesley, el gran predicador del siglo XVIII, lo mismo que valientes misioneros que fueron a tierras lejanas a sembrar la palabra de Dios, cargaron con este insulto. Guillermo Carey, el fundador de las misiones modernas, fue tratado de loco en el mismo Parlamento. Bacon, a quien se le ha llamado el mayor genio en ciencias exactas, desde los días de Arquímedes, fue también llamado loco, y no olvidemos que Cristóbal Colón fue considerado tal por los "sabios" eminentes de Salamanca.

Aunque tildaron a Pablo de "loco", la verdad es que estaba hablando de la experiencia más importante que uno puede tener en toda la vida. Los que aceptan a Cristo experimentan un cambio de vida que no se explica en palabras. Su modo de vivir cambia; sus apreciaciones filosóficas cambian; desde la perspectiva humana las personas podrían decir que el que se convierte a Cristo se vuelve loco.

28 Entonces Agripa dijo a Pablo:
—¡Por poco me persuades a ser cristiano!
29 Y Pablo dijo:
—¡Quisiera Dios que, por poco o por mucho, no solamente tú sino también todos los que hoy me escuchan fueseis hechos como yo, salvo estas cadenas!
30 Entonces* se levantaron el rey, el procurador, Berenice y los que se habían sentado con ellos. **31** Y después de retirarse aparte, hablaban los unos con los otros diciendo:
—Este hombre no hace ninguna cosa digna de muerte ni de prisión.
32 Y Agripa dijo a Festo:
—Este hombre podría ser puesto en libertad, si no hubiera apelado al César.

26:30 Algunos mss. antiguos incluyen *cuando habían dicho estas palabras.*

---

son el pueblo de la iglesia. Todos son clérigos en el sentido de que sobre ellos ha recaído su porción, *kleros* [2819]. Todos son sacerdotes (ver 1 Ped. 2:9) por cuanto cada uno tiene acceso directo a Dios por sí mismo y cada uno tiene una función sacerdotal que cumplir en pro de sus hermanos. Hay diferentes ministerios entre los cristianos, pero todos son ministros.

Lo que se ha sido dicho en este asunto no pasa por alto de ninguna manera el hecho de que algunos son llamados divinamente para ministerios especiales dentro de la iglesia. Lo más importante es ver que estos ministerios especiales caen dentro del llamamiento básico, el de Cristo. Todos los cristianos son personas llamadas *kletos* [2822]: llamadas a la fe, al discipulado y al servicio (Ef. 4:1-4). Sin embargo, el NT, al igual que el AT, pone mucho énfasis en el llamamiento a ministerios especiales (apóstoles, profetas, evangelistas, pastores y maestros). Estos trabajan en la iglesia para su edificación y ella, a su vez, ha de ministrar (Ef. 4:11, 12).

La evangelización y las misiones consisten en relatar las buenas nuevas de lo que Dios ha hecho por nosotros en Jesucristo. El primer privilegio y obligación del hombre es recibir. Habiendo ya recibido, su continuo privilegio y obligación es contar su testimonio. La obra concreta de salvar es sólo de Cristo; el hombre simplemente puede aceptarla por la fe y entonces testificar de ella por gratitud.

La reacción de los dos espectadores, Festo y Agripa, queda maravillosamente reflejada en la narración de Lucas. La respuesta mordaz de Festo a la defensa de Pablo se encuentra en los vv. 24-26. A Festo, un romano, todo este discurso sobre el sufrimiento y resurrección del Mesías debió parecerle una tontería; y *le dijo a gran voz: ¡Estás loco, Pablo!* (v. 24). Pablo había estado hablando a Agripa como de un judío a otro, y como era de esperar, el procurador no entendió nada cuando el Apóstol afirmaba que Jesús, entregado por los judíos a los romanos, y por éstos crucificado, resucitó de entre los muertos. Tal afirmación le pareció ser los desvaríos de una fantasía de enfermo. Y cuando Pablo no había cesado de citar textos de las Escrituras de los hebreos (el AT) en apoyo de sus ideas, se le ocurrió a Festo pensar que el ocuparse tanto de esos libros le había hecho perder el juicio (v. 25). Pero Pablo dijo que no estaba loco sino hablaba *palabras de verdad y de cordura* (v. 25). Cortés, pero firmemente Pablo respondió al gobernador que la persona a quien en realidad se estaba dirigiendo era a Agripa, hombre bien informado en estas materias.

Entonces Pablo se volvió directamente a aquel ante quien estaba compareciendo. Su entusiasmo por Cristo le llenó nuevamente al punto de presionarle a que tomara una decisión. Le preguntó: *¿Crees, oh rey Agripa, a los profetas?* (v. 27). Sin esperar, Pablo respondió por él: *¡Yo sé que crees!* (v. 27b). Pablo sabía que los judíos aceptaban el AT como la palabra autoritativa de Dios; por lo tanto, estaba convencido de que Agripa creía lo que él estaba diciendo, ya que sus palabras estaban basadas en los profetas. La única respuesta de Agripa fue: *¡Por poco me per-*

suades a ser cristiano! (v. 28). Esta respuesta del rey a Pablo ha sido el texto de muchos sermones. Pero el significado exacto de estas palabras ha sido objeto de discusiones interminables. ¿Lo dijo Agripa seria o sarcásticamente? Ralph Earle piensa que si hubiéramos podido escuchar el tono de su voz y ver la expresión en sus ojos, probablemente tendríamos la respuesta.

Careciendo de ellas, sólo podemos mirar cuidadosamente el texto a la luz del contexto. Quizá la interpretación más tradicional de la idea aquí sea: "Tú me persuades un poco (o hasta cierto punto) a ser cristiano", es decir, "comienzo a sentir la fuerza de tus argumentos persuasivos, y si te escuchara un poco más, no sé cuál sería el efecto". Pero el significado de la frase en griego puede ser diferente. Es posible que el rey haya dicho: "Pablo, ¿estás tratando de hacerme cristiano con tan poca persuasión?" (sarcásticamente). Aunque Agripa estaba interesado en la presentación de Pablo y su interpretación del AT, puede haberse sentido molesto de que Pablo se dirigiera a él para apoyar su posición, delante de los dignatarios en esta ocasión. Parece que otras interpretaciones de los eruditos en cuanto a la frase son posiciones intermedias entre las dos citadas aquí. El fervor del Apóstol no disminuyó ante la respuesta negativa de los dos oficiales políticos, sino que expresó su firme deseo de que no sólo Agripa sino todos los que estaban presentes compartieran su experiencia, excepto sus cadenas (v. 29).

La vindicación de Agripa con respecto al caso de Pablo se encuentra en los tres últimos versículos del capítulo. Lisias (el tribuno) sabía que Pablo no había hecho ningún crimen que mereciera encarcelamiento o muerte; tampoco Festo lo encontró culpable. Ahora Agripa se apartó junto con el procurador y Berenice para una breve conferencia. Estuvo de acuerdo con Lisias y Festo en que Pablo no había cometido nada digno de muerte o aún de encarcelamiento. El rey Agripa concluyó

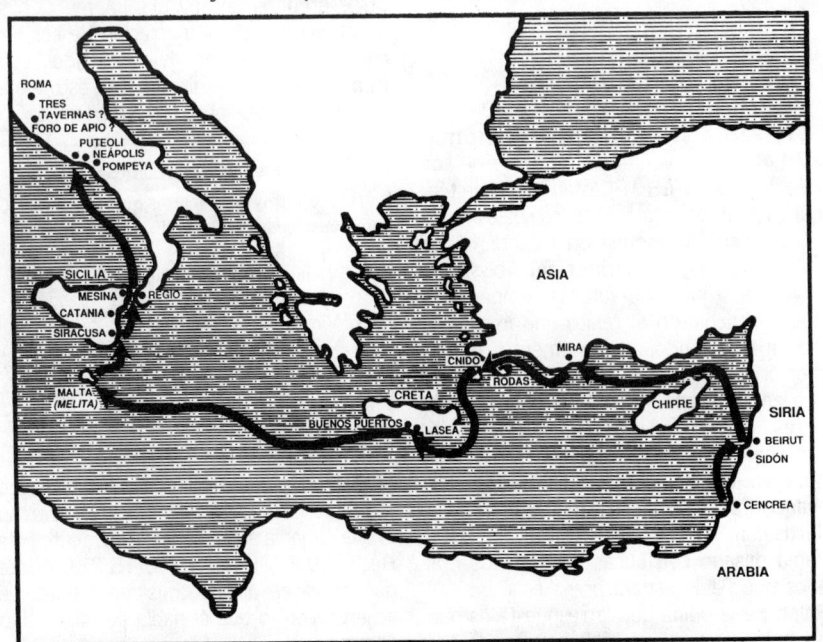

Cuarto viaje misionero de Pablo

HECHOS 27:1-8

Pablo se embarca para Roma

27 Cuando se determinó que habíamos de navegar a Italia, entregaron a Pablo y a algunos otros presos a un centurión llamado Julio, de la compañía Augusta. **2** Así que nos embarcamos en una nave adramiteña que salía para los puertos de Asia, y zarpamos. Estaba con nosotros Aristarco, un macedonio de Tesalónica.

3 Al otro día, atracamos en Sidón; y Julio, tratando a Pablo con amabilidad, le permitió ir a sus amigos y ser atendido por ellos. **4** Y habiendo zarpado de allí, navegamos a sotavento de Chipre, porque los vientos nos eran contrarios. **5** Después de cruzar por alta mar frente a Cilicia y a Panfilia, arribamos a Mira, ciudad de Licia. **6** El centurión encontró allí una nave alejandrina que navegaba a Italia, y nos embarcó en ella.

7 Navegando muchos días despacio,* y habiendo llegado a duras penas frente a Gnido, porque el viento nos impedía, navegamos a sotavento de Creta frente a Salmón. **8** Y costeándola con dificultad, llegamos a un lugar llamado Buenos Puertos, cerca del cual estaba la ciudad de Lasea.

---

*27:7 Otra trad., *la navegación se nos hizo difícil*

---

que Pablo podía haber sido liberado, *si no hubiera apelado al César* (v. 32). La experiencia de Pablo también revela el cuidado providencial de Dios. Pablo había recibido la promesa de que iría a Roma (23:11). Ni aun su encarcelamiento (instigado por sus adversarios) pudo anular el plan de Dios, sino que sirvió para que se hiciera su voluntad.

8. Viaje de Pablo a Roma, proclamación del evangelio sin impedimento, 27:1—28:30

(1) Pablo se embarca para Roma, 27:1-8. Los dos últimos capítulos de Los Hechos (27:1—28:16) están llenos de términos náuticos, muchos de los cuales no se encuentran en ninguna otra parte. Este relato del viaje marítimo del Apóstol a Roma es, a juicio de autores competentes que han dedicado al relato una investigación más a fondo, un documento de primer orden para el conocimiento de la náutica antigua, exacto en todos los pormenores. Se ubica a Lucas otra vez en el cuadro (*habíamos de navegar*, v. 1). La última mención de "nosotros" está en 21:18, cuando Pablo y sus compañeros llegaron a Jerusalén. Es natural preguntar: ¿Qué había pasado con Lucas durante los dos años que Pablo estuvo preso en Cesarea? Ralph Earle opina que la respuesta es que probablemente él estaba reuniendo los materiales para su Evangelio (ver Luc. 1:1-4). Bien puede ser que en ese tiempo haya tenido una entrevista con la anciana madre de Jesús, el único ser humano que podría proveer la información que se halla en los dos primeros capítulos del Evangelio de Lucas. Semejantes pensamientos se encuentran también en los escritos de otros eruditos de hoy día. A menudo se ha observado que la narración de Los Hechos es mucho más vívida cuando Lucas está presente. Definitivamente esto es así en estos pasajes sobre el viaje a Roma.

Verdades prácticas

Hay vientos que hacen que algunos no quieran aceptar el evangelio. Ellos son:

1. Vientos de incredulidad.
2. Vientos de escepticismo.
3. Vientos de indiferencia.
4. Vientos de posponer una decisión para el futuro.
5. Vientos de división.

Ahora Pablo se ha embarcado en lo que probablemente era su último viaje. Llegó el momento de ir a Roma, esperanza con la que él había soñado anteriormente (ver Hech. 19:21; Rom. 1:13; 15:22). Note que no va en plan de misionero libre, de acuerdo con lo que él había pensado, sino como prisionero. Sin embargo, incluso

La tempestad en el mar

9 Puesto que había transcurrido mucho tiempo y se hacía peligrosa la navegación, porque también el Ayuno* ya había pasado, Pablo les amonestaba **10** diciendo:
—Hombres, veo que la navegación ha de realizarse con daño y mucha pérdida, no sólo de la carga y de la nave, sino también de nuestras vidas.
11 Pero el centurión fue persuadido más por el piloto y el capitán del barco, y no por lo que Pablo decía. **12** Ya que el puerto era incómodo para pasar el invierno, la mayoría acordó zarpar de allí, por si de alguna manera pudiesen arribar a Fenice, un puerto de Creta que mira al suroeste y al noroeste, para invernar allí.
13 Como sopló una brisa del sur y les pareció que ya habían logrado lo que deseaban, izaron velas e iban costeando a Creta muy de cerca. **14** Pero no mucho después dio contra la nave un viento huracanado que se llama Euraquilón.* **15** Como la nave era arrebatada y no podía poner proa al viento, nos abandonamos a él y éramos llevados a la deriva. **16** Navegamos a sotavento de una pequeña isla que se llama Cauda,* y apenas pudimos retener el esquife. **17** Y después de subirlo a bordo, se

---

*27:9 O sea, la festividad judía *el día de la Expiación*; la alusión es a los peligros de navegar el mar Mediterráneo después de mediados de septiembre.
*27:14 Algunos mss. antiguos dicen *Euraclidón*; o sea, un temible viento del norte.
*27:16 Algunos mss. antiguos dicen *Clauda*.

---

así, tiene la seguridad divina de que también en Roma podrá dar testimonio de su experiencia con Jesucristo, al igual que lo había hecho en Jerusalén (ver 23:11; 27:24).

Al frente de la expedición iba el centurión *Julio, de la compañía Augusta* (v. 1). Julio había recibido de Festo la responsabilidad de conducir a Roma a Pablo y otros presos. Ha suscitado considerable diferencias de opinión la frase *compañía Augusta*. Algunos comentaristas la han identificado como un auxiliar sirio de la compañía Augusta que residía en Palestina en el primer siglo. Otros han sugerido que se trataba de un servicio de correo especial, responsable directamente ante el emperador en Roma. Probablemente la mejor conclusión sea que fue un cuerpo de tropas escogidas de las formaciones regulares para servicios especiales. Es interesante lo que Barclay dice en cuanto a este centurión. Julio trató a Pablo con una amabilidad y una consideración que no eran mera cortesía. Bien puede haber sido por cuanto Pablo y Julio se conocieron como hombres valientes.

El viaje empezó siguiendo la costa hasta Sidón. El próximo puerto que debían tocar era Mira, pero las cosas eran difíciles. El viento que prevalecía en esa época del año era viento del oeste y sólo se podía llegar a Mira pasando al sur de Chipre y remontando la costa en una ruta zigzagueante (consulte el mapa del viaje de Pablo a Roma). En Mira encontraron un barco de Alejandría con destino a Roma. Posiblemente llevaba un cargamento de cereales, pues Egipto era el granero de Italia. Si miramos un mapa, se ve el largo rodeo que tenían que hacer, pues esos fuertes vientos del oeste imposibilitaban el viaje directo. Para zarpar directamente a Italia podrían haber cruzado el Mar Egeo, pero los vientos no lo permitían, y después de varios días de luchar contra ellos se navegó a sotavento de Creta, y se llegó a

---

Verdades prácticas

El diario de un naufragio podría ser este:
1. Peligrosa la navegación (v. 9).
2. Izadas las velas (v. 13).
3. Llevados a la deriva (v. 15).
4. Velas bajadas (v. 17).
5. Aligerada la carga (v. 18).
6. Arrojados los aparejos al mar (v. 19).
7. Perdidas las esperanzas (v. 20).
8. Asegurados el futuro (vv. 24, 25).
9. Ansiado el amanecer (v. 29).
10. Terminado el ayuno (vv. 33, 34).
11. Aligerada la carga de nuevo (v. 38).
12. Sanos y salvos en tierra (v. 44).

valían de refuerzos para ceñir la nave. Pero temiendo encallar en la Sirte, bajaron velas y se dejaban llevar así. **18** Al día siguiente, mientras éramos sacudidos por una furiosa tempestad, comenzaron a aligerar la carga; **19** y al tercer día, con sus propias manos arrojaron* los aparejos del barco. **20** Como no aparecían ni el sol ni las estrellas por muchos días y nos sobrevenía una tempestad no pequeña, íbamos perdiendo ya toda esperanza de salvarnos.

21 Entonces, como hacía mucho que no comíamos, Pablo se puso de pie en medio de ellos y dijo:

—Oh hombres, debíais haberme escuchado y no haber partido de Creta, para evitar este daño y pérdida. **22** Pero ahora os insto a tener buen ánimo, pues no se perderá la vida de ninguno de vosotros, sino solamente la nave. **23** Porque esta noche estuvo conmigo un ángel del Dios de quien soy y a quien sirvo, **24** y me dijo: "No temas, Pablo. Es necesario que comparezcas ante el César, y he aquí Dios te ha concedido todos los que navegan contigo." **25** Por tanto, oh hombres, tened buen ánimo, porque yo confío en Dios que será así como me ha dicho. **26** Pero es necesario que demos en alguna isla.

27:19 Algunos mss. antiguos dicen *con nuestras propias manos arrojamos.*

---

un pequeño puerto llamado *Buenos Puertos* (v. 8).

(2) La tempestad en el mar, 27:9-38. El ayuno que se menciona era el día judío del perdón (Expiación), que se celebraba a principios de octubre (v. 9). De acuerdo con las prácticas de navegación del primer siglo, se consideraba que era muy dudoso zarpar después de septiembre y prácticamente imposible hacerlo en noviembre. Se debe recordar siempre que los barcos antiguos no tenían ni sextante ni brújula, y en días nublados y oscuros no tenían manera de hallar su camino. Pablo aconsejó al centurión y al capitán que invernaran en Buenos Puertos para no sufrir una gran pérdida en la carga, la nave y las vidas (v. 10). Julio y la tripulación del barco estuvieron de acuerdo en postergar el viaje a Roma hasta hacer pasar los meses de invierno pero debían buscar un puerto mas adecuado en la costa noroccidental, en Fenicia. En el momento de escribir su segunda carta a Corinto Pablo había pasado ya por tres naufragios (2 Cor. 11:25, 26), y adquirido cierta experiencia en cuanto a viajes marítimos (particularmente en esas regiones). Es muy probable que Pablo fuera el viajero más experimentado en el barco. Pero en vista de que Buenos Puertos no tenía un buen muelle ni había cerca ninguna ciudad en la cual la tripulación del barco pudiera invernar cómodamente, el centurión rechazó el consejo de Pablo y escuchó al piloto (quiere decir timonero) y el capitán del barco (el concepto griego aquí se puede traducir también patrón o dueño del barco).

> **Joya bíblica**
>
> **Por tanto, oh hombres, tened buen ánimo, porque yo confío en Dios (27:25).**

Después de muchos días el viento cambió hacia el sur y se aplacó bastante; por lo tanto el centurión y el capitán decidieron que podían alcanzar su propósito de llegar hasta Fenicia. La nave estaba avanzando a lo largo de la costa de Creta cuando de improviso los golpeó el terrible viento del nordeste. Era un temporal del norte, y el peligro consistía en que si no podían dominar el barco, serían llevados inevitablemente hacia el mar abierto. El barco fue empujado hasta pasar la pequeña isla de Clauda, al sudoeste de Creta. La isla ofreció algo de protección a la tripulación y también le dio oportunidad de reforzar el casco de la nave, asegurándolo con cables (v. 16, 17). Sin embargo la tormenta seguía castigando la nave. Cuando la tempestad se tornó más violenta, los marineros comenzaron a arrojar por la borda la carga (cereales) y los aparejos (las velas

27 Cuando llegó la decimocuarta noche, y siendo nosotros llevados a la deriva a través del mar Adriático, a la medianoche los marineros sospecharon que se acercaban a alguna tierra. **28** Echaron la sonda y hallaron veinte brazas.* Pasando un poco más adelante, volvieron a echar la sonda y hallaron quince brazas.* **29** Temiendo dar en escollos, echaron las cuatro anclas de la popa y ansiaban el amanecer.

30 Como los marineros procuraban huir de la nave, y echaron el esquife al mar simulando que iban a largar las anclas de la proa, **31** Pablo dijo al centurión y a los soldados:

—Si éstos no quedan en la nave, vosotros no podréis salvaros.

32 Entonces los soldados cortaron las amarras del esquife y dejaron que se perdiera.

33 Cuando comenzó a amanecer, Pablo animaba a todos a comer algo, diciendo:

—Este es el decimocuarto día que veláis y seguís en ayunas sin comer nada. **34** Por tanto, os ruego que comáis algo, pues esto es para vuestra salud; porque no perecerá ni un cabello de la cabeza de ninguno de vosotros.

35 Habiendo dicho esto, tomó pan, dio gracias a Dios en presencia de todos y partiéndolo comenzó a comer. **36** Y cuando todos recobraron mejor ánimo, comieron ellos también. **37** Eramos en total 276 personas en la nave. **38** Luego, satisfechos de la comida, aligeraban la nave echando el trigo al mar.

---

*27:28a Osea, aprox. 40 m., siendo la braza una medida marítima que equivale a poco menos de 2 m.
*27:28b O sea, aprox. 30 m.

---

y unos mástiles) para aliviar el barco. El v. 20 describe la situación cuando la moral de la tripulación alcanzó el punto más bajo. No pudiendo guiarse por las estrellas por la noche, ni el sol por el día, no sabían donde estaban (los marineros dependían completamente del cielo para la navegación). El temor de ir a dar a las arenas de la Sirte en las lejanas costas de Africa de Norte (que era la tumba de muchos barcos) les dominaba en tal forma que abandonaron toda esperanza. Aun la tarea de aligerar el barco impidió que pudieran prepararse la comida.

Tened buen ánimo (vv. 21-26). Durante los difíciles días de la tormenta pasaron muchos días sin comer (v. 21). La situación desesperada, agravada quizá por el mareo, hacía que los viajeros no quisieran tomar ya ningún alimento; entregados a la desesperación, sólo aguardaban el momento en que el barco se fuera a pique. De repente, cuando habían perdido todas las esperanzas, sucedió algo sorprendente, porque está claro que Pablo tomó el mando. El prisionero se convirtió en capitán, debido a que era el único hombre que todavía tenía valor. Pablo les recordó a sus compañeros de sufrimiento que debieron haber escuchado su consejo tocante a su oposición de salir de Creta. Si ellos se hubieran quedado en Buenos Puertos como se les aconsejó se habrían salvado de este *daño y pérdida* (v. 21b). Cuando habían perdido todas las esperanzas, Pablo se paró para darles consuelo: *Pero ahora os insto a tener buen ánimo* (v. 22), pues el Señor le había prometido en una visión que aunque el barco se perdería, no se perdería ninguna vida de los que se encontraban a bordo (*276 personas*, v. 37). La autoridad de su profecía estaba basada en las palabras que había recibido de Dios, *de quien soy y a quien sirvo* (v. 23), a través de un ángel. Sobre la base de esta revelación divina Pablo exhorta una vez más a sus oyentes: *Tened buen ánimo, porque yo confío en Dios...* (v. 25). El Dios de Pablo era capaz de resguardar sus vidas para que se pudiera llevar a cabo su voluntad, ahora que había determinado que Pablo comparecería ante el César.

A catorce noches de haber zarpado de Buenos Puertos, atravesando el mar Adriático a la deriva, el barco continuaba a merced del temporal. A la media noche los marineros oían el romper de las olas en alguna costa distante; bajaron las anclas para disminuir la velocidad del barco que podía chocar contra rocas que no se podían ver. Fue entonces otra vez cuando Pablo tomó el mando. Los marineros

El naufragio en la isla de Malta

39 Cuando se hizo de día, no reconocían la tierra; pero distinguían una bahía que tenía playa, en la cual, de ser posible, se proponían varar la nave. **40** Cortaron las anclas y las dejaron en el mar. A la vez, soltaron las amarras del timón, izaron al viento la vela de proa e iban rumbo a la playa. **41** Pero al dar en un banco de arena entre dos corrientes, hicieron encallar la nave. Al enclavarse la proa, quedó inmóvil, mientras la popa se abría por la violencia de las olas.

42 Entonces los soldados acordaron matar a los presos, para que ninguno se escapara nadando; **43** pero el centurión, queriendo librar a Pablo, frustró su intento. Mandó a los que podían nadar que fueran los primeros en echarse para salir a tierra; **44** y a los demás, unos en tablas, y otros en objetos de la nave. Así sucedió que todos llegaron salvos a tierra.

---

quisieron escaparse en un pequeño bote que hubiera sido inútil para 276 personas; pero Pablo frustró el plan. El se dio cuenta de las maniobras engañosas de los marineros y les dijo al centurión y a los soldados que todos se perderían a menos que la tripulación permaneciera en la nave (v. 31). Y en esta ocasión el centurión se daba cuenta de que debía escuchar a Pablo. De modo que los soldados cortaron las amarras del pequeño bote para que cayera al mar. De aquí en adelante todos los de la tripulación y los pasajeros estarían juntos en lo que habría de suceder.

> **Joya bíblica**
> Habiendo dicho esto, tomó pan, dio gracias a Dios en presencia de todos y partiéndolo comenzó a comer (27:35).

Luego sigue un episodio muy humano y sugestivo. Pablo pasó el resto de la noche animando a los pasajeros a comer (vv. 33, 34). Barclay dice que Pablo era un visionario y un hombre de Dios; pero también era intensamente práctico. No tenía la menor duda de que Dios haría su parte, pero también sabía que los hombres debían hacer la suya. Nunca se podrá decir de Pablo como se dijo de algunos otros, que tenían sus mentes tan puestas en el cielo que no eran de utilidad en la tierra. Sabía que los hombres hambrientos no valen nada; de modo que reunió a todos los viajeros y los hizo comer. Nuevamente les aseguró que no se perdería ninguna vida, y expresó su fe con acción: tomando pan, dando gracias y comiendo (v. 35). Con el objeto de disminuir el calado, los marineros arrojaron al mar el trigo, es decir, la carga, o lo que les quedaba de ella; querían así poder acercarse lo más posible a la orilla de la costa. La habilidad para dirigir y la fortaleza de carácter de Pablo se hicieron evidentes durante los momentos críticos de la tempestad.

(3) El naufragio en la isla de Malta, 27:39-44. Llegado el día, comenzaron en seguida los preparativos para el desembarco. Entonces soltaron las anclas y elevaron el trinquete; pero un arrecife impidió que el barco llegara a la playa. La nave encallada comenzó a partirse con los golpes del mar. Esto significaba el naufragio, aunque a pocos pasos ya de tierra, lo suficientemente cerca como para que algunos nadaran hasta la orilla. El barco ya estaba definitivamente perdido, y para sus ocupantes lo que importaba era llegar a la playa.

Los soldados, que con su propia vida debían responder de los prisioneros (comp. 12:19), temían que algunos de ellos escaparan a nado, y para no correr el riesgo decidieron matarles. Pero el centurión, *queriendo librar a Pablo* (v. 43), se los prohibió (se resalta una vez más el buen carácter de este oficial romano). De modo que esta historia del naufragio llega a su fin con una oración que parecería ser un suspiro de alivio. Lucas destaca que se cumplió la promesa que el Señor le había dado a Pablo de que todas las personas se salvarían (v. 44).

Experiencias de Pablo en Malta

28 Una vez a salvo, supimos luego que la isla se llamaba Malta.* **2** Los nativos nos trataron con no poca amabilidad, pues nos recibieron a todos y encendieron un fuego a causa de la lluvia que caía, y del frío.

3 Entonces, al recoger Pablo una cantidad de ramas secas y echarlas al fuego, se le prendió en la mano una víbora que huía del calor. **4** Cuando los nativos vieron la serpiente colgada de su mano, se decían unos a otros: "¡Seguramente este hombre es homicida, a quien, aunque se haya salvado del mar, la justicia no le deja vivir!" **5** Entonces él sacudió la serpiente en el fuego, pero no padeció ningún mal. **6** Mientras tanto, ellos esperaban que comenzara a hincharse o que cayera muerto de repente. Pero al pasar mucho tiempo esperando y al ver que no le pasaba nada malo, cambiaron de parecer y decían que era un dios.

7 En aquellos lugares estaban las propiedades del hombre principal de la isla, que se llamaba Publio. Este nos recibió y nos hospedó de manera amistosa por tres días. **8** Aconteció que el padre de Publio estaba en cama, enfermo de fiebre y disentería. Pablo entró a donde él estaba, y después de orar, le impuso las manos y le sanó.

9 Después que sucedió esto, los demás de la isla que tenían enfermedades también venían a él y eran sanados. **10** También ellos nos honraron con muchos obsequios, y antes que zarpáramos, nos abastecieron de las cosas necesarias.

28:1 Gr., *Melita*

---

(4) Experiencias de Pablo en Malta, 28:1-10. Cuando los náufragos llegaron a tierra, supieron, probablemente cuando lo descubrieron por boca de los habitantes, que estaban en la isla de *Malta* (v. 1; un nombre apropiado, pues es una palabra fenicia que significa refugio). *Los nativos* (v. 2; lit. *bárbaros* [915]), es un término griego que era usado para los que hablaban un dialecto desconocido. Por lo tanto, era un término usado por los griegos y los romanos para designar a todos los que no formaban parte de sus respectivas civilizaciones. Estos naturales les recibieron con no poca amabilidad, y encendieron fuego para que se calentaran y secaran. Esto indica que el término *bárbaros* [915] en este caso no indica falta alguna de filantropía o cultura moral. La palabra *amabilidad* (v. 2) se deriva de la palabra griega que significa filantropía.

Pablo demuestra una vez más su inclinación natural hacia lo práctico; recogió unas ramas secas para alimentar el fuego, y una de ellas resultó ser una víbora adherida por el frío. Cuando el calor del fuego la deshelo, se prendió de la mano de Pablo. Hay mucho humor en la descripción que hace Lucas de la forma en que reaccionaron los nativos; primero, pensando que era un homicida a quien la justicia había resuelto destruir, si no por el mar, entonces por medio de la serpiente (aquí la justicia es personificada como una deidad, comp. Rom. 2:14, 15). Pero cuando vieron que nada malo le sucedía después de librarse del reptil, cambiaron su opinión y concluyeron que era un dios y no un criminal (v. 6).

Pero aunque no era un dios, tanto Pablo como Lucas demostraron ser huéspedes útiles durante los tres meses invernales que pasaron en Malta. Pablo siguió usando sus oportunidades de ministrar a las necesidades del pueblo en ese lugar. Primero curó de fiebre y disentería (un caso de exactitud en el uso de términos médicos peculiar de Lucas, el médico) al padre de Publio, el hombre principal de la isla. Después, Lucas indica que la fama de Pablo corrió por toda la isla y los que tenían enfermedades venían a él y eran sanados (v. 9). Lucas no menciona si hubo convertidos o si se estableció alguna iglesia. Hubiera sido raro que Pablo no usara los tres meses para enseñar el evangelio. Cuando se marcharon, los isleños los colmaron de regalos.

Pablo llega a Roma

11 Así que, después de tres meses, zarpamos en una nave alejandrina que había invernado en la isla y que tenía por insignia a Cástor y Pólux.* **12** Habiendo arribado a Siracusa, estuvimos allí tres días. **13** De allí, costeando alrededor, fuimos a Regio; y un día después se levantó el viento del sur, y llegamos al segundo día a Puteoli. **14** Allí hallamos hermanos y fuimos invitados a quedarnos con ellos siete días. Y de esta manera llegamos a Roma. **15** Al oír de nosotros, los hermanos vinieron hasta la plaza de Apio y las Tres Tabernas para recibirnos. Pablo, al verlos, dio gracias a Dios y cobró ánimo. **16** Cuando llegamos a Roma,* a Pablo le fue permitido vivir aparte, con un soldado que le custodiaba.

*28:11 Lit., *los hijos de Zeus*; es decir, los dioses gemelos, o Géminis, que según la religión romana eran patrones de la navegación.
*28:16 Algunos mss. antiguos incluyen ... *Roma, el centurión entregó los presos al prefecto militar, pero a Pablo...*

---

(5) Pablo llega a Roma, 28:11-16. La travesía hasta Italia se completó, en otro barco granero alejandrino, en 60-61 d. de J.C. Esta nave llevaba una cabeza tallada o esculpida en la proa, a manera de enseña o emblema de ella; en este caso representaba a dos deidades paganas: los gemelos *Cástor y Pólux* (dioses protectores de los navegantes, v. 11). El breve viaje hasta Siracusa, y de aquí a Regio y Puteoli (el puerto principal del sur de Italia), se hizo sin novedad. Dejaron el barco en Puteoli en donde Pablo y su grupo fueron hospedados durante algunos días por los hermanos del lugar.

Después, prosiguieron por tierra a Roma. La noticia de la llegada de Pablo a Puteoli hizo que salieran a su encuentro los muchos amigos que tenía en la capital del imperio (Rom. 16:1-25). Un grupo de cristianos llegaron hasta la *plaza de Apio* (una plaza mercado, v. 15), a unos 65 km. de Roma; otros le dieron la bienvenida a Roma en las *Tres Tabernas* (estación de descanso, v. 15), a unos 49 km. Ambos lugares estaban situados en la famosa Vía Apia. Las expresiones de compañerismo de estos hermanos animaron a Pablo grandemente (v. 15). En Roma se le permitió tomar una casa de alquiler, para vivir allí y recibir visitas (vv. 16, 30), aunque estaba ceñido con las cadenas (es decir, atado al soldado de guardia, v. 20).

Lucas no relata el origen de la iglesia cristiana en Roma. Cuando Pablo escribió la carta a los romanos, aparentemente la iglesia allí ya era muy fuerte. El Apóstol expresó su deseo de fortalecer la fe de los cristianos en Roma y, a la vez, ser fortalecido por ellos (Rom. 1:1-15).

> Semillero homilético
> **El cristiano nunca está solo**
> 28:11-15
>
> *Introducción:* En el desempeño de su tarea misionera, muchas veces el cristiano tiene la sensación de una gran soledad. La experiencia de Pablo en su viaje a Roma y el recibimiento que le hicieron los hermanos hizo que el apóstol cobrara aliento y diera gracias a Dios por ellos. Hoy en día hay creyentes en todas partes que pueden ser instrumento de Dios para apoyar con su presencia a los que van de lugar en lugar haciendo la obra misionera.
>   I. El cristiano tiene consciencia de que existe una nube imperceptible de testigos a su alrededor y cerca suyo.
> II. Tiene consciencia de pertenecer a una comunidad mundial.
> III. Tiene consciencia de que Dios está dondequiera que él vaya.
> IV. Tiene la seguridad de que el Cristo resucitado está con él.
>
> *Conclusión:* El cristiano es miembro de la iglesia de Cristo cuyo límite es el mundo. Dondequiera que vaya habrá un círculo de personas con las cuales se encontrará como en su casa. Tiene, además, la promesa de Cristo: Y he aquí, yo estoy con vosotros siempre todos los días, hasta el fin del mundo.

Pablo y su mensaje en Roma

17 Aconteció que, tres días después, Pablo convocó a los que eran los principales de los judíos, y una vez reunidos les dijo:
—Hermanos,* sin que yo haya hecho ninguna cosa contra el pueblo* ni contra las costumbres de los padres, desde Jerusalén he sido entregado preso en manos de los romanos. **18** Habiéndome examinado, ellos me querían soltar porque no había en mí ninguna causa digna de muerte. **19** Pero como los judíos se oponían, yo me vi forzado a apelar al César, no porque tenga de qué acusar a mi nación. **20** Así que, por esta causa os he llamado para veros y hablaros, porque por la esperanza de Israel estoy ceñido con esta cadena.
21 Entonces ellos dijeron:
—Nosotros no hemos recibido cartas de Judea tocante a ti, y ninguno de los hermanos que ha venido ha denunciado o hablado algún mal acerca de ti. **22** Pero queremos oír de ti lo que piensas, porque nos es conocido acerca de esta secta, que en todas partes se habla en contra de ella.

28:17a Lit., *Varones hermanos*
28:17b O sea, *Israel*

---

(6) Pablo y su mensaje en Roma, 28:17-31. Frank Stagg opina que ninguna parte de los dos tomos de Lucas (el Evangelio y Los Hechos) está más cuidadosa y eficientemente planeada que la conclusión que se encuentra en estos versículos. ¡Cómo se podría mejorar este resumen dramático y climático de los asuntos por los cuales Lucas y el cristianismo de aquel entonces estaban tan preocupados: la autoexclusión de los judíos y la inclusión de los gentiles en el reino de Dios, y el evangelio predicado *con toda libertad y sin impedimento* (v. 31)! Lucas escribe para mostrar la victoria del cristianismo, la expansión de un concepto, y la liberación del evangelio: cómo el evangelio se abre paso a través de las barreras geográficas,

Pablo y su ministerio en Roma

23 Habiéndole fijado un día, en gran número vinieron a él a donde se alojaba. Desde la mañana hasta el atardecer, les exponía y les daba testimonio del reino de Dios, persuadiéndoles acerca de Jesús, partiendo de la Ley de Moisés y de los Profetas. **24** Algunos quedaban convencidos por lo que decía, pero otros no creían. **25** Como ellos no estaban de acuerdo entre sí, se iban cuando Pablo les dijo una última palabra:

---

religiosas, raciales y nacionales. En el primer capítulo, Lucas nos muestra algo del concepto limitado del cristianismo que tuvieron sus primeros seguidores (1:6), quienes lo vieron como una secta del judaísmo que estaba abierto solamente a los judíos y sus prosélitos. Al final del libro, vemos al cristianismo en Roma, como una religión abierta a todos los que aceptan a Jesucristo como Salvador y Señor, sin tener en cuenta la raza, la nacionalidad o las circunstancias exteriores.

En su Evangelio, Lucas demostró que el carácter del movimiento cristiano era de Jesús mismo y no una perversión de Pablo u otro apóstol. Jesús nunca contempló un movimiento que solamente se extendería dentro del judaísmo nacionalista, sino él inició un movimiento universal que incluía a judíos y gentiles.

En Los Hechos, Lucas demostró el resultado de la intención de Jesús, presentando su triunfo glorioso en la inclusión de los gentiles y la tragedia triste en la exclusión de los judíos.

También en Roma Pablo se atenía fielmente a lo que ha sido su costumbre invariable en todas partes: Proclamar a los judíos, antes que a nadie, la buena nueva de la venida del Mesías en la persona de Jesús (ver 13:46). Además, quería explicarles la razón de sus cadenas y por qué había apelado a César. No pudiendo presentarse en las sinagogas, por estar prisionero, invitó a su casa alquilada a los hombres más prominentes de sus comunidades, para intercambiar ideas con ellos. Lucas resumió nuevamente el relato de Pablo de los eventos que provocaron su arresto y encarcelamiento. El argumento básico de sus palabras es el mismo que en los grandes discursos de defensa en Jerusalén y Cesarea: él no era enemigo de su pueblo ni traidor a las instituciones y costumbres religiosas transmitidas por los padres. Y habiendo sido examinados por los oficiales romanos, le hubieran liberado, pero cuando los judíos secretamente determinaron matarle, tuvo que apelar al César. Hecha esta declaración, el Apóstol informó a los judíos presentes sobre el verdadero motivo por el que ha sido arrestado: se trataba de *la esperanza de Israel* (v. 20), es decir, de la resurrección de los muertos, que en Jesús llegó por primera vez a ser realidad (23:6; 24:15, 21; 26:6-8).

Los líderes judíos le aseguraron que no habían recibido ninguna carta de Judea ni tampoco tenían informes desfavorables de parte de los judíos de Asia. Ellos estaban interesados en conocer las enseñanzas del cristianismo porque habían escuchado que en todas partes se hablaba mal de esta secta (v. 22). Los líderes de los judíos de Roma pensaban que el cristianismo era una secta del judaísmo. Es obvio que Pablo no pensaba que el cristianismo fuera una secta, sino el cumplimiento del judaísmo.

Los líderes judíos habían expresado su interés en saber más acerca de las enseñanzas del cristianismo. Parece que la sinagoga y la iglesia estaban separadas en Roma; el edicto de expulsión de Claudio pudiera haber precipitado la separación (18:2). Si Pedro hubiera estado en Roma, es extraño entonces que los judíos romanos desearan recibir de Pablo más conocimiento en cuanto a esta secta. Es posible (citando los escritos de algunos Padres de la Iglesia del segundo siglo) apoyar más o menos fuertemente el martirio real de Pedro en Roma después del fuego que destruyó la ciudad (julio de 64, d. de J.C.). Pero toda la evidencia está en contra de la

—Bien habló el Espíritu Santo por medio del profeta Isaías a vuestros* padres, diciendo:

26 Vé a este pueblo y diles: *"De oído oiréis y jamás entenderéis; y viendo veréis y nunca percibiréis."*
27 Porque el corazón de este pueblo se ha vuelto insensible y con los oídos oyeron torpemente. Han cerrado sus ojos de manera que no vean con los ojos, ni oigan con los oídos, ni entiendan con el corazón, ni se conviertan. Y yo los sanaré.*

---

*28:25 Algunos mss. antiguos dicen *nuestros*.
*28:27 Isa. 6:9, 10 (LXX); comp. Mar. 4:12 y Mat. 13:14, 15

---

teoría de que él haya estado en Roma anteriormente a la llegada de Pablo. Evidentemente el movimiento cristiano en Roma fue establecido sin ningún liderazgo apostólico.

En un día fijado, Pablo les explicó las Escrituras del AT que se referían al reino de Dios y al Mesías. Algunos quedaron convencidos por lo que decía, pero otros no creían. La entrevista de Pablo con los judíos romanos resume uno de los temas principales de Los Hechos: el rechazo general del evangelio por los judíos. Pablo se impacientó con aquellos no creyeron, citando Isaías 6:9, 10 (comp. Mar. 4:12 y Mat. 13:14, 15), para hacer énfasis en el hecho de que los israelitas no oían ni entendían, debido a que habían tapado sus oídos y no veían porque habían cerrado sus ojos.

A medida que Pablo estaba presentando su postura de Jesús como el Rey ungido, razonamiento basado en Moisés y los profetas, ganó la atención respetuosa y algunos conversos. Una sola palabra, sin embargo, chocó fuertemente en los oídos de los oyentes (igual que lo que sucedió en Jerusalén —ver 22:22— y en otros lugares): *Sabed, pues, que a los gentiles es anunciada esta salvación de Dios, y ellos oirán* (v. 28). Cuando Pablo indicó el contraste entre la ceguera voluntaria de los judíos con la vista de los gentiles, se acabó la entrevista. El libro entero de Los Hechos nos guía a este punto. Al citar a Isaías, Pablo no decía que Dios predestinó que Israel no viera. La idea expresada es que Israel no veía: porque ellos *han cerrado sus ojos* (v. 27). La ceguera no era la causa de su rechazo de Jesús, sino el re-

---

Semillero homilético

Un sueño realizado
28:14-31

Introducción: Muchos tienen sueños que nunca se realizan, pero Pablo tuvo la oportunidad de ver acontecer su sueño de ir a Roma para predicar el evangelio. Las condiciones tal vez eran diferentes a lo que anticipaba, pero Dios le dio la oportunidad de realizar su sueño.

I. El sueño: Me será preciso ver a Roma (19:21).
  1. Era desafío de gente que necesitaba el evangelio.
  2. Era sede del gran Imperio Romano, para usar este medio para extender el evangelio.

II. La realización: Llegamos a Roma (28:14b).
  1. Encontró a creyentes allí (v. 14).
  2. Experimentó una libertad para evangelizar (v. 30).
  3. Encontró la oportunidad de testificar a otros (v. 31).
  4. Encontró la muerte, corona de la fidelidad al Señor.

Conclusión: El libro de los Hechos termina sin conclusión. La razón es porque el tema del libro todavía continúa. Seguimos extendiendo el evangelio. Seguimos avanzando geográficamente a las nuevas tierras. Y continuaremos esta actividad, hasta que Cristo venga por segunda vez.

HECHOS 28:17-31

28 Sabed, pues, que a los gentiles es anunciada esta salvación de Dios, y ellos oirán.

29*, **30** Pablo permaneció dos años enteros en una casa que alquilaba.* A todos los que venían a él, les recibía allí, **31** predicando el reino de Dios y enseñando acerca del Señor Jesucristo, con toda libertad* y sin impedimento.

---

*28:29 Algunos mss. antiguos incluyen: 29 *Y cuando él dijo estas cosas, los judíos se fueron, porque tenían una fuerte discusión entre sí.*
*28:30 Otra trad., *a su propio costo*
*28:31 Otras trads., *con toda valentía*; o, *con todo denuedo*

---

sultado de ese rechazamiento. No hay ira más terrible que el inevitable costo de una luz rechazada voluntariamente, es decir, la ceguera que sigue al hecho. Y dijo Jesús: *Para juicio yo he venido a este mundo; para que vean los que no ven, y los que ven sean hechos ciegos* (Juan 9:39; comp. Mat. 21:33-44; Rom. 2:1—3:4; Ef. 2:11—3:13; 1 Ped. 2:4-10).

Otro tema principal de Los Hechos es epilogado con las palabras que cierran el libro, las cuales describen a Pablo pasando dos años en el corazón del Imperio Romano, arrestado en una casa pero libre para recibir visitas y proclamar el evangelio sin impedimento (vv. 29-31). El v. 29 no aparece en muchos de los manuscritos antiguos (ver la nota de la RVA). Obviamente Lucas incluye aquí la idea de que los oficiales romanos no interferirían con esta libertad de Pablo para predicar abiertamente el evangelio, pero más allá de ello hay un mensaje más grande y profundo.

Verdades prácticas

Seis verdades importantes alrededor del libro de Los Hechos:
1. La obra de Cristo no terminó en los Evangelios cuando él murió.
2. El Cristo que murió, vive y ha resucitado de los muertos.
3. Cristo vive y continúa trabajando por medio de su iglesia.
4. Cristo da órdenes a sus seguidores para que hagan la obra.
5. El tema del libro de Los Hechos sigue siendo el extendimiento del reino de Dios.
6. Cristo ha equipado a sus seguidores con el poder para hacer la obra hasta el día de hoy.

Muchos lectores no captan el mensaje en los versículos finales de Los Hechos. Lucas puso de relieve un principio misionero de mucha importancia: El evangelio sobrepasó todo impedimento y barrera que estorbara su avance mundial. Comenzó su libro con las preguntas de los discípulos en cuanto al establecimiento del reino de Dios. Jesús les había respondido que ellos no se debían preocupar por *los tiempos ni las ocasiones*, sino que debían predicar el evangelio a todo el mundo (1:6-8). Lucas terminó su libro refiriéndose a la proclamación del reino de Dios que hizo Pablo en Roma *sin impedimento* (v. 31). La pregunta de los discípulos, en cuanto al tiempo cuando Dios iba a restaurar el reino de Israel, ya había sido contestada. El reino no estaba ya limitado a Israel, sino que estaba compuesto por hombres de todas las naciones, razas y clases sociales que habían creído, sobrepasando el impedimento geográfico. Arrolladoramente, el evangelio anunciado en Jerusalén penetró a Judea y Samaria, y desde Antioquía de Siria entró en el mundo grecorromano por medio de los viajes misioneros de Pablo, llegando finalmente a Roma, el centro del mundo. Sobrepasó también el impedimento nacionalista. Este avance venció tanto lo cultural como lo racial. El movimiento cristiano que nació dentro del judaísmo creció para incluir a los medio judíos (samaritanos), a los judíos temerosos de Dios (prosélitos), y finalmente a los no judíos (gentiles). Sobrepasó también el impedimento religioso. La tradición de los judíos no estorbó el engrandecimiento cristiano; tampoco algunos de los judíos convertidos al evangelio (judaizantes) pudieron limitar el mensaje cristiano a la ley levítica de Moisés. A propósito, Pablo proclamaba el evangelio, libre de todos estos requisitos religiosos, judíos o paganos: *Por gracia sois salvos por medio de la fe* (Ef. 2:8).

El reino se estaba estableciendo por el poder del Espíritu de Dios (el Espíritu del Cristo vivo, el Espíritu Santo) cuando los creyentes testificaban y proclamaban las buenas nuevas de que todos los que se arrepentían y creían nacían espiritualmente al reino de Dios.

PLAN GENERAL DEL COMENTARIO BIBLICO MUNDO HISPANO

Tomo	Libros que incluye	Artículo general
1	Génesis	Principios de interpretación de la Biblia
2	Exodo	Autoridad e inspiración de la Biblia
3	Levítico, Números y Deuteronomio	La ley
4	Josué, Jueces y Rut	La arqueología y la Biblia
5	1 y 2 Samuel, 1 Crónicas	La geografía de la Biblia
6	1 y 2 Reyes, 2 Crónicas	El texto de la Biblia
7	Esdras, Nehemías, Ester y Job	Los idiomas de la Biblia
8	Salmos	La adoración en la Biblia
9	Proverbios, Eclesiastés y Cantares	Géneros literarios del Antiguo Testamento
10	Isaías	Teología del Antiguo Testamento
11	Jeremías y Lamentaciones	Instituciones del Antiguo Testamento
12	Ezequiel y Daniel	Historia de Israel
13	Oseas, Joel, Amós, Abdías, Jonás, Miqueas, Nahúm, Habacuc, Sofonías, Hageo, Zacarías y Malaquías	El mensaje del Antiguo Testamento para la iglesia

El *Comentario Bíblico Mundo Hispano* es un proyecto en el que participan unos 150 líderes evangélicos del mundo hispano. Usted puede encontrar más información en cuanto a la diagramación y contenido de los diferentes tomos leyendo el Prefacio (pp. 5-8).

Tomo	Libros que incluye	Artículo general
14	Mateo	El período intertestamentario
15	Marcos	El mundo grecorromano del primer siglo
16	Lucas	La vida y las enseñanzas de Jesús
17	Juan	Teología del Nuevo Testamento
18	Hechos	La iglesia en el Nuevo Testamento
19	Romanos	La vida y las enseñanzas de Pablo
20	1 y 2 Corintios	El desarrollo de la ética en la Biblia
21	Gálatas, Efesios, Filipenses, Colosenses y Filemón	La literatura del Nuevo Testamento
22	1 y 2 Tesalonicenses, 1 y 2 Timoteo y Tito	El ministerio en el Nuevo Testamento
23	Hebreos, Santiago, 1 y 2 Pedro y Judas	El cumplimiento del Antiguo Testamento en el Nuevo Testamento
24	1, 2 y 3 Juan, Apocalipsis e Indices	La literatura apocalíptica